Marlene Esser

Schneidern in Bildern

Mosaik Verlag München

Aus dem Englischen übertragen und bearbeitet
von Marlene Esser
Titel der englischen Originalausgabe:
The Long Book of Sewing in Pictures
von Violet K. Simons
Zeichnungen von Alan Burton
Published by Wolfe Publishing Limited
Einbandgestaltung: Franz Wöllzenmüller

 5 4 3 2
Gesamtherstellung Mohndruck Reinhard Mohn OHG, Gütersloh
Printed in Germany
ISBN 3-570-05429-2

Inhalt

Liebe Leserin!

Dieses Nähbuch soll ein Nachschlagewerk sein. Hier können Sie auf Anhieb finden, was Sie gerade suchen: Wie man Knopflöcher macht, wie Sie Kinderkleider ändern können, wie ein Kragen erneuert wird oder wie Sie verschiedene Gürtel machen.
Wir haben vorausgesetzt, daß Sie noch keine große Erfahrung im Schneidern haben. Alle Nähvorgänge sind daher so einfach wie möglich dargestellt worden. Wie ganze Kleider oder Mäntel gearbeitet werden, finden Sie auf der Arbeitsanleitung Ihres Schnittmusters zum jeweiligen Modell genau passend. Wenn Sie aber unsere technischen Kniffe kennen, wird Ihr Kleid nie »hausbacken« aussehen. Ein gut genähtes Kleid soll aussehen wie von einer richtigen Schneiderin gemacht. Das liegt an vielen Kleinigkeiten, die genau stimmen müssen. Und dabei möchten wir Ihnen gerne helfen.
Schneidern ist ja ein modernes Hobby, das nicht nur Freude macht, sondern auch Nutzen bringt. Sie können damit perfekt angezogen sein, ohne gleich ein halbes oder ein ganzes Monatseinkommen ausgeben zu müssen.
Eine kleine Extra-Abteilung haben wir dem Ändern von Kinderkleidung gewidmet. Meist sind die Kleidchen ja nicht aufgetragen, sondern nur zu klein geworden.
Wir hoffen, daß Ihre Modellkleider in Zukunft noch schöner werden als bisher, wenn Sie unsere Tips und Kniffe kennen.

Ihre
Marlene Esser

Auch zum Schneidern braucht man Werkzeug

Natürlich könnten Sie Ihr Kleid auch mit der Hand nähen. Mit einer Nähmaschine geht's aber schneller und besser. Eine Geradstich-Maschine mit Zick-Zack-Füßchen ist zum Versäubern der Nähte entschieden praktischer. Eine Automatic ist schon ein kleines technisches Wunderwerk, lohnt sich aber nur bei intensivem Gebrauch. Lassen Sie sich im Fachgeschäft diese verschiedenen Typen einmal vorführen.
Außer dem üblichen Bügelbrett sollten Sie sich noch den kleinen Bruder, das Ärmelbrettchen, zulegen. Mit ihm können Sie auch feinere Nähte wie zum Beispiel den Ärmeleinsatz schön ordentlich ausbügeln.
Und die Scheren? Sie brauchen eine größere zum Zuschneiden, eine mittlere zum Arbeiten und eine kleine spitze zum Einknipsen von Nähten oder Knopflöchern. Halten Sie aber alle unter Verschluß: Wenn die Kinder damit Papier schneiden oder Vati sie in seine Bastelwerkstatt entführt, sind sie schnell stumpf.
Daß Ihr Maßband eine gute Qualität haben sollte, leuchtet ein: schlechte Maßbänder sind ungenau.
Dann brauchen Sie noch Heftgarn, ein kleines Sortiment Nähseide in den üblichen Grundfarben und Schneiderkreide, die immer gut angespitzt sein sollte.
Natürlich sollten Sie Ihre Arbeit auch ins rechte Licht rücken. Wenn Sie Ihre Nähecke an einem dunklen Platz einrichten, werden sich Ihre Augen prompt beschweren. Da man dunkle Stoffe ohnehin am besten bei Tageslicht näht, ist ein Fensterplatz genau das Richtige. Abends sollten Sie eine schöne helle Lampe mit einer Milchglasbirne haben, die nicht so leicht blendet.
Das kleinste, aber wichtigste Werkzeug ist natürlich die Nähnadel. Vor viertausend Jahren war sie aus feinen Knochen und hatte schon ein richtiges Öhr zum Durchziehen des »Nähfadens«. Heute ist sie aus gutem Stahl. Hier sollten Sie nicht sparen: Mit krummen Nadeln kann man keine geraden Nähte machen. Daß Sie verschiedene Nadelstärken brauchen, ist sicher klar. Nehmen Sie immer die feinste Nadel, die noch zum Stoff paßt.
So, jetzt haben Sie fast alles zusammen. Bis auf einen Spiegel, in dem Sie sich ganz sehen können. Vielleicht hat Ihr Kleiderschrank einen? Sonst können Sie sicher einen an der inneren Schranktür anbringen. Schön, wenn Sie auch einen zweiten für rückwärts haben. Schließlich lernen die Menschen Sie ja auch »von einer anderen Seite kennen«. Daß Sie selbst rundum mit Ihren schönen Modellen zufrieden sind, wünschen wir Ihnen von ganzem Herzen.

So fädeln Sie einen Faden ein

Es gibt Nähgarn in verschiedenen Stärken und Qualitäten. Verwenden Sie nur gutes Markengarn oder gute Nähseide, es ist sonst schade um Ihre kostbare Arbeitszeit. Die paar Pfennige an Mehrkosten machen sich durch Haltbarkeit und Korrektheit der Nähte bezahlt. Sehr zu empfehlen sind auch die Synthetik-Garne, die ganz fein, sehr haltbar und in vielen hundert Farbnuancen zu haben sind.
Nähen Sie mit einer Nadel, die fein, spitz und nicht zu kurz ist. Besonders dünne Stoffe nehmen eine dicke Nadel übel.

1 Reißen Sie den Faden nicht einfach ab: Die Enden gehen schwer durch die Nadel. Bitte abschneiden!

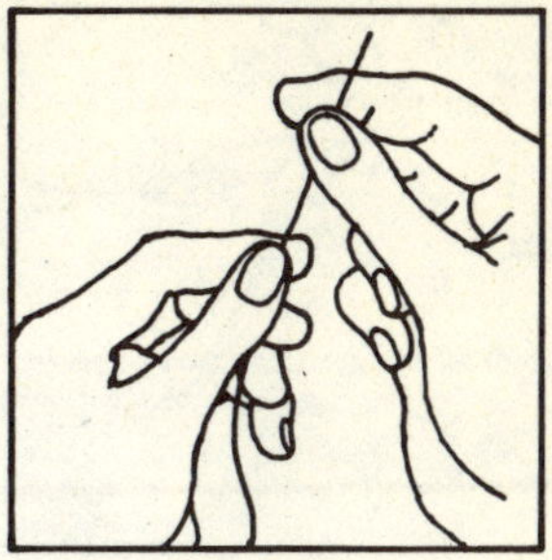

2 Befeuchten Sie das Fadenende mit Daumen und Zeigefinger und schieben Sie es hin und her.

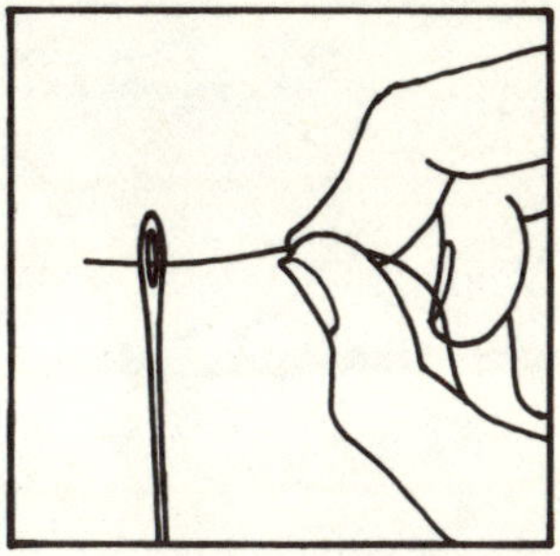

3 Jetzt können Sie den Faden gerade durch das Nadelöhr führen. Benutzen Sie eine möglichst feine dünne Nadel.

4 Nähfäden aus Chemiefasergarnen fransen leicht aus. In diesem Fall nehmen Sie einen »Fadenführer«.

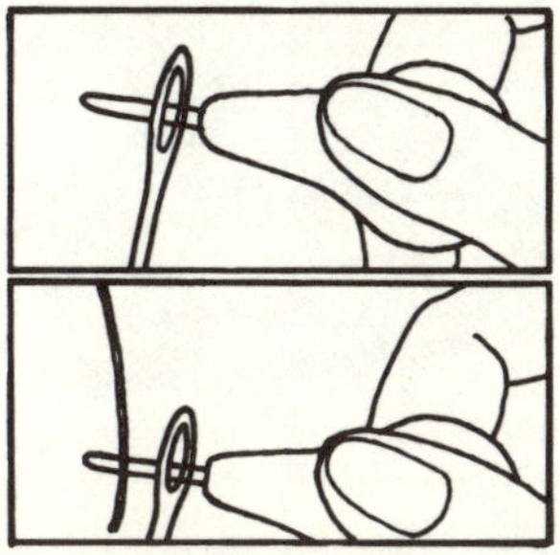

5 Stecken Sie die Öse des Fadenführers durch die Nadel und holen Sie damit den Faden durchs Öhr.

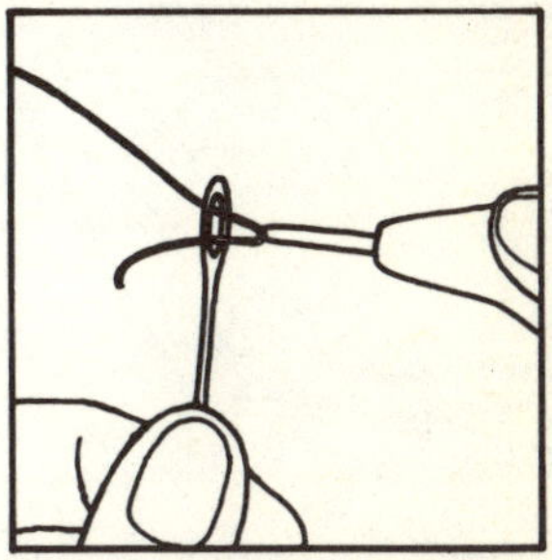

6 So sieht das Durchziehen aus! Sie können den Fadenführer auch benutzen, wenn Sie nicht gut sehen.

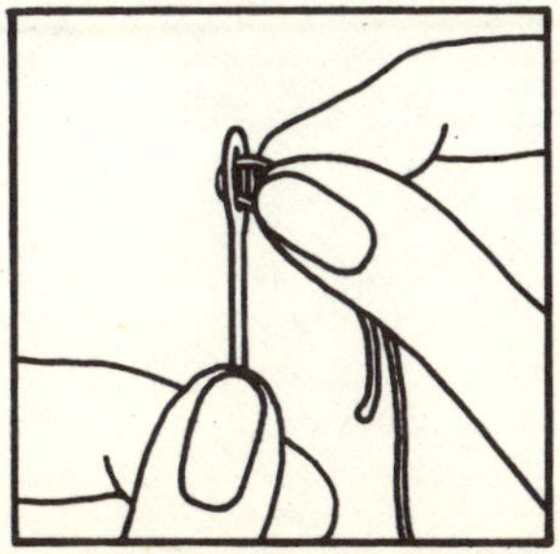

7 Wollfäden legen Sie an einem Ende zusammen. Bitte anfeuchten und durch das Nadelöhr ziehen.

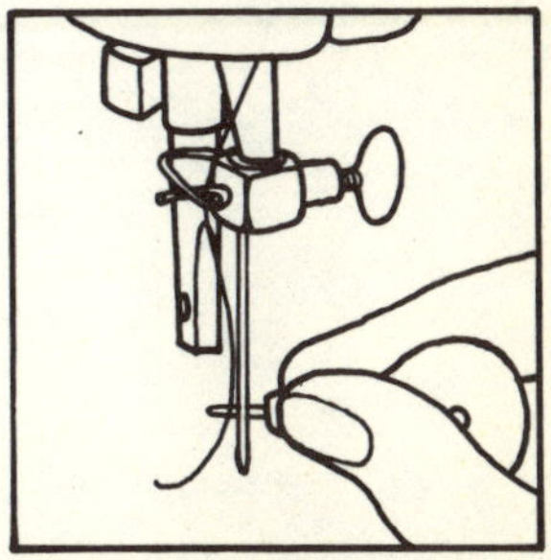

8 Der gleiche Vorgang empfiehlt sich beim Einfädeln der Nähmaschinennadel. Fadenführer.

Das sind die wichtigsten Handstiche

Reihstich

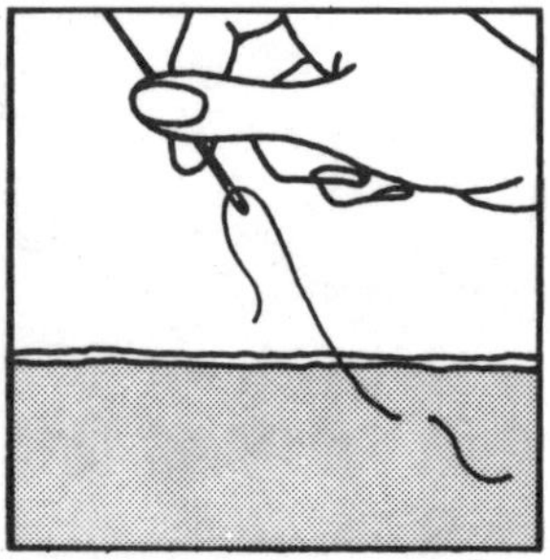

1 Führen Sie die Nadel von oben nach unten und wieder nach oben. Das ist der einfachste Laufstich.

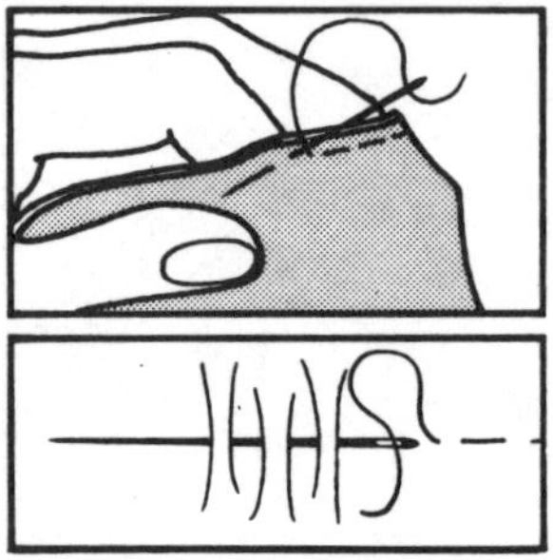

2 Sie können ihn zum Heften und Kräuseln benutzen. Mit etwas Geschick mehrere Stiche machen.

Steppstich

1 Machen Sie bitte als erstes einen kleinen Laufstich. In den meisten Fällen dürfen Sie einen Knoten machen.

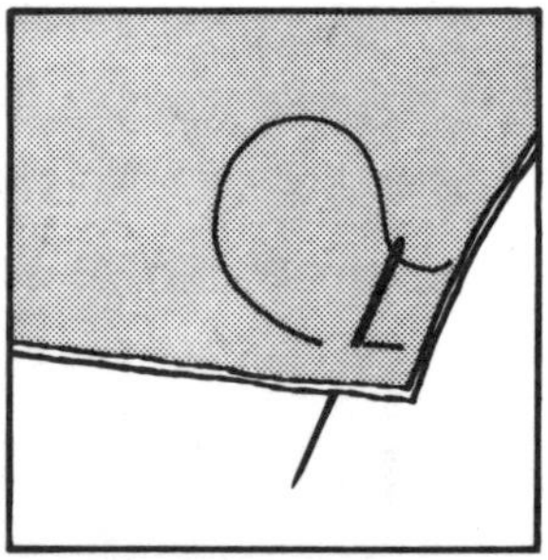

2 Führen Sie die Nadel am Ende des ersten Stiches wieder in den Stoff ein. Faden locker anziehen.

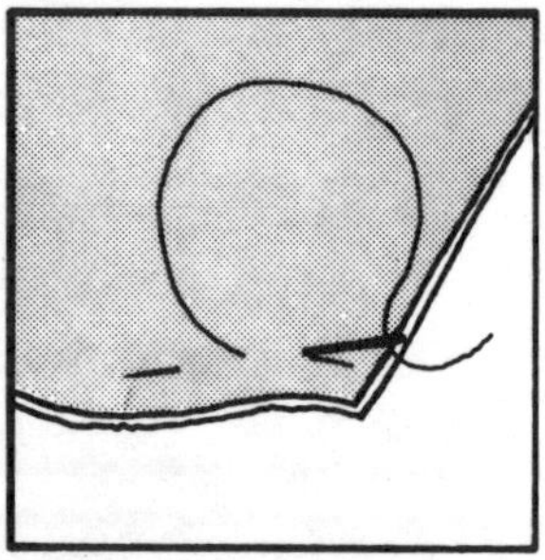

3 Auf der Unterseite entsteht ein größerer Stich, denn Sie stechen auch hier wieder am Stichende ein.

4 Wenn Sie so weiternähen, ergibt sich eine Naht, die wie eine Maschinennaht wirkt und sehr haltbar ist.

Gewöhnen Sie sich an, mit Fingerhut zu nähen: Zerstochene Finger sind nicht gerade eine Zierde, und Sie haben sich schneller an einen Fingerhut gewöhnt, als Sie vielleicht glauben.

Saumstich

Ziehen Sie den Faden nie zu straff an, man sieht sonst auf der rechten Seite den Durchdruck der Stiche. Fassen Sie vom Oberstoff immer nur einige Fäden und nähen Sie nach Möglichkeit nicht mit zu großen Stichen. Nehmen Sie bitte keinen doppelten Faden: ein feiner, aber fester Faden verarbeitet sich besser! Und Sie kennen sicher auch das Sprichwort von dem faulen Mädchen mit dem langen Fädchen. Der Faden sollte nicht länger als 40 cm sein.

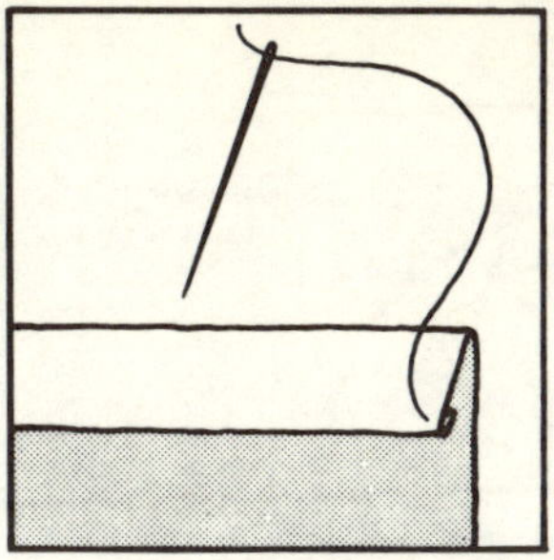

1 Schlagen Sie die Saumkante ganz schmal um. Machen Sie einen Knoten, führen Sie die Nadel in den Bruch.

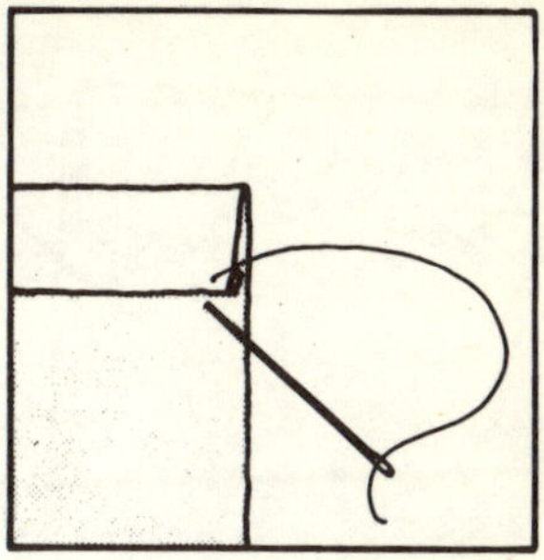

2 Stechen Sie knapp unter der umgeschlagenen Kante in den Oberstoff. Bitte nur zwei bis drei Fäden fassen.

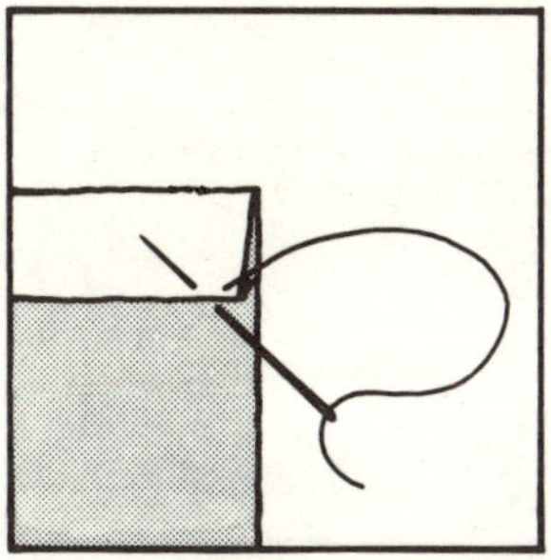

3 Jetzt führen Sie die Nadel von unten nach oben durch den Stoff des Saumes. Faden nicht zu straff ziehen.

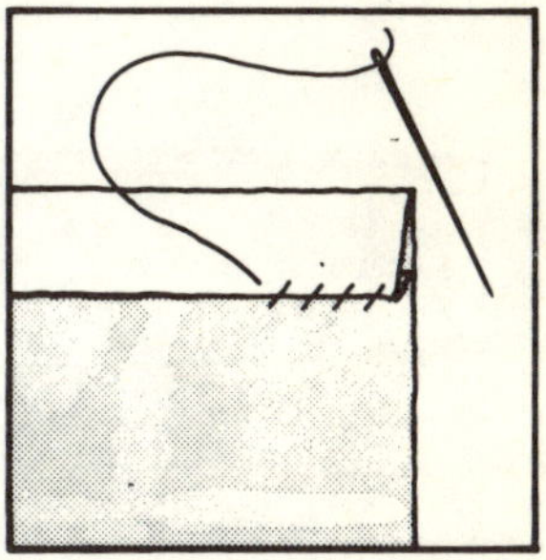

4 Je nach Stoffart können Sie einen Stich nach dem anderen - oder mehrere Stiche machen.

Laufender Saumstich

Bei dem fortlaufenden Stich können Sie einige Stiche auf einmal machen und dann erst den Faden anziehen. Der Rückstich wirkt dagegen wie eine Maschinennaht, wenn er gleichmäßig und ordentlich gemacht wird. Wenn Sie noch nicht viel genäht haben, sollten Sie ihn an einem Stoffrest einmal üben, bevor Sie an Ihren teuren Stoff herangehen. Ein Wort noch zum Garn: Billiges Baumwollgarn verknotet sich leicht und eignet sich nicht für diese Arbeit. Nehmen Sie ein gutes Seiden- oder Synthetik-Garn, dann geht Ihnen die Arbeit leichter von der Hand.

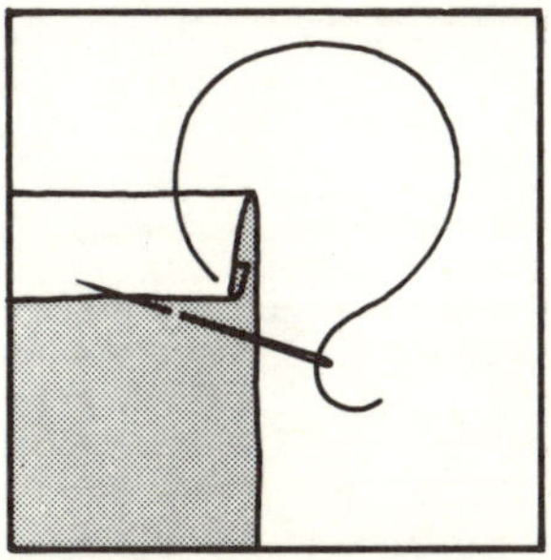

1 Beginnen Sie wie beim ersten Saumstich. Führen Sie die Nadel jedoch etwas weiter entfernt in den Stoff.

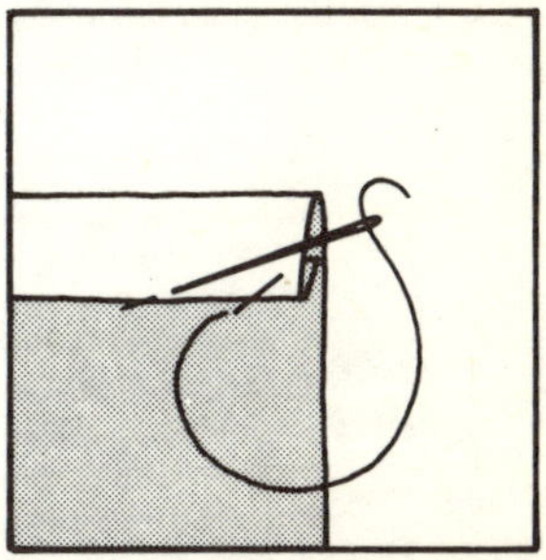

2 Fassen Sie vom Oberstoff nur zwei bis drei Fäden, dann wieder nur den Stoff des Saumes fassen und so fort.

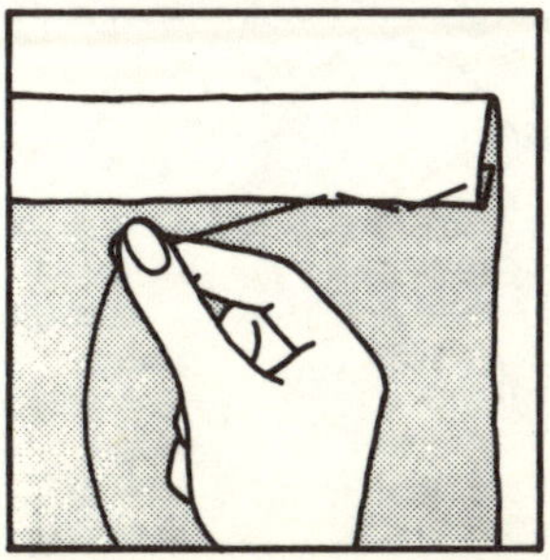

3 Ziehen Sie den Faden nur leicht an. Bei dünnen Geweben ist rechts kaum ein Stich zu erkennen.

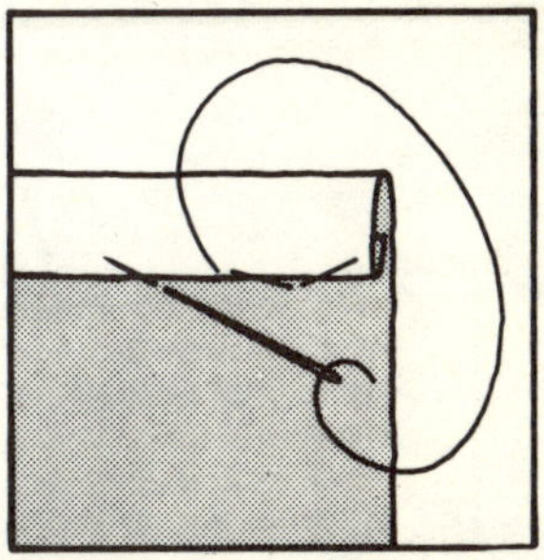

4 Stecken Sie immer knapp von der Saumkante entfernt wieder ein. Die Stiche sollten etwa 1/2 cm groß sein.

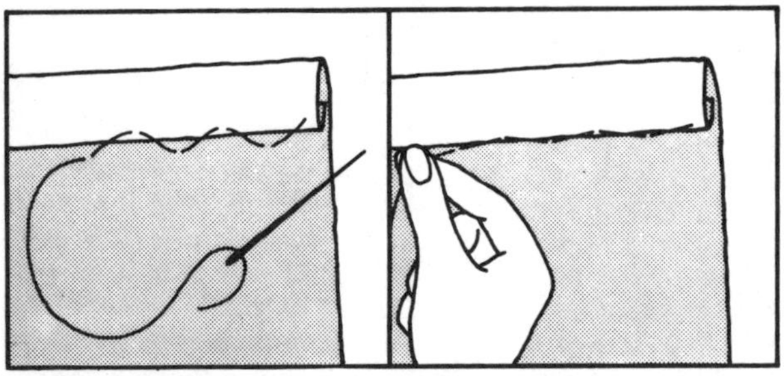

5 Wenn Sie schon etwas geschickt sind, dürfen Sie auch mehrere Stiche in einem Zuge machen. Natürlich sollen alle gleich groß sein. Ziehen Sie den Faden auch hier nur leicht an, damit es keine krausen Stellen gibt!

Überwendliche Stiche

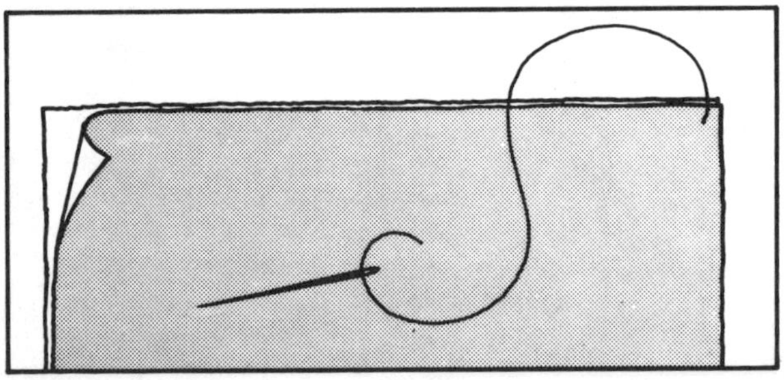

1 Ob Sie von rechts nach links - oder von links nach rechts arbeiten, ist Ihnen überlassen. Bitte beginnen Sie mit einem kleinen Knoten auf der Rückseite des Stoffes. Diesen Stich brauchen Sie auch zum Versäubern der Naht.

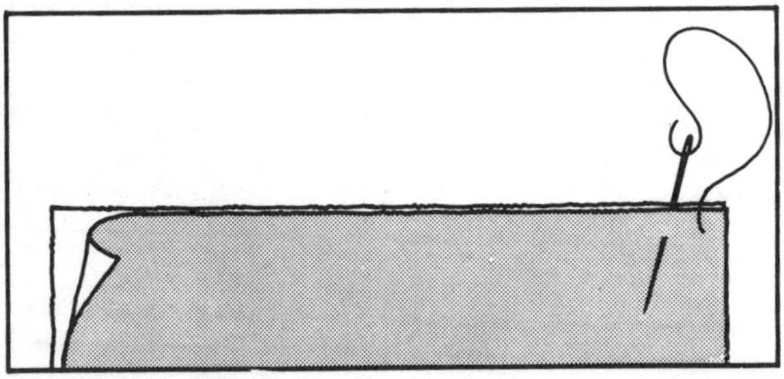

2 Führen Sie die Nadel immer von der Rückseite des Stoffes zur Vorderseite hin. Ziehen Sie auch hier den Faden nicht zu straff, damit sich keine Kräusel bilden! Auch zwei Stofflagen lassen sich so miteinander verbinden.

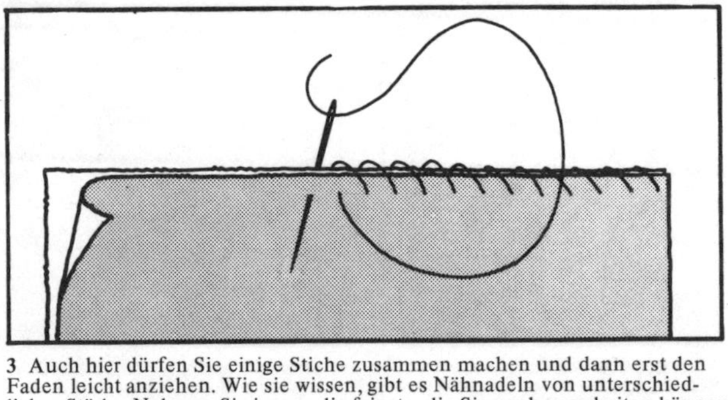

3 Auch hier dürfen Sie einige Stiche zusammen machen und dann erst den Faden leicht anziehen. Wie sie wissen, gibt es Nähnadeln von unterschiedlicher Stärke: Nehmen Sie immer die feinste, die Sie noch verarbeiten können!

Der Heftstich

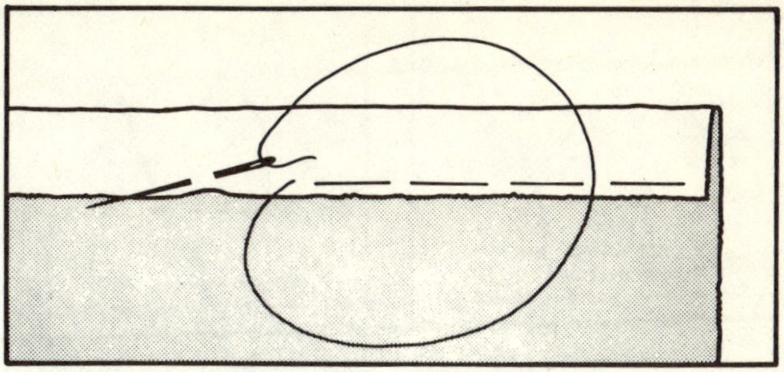

1 Mit ihm lassen sich Säume, Kanten, Belege und Bänder umheften. Bei den meisten Stoffen werden Sie dafür ein feines Reihgarn benutzen. Nur bei sehr feinen Geweben wie Organza oder Voile ist Nähseide besser.

Der Hexenstich

Mit »Hexenstichen« lassen sich Säume, Kanten und Belege annähen, ohne daß auf der rechten Seite etwas zu sehen ist.
Der Trick: Fassen Sie beim Saum nur den Stoff des Saumes und beim Fassen des Oberstoffes nur zwei bis drei Fäden. Ziehen Sie den Faden nicht zu straff und lassen Sie zwischen Saumkante und Stichen zwei bis drei Millimeter frei.
Der Saum hat dann Bewegungsfreiheit; er kann sich hin und herschieben und ist auf der rechten Seite schön glatt.

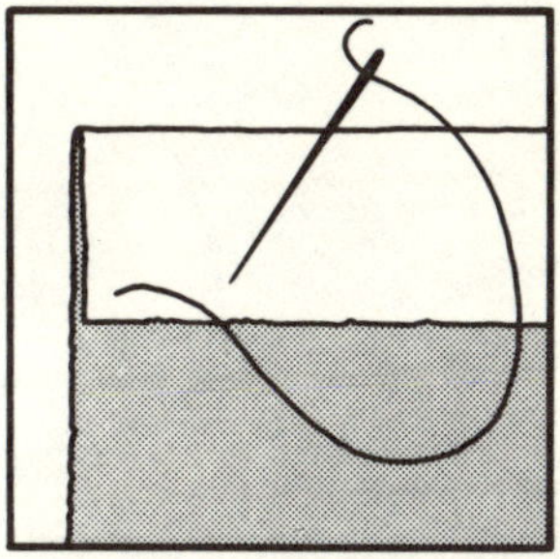

1 Arbeiten Sie von links nach rechts. Machen Sie einen Knoten und führen Sie die Nadel von unten nach oben.

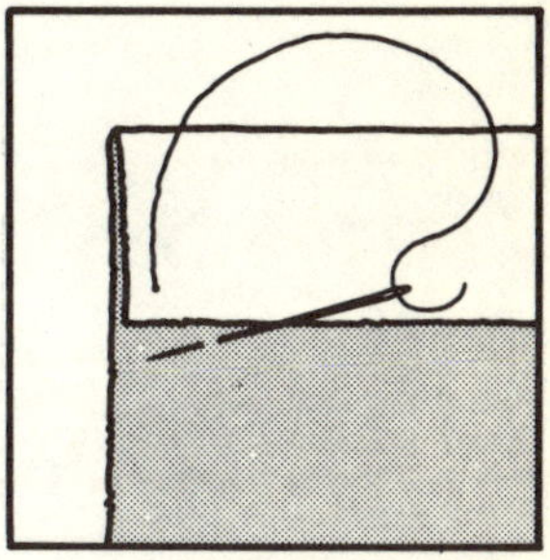

2 Dann führen Sie die Nadel nach unten rechts in den Stoff. Bitte fassen Sie dabei nur zwei oder drei Fäden.

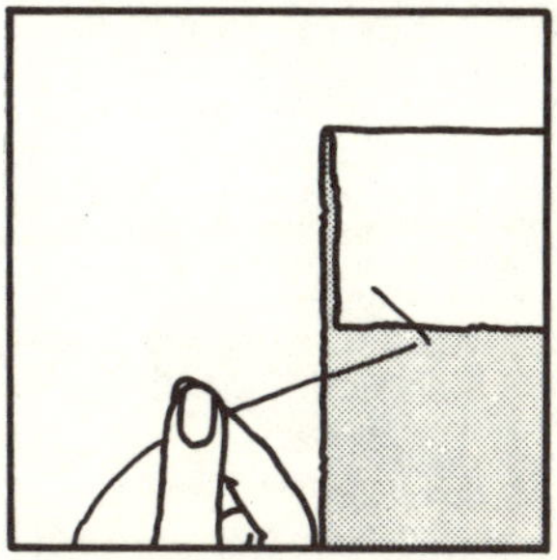

3 Ziehen Sie den Faden nur leicht an. Der Einstich sollte nicht zu knapp unter der Kante liegen.

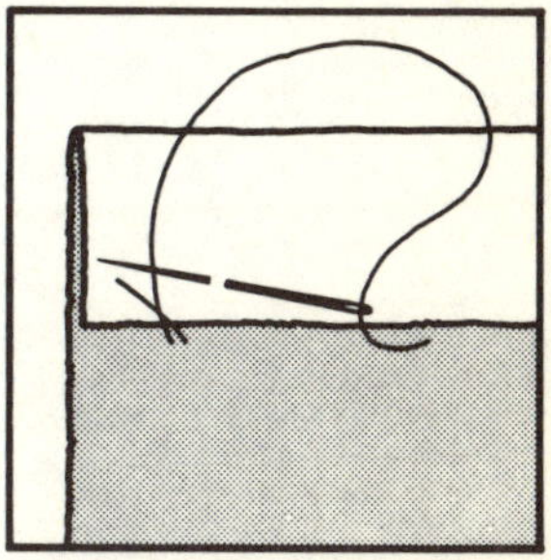

4 Führen Sie jetzt die Nadel wieder in den Saum ein. Stechen Sie bitte nicht bis auf die Oberseite durch.

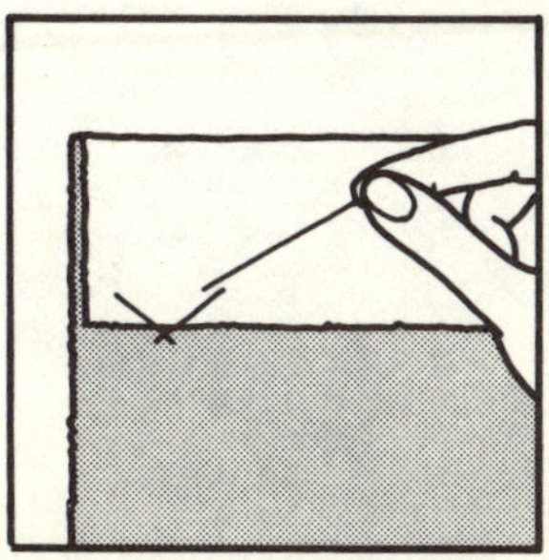

5 Den Faden wieder anziehen. Er sollte nicht zu straff werden, dann ist er von rechts fast unsichtbar.

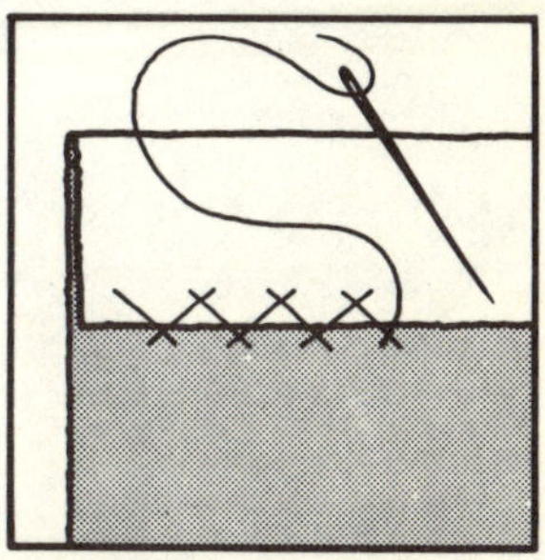

6 Fahren Sie fort. Der Saum hat etwas Bewegungsfreiheit und kann sich oben nicht durchdrücken.

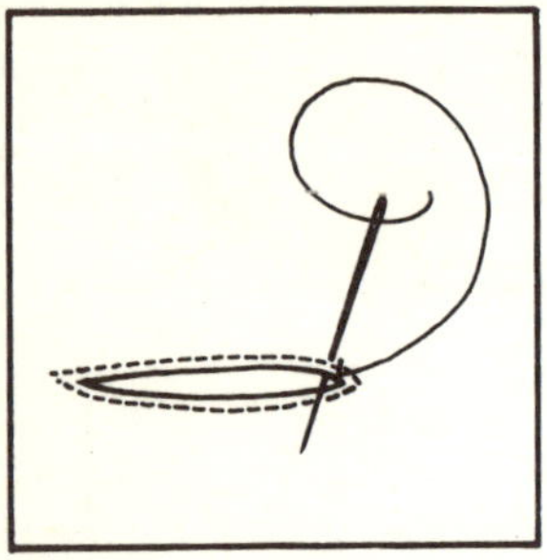

1 Wenn Sie das Knopfloch durchgesteppt und aufgeschnitten haben, führen Sie die Nadel nach unten.

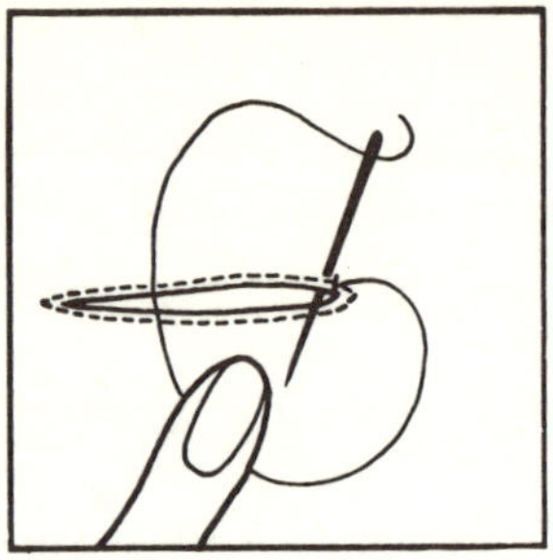

2 Legen Sie dann den Faden um die Nadel herum. Auf diese Weise entsteht beim Anziehen eine Schlinge.

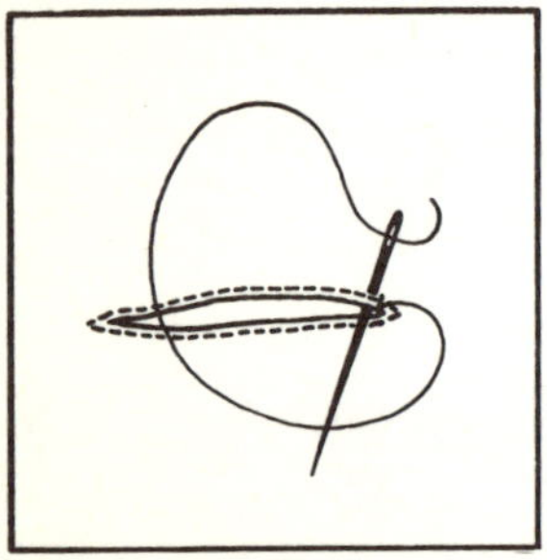

3 Wenn Sie die Nadel mit dem Faden anziehen, liegt die Schlinge genau an der Stoffkante.

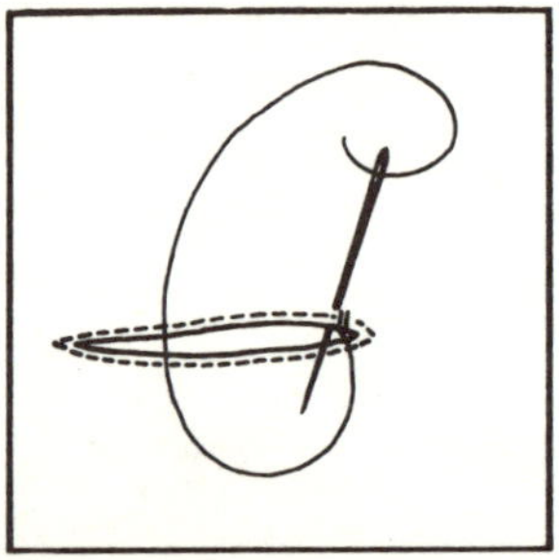

4 Arbeiten Sie so fort, bis das ganze Knopfloch umstochen ist. Arbeiten Sie so gleichmäßig wie nur möglich.

So machen Sie einen Knopflochstich

Wenn Sie die Knopflöcher zuerst umsteppen und erst dann aufschneiden, vermeiden Sie das Ausdehnen des Stoffes.
Daß Sie die Knopflöcher von der rechten Seite, also der Oberseite des Kleidungsstückes aus machen, ist sicher selbstverständlich. Die Lösung »Handknopfloch« wie hier oder Paspelknopfloch (siehe Seite 44) ist Geschmackssache. Grundsätzlich können Sie beide Knopflocharten in jedem Kleidungsstück machen. Bei sehr dicken Stoffen werden Sie aber dem Handknopfloch den Vorzug geben, weil ein Paspelknopfloch, das ja mit Stoff gemacht wird, zu dick würde.

Normale Reihenstiche

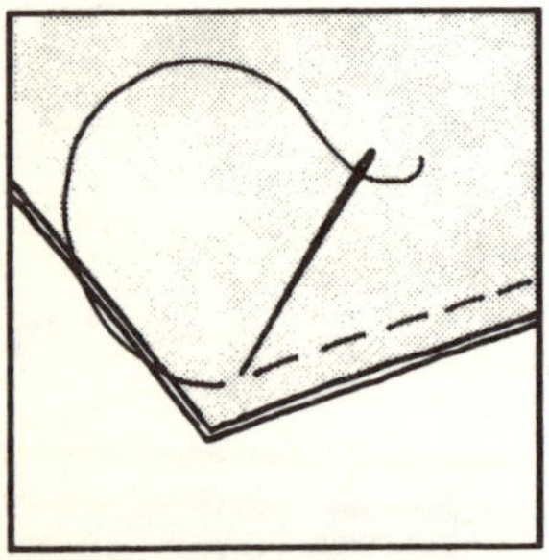

1 Mit diesen Reihstichen können Sie zwei Stofflagen miteinander verbinden. Fäden gut vernähen.

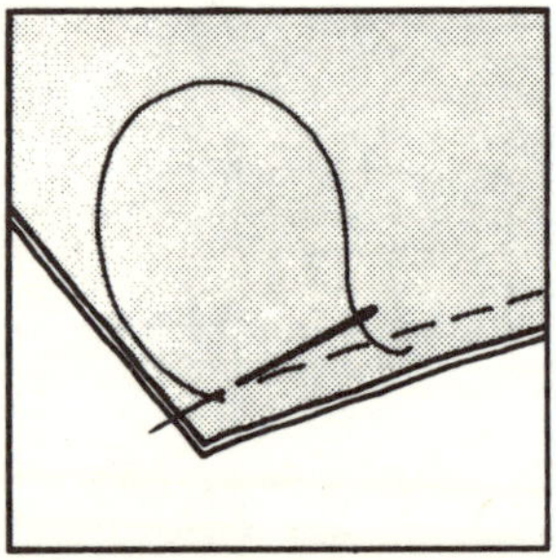

2 Fassen Sie beim Vernähen des Heftfadens nie bis auf die andere Stoffseite durch. Das gibt Kräusel.

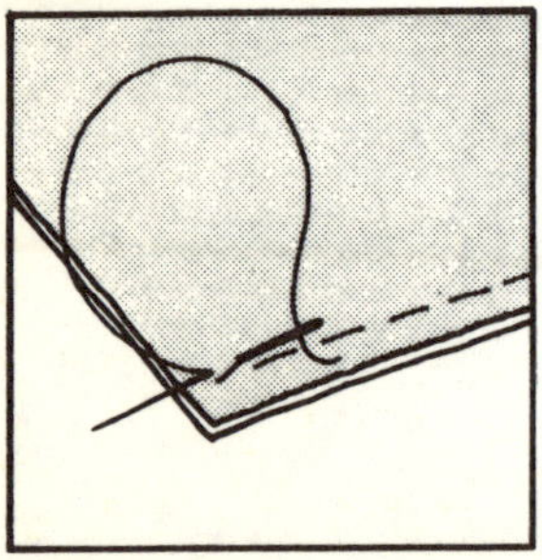

3 Führen Sie die Nadel nur durch die obere Stofflage und ziehen Sie den Faden bitte nicht allzu straff an.

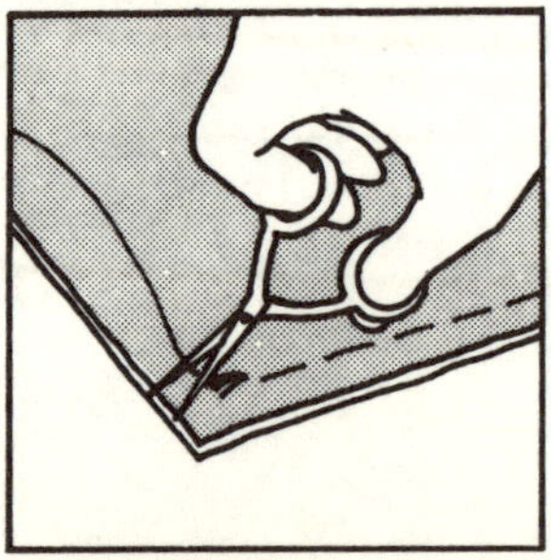

4 Machen Sie einige leicht angezogene Stiche. Faden bitte nicht verknoten, sondern abschneiden.

Nähte

Glatte Nähte
Verdeckte Nähte

Beim Maschinensteppen ist die richtige Fadenspannung wichtig: In Ihrer Anleitung für die Nähmaschine ist genau beschrieben, wie Sie die Fadenspannung verändern können. Diese kleine Mühe hilft Ihnen, die unterschiedlichen Stoffqualitäten korrekt und glatt zu steppen, ohne daß die Nähte kraus werden. Hier stellen wir Ihnen die wichtigsten Nähte vor: sicher finden Sie manchen Tip, der Ihnen die Arbeit leichter macht. Die häufigste Naht besteht aus dem Aufeinandersteppen von zwei Stofflagen. Denken Sie bitte einmal an eine Seitennaht, bei der das Rückenteil mit dem Vorderteil verbunden wird. Aber es gibt auch andere Nahtformen: Bei der Kappnaht zum Beispiel vermeiden Sie die offene Stoffkante durch das zweifache Steppen: Einmal von rechts und einmal von links. Dann gibt es noch die verschiedenen Ziernähte, die zum Betonen von Kragen, Taschen, Manschetten oder Säumen benutzt werden.
Ein Saum dagegen ist keine Naht, sondern das Umschlagen und Befestigen einer Stoffkante auf der linken Seite. Er kommt bei der unteren Kante eines Kleides, eines Rockes oder der Ärmel in Frage.

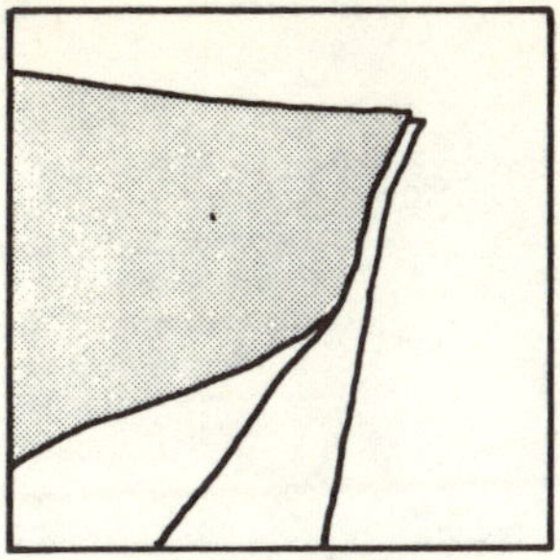

1 Legen Sie die beiden Stoffteile rechts auf rechts aufeinander. Achten Sie auf den richtigen Fadenlauf.

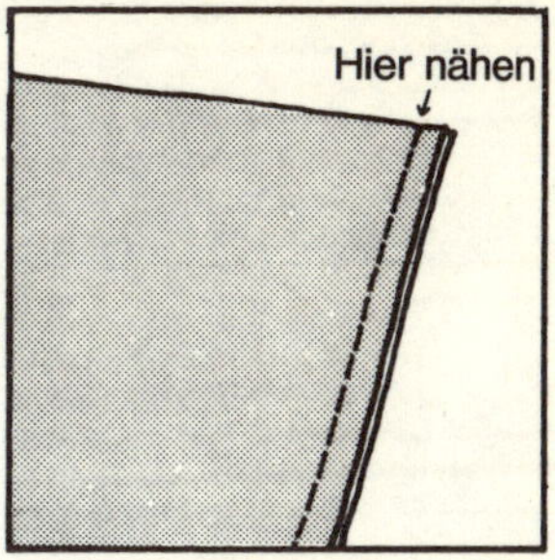

2 Gemusterte Stoffe vorher stecken, uni Stoffe können gleich mit kleinen regelmäßigen Stichen genäht werden.

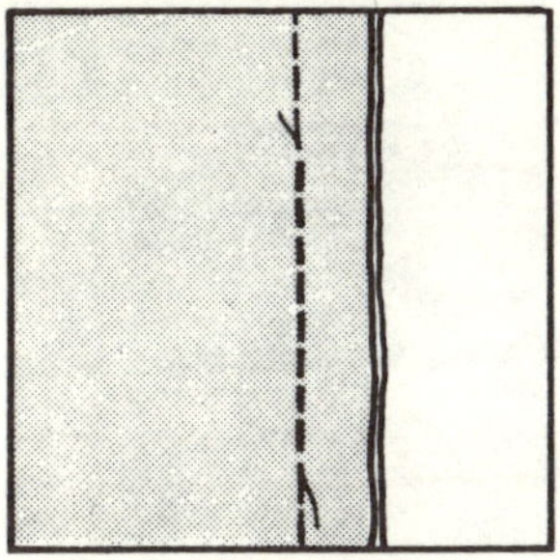

3 Wenn der Faden zu Ende ist, können Sie den neuen Faden einige Stiche zurück einführen (statt Knoten).

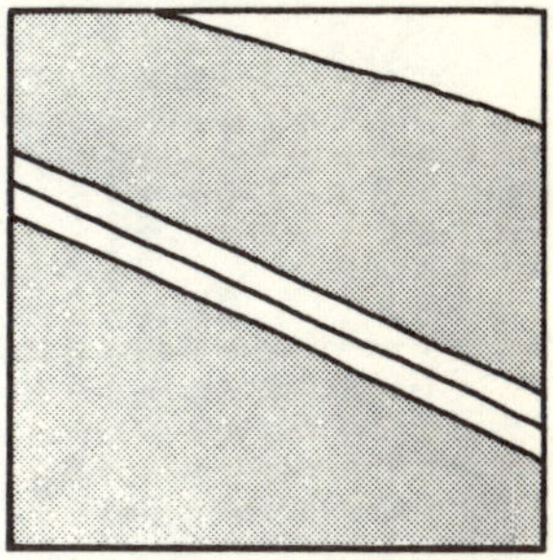

4 Die Naht wird auf der linken Seite auseinandergebügelt. Bei dickeren Stoffen mit feuchtem Tuch.

1 Legen Sie die Nahtkanten so aufeinander, daß die hintere Kante etwas übersteht. (Fadenlauf.)

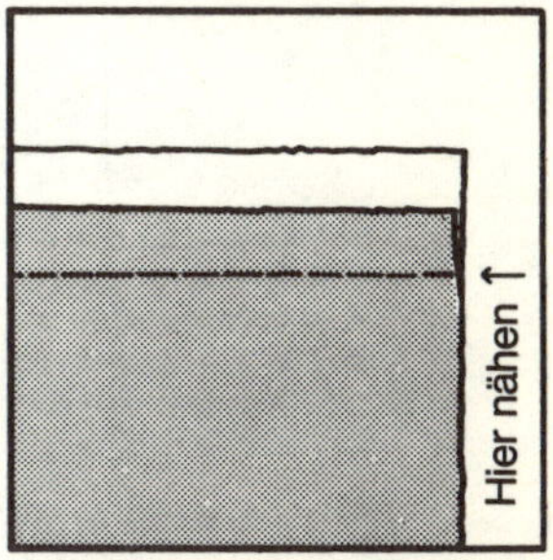

2 Jetzt steppen Sie die Kanten mit der schmalen Nahtkante nach oben ab. Stichlänge ca. 1/2 cm.

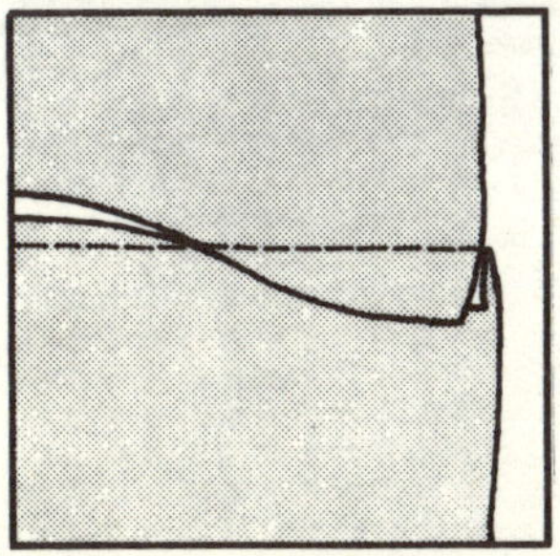

3 Die naht wird nicht auseinander-, sondern zusammengebügelt. Dabei liegt die breite Nahtkante oben.

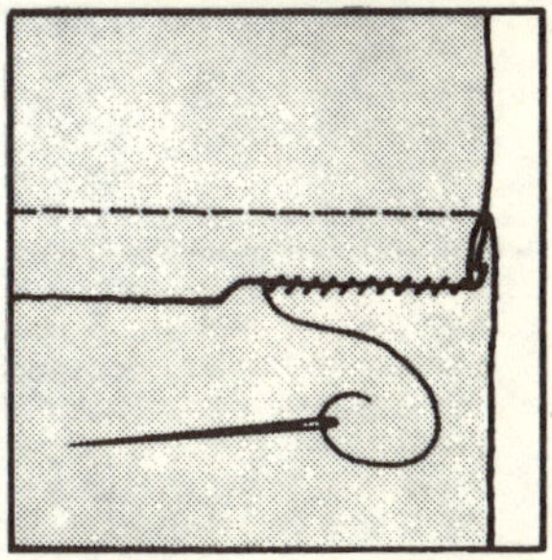

4 Nun können Sie die breite Nahtkante umschlagen und mit kleinen Stichen am Oberstoff festnähen.

Französische Naht

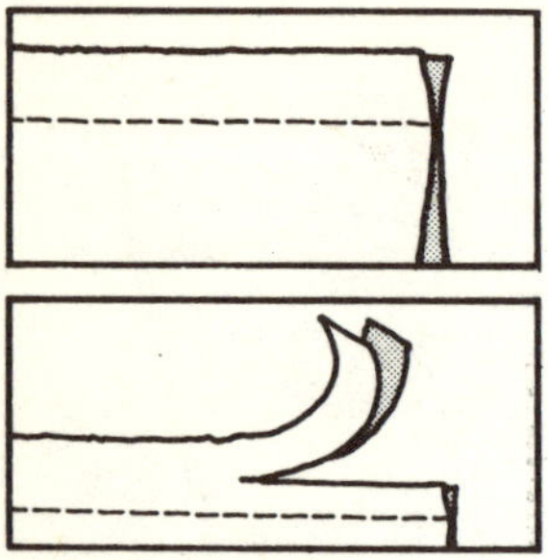

1a Die Nahtbreite wird auf 1/2 cm sauber zugeschnitten. Leichtes Überbügeln erleichtert die Arbeit.

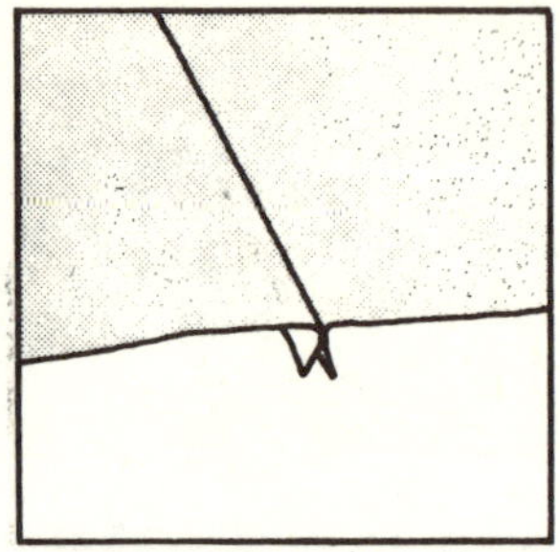

2 Die dunkle Fläche ist die linke Seite des Stoffes. Die schmale Naht liegt also auf der rechten Seite.

3 Schieben Sie die Naht zwischen Daumen und Zeigefinger genau in den Bruch. Feine Stoffe bitte bügeln.

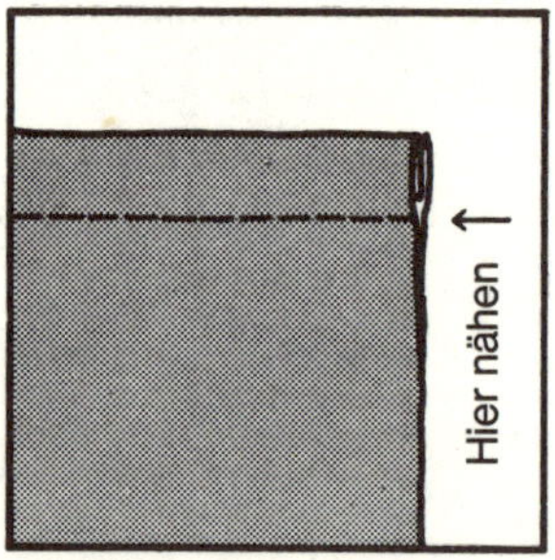

4 Die Naht auf der linken Seite absteppen. Sie haben so auf beiden Seiten einen sauberen Abschluß.

Abgesteppte Nähte

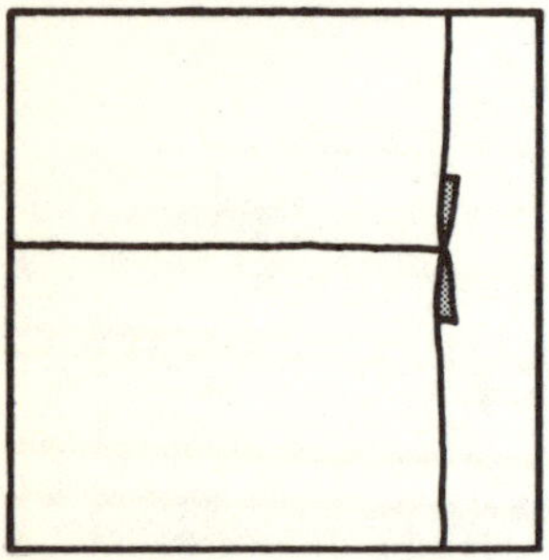

1 Steppen sie eine normale Naht und bügeln Sie sie sorgfältig aus. Bei dickeren Stoffen mit feuchtem Tuch.

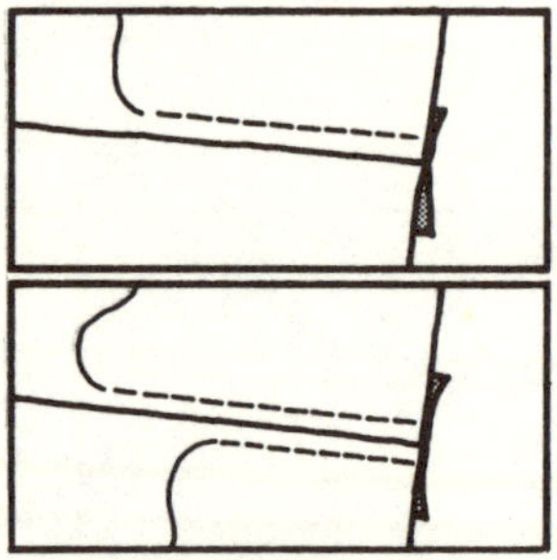

2 Steppen Sie die Naht auf der Oberseite des Stoffes ab. Ein- oder zweimal neben der Naht.

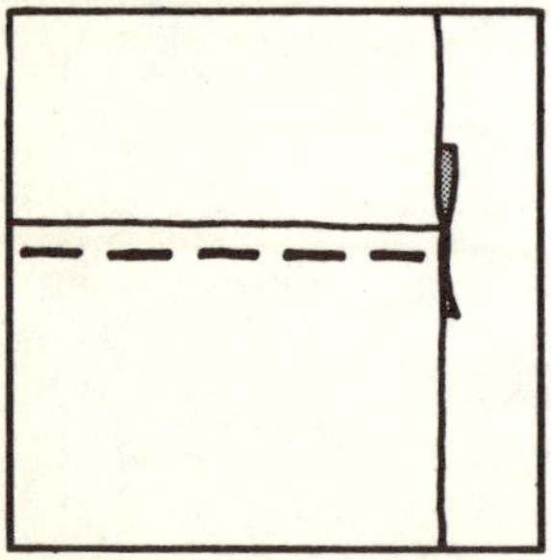

3 Einen besonderen Effekt gibt eine handgenähte Steppnaht, die auch eine Kontrastfarbe haben darf.

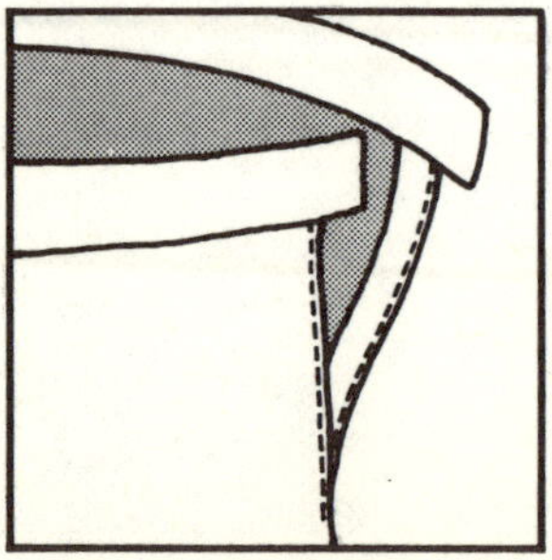

4 Hilfe beim Reißverschluß: Erst die geschlossene Naht absteppen, bügeln und auftrennen.

Wenn Sie einmal im Zweifel sind, ob Sie beim Aussuchen der passenden Nähseide lieber den helleren oder den dunkleren Ton wählen sollen: Nehmen Sie lieber eine Nuance dunkler als zu hell, das sieht hübscher aus. Auch beim Absteppen der Nähte sieht ein etwas dunklerer Ton besser aus!

Betonte Nähte

Wenn Sie die Nähte breiter absteppen, können Sie ein Spezialfüßchen nehmen oder die Entfernung mit einem leichten Kreidestrich markieren.
Wenn Sie mit dem Absteppen die Naht absichtlich betonen möchten, können Sie als Oberfaden auch eine farblich passende Knopflochseide nehmen. Falls sie nicht haargenau den gleichen Farbton bekommen, kann der Ton eher etwas dunkler als heller sein wie bei der Nähseide auch.

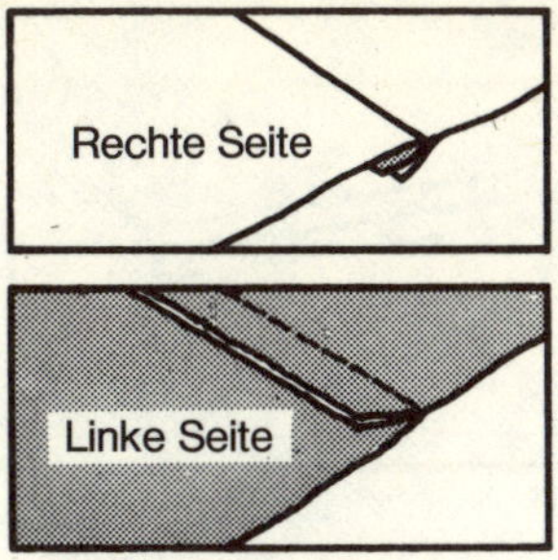

1 Bügeln Sie die Naht in nur eine Richtung und nicht auseinander. Auf der linken und rechten Seite.

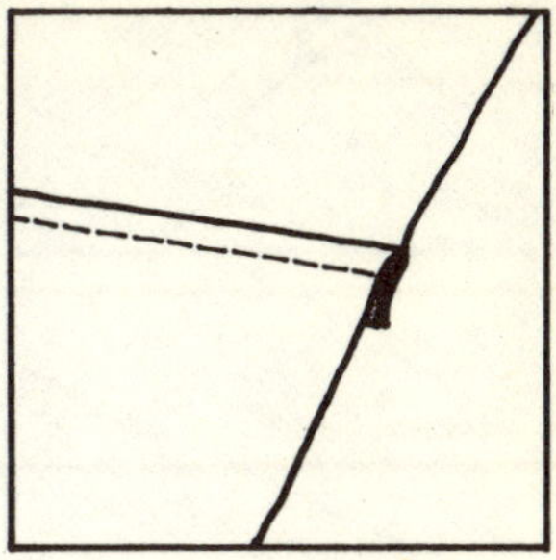

2 Steppen Sie die Naht auf der rechten Seite 1/2 cm von der Nahtlinie entfernt auf. Gut bügeln.

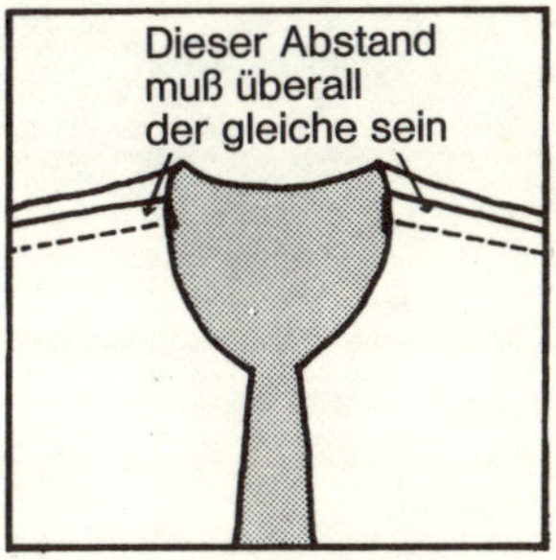

3 Natürlich soll die Stepplinie an beiden Schulternähten den gleichen Abstand haben. Evtl. abmessen.

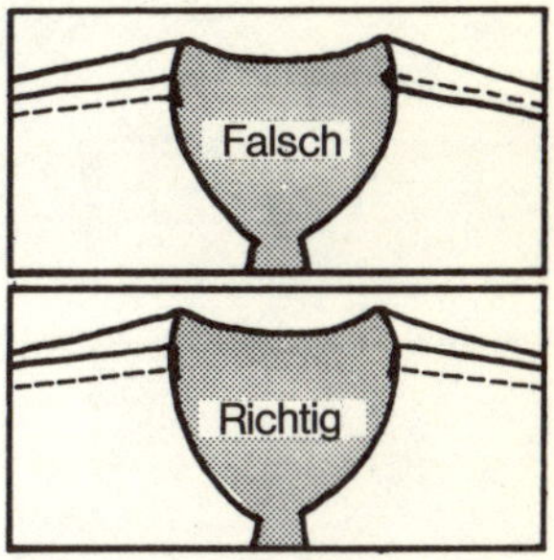

4 Wie merkwürdig zwei verschiedene Steppnähte wirken, sehen Sie hier oben. Unten ist's richtig!

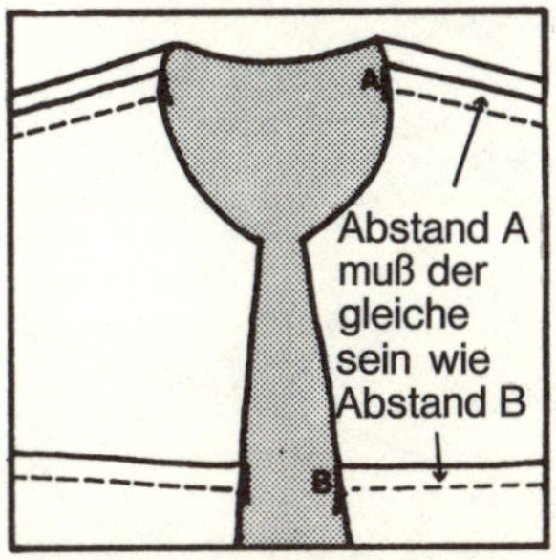

5 Das Absteppen einer Passennaht sollte im Abstand mit der Schulternaht übereinstimmen. Abmessen.

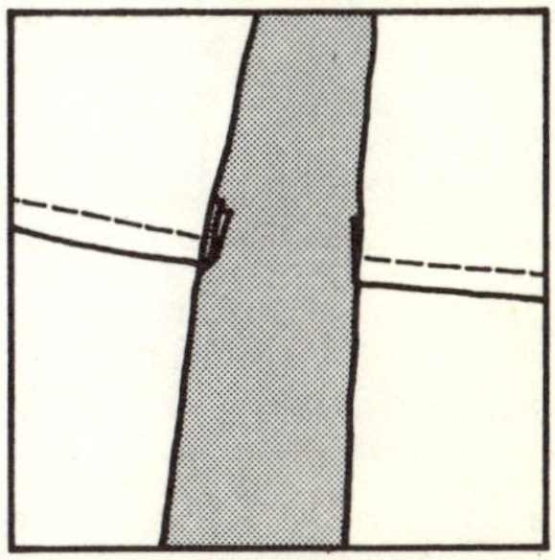

6 Achten Sie auch auf die gleiche Richtung der abzusteppenden Naht. Bei dickeren Stoffen vorher heften.

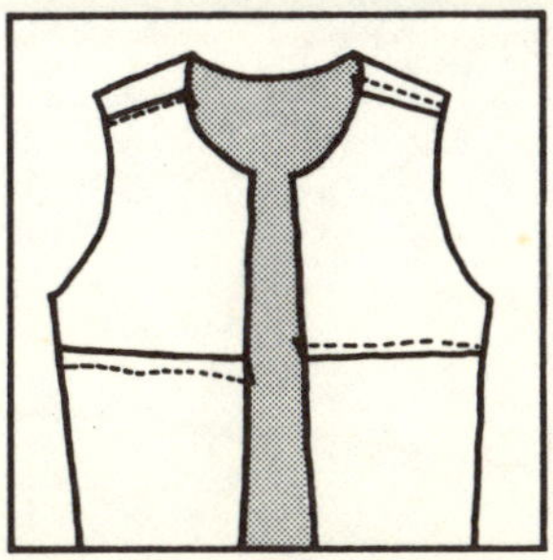

7 Ein sorgfältiges Arbeiten macht nicht mehr Mühe. Es wäre schade, wenn Ihr Oberteil unregelmäßig wird.

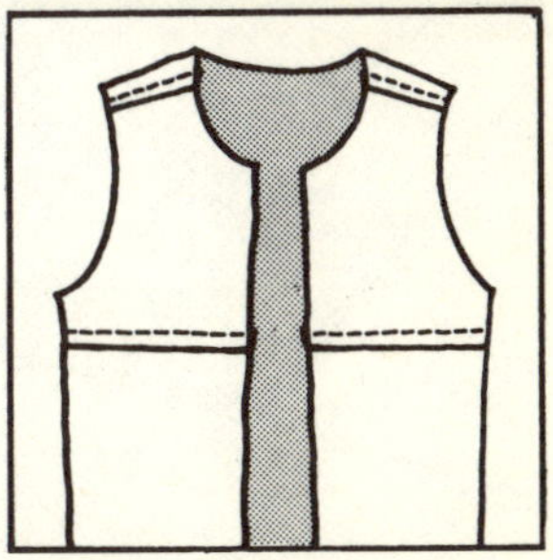

8 So sieht es richtig aus: Alle Nähte sind in gleicher Richtung und mit gleichem Abstand gesteppt.

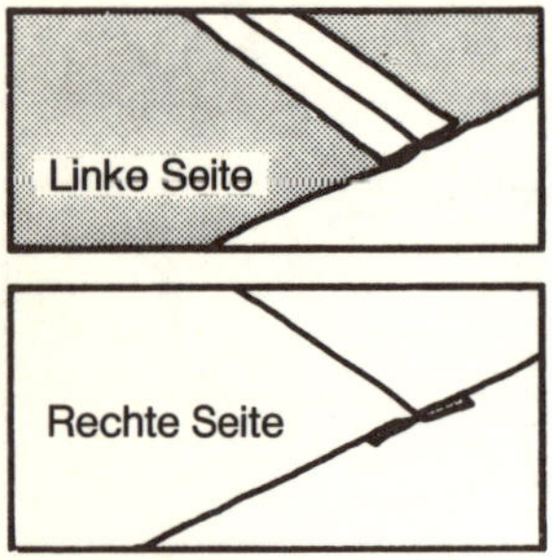

9 Wenn Sie eine Naht doppelt absteppen möchten, sollte sie besonders sorgfältig ausgebügelt werden.

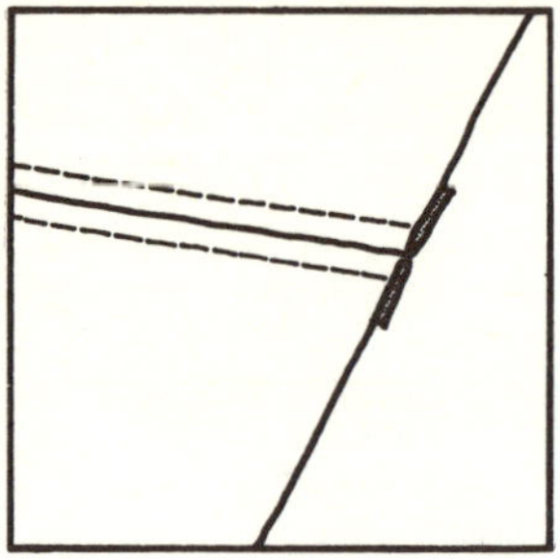

10 Dann ist das Absteppen viel leichter. Achten Sie auch hier auf einen gleichmäßigen Abstand.

Abgesteppte offene Nähte

Untergesetzte Streifen dürfen nicht zu knapp und auch nicht zu völlig sein, sonst beult oder zieht sich die Naht. Machen Sie alle zehn bis fünfzehn Zentimeter eine Markierung mit Stecknadeln oder Reihstichen, damit die Entfernung genau stimmt. Halten Sie das Teil in geriehenem Zustand einmal vor. Sie können dann sehen, ob der untergesetzte Streifen gut fällt. Wenn sich der Oberstoff nicht zieht oder beult, können Sie zufrieden sein. Natürlich können Sie sich auch einen »Schnitt« aus Nessel machen!

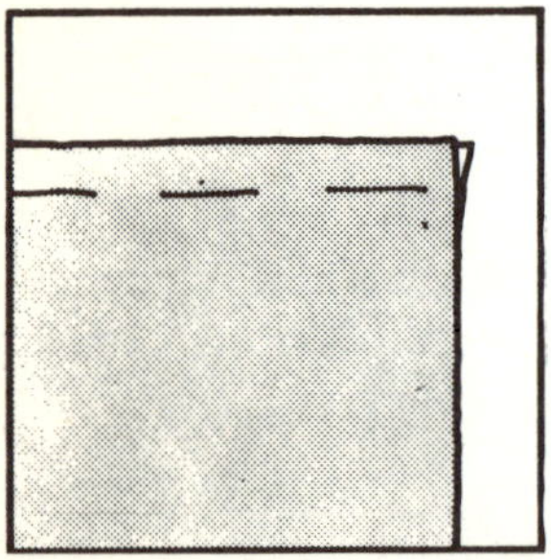

1 Heften Sie die Naht auf der linken Seite wie üblich mit mäßig großen Handstichen zusammen.

2 Bügeln Sie die Naht, ohne sie zu steppen, sorgfältig auseinander. Bei dicken Stoffen mit Feuchttuch.

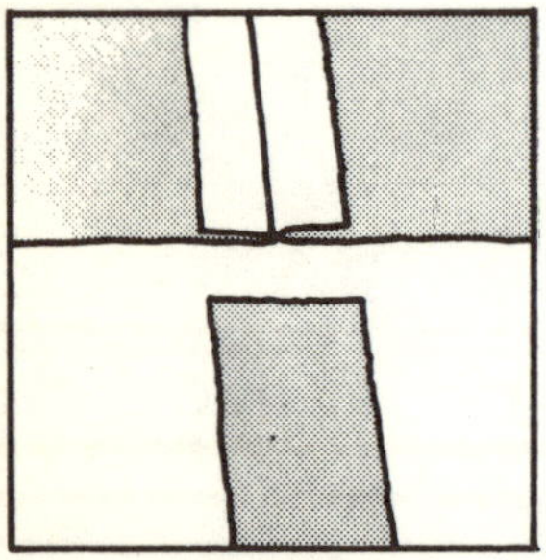

3 Schneiden Sie einen Streifen Stoff in der gesamten Nahtbreite und passendem Fadenverlauf zurecht.

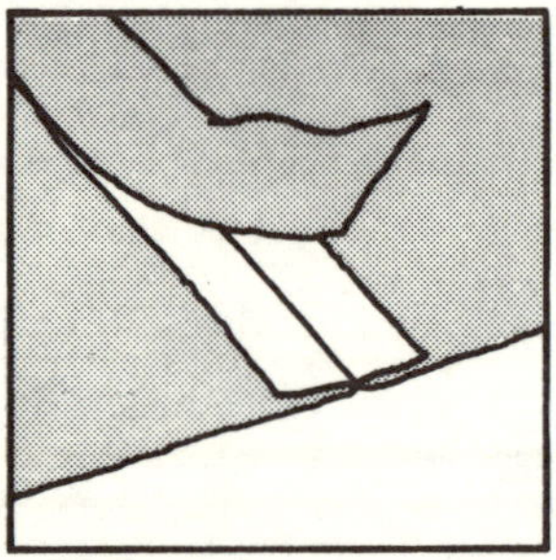

4 Legen Sie ihn auf die Naht, so daß keine Nahtzugabe mehr zu sehen ist. (Kanten versäubern.)

5 Heften sie diesen Streifen genau auf die Naht. Bei feineren Stoffen beide Stofflagen zusammen säubern.

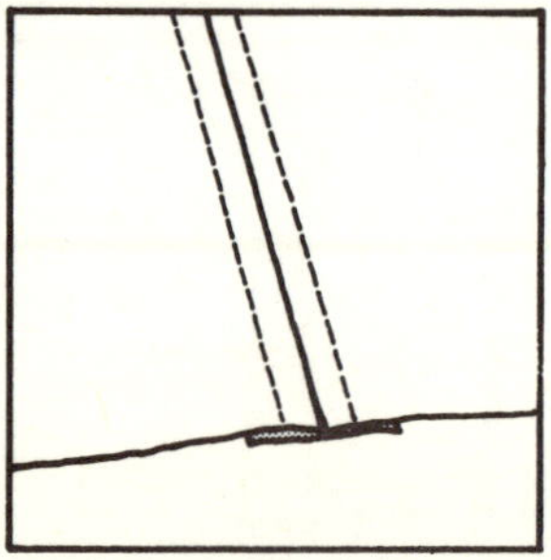

6 Auf der rechten Stoffseite steppen Sie die Naht beidseitig ab. Achten Sie auf einen exakten Abstand.

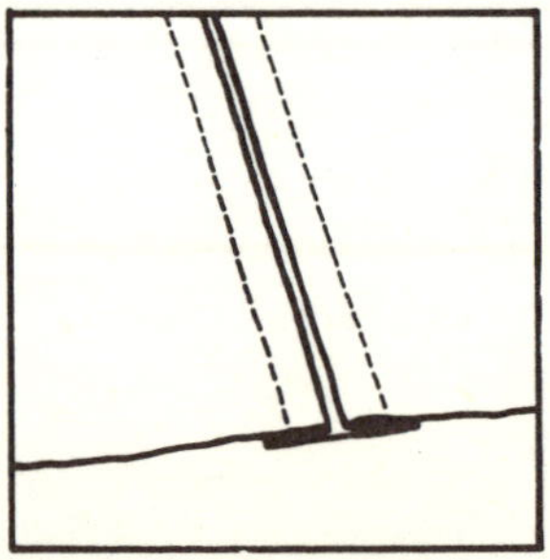

7 Jetzt können Sie die Heftfäden herausziehen. Der Stoffbruch der Naht geht ein wenig auseinander.

Der Stoff

Fadenlauf des Stoffes

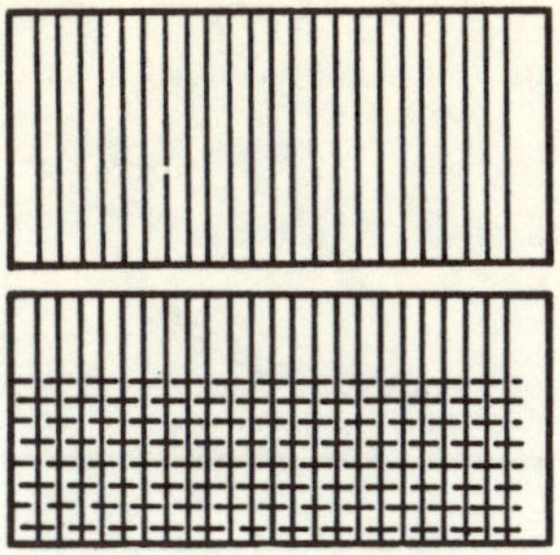

1 Jeder Stoff hat zwei Fadenrichtungen: der »Kettfaden« senkrechte, der »Schußfaden« waagerechte.

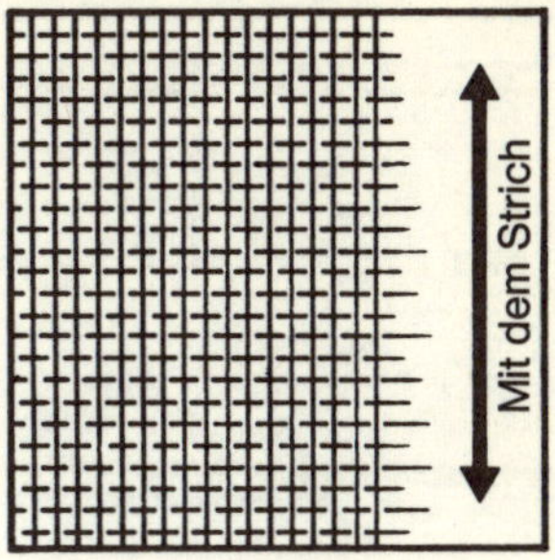

2 Die Bezeichnung »Fadenlauf« auf Ihrem Schnitt meint den geraden Verlauf des Kettfadens (Webkante).

Ein »Fadenlauf« ist erst dann richtig schräg, wenn er in der Diagonale liegt: Schlagen Sie den Stoff zu einem Dreieck (wie ein Kopftuch) um.
Auch wenn Sie knapp mit Stoff sind, sollten Sie lieber einige Schrägstreifen zusammensetzen, als einen Streifen mit nur halbschrägem Fadenlauf zu verwenden!

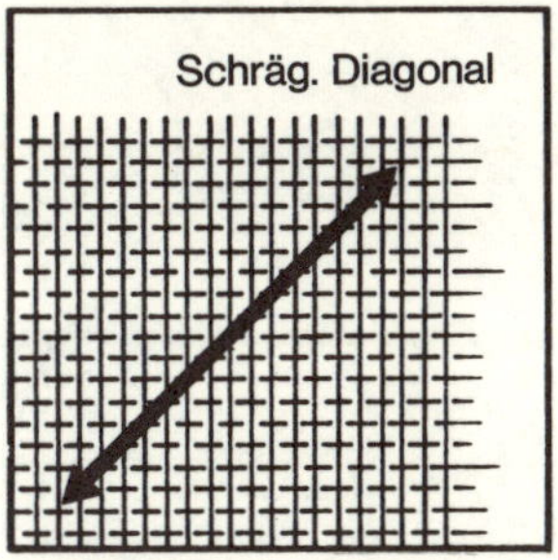

3 Röcke, Kragen und Taschen haben oft einen schrägen Fadenlauf. Er muß auch wirklich diagonal liegen.

Samt

Sehr wichtig: Machen Sie an einem Stoffrest eine Bügelprobe, bei der Sie feststellen, wie heiß Sie Ihren Stoff bügeln dürfen, sonst gibt es Ärger!
Wolle dürfen Sie mit der Einstellung »Wolle« bügeln. Wenn Sie ein feuchtes Tuch verwenden, bekommt der Wollstoff keine Glanzstellen. Bügeln Sie bitte jede Naht nach dem Steppen aus, bevor Sie weiterarbeiten.
Ihre Arbeit wird später viel ordentlicher aussehen. Wollstoffe dürfen zuerst von links und dann noch einmal von rechts gebügelt werden. Seide ebenfalls. Bei Stoffen aus Chemiefasern oder bei den häufig vorkommenden Mischgeweben müssen Sie vorsichtiger sein. Hier ist eine

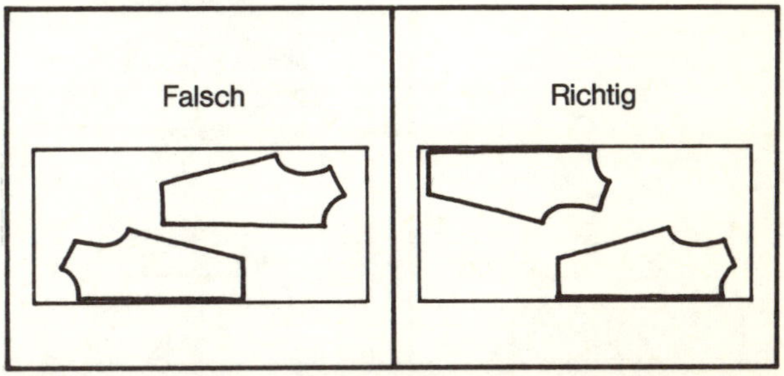

1 Die linke Schnittauflage ist natürlich falsch, denn Sie hätten später ein hell- und ein dunkel-schimmerndes Vorderteil. Die Schnitteile müssen in der gleichen Richtung aufgelegt werden.

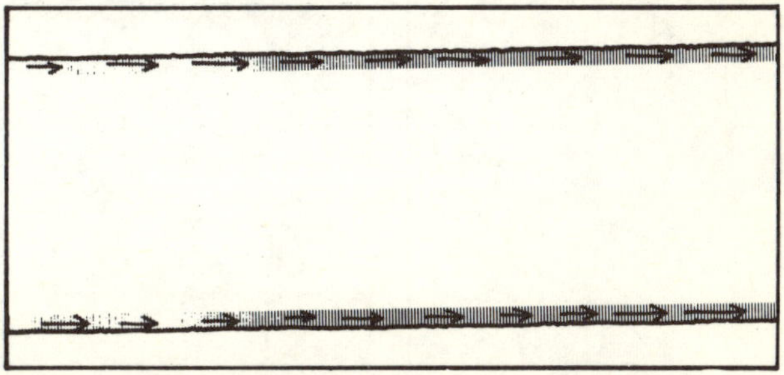

2 Samt verschiebt sich leicht. Stecken Sie vor dem Zuschneiden die Webekanten in regelmäßigem Abstand von ca. 10 cm aufeinander. Zusätzlich können Sie die Samtrichtung mit Kreide markieren.

Bügelprobe unerläßlich. Natürlich sollten Sie auch bei fertig gekauften Kleidungsstücken auf richtiges Bügeln achten, nur steht hier nach dem neuen Textilgesetz die richtige Bügeltemperatur auf einem kleinen eingenähten Etikett, das man allerdings oft genug an einer verborgenen Stelle - zum Beispiel innerhalb der Seitennaht - suchen muß.

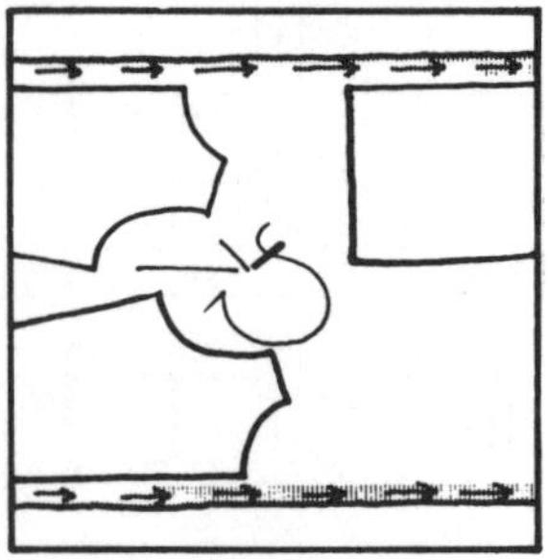

3 Auch zwischen den einzelnen Teilen einen Richtungspfeil aus Nähseide machen. (Wichtig für Reste.)

4 Daß man Samt nicht wie einen einfachen Baumwollstoff bügeln darf, haben Sie sicher schon gehört.

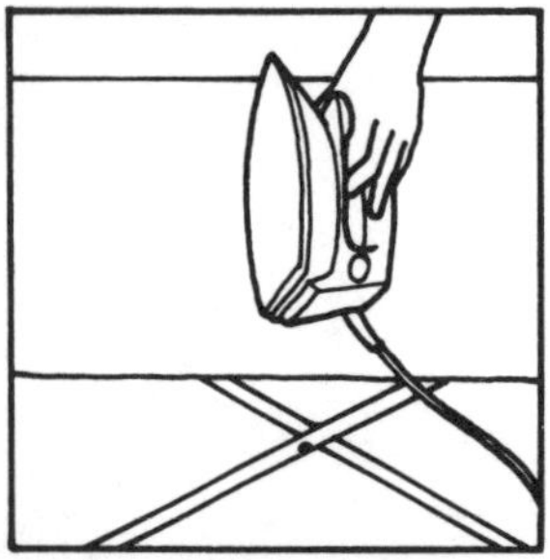

5 Stellen Sie Ihr Bügeleisen hochkant und lassen Sie es nicht ganz heiß werden. (Bügelprobe machen!)

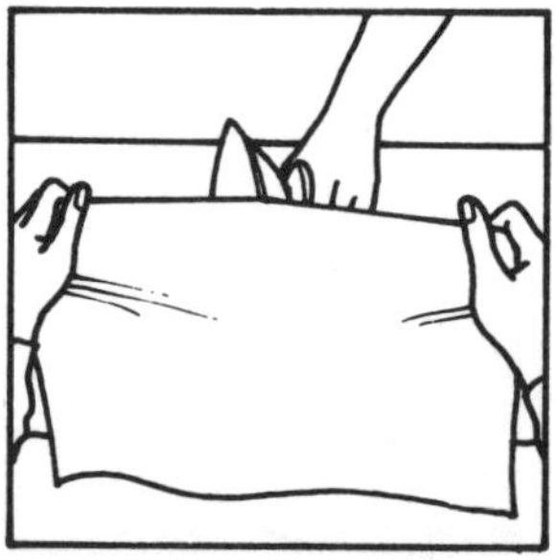

6 Wenn Sie kein Dampfbügeleisen haben, können Sie Samt und Feuchttuch zusammen über das Eisen ziehen.

1 So würde Ihnen Ihr Kleid sicher selbst nicht gefallen. Ein wenig Sorgfalt beim Auflegen des Schnittes.

2 Das ist gar nicht so schwer, wenn Sie zu Anfang das Stoffmuster beider Stofflagen aufeinanderstecken.

Groß gemusterte Stoffe

Bitte denken Sie daran: Der Stoffverbrauch auf Ihrem Schnittmuster bezieht sich nur auf den Stoff des abgebildeten Kleides. Wenn Sie einen größer gemusterten Stoff nehmen, brauchen Sie etwas mehr Stoff, weil das Dessin an den Nähten aufeinanderpassen muß. Die Verkäuferin wird Sie dabei gern beraten. Zeigen Sie ihr aber, wenn es irgend geht, die Abbildung: Möglicherweise können Sie den Stoff später nicht mehr bekommen.
Natürlich bezieht sich der angegebene Stoffverbrauch auch nur auf die angegebene Stoffbreite. Wenn Sie einen Stoff ausgesucht haben, der breiter oder schmaler ist, benötigen Sie meist etwas weniger oder etwas mehr Stoff.

Rundungen und Ecken

Gesteppte Rundungen zum Verstürzen

Es ist unmöglich, eine runde oder eckige Naht flach und glatt zu bekommen, ohne die Nahtbreite einzuschneiden.
Beim Umwenden muß ja der Oberstoff der Rundung oder Ecke nachgeben können. Genau das erreichen Sie mit dem Einschneiden oder »Einknipsen« der Nahtbreite.

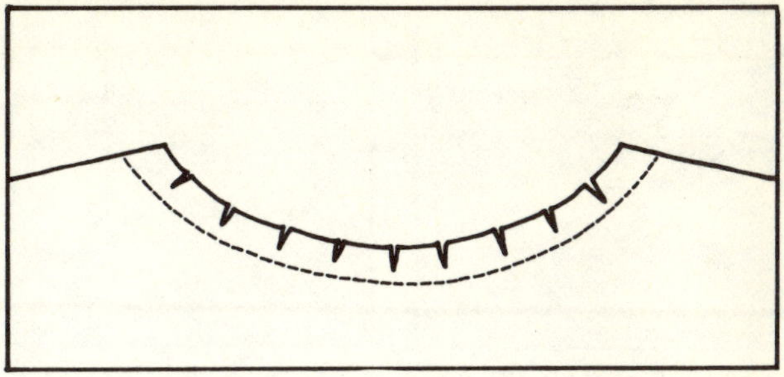

1 Hier ein Beispiel der »Innenkurve«: Die Einschnitte dürfen bis knapp an die Steppstiche reichen. Bitte vorsichtig schneiden.

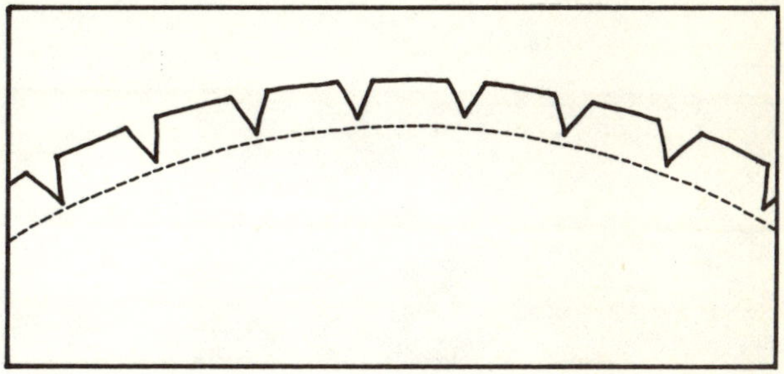

2 Hier ein Beispiel der »Außenkurve«: Schneiden Sie dieses Mal 1/2 cm breite Keile heraus. So legt sich die Naht gut an.

So werden Ecken genäht

Beim Eckennähen können Sie den überflüssigen Stoff bis knapp an die Steppkante herausschneiden. Steppen Sie mit ziemlich kleinen Stichen, dann reißt die Ecke nicht so leicht ein. Verstärken Sie diese Stelle mit zwei bis drei Handstichen.
Heften Sie vor dem Steppen die Stofflagen sorgfältig aufeinander, ohne daß eine knapper oder völliger ist als die andere.
Auch bei einem guten Schnittmuster ist auf den Schnitteilen selbst nicht immer angegeben, wo Sie einschneiden müssen. Lesen Sie daher die dem Schnitt beiliegende Arbeitsanleitung sorgfältig durch: dort ist meist genau beschrieben, was Sie bei

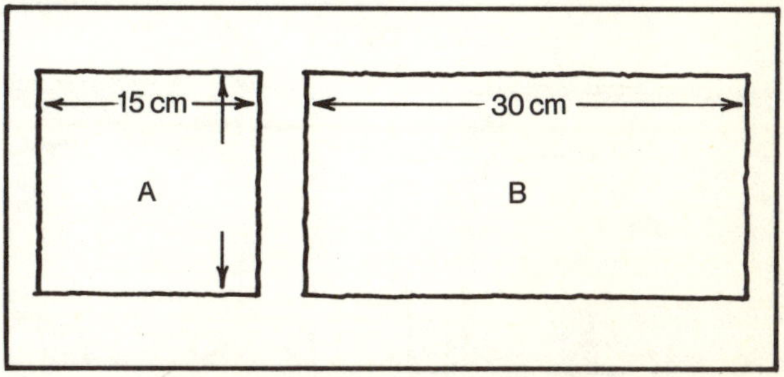

1 Ecken müssen korrekt sein. Hier ein paar Tips, wie Sie es richtig machen. Ganz gleich, ob es sich um Bezüge für Würfelkissen zum Sitzen handelt, um andere Bezüge oder um Kleider. Diese Maße sind nur ein Beispiel!

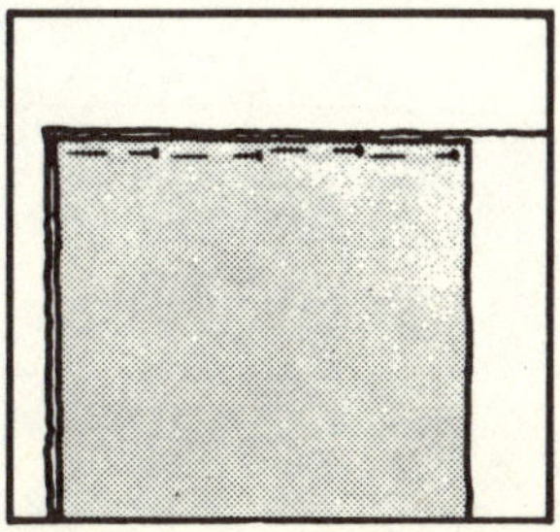

2 Sie stecken also die kleinere Fläche mit der ersten Kante auf das längere Teil. Den Stoff nicht ziehen!

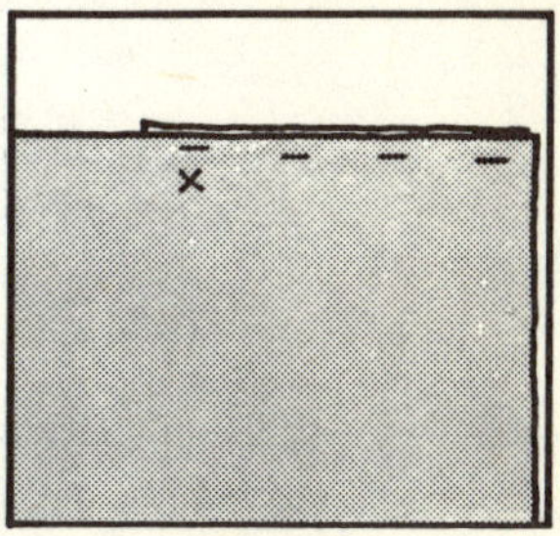

3 Bitte 1/2 cm von der Kante entfernt heften. Machen Sie an der zukünftigen Ecke ein Querzeichen.

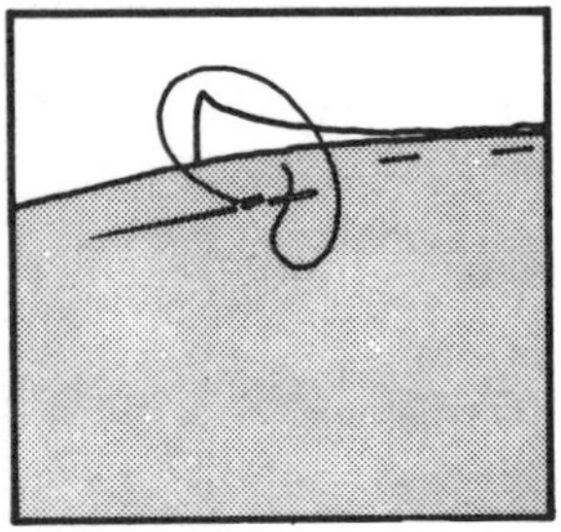

4 An diesem Punkt zwei oder drei Handstiche zur Befestigung machen, damit der Stoff nicht reißt.

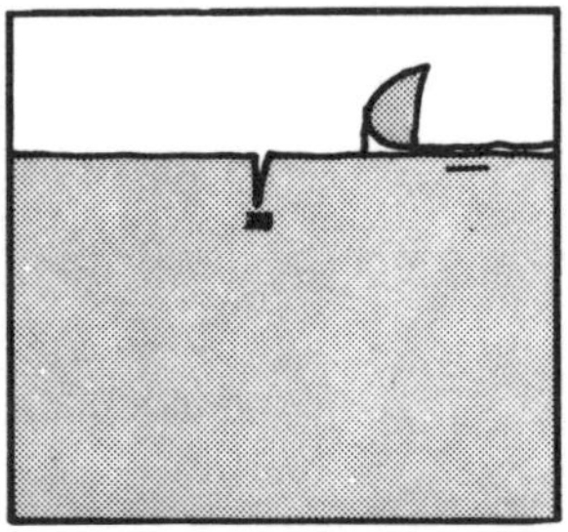

5 Schneiden Sie an diesem »Winkel« bis knapp zu den Handstichen ein: Er legt sich besser um!

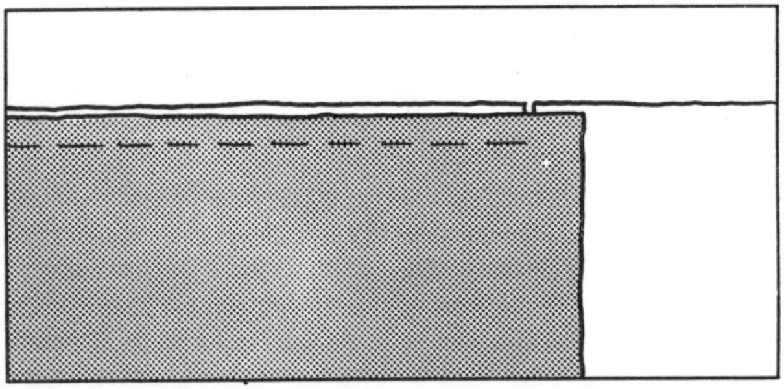

6 Heften Sie die Kante wieder zusammen. So entsteht die genaue Paßform der Ecke, die ja sehr wichtig ist.

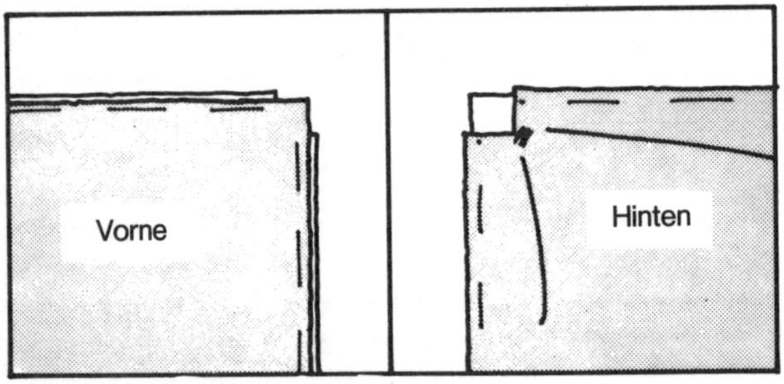

7 Heften Sie bitte auch die andere Seite der Kante. Die eben genannten Vorhänge erscheinen etwas umständlich, garantieren aber den präzisen Sitz der Ecke. Das offene Viereck entsteht aus dem Herumlegen des Stoffes.

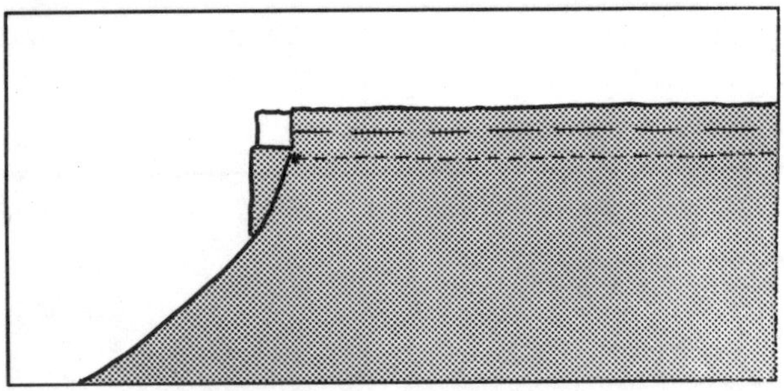

8 Steppen Sie nun in einer geraden Linie der Markierung entlang. Evtl. Falten streichen Sie schön gerade.

diesem bestimmten Modell machen müssen. Im Prinzip gehen Sie aber so vor, wie wir es hier beschrieben haben. Natürlich gehöt etwas Mut dazu, eine Ecke oder Rundung einzuschneiden, aber diese Kleinigkeit verhindert ein hausbackenes Aussehen Ihres selbstgeschneiderten Modells. Wir empfehlen Ihnen, eine Ecke nicht sofort an einem wichtigen Teil oder Kleid zu arbeiten, sondern an einem Stoffrest erst einmal zu üben. Es wäre schade, wenn es beim ersten Mal nicht gut klappt und Ihr schönes Kleid verunstaltet wäre. Diese kleine Mühe lohnt sich bestimmt, denn Ecken begegnen Ihnen öfter als Sie denken. Auf der nächsten Seite zeigen wir Ihnen zum Beispiel ein Kleid, das einen Einsatz hat. Auch bei solchen Arbeiten müssen die Ecken sehr sorgfältig gearbeitet werden, damit sie korrekt aussehen.

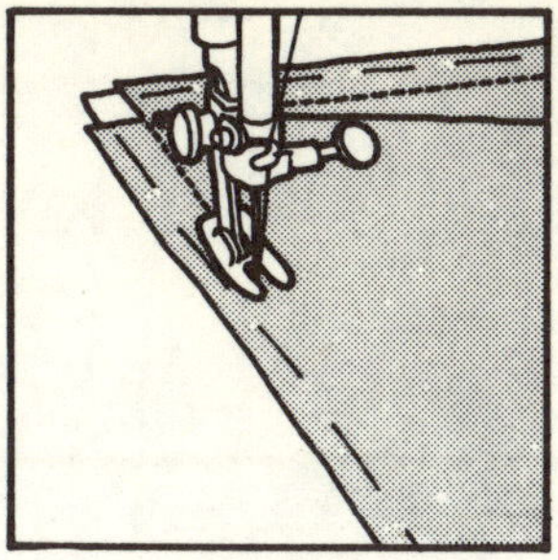

9 Jetzt wenden Sie die ganze Arbeit unter dem Steppfüßchen, wobei die Nadel im Stoff bleibt. Weitersteppen!

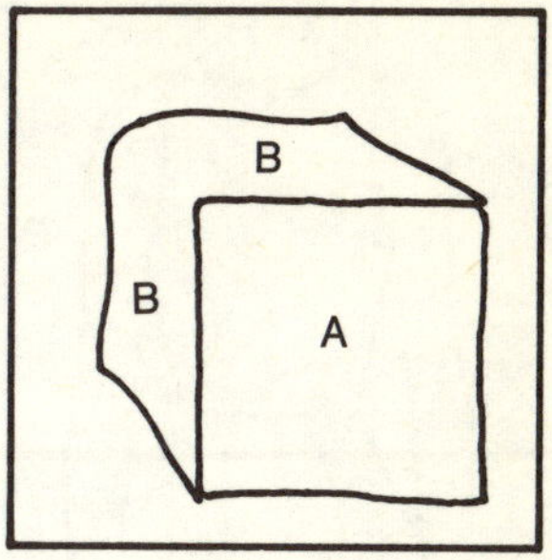

10 Wenn Sie nach rechts umgewendet haben, sieht es so aus! Nach diesem Prinzip steppen Sie alle Ecken.

Eingeschnittene Ecken

Diese Art der Eckenverarbeitung wird auch bei Änderungen oft vorkommen. Mit solchen eingesetzten Teilen können Sie aus alt neu machen oder aus zu eng gewordenen Kleidern wieder passende machen. Auch bei Kinderkleidung ist diese Verarbeitung günstig: Sie können aus Resten oder aus zwei verschiedenen Stoffen »neue« Kleidchen machen,ohne daß sie nach Flickwerk aussehen.
Zweifarbigkeit oder zwei unterschiedliche Muster sind in der Mode ja längst keine Notlösung mehr, sondern ein Gag, der dem Modell eine junge Note gibt. Allerdings müssen die Ecken besonders sorgfältig gearbeitet sein. In unserem Kapitel »Auch zum Schneidern braucht man Werkzeug« haben wir eine kleine spitze Schere erwähnt, die zu Ihrem Repertoire gehören sollte. Beim Eckeneinschneiden werden Sie sehen, wie wichtig sie ist.
Sie müssen ja bis haarscharf zur Stepplinie einschneiden, damit die Ecke sich gut umlegen kann und keine Kräusel bildet. Wenn Sie an der Stepplinie an dieser Stelle einige kleine Befestigungsstiche innerhalb der Stepplinie machen, wird sie nicht ausreißen. Das ist natürlich auch wichtig.

1 Diese beiden Teile (Vorderteil mit Einsatz) sollen zusammengesteppt und ausgebügelt werden.

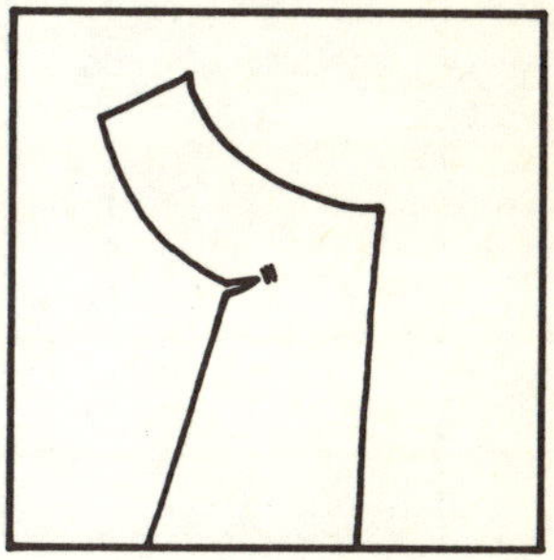

2 Schneiden Sie als erstes die Einsatz-Ecke knapp ein. Sie können dann besser heften und steppen.

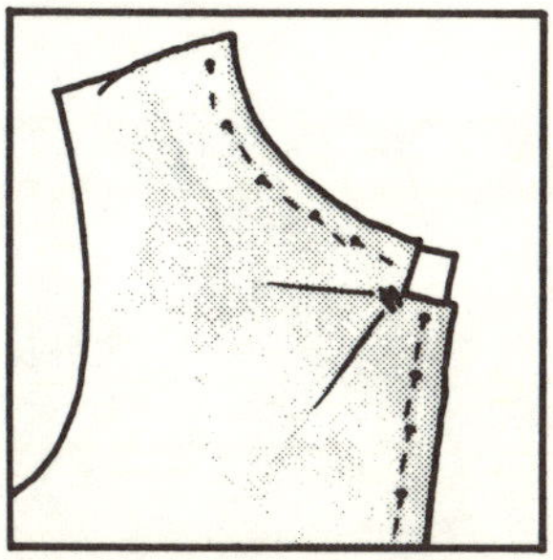

3 Jetzt stecken Sie das seitliche Vorderteil auf das mittlere Einsatz-Teil. Kleine Ecke ausschneiden.

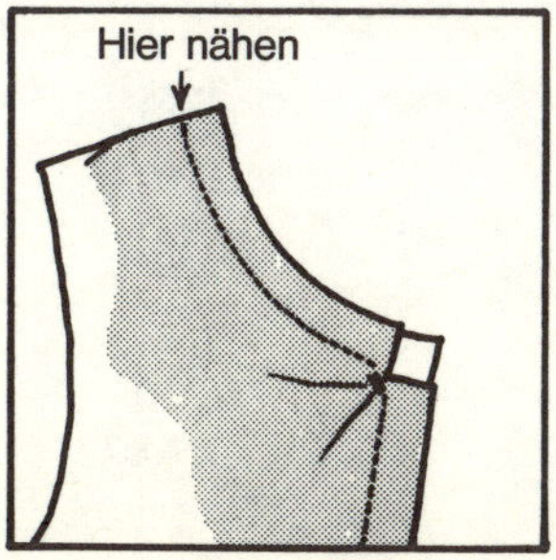

4 Nach dem Steppen können Sie alle Nähte ausbügeln, ohne daß sie sich gegenseitig im Weg sind. Wichtig!

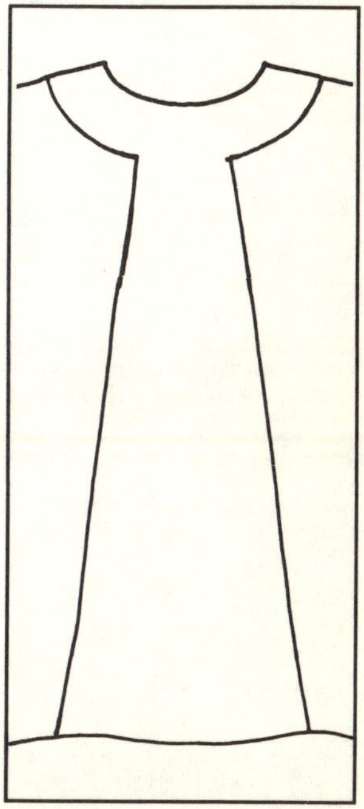

5 So sieht das fertige Vorderteil mit dem Einsatz aus. An der kritischen Ecke sind die Nähte schön glatt.

Abnäher

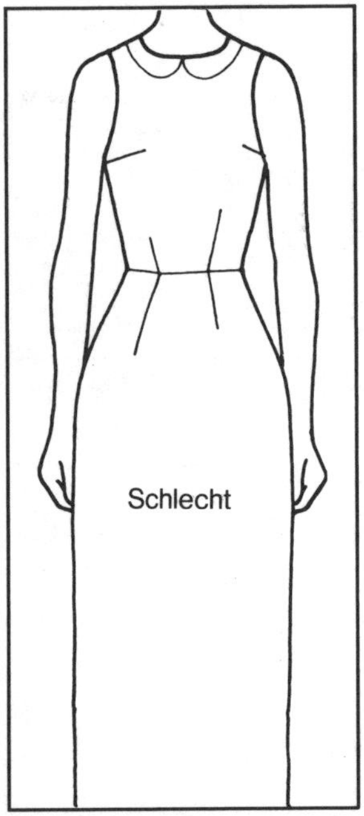

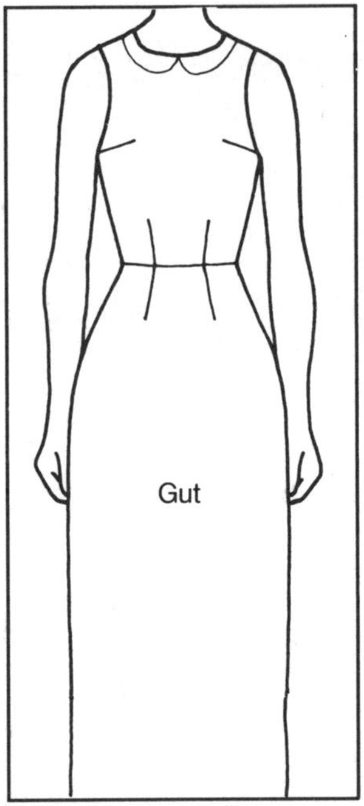

Steppen der Abnäher

Abnäher geben Ihrem Kleid erst die richtige Form. Stellen Sie sich bitte einmal den Unterschied zwischen Oberweite, Taillenweite und Hüftweite vor: Die Oberweite mißt zum Beispiel 100 cm, die Taille mißt 70 cm und die Hüftweite wieder 100 cm. Wenn Sie zum Beispiel ein durchgehendes Kleid ohne Taillennaht haben, müssen Sie diese Differenz durch längs laufende Taillenabnäher ausgleichen.
Selbst bei ganz locker geschnittenen Modellen ohne Taillenabnäher brauchen Sie einen Brustabnäher, der dem Oberteil die richtige Form gibt. Steppen Sie grundsätzlich alle Abnäher vom breiten Ende, also vom Anfang aus bis zum spitzen Ende. Das hat den Vorteil, daß Sie den Abnäher schön schmal auslaufen lassen können. Sie bekommen dann auch keine »Tütchen«, die den guten Sitz des Kleides erheblich beeinträchtigen.
Beim Abnäher-Heften gehen Sie dagegen umgekehrt vor: Hier beginnen Sie an der Spitze. Das liegt besser in der Hand und Sie können die Spitze schön schmal beginnen lassen.
Daß Abnäher gleich lang sein müssen, ist ja klar: Machen Sie am Abnäherende einen kleinen

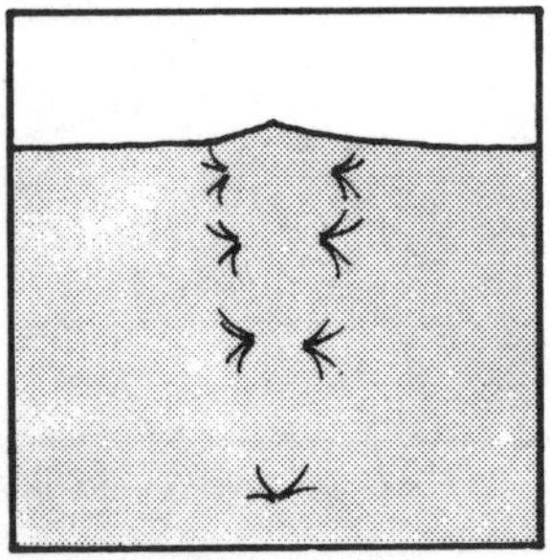

1 Wenn Sie Ihren Schnitt aufgezeichnet haben, werden die Abnäher »durchgeschlagen«. (Auf Seite 127.)

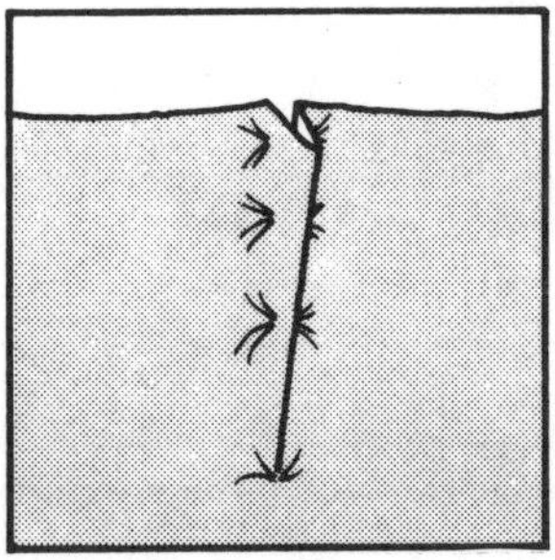

2 Falten Sie die Abnäher in einem spitz zulaufenden Keil. Der Abnäher liegt auf der linken Stoffseite.

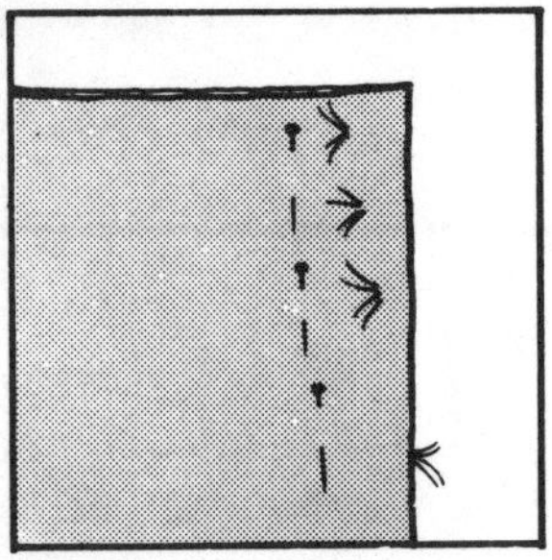

3 Stecken Sie den Abnäher so zusammen, daß die Fäden übereinanderliegen. Oben anfangen.

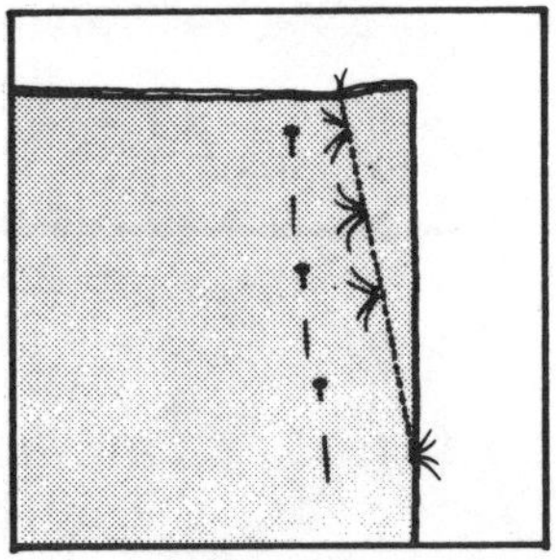

4 Bei einfachen Stoffen können Sie gleich steppen, bei kostbaren Stoffen ist heften notwendig.

Querstich mit Nähseide oder Reihgarn. Sie sehen dann auch auf der linken Seite, wo der Abnäher enden muß.
Es gibt zwei Abnäherformen: Die erste beginnt breit und endet schmal. Das ist zum Beispiel bei Rock- oder Brustabnähern der Fall. Die zweite Abnäherform beginnt schmal, wird dann breit und endet wieder in einer schmalen Spitze. Diese Form kommt bei durchgehend geschnittenen Kleidern als Taillenabnäher vor. Daß Sie in beiden Fällen die Steppfäden gut vernähen oder verknoten, ist sicher klar. Bitte bügeln Sie auch jeden Abnäher gleich nach dem Steppen sorgfältig aus, bevor Sie die nächste Naht steppen. Sicher ist es Ihnen sonst auch schon passiert, daß die Abnäherbreite, also der Stoff auf der linken Seite, sich mit der Naht verheddert oder kraus wird. Wenn Sie Seitennähte steppen, sollte die Nahtbreite der Abnäher stets nach unten hin gebügelt werden. Das sieht besser aus als umgekehrt.
Bei längs laufenden, senkrechten Abnähern bügeln Sie die Nahtbreite zur Mitte hin.
Auch das sieht besser aus als umgekehrt. Bei sehr dicken Stoffen können Sie die Abnäher auch auseinanderschneiden und dann ausbügeln. Der Vorteil: Sie haben nicht drei, sondern nur zwei Stofflagen aufeinander liegen.
Bei dem schräglaufenden »französischen« Abnäher, der von der Taillenseite zur Brustspitze läuft und ziemlich viel Nahtbreite hat, dürfen Sie den Stoff bis auf eine schmale Naht herausschneiden und ausbügeln. Natürlich sollte das erst nach der Anprobe geschehen, wenn der richtige Sitz garantiert ist.

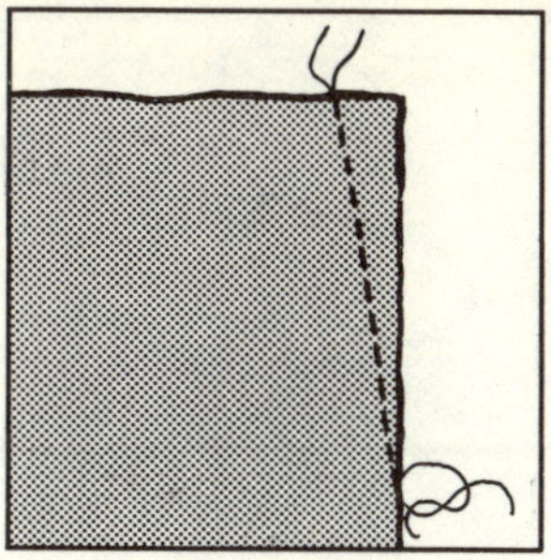

5a Für die Befestigung der Steppfäden an der Abnäherspitze gibt es drei Möglichkeiten: 1. Die Fäden verknoten.

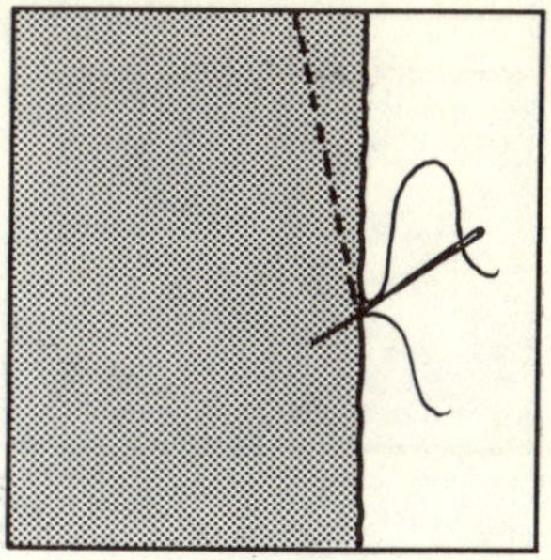

5b 2. Die Fäden von Hand vernähen.

5c 3. Mit der Maschine kurz zurücksteppen.

6 An dem breiten oberen Abnäherende können Sie Fäden einfach verknoten und dann knapp abschneiden.

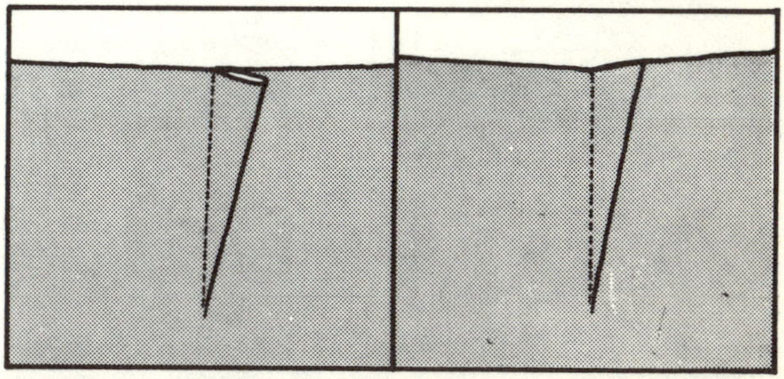

7 So sieht der fertig gesteppte Abnäher aus. Nur bei sehr dicken Stoffen wird der Abnäher aufgeschnitten und auseinandergebügelt. Bei den meisten Stoffen bügeln Sie ihn nach einer Seite.

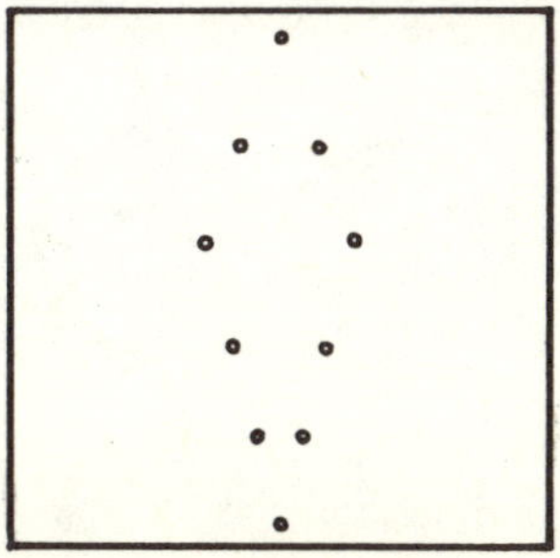

8 Auch innerhalb eines Schnittteiles gibt es Abnäher, zum Beispiel zum Taillieren eines Kleides.

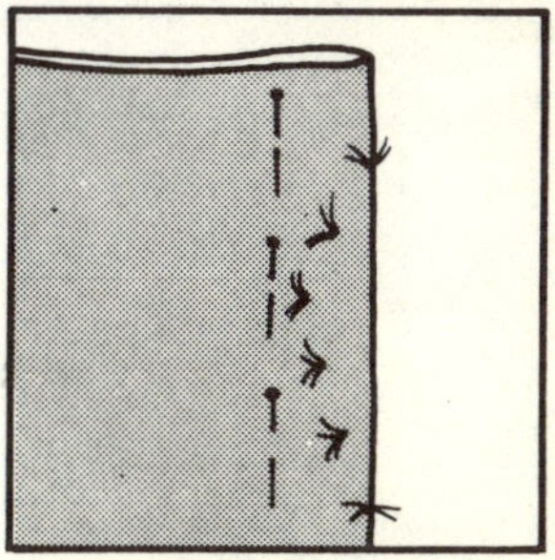

9 Stecken Sie einige Nadeln geradeaus und achten Sie darauf, daß die Durchschlagfäden stimmen.

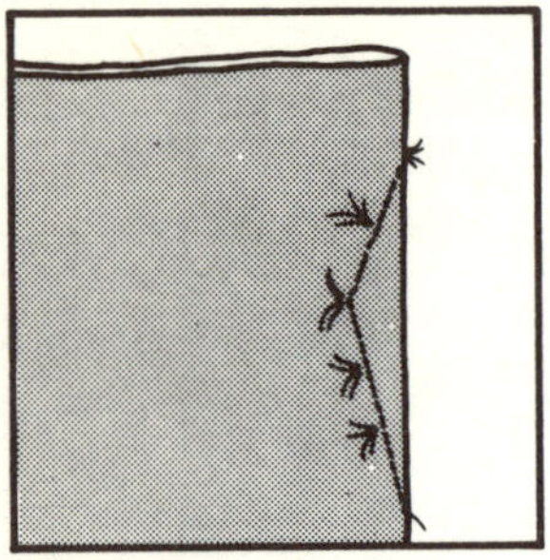

10 Bei einfachen Kleidungsstücken können Sie gleich steppen, bei besseren ist Heften vorteilhafter.

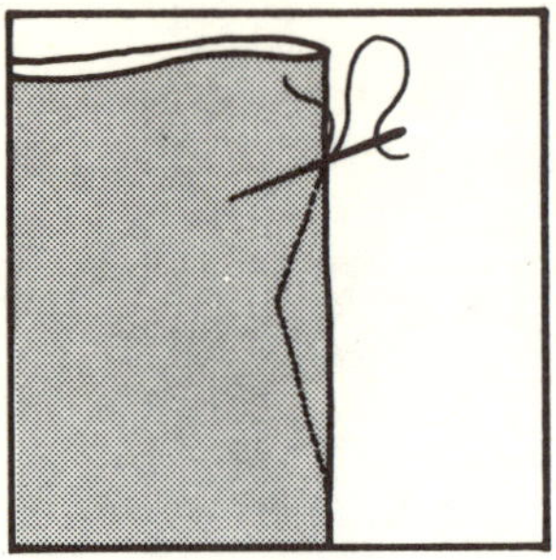

11 Auch hier sichern Sie die Fadenenden, damit der Abnäher sich nicht in Wohlgefallen auflösen kann.

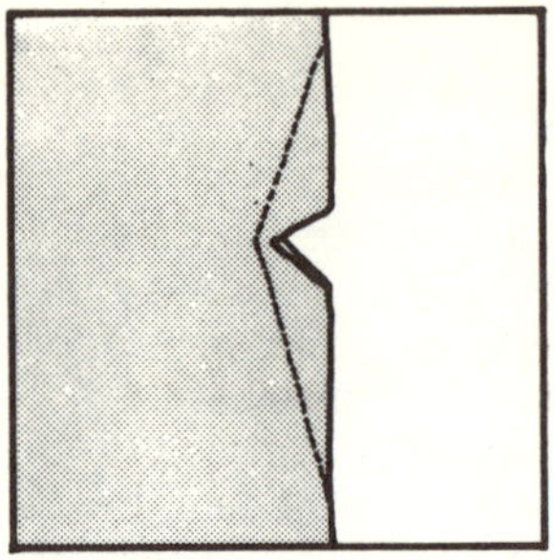

12 Wichtig: Damit der Abnäher die Körperrundung mitmachen kann, bitte in der Mitte einmal einknipsen.

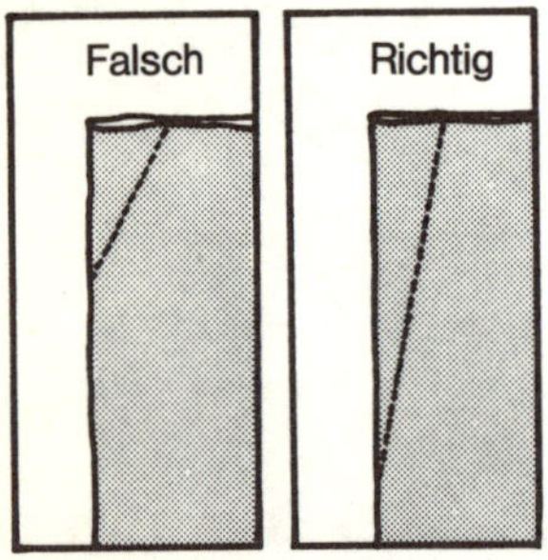

1 Je breiter ein Abnäher ist, um so länger sollte er auslaufen. Bei kurzen Abnähern gibt es unten »Tütchen«.

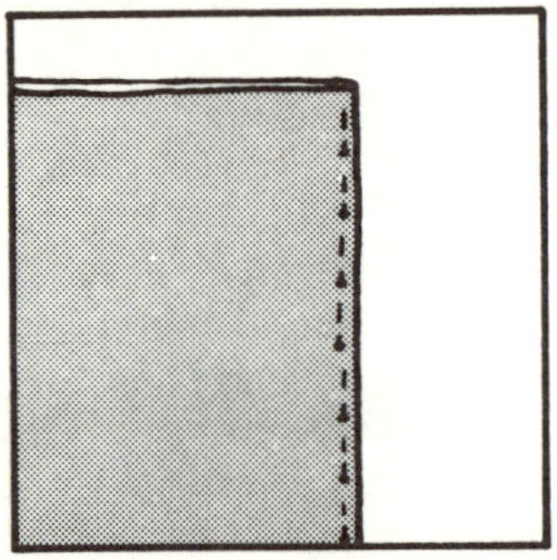

2 Stecken Sie den Stoff aufeinander und halten Sie den Stoffbruch mit einigen Stecknadeln fest.

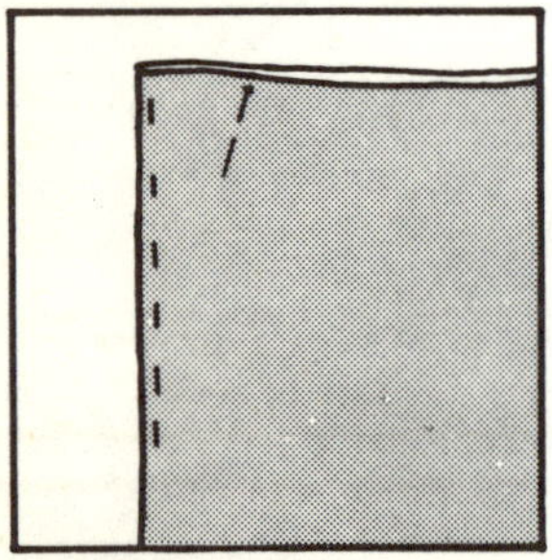

3 Nun stecken Sie von oben nach unten die Abnäher ab. Gut, wenn die Breite und Länge markiert ist.

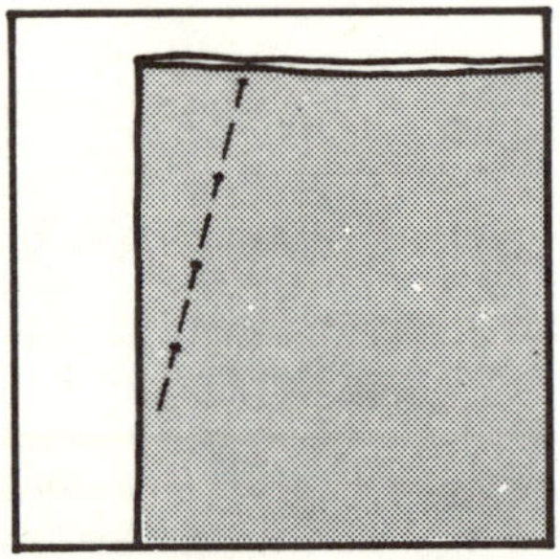

4 Markieren Sie mit Stecknadeln eine schräge Linie mit gut auslaufender Spitze. Dann heften und steppen.

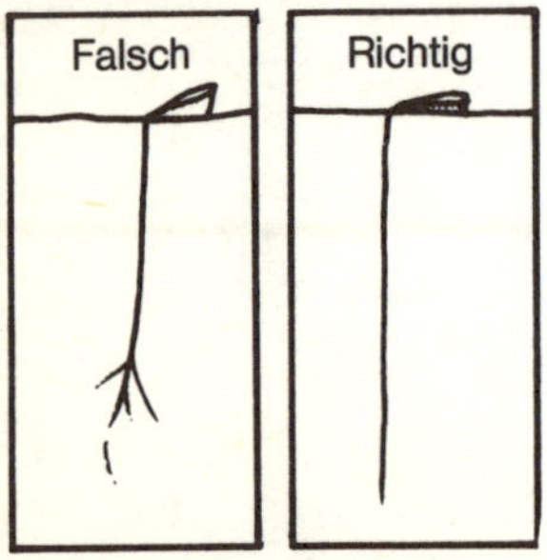

5 Hier sehen Sie genau den Unterschied: Links ein zu kurz auslaufender, rechts ein richtiger Abnäher.

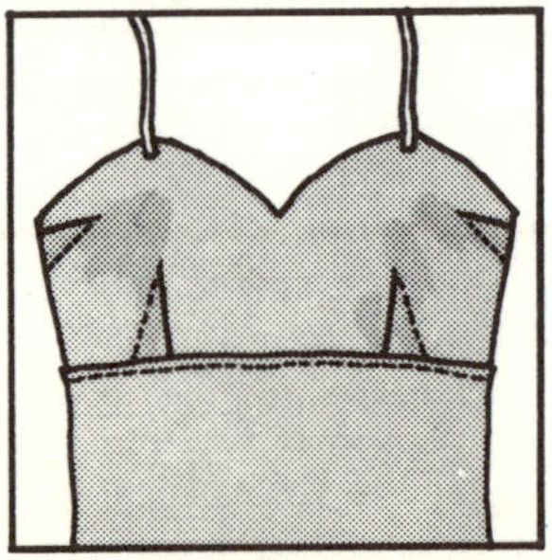

6 Nur in diesem Fall sind kurz auslaufende Abnäher angebracht: Die Büste wird bei der Anprobe abgeformt.

Abnäher ohne Schnittmuster

Steppen Sie die Abnäher erst nach der Anprobe: Es wäre schade, die Steppnähte auftrennen zu müssen. Außerdem sieht man bei manchen Stoffen die Trennlinie für immer. Taillenabnäher werden an der breitesten Stelle ein- oder zweimal knapp eingeschnitten. Sie können dann die Körperrundung besser mitmachen. Steppen Sie auch hier mit ziemlich kleinen Stichen.

Rocklänge

Markierung der Länge ohne fremde Hilfe

Zur ersten Anprobe können Sie die Länge Ihres neuen Kleides von einem älteren Kleid abnehmen. Trotzdem sollten Sie aber vor dem Fertignähen des Saumes das Kleid zur Kontrolle noch einmal überziehen. Vorher korrigiert, sparen Sie sich eine Menge Arbeit.

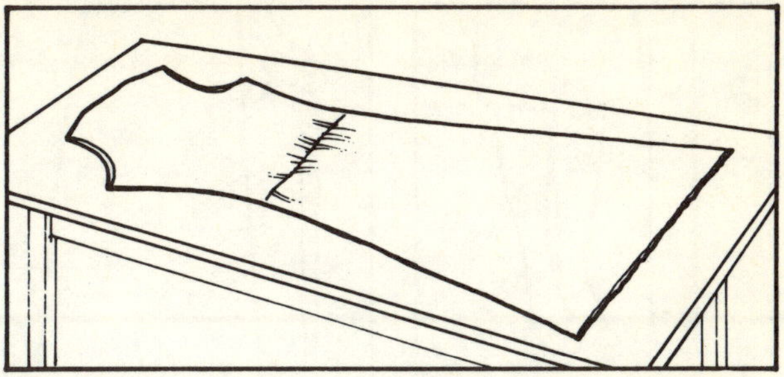

1 Legen Sie das zusammengesetzte Kleid ganz glatt auf eine Tischplatte. Falls Sie keinen so großen Tisch haben, dürfen Sie es auch auf den Boden legen. Bitte streichen Sie den Stoff so gut wie möglich flach auseinander.

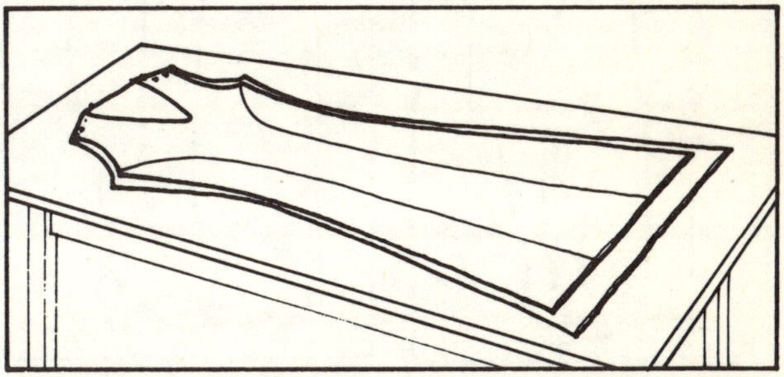

2 Legen Sie nun irgend ein Kleid, dessen Länge Ihnen gefällt, darauf. Auch dieses Musterkleid soll ganz glatt aufgelegt werden. Legen Sie dabei Vorderteil auf Vorderteil oder Rücken auf Rücken. Schulter zusammenstecken.

3 Jetzt markieren Sie mit Stecknadeln die Länge des Musterkleides auf das neue Kleid. Entfernen Sie das Musterkleid und zeichnen Sie mit Kreide die neue Länge nach. Dann das Kleid umdrehen und nachkreiden.

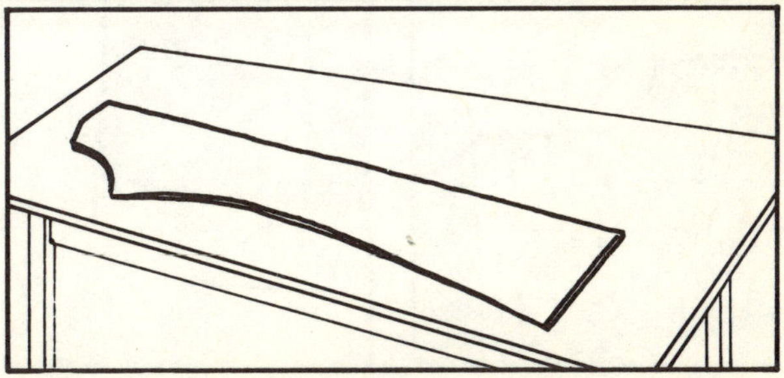

4 So werden die Seitennähte gleichmäßig lang: Falten Sie das Vorder- oder Rückenteil zur Hälfte zusammen und stecken Sie die Seiten aufeinander. So können Sie prüfen, ob die Länge stimmt. Bitte auch anprobieren.

Saum-Markieren mit Hilfe

5 Vielleicht haben Sie eine nette Nachbarin, die einen Pappstreifen in der gewünschten Länge abschneidet.

6 Bleiben Sie schön ruhig stehen: Ihre Nachbarin geht um Sie herum und markiert die Länge mit Nadeln.

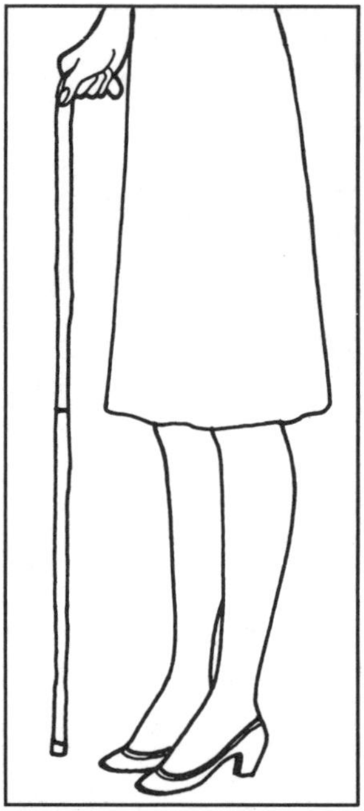

7 So geht es aber auch: Machen Sie am Spazierstock oder Besenstiel eine Markierung. Senkrecht halten.

Saum umschlagen

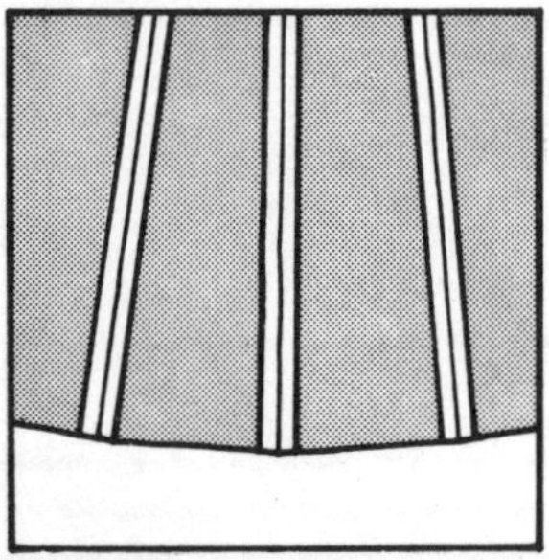

1 Bevor Sie den Saum umschlagen, müssen alle Längsnähte gesteppt und sorgfältig flachgebügelt sein.

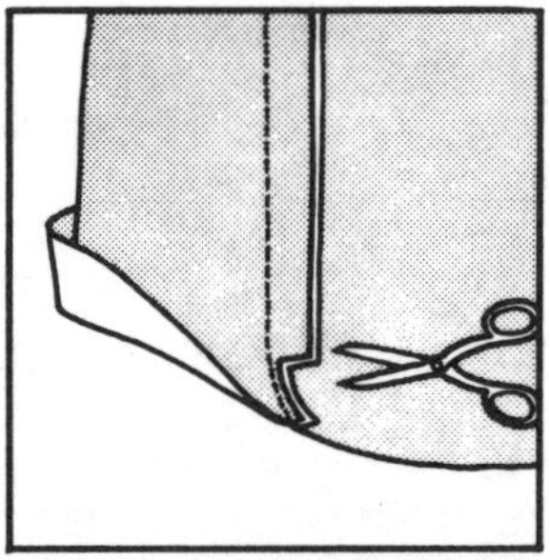

2 Bei dickeren Stoffen können Sie die Nähte ein wenig abschneiden. Der Saum wird dann nicht so dick.

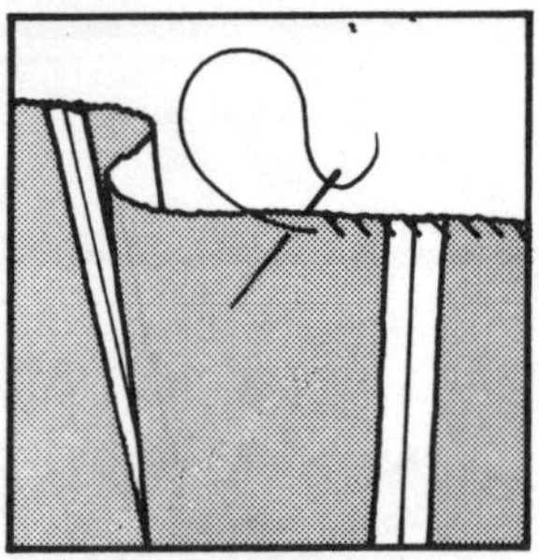

3 Umstechen Sie die offene Saumkante mit passender Nähseide in einem überwendlichen Handstich.

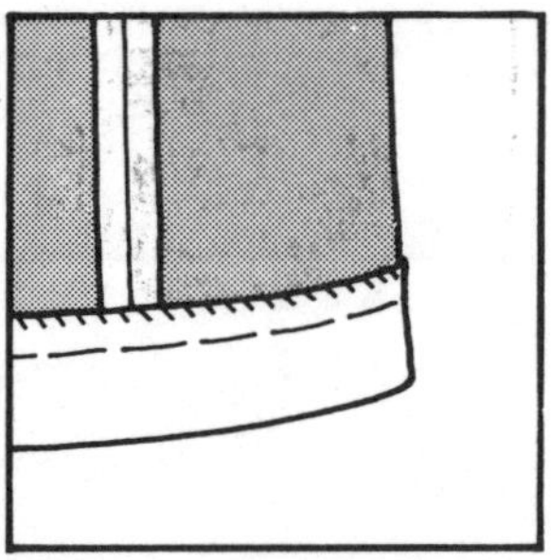

4 Jetzt können Sie den Saum umheften und leicht anbügeln. (Sicher haben Sie die Länge geprüft.)

Blinde Stiche

Für kleinere Handstiche eignet sich dünnes Synthetik-Garn besonders gut. Die besseren Qualitäten knoten nicht, lassen sich gut gurch den Stoff ziehen und sind auf der rechten Stoffseite durch ihre Feinheit kaum zu sehen.

Mit diesem Garn können Sie die offene Saumkante fein umstechen. Zum Umheften des Saumes benutzen Sie ein normales Reihgarn. Nur ganz feine Stoffe wie dünne Seide, Organza, Chiffon oder Georgette werden auch mit feinem Garn geriehen, damit der Stoff nicht beschädigt wird. Kippen Sie beim Säumen den Stoff schmal hoch, wie Bild 6 zeigt.

Rocksaum mit Schlitz

Beim Unterlegen eines Schlitzes muß das untergelegte Stoffteil in der Länge und Breite genau passen. Bitte halten Sie den Stoff nicht ein und dehnen Sie ihn auch nicht aus. Ein bißchen Fingerspitzengefühl haben Sie bestimmt.
Wie beim Unterlegen eines Streifens sollten Sie auch hier das Teil vor dem endgültigen Steppen des unterlegten Stoffteiles noch einmal anprobieren. In senkrechter Richtung vorgehalten oder noch besser angezogen, können Sie den richtigen Fall leicht kontrollieren.
Wichtig: Das untergesetzte Stoffteil muß den gleichen Fadenlauf wie der Rock oder das Kleid haben. Wenn zwei Stoffe mit unterschiedlichem Fadenlauf aufeinandergesteppt werden, gibt es oft Ärger, weil eine der Stofflagen anders reagiert und »fällt« als die andere.

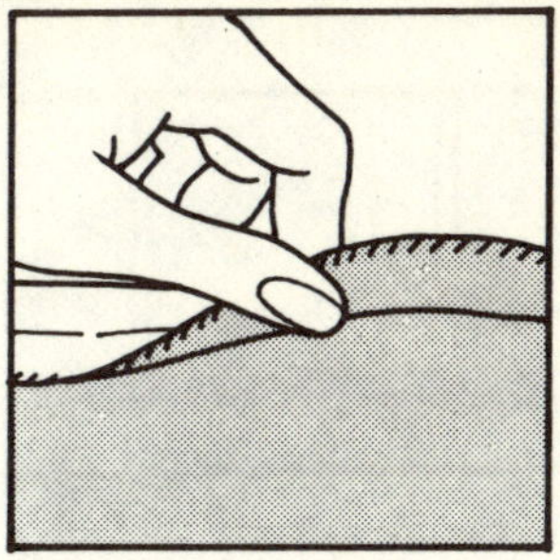

5 Halten Sie den Heftstich so weit von der Kante entfernt, daß Sie die Kante schmal umschlagen können.

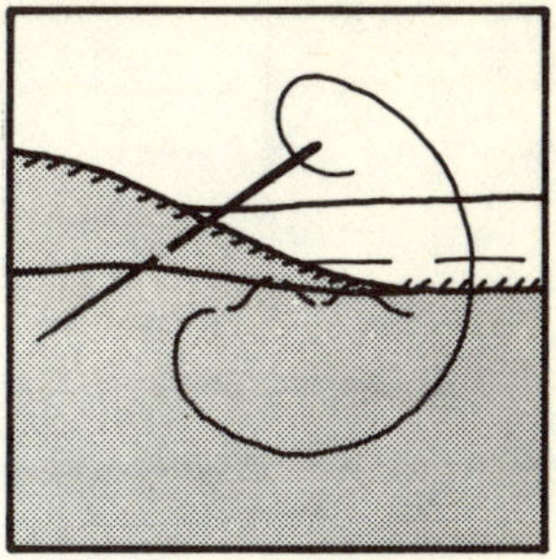

6 Nähen Sie den Saum »blind« an: Vom Saum dürfen mehrere Stiche, vom Oberstoff nur zwei gefaßt werden.

8 Wenn Sie am Rocksaum einen Schlitz lassen möchten, sollte die Naht unten etwas breiter sein.

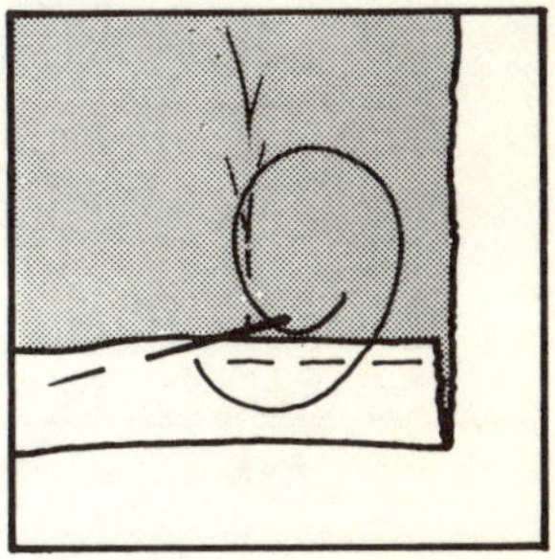

9 Heften Sie den Saum auch an der stehengebliebenen Naht um. (Die Länge muß jetzt richtig sein.)

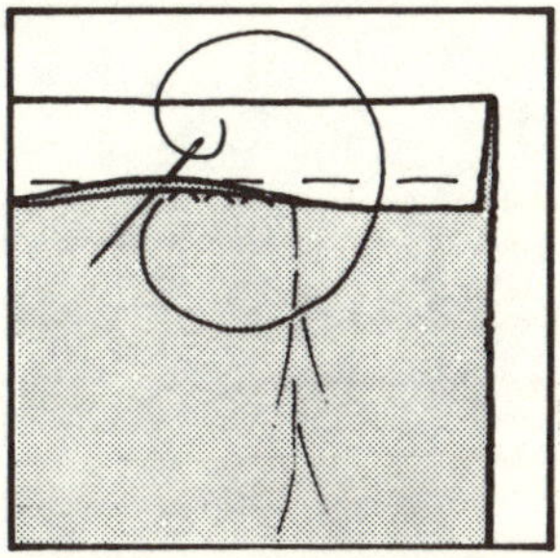

10 Jetzt wieder säumen wie eben schon erklärt wurde. So wird das Verrutschen des Saumes vermieden.

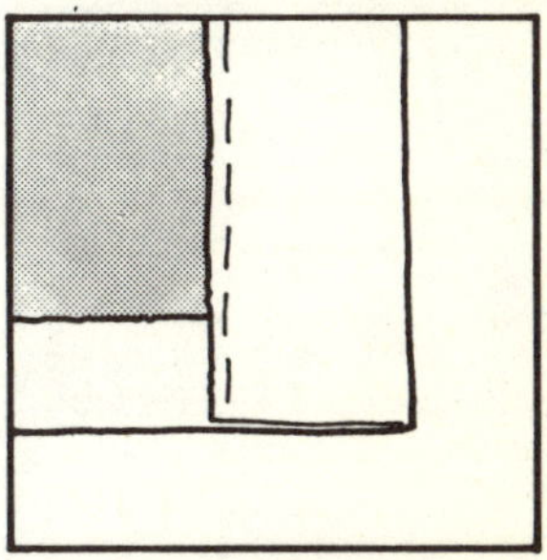

11 Die Nahtbreite kann nun umgeschlagen und mit Heftstichen festgehalten werden. (Reihgarn nehmen.)

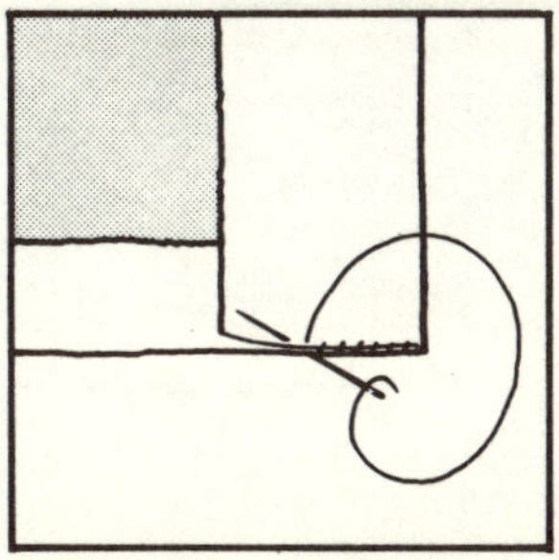

12 Mit genau passender Nähseide nähen Sie diesen Nahtbeleg mit kleinen überwendlichen Stichen an.

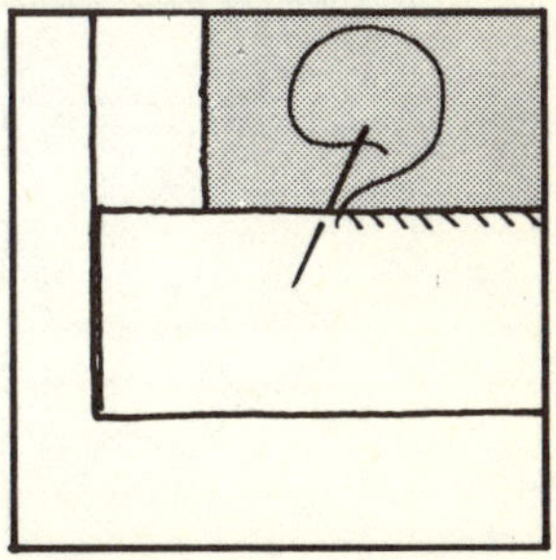

13 Damit die offene Stoffkante des Nahtbeleges nicht ausfranst, wird sie mit Handstichen versäubert.

Rock mit Faltenbeleg

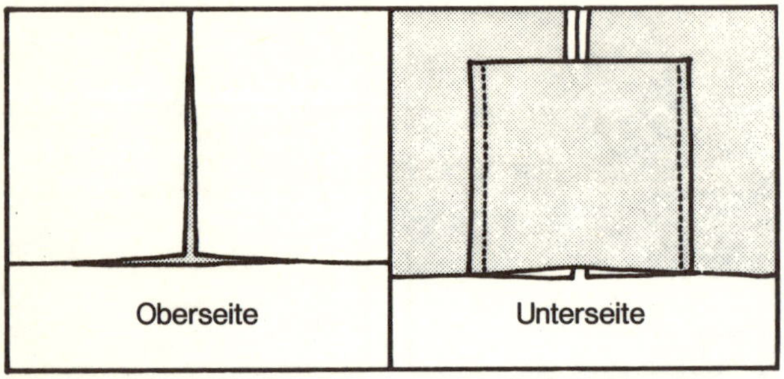

Es gibt verschiedene Möglichkeiten, einem engen Rock die notwendige Bewegungsfreiheit zu geben. Sie können die Nähte unten als Schlitz offen lassen, Falten einsetzen oder die einfache, aber beste Lösung der »Diorfalte« wählen. In diesem Fall belegen Sie die rückwärtige Naht mit Stoff.

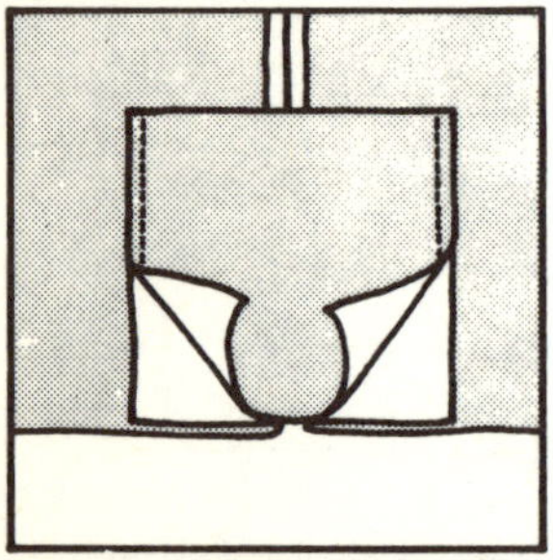

1 Sie können Vierecke aus Stoff schon beim ungesäuberten Rock ansteppen. Unten bitte offenlassen.

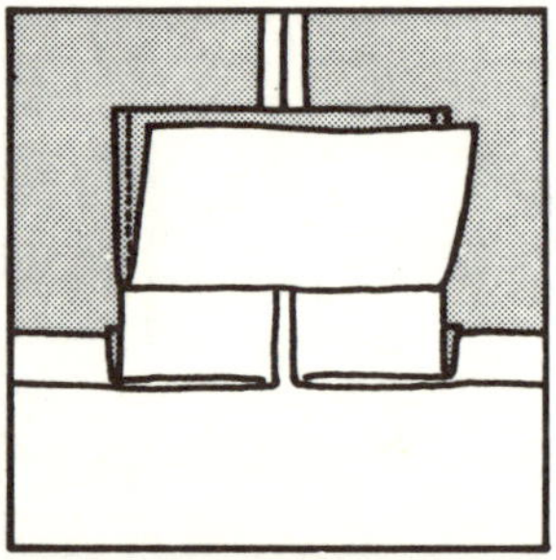

2 Bei schon gesäumtem Rock müssen Sie natürlich die Breite des Rocksaumes auch dem Viereck zugeben.

3 In diesem Fall steppen Sie erst mal die obere Hälfte der Naht, der Saum des Belages bleibt noch lose.

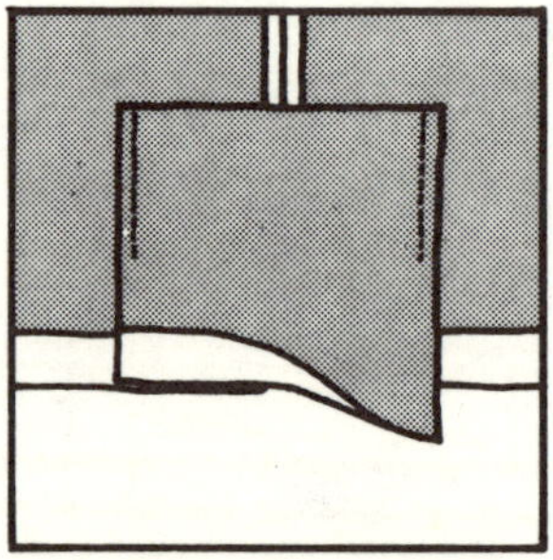

4 Jetzt können Sie auch den Saum des Belages umschlagen und wie beim übrigen Rocksaum annähen.

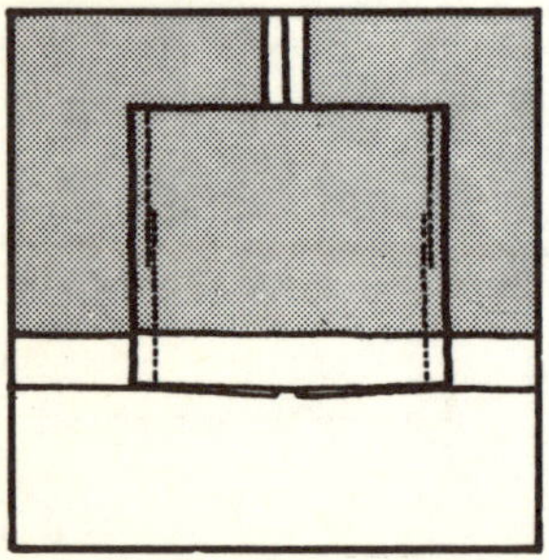

5 Steppen Sie die untere Hälfte der Naht. Lassen Sie diese Naht zum besseren Halt etwas weitergehen.

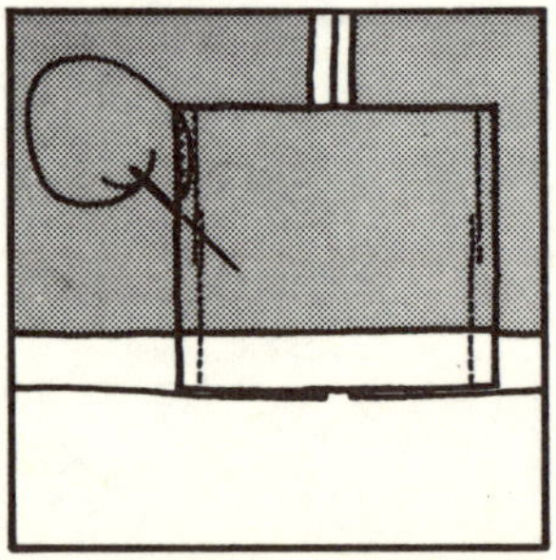

6 Mit überwendlichen Handstichen können Sie die offenen Stoffkanten zusammenliegend versäubern.

Säumen eines Glockenrockes

Ein Glockenrock ist schnell genäht, nur der Saum macht etwas Mühe: Machen Sie ihn nur 3 cm breit, dann ist es am einfachsten! Sie haben sonst zu viel überflüssigen Stoff, denn der Rock wird nach unten hin ja immer noch weiter. Bei einem schmaleren Saum können sie die Weite besser verteilen und auch ein wenig einbügeln.

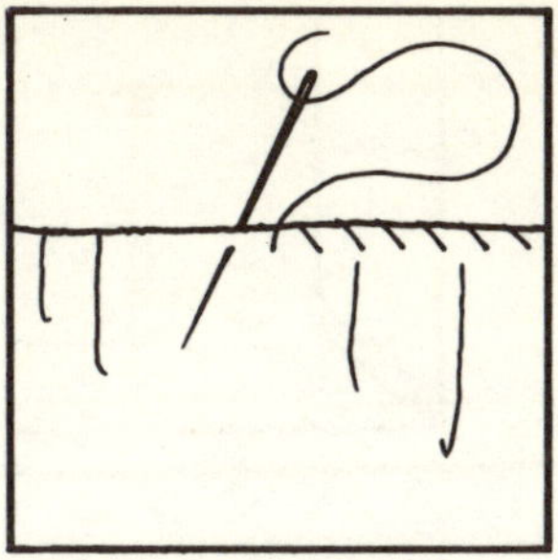

1 Nach der Anprobe wird der Saum rundum gleich breit (3–4 cm) abgeschnitten und von Hand versäubert.

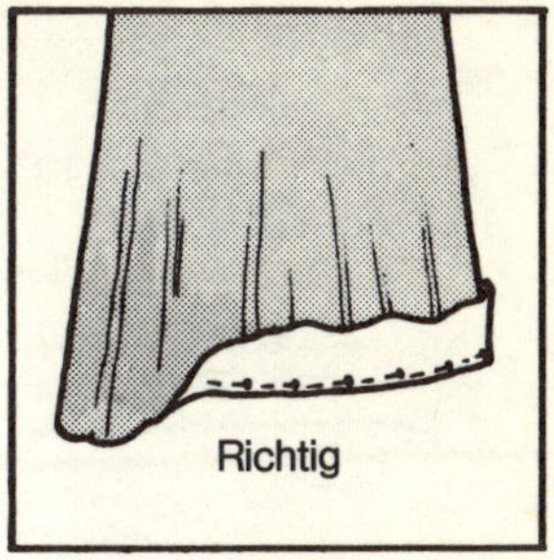

2 Nunstecken Sie den Saum knapp von der Kante entfernt um. (Der Saum ist oben weiter als im Bruch.)

3 Diese überflüssige Weite könnte nicht mehr richtig verteilt werden, wenn Sie den Saum breit umheften!

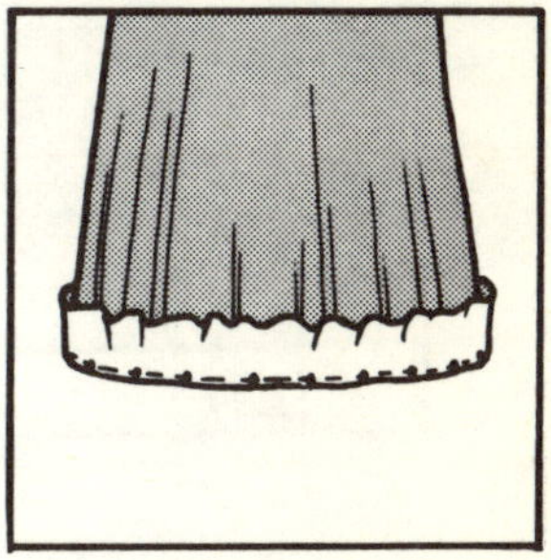

4 Je weiter der Glockenrock geschnitten ist (halber oder ganzer Kreis), umso mehr Weite hat der Saum.

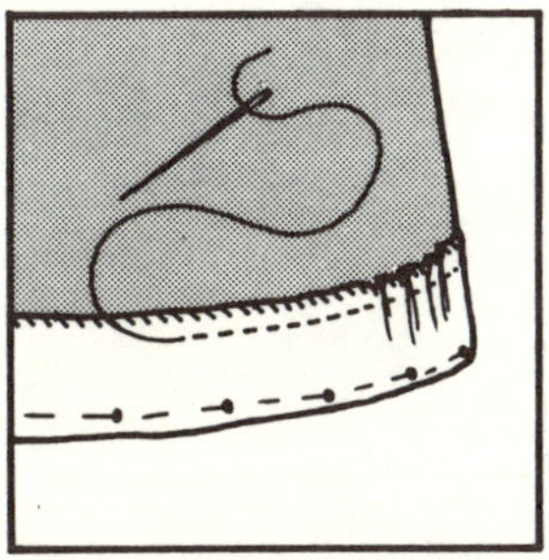

5 Mit einem kleinen Trick können Sie diese Weite mühelos verteilen: Ziehen Sie einen Kräuselfaden ein!

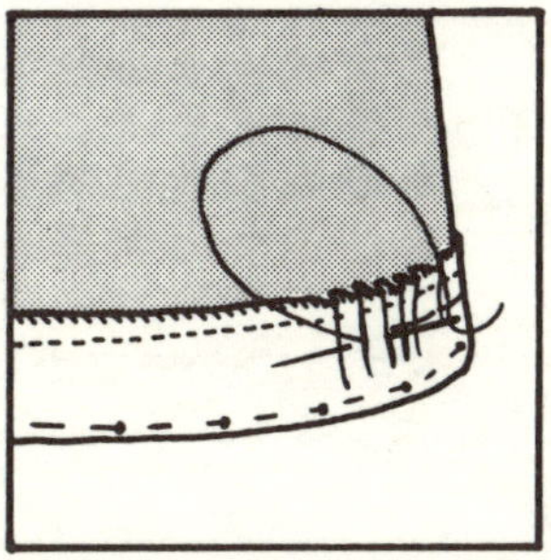

6 Jetzt erst heften Sie den Saum richtig um: Der Abstand des Heftfadens zur oberen Kante beträgt 1 cm.

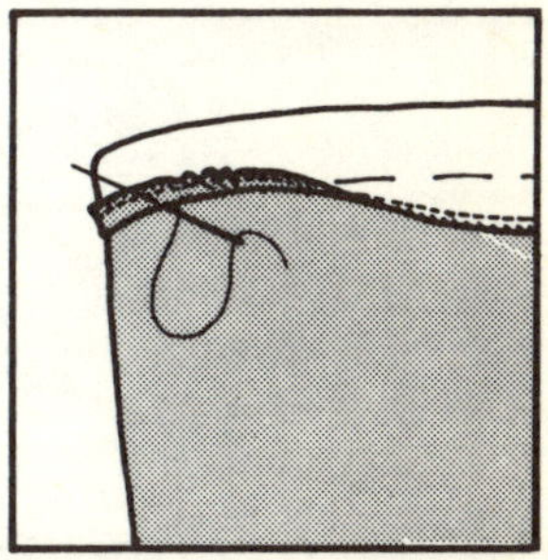

7 Nachdem Sie den Saum einmal leicht angebügelt haben, können Sie ihn blind ansäumen (Seite 28).

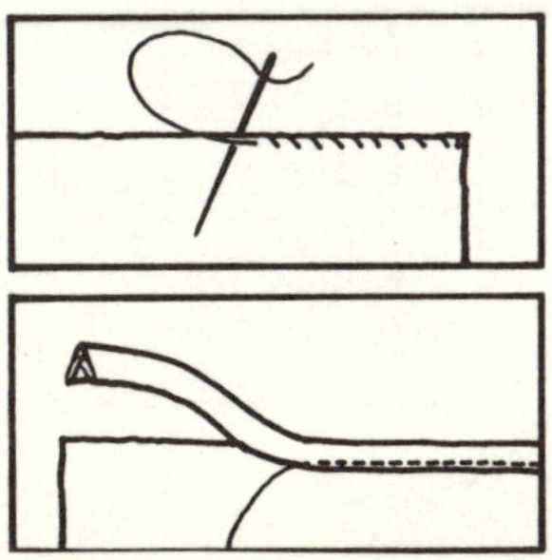

1 Die offenen Kanten mit überwendlichem Stich versäubern oder mit schmiegsamem Seidenband einfassen.

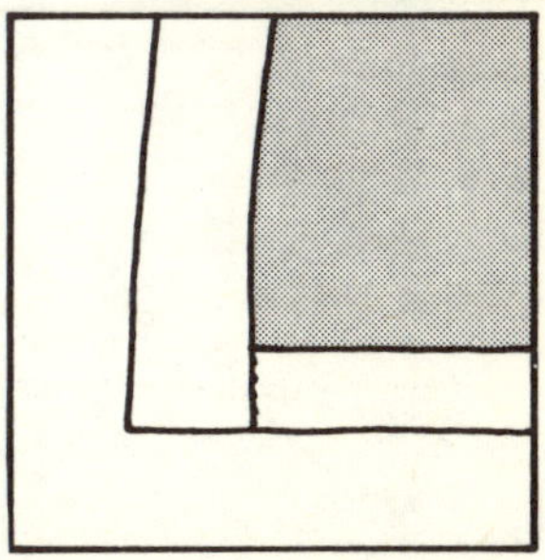

2 Arbeiten Sie zuerst den Saum, schlagen Sie dann erst die Belegkante um, das sieht am besten aus.

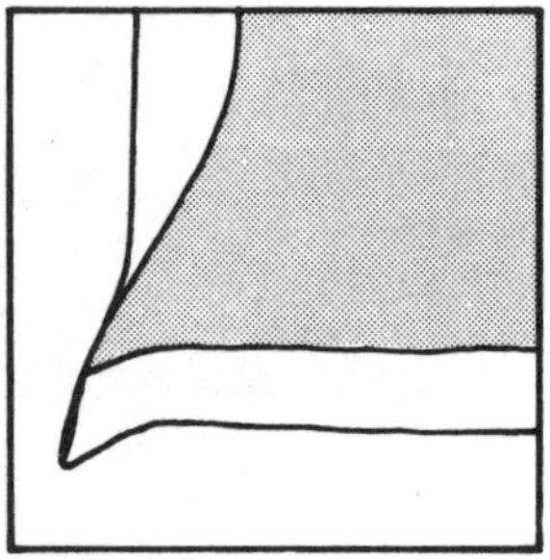

3 Wenn der Beleg auf dem Saum liegt, entsteht eine vierfache Stofflage, die zu dick wäre.

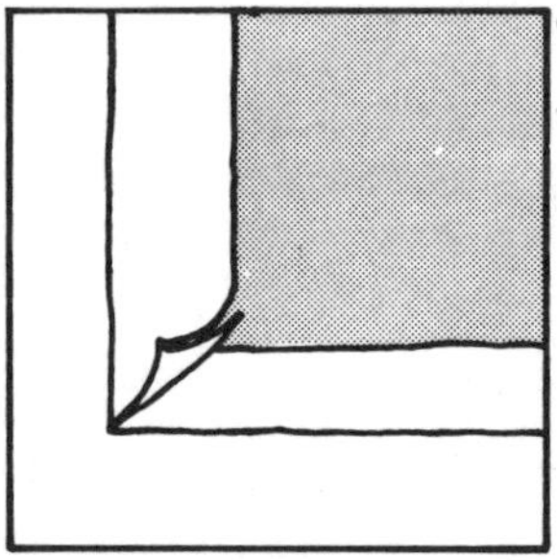

4 Sie dürfen etwas Stoff herausschneiden: Am besten vom Beleg, denn hier wird selten geändert.

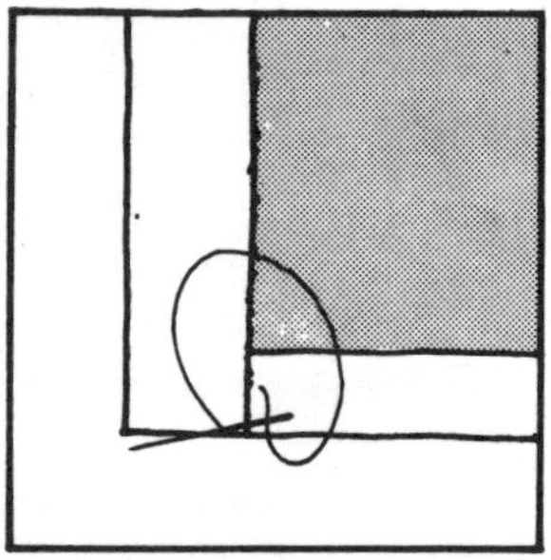

5 Die Belegkante kann mit feinen Stichen angenäht werden. Die untere Kante gegeneinandernähen.

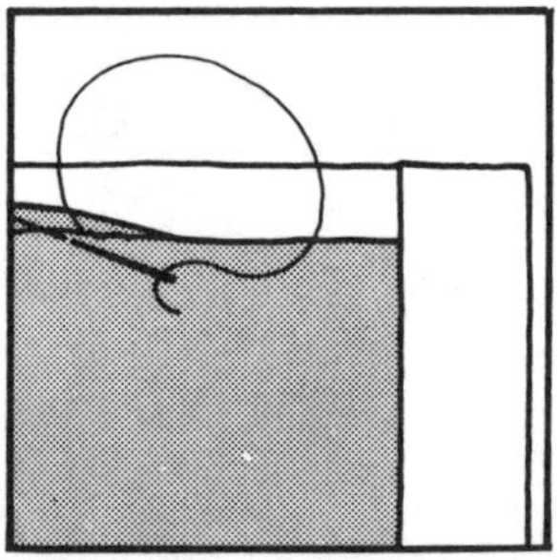

6 Der Saum kann wieder blind angenäht werden (Seite 28). Prüfen Sie vorher, ob die Saumlänge stimmt.

Mantelsäume

Diese kleine Mühe lohnt sich garantiert: Bügeln Sie nach jedem Umschlagen die Kante einmal an. Sie bekommen dann einen besseren Sitz und die Belegkante wird korrekt. Machen Sie vorher stets eine Bügelprobe, damit Sie wissen, wie heiß Sie bügeln dürfen. Wollstoffe oder dickere Stoffe bügeln Sie mit einem feuchten Tuch. Bitte auch das vorher an einem Rest ausprobieren, weil viele Stoffe eine Chemiefaser-Beimischung haben, die zu heißes Bügeln nicht leiden kann.

Kinderkleider und doppelte Säume

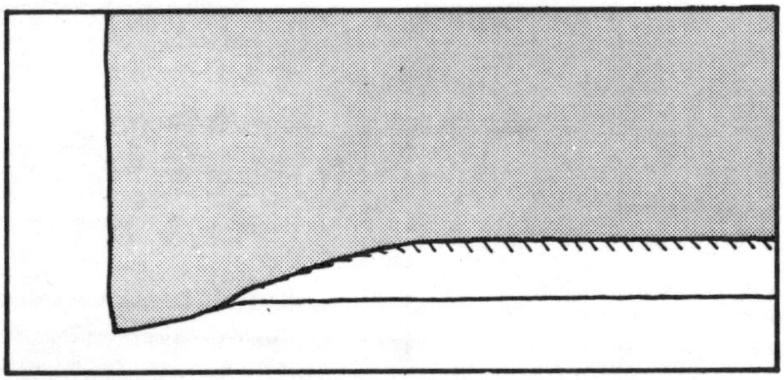

1 Kinder wachsen schell. Auch wenn das Kleidchen in der Weite noch paßt, wird es in der Länge schnell zu kurz. Arbeiten Sie alle Kinderkleidchen mit gerade geschnittenem Röckchen mit doppeltem Saum.

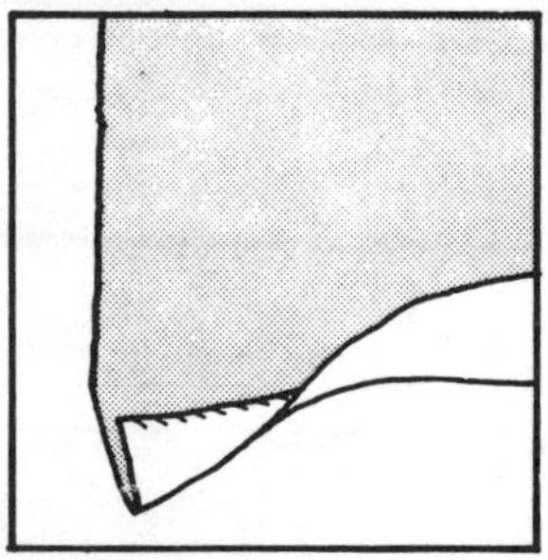

2 Beim Zuschneiden sollten Sie die doppelte Saumbreite zugeben. Den ersten Saum arbeiten (Seite 28).

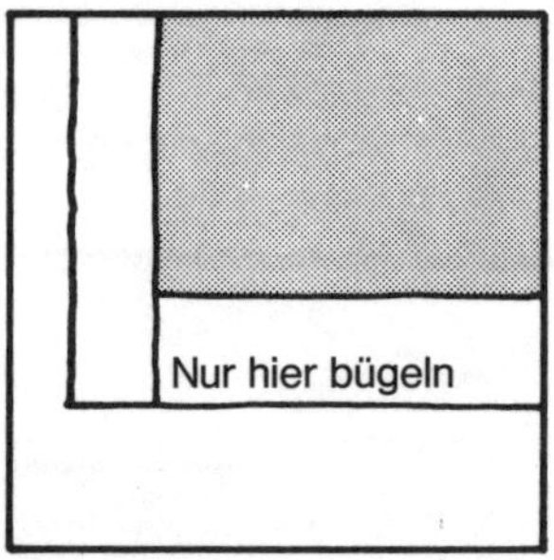

3 Nachdem Sie den zweiten Saum umgeschlagen und fein angenäht haben, bitte sorgfältig bügeln.

Säumen mit Einlage

Wenn Sie noch nicht viel Übung im Schneidern haben, sollten Sie lieber einmal mehr heften als nur stecken. Mit der Zeit werden Sie von selbst viele glatte Nähte gleich nach dem Stecken steppen können.
Eine feine Sache ist auch »Bügeln statt Nähen«: Es gibt Saumeinlagen aus Vlieseline, die Sie einfach aufbügeln können, ohne sie vorher aufzuheften. Sie geben dem Ärmel- oder Rocksaum einen festeren Halt und ein korrektes Aussehen. Bitte nehmen Sie aber bei feinen Stoffen nur die ganz weiche Qualität, damit der Saum nicht zu störrisch wird.

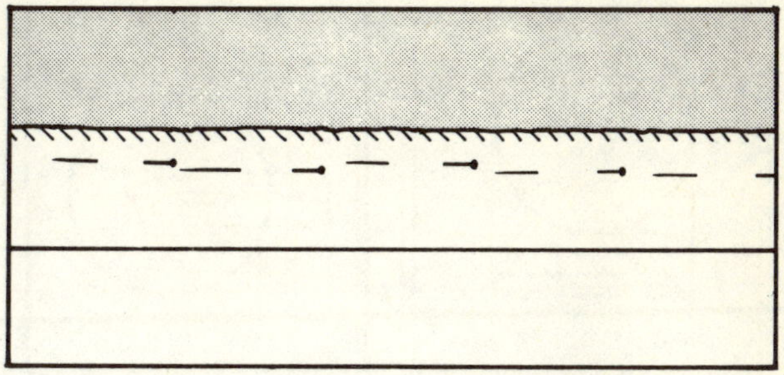

1 Stecken Sie den Saum mit der versäuberten Kante um.

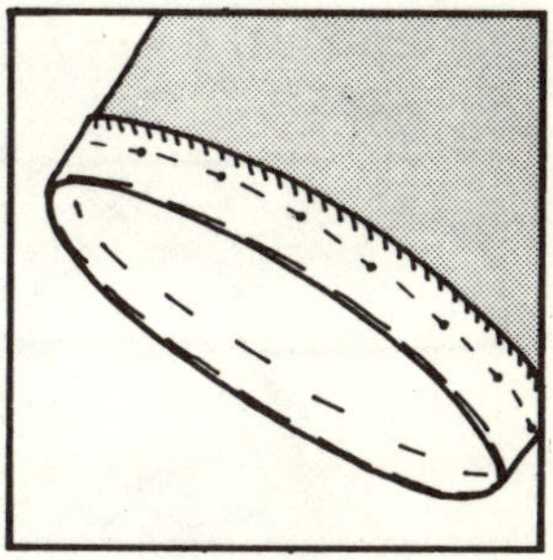

2 Markieren Sie die untere Saumkante mit einem Heftfaden in Kontrastfarbe. So ist sie leicht zu sehen.

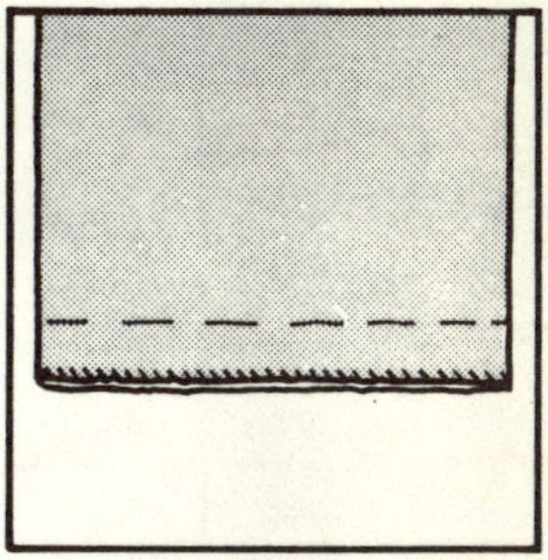

3 Entfernen Sie die Stecknadeln und streichen Sie den Saum wieder herunter: Die Markierung stimmt.

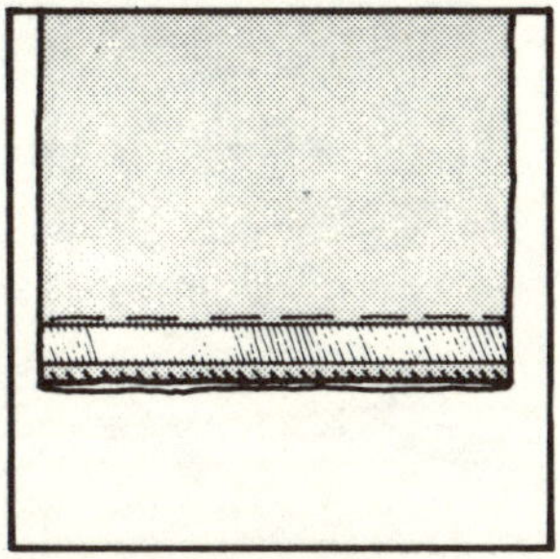

4 Unterhalb der Markierung, also auf der Saumbreite, legen Sie einen Streifen weiche Vlieseline auf.

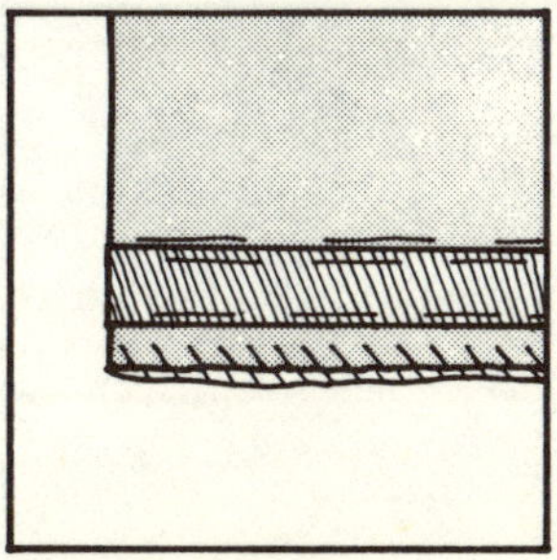

5 Heften Sieden Streifen knapp an den Kanten entlang auf. (Es gibt auch aufbügelbare Einlagestoffe.)

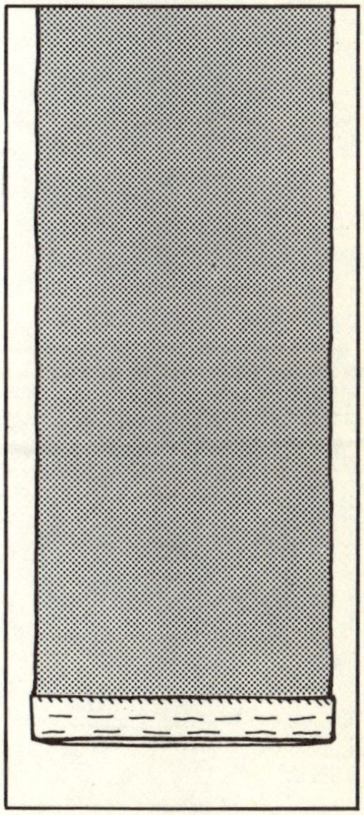

6 Nun den Saum mit der Einlage wieder nach innen umschlagen. Den Saum wieder blind annähen.

Verschlüsse

Knöpfe

Gerade geschnittene durchgeknöpfte Kleider reißen an der Knopfkante leicht aus. Hier kann ein untergelegtes Läppchen und ein mitgenähter kleiner Knopf auf der inneren Belegkante Abhilfe schaffen. Diese kleine Mühe spart Ihnen späteres Ausbessern und häßliches Stopfen. Oft werden Kanten und Verschlüsse auch mit Druckknöpfen oder mit Haken und Ösen verarbeitet. Sie finden alle Verschlußarten in der Kurzwarenabteilung Ihres Kaufhauses. Meist können Sie selbst das Passende heraussuchen, denn es gibt fertig abgepackte Kärtchen mit Verschlußarten jeder Form und Größe.

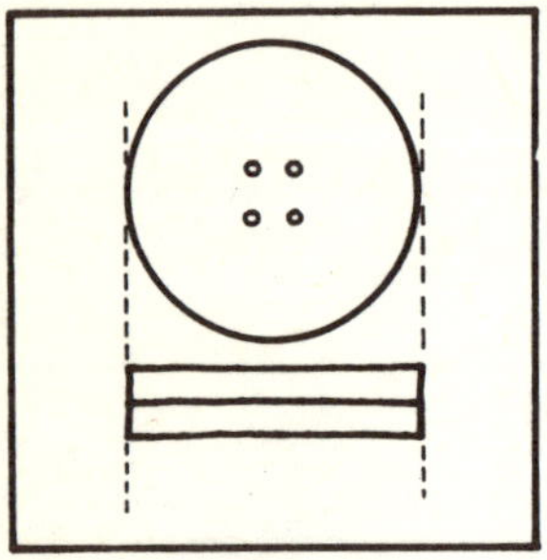

1 Knopf und Knopflochgröße müssen übereinstimmen. Zu große oder zu kleine Knöpfe machen nur Ärger.

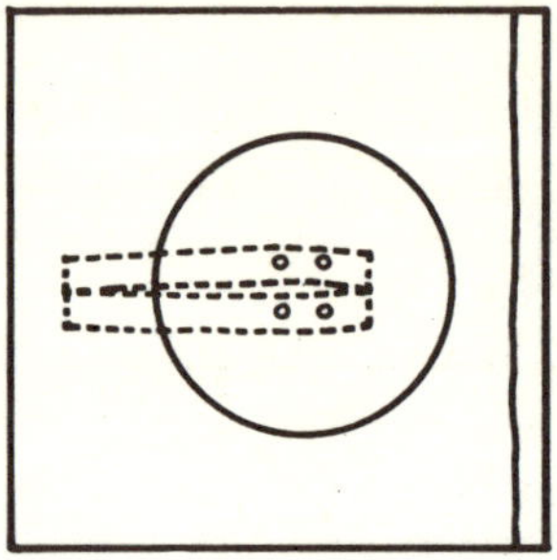

2 Bedenken Sie bitte, daß die Mitte des Knopfes am Anfang des Knopfloches liegt (vordere Mitte).

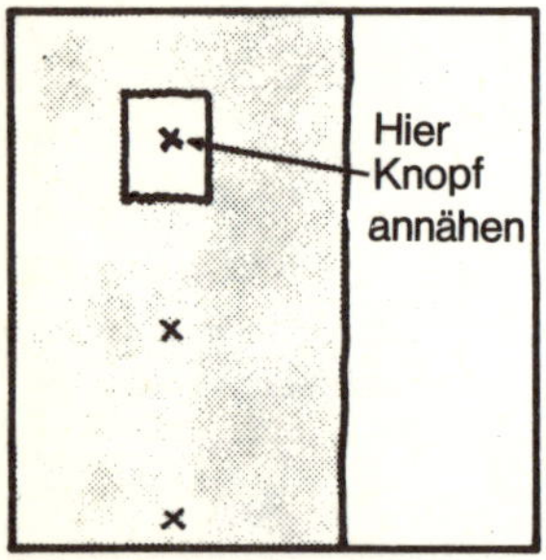

3 Knöpfe reißen leicht aus. Fassen Sie einen kleinen Flecken aus Stoff auf der linken Seite mit.

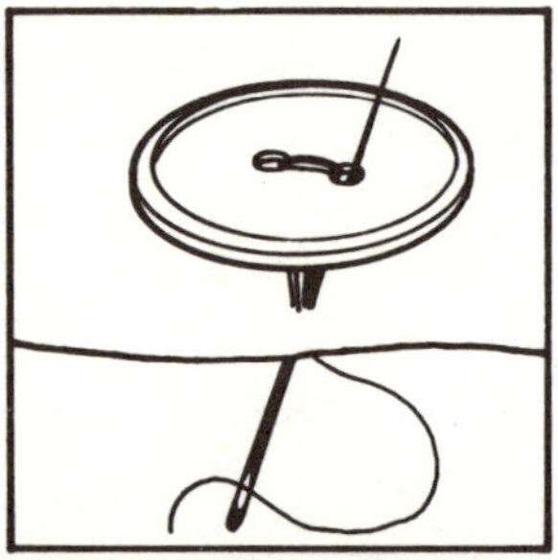

4 So nähen Sie einen Knopf »mit Stiel« an: Ziehen Sie den Faden nicht fest, sondern nur lose an.

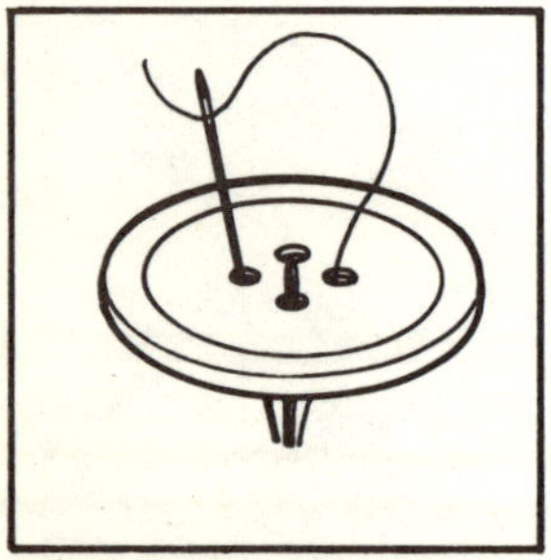

5 Bei Knöpfen mit vier Löchern arbeiten Sie kreuzweise übereinander: jeweils vier- bis fünfmal.

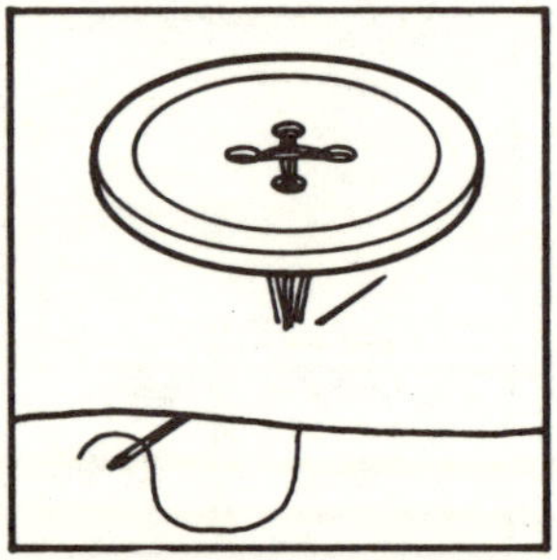

6 Jetzt können Sie die Nadel an den Oberstoff holen und den Faden mehrmals um den »Stiel« wickeln.

7 So sieht der »Knopf mit Stiel« fertig aus. Bitte vergessen Sie nicht, den Faden gut zu vernähen.

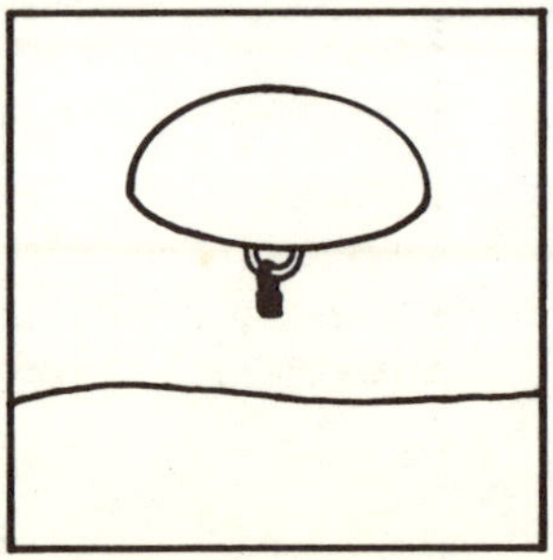

8 Knöpfe mit Metallösen werden genau so angenäht. Allerdings darf der Stiel hier kürzer sein.

Druckknöpfe

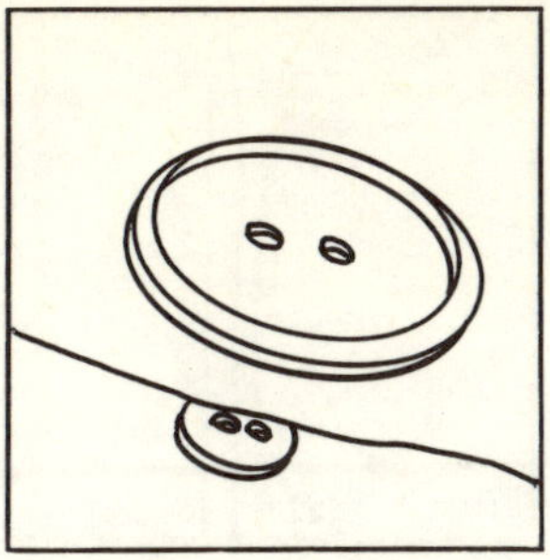

9 Bei Kleidern und Jacken kann statt des Stofffleckens auch ein kleiner Knopf zur Sicherung dienen.

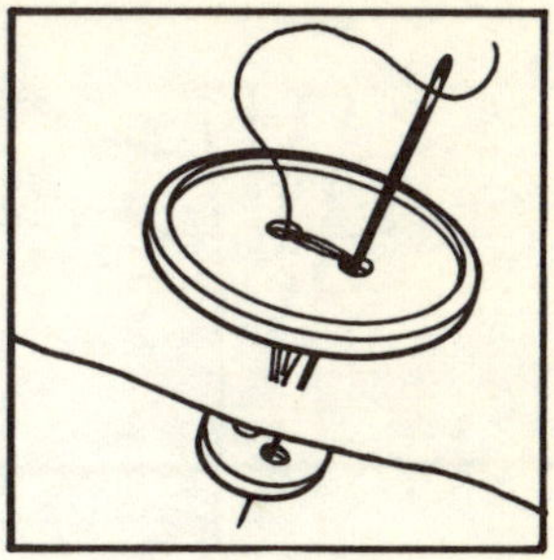

10 In diesem Fall legen Sie auf die linke Seite einen normalen Hemdenknopf und nähen ihn mit an.

11 Bei Knöpfen mit zwei Löchern ist das besonders einfach: Der Faden bleibt dazwischen stehen.

12 Machen Sie auch hier den kleinen Stiel. Vernähen Sie den Faden zwischen Unterknopf und Stoff.

Druckknöpfe

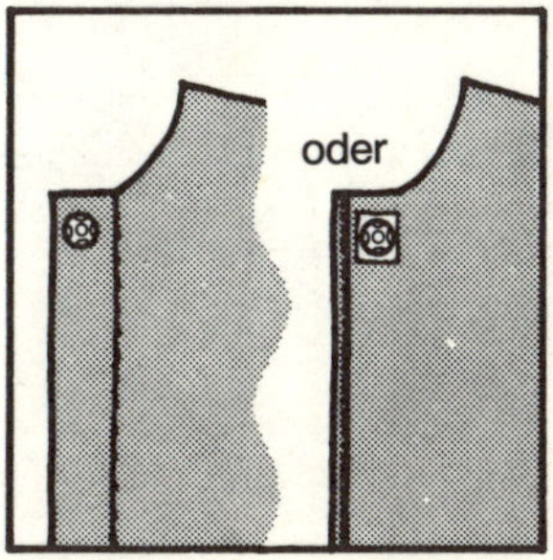

1 Es gibt einfache Druckknöpfe und »Federdruckknöpfe«, die besonders gut halten. (Gut für feste Stoffe!)

2 Führen Sie die Nadel von unten nach oben und nähen Sie jedes Löchlein mit fünf bis sechs Stichen fest.

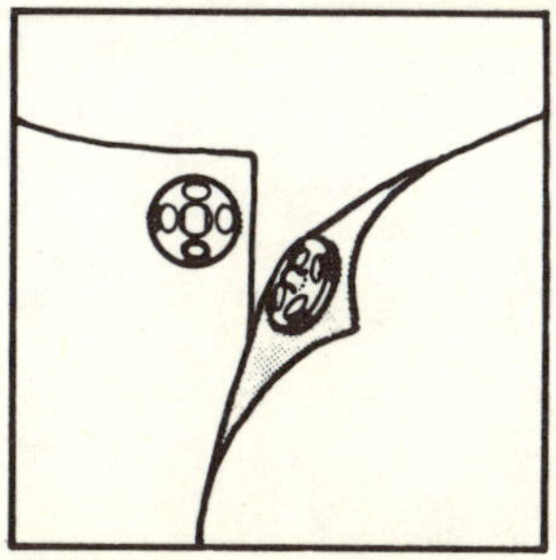

3 Nähen Sie zuerst alle oberen Hälften an. Markieren Sie dann den Mittelpunkt der unteren Hälfte.

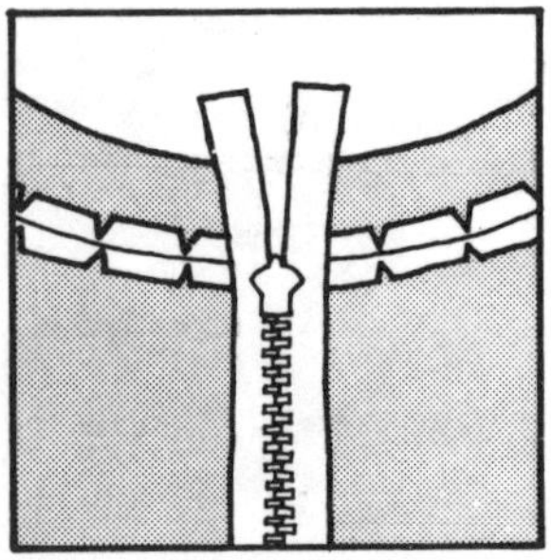

1 Wir zeigen Ihnen diesen Vorgang bei einem Halsauschnitt mit Beleg. Beim Rock ebenso arbeiten.

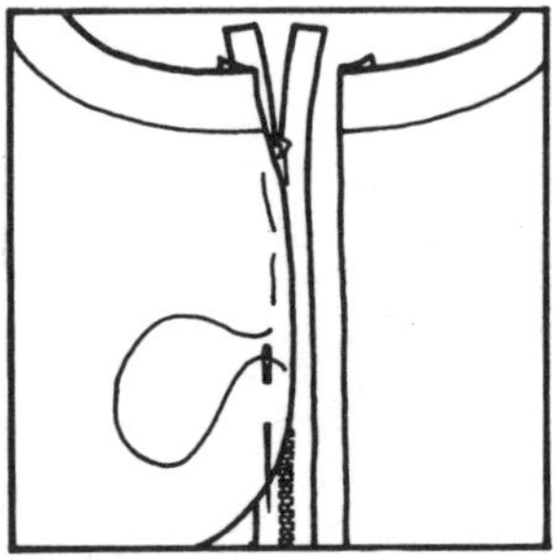

2 Heften Sie die umgeschlagene Stoffkante auf das Reißverschluß-band. Die Zähnchen sind verdeckt.

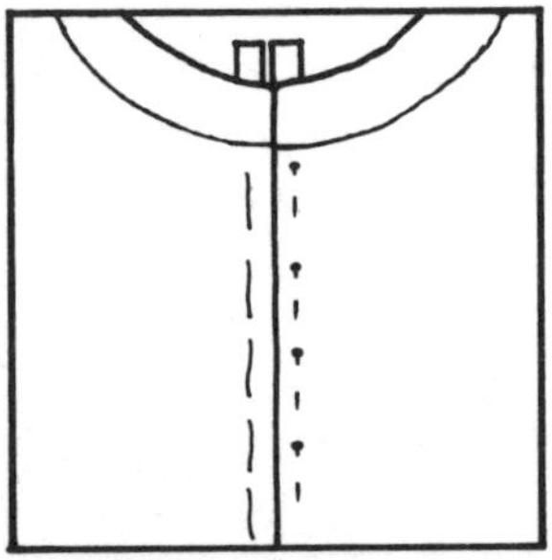

3 Nun stecken Sie die andere Kante so dagegen, daß die Stoffkanten genauso gegeneinander stoßen können.

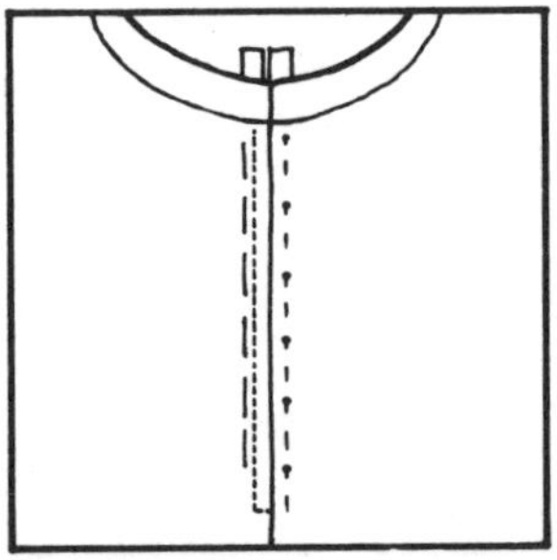

4 Mit Spezialfüßchen können Sie den Verschluß mit der Maschine steppen. Sonst mit Handstichen.

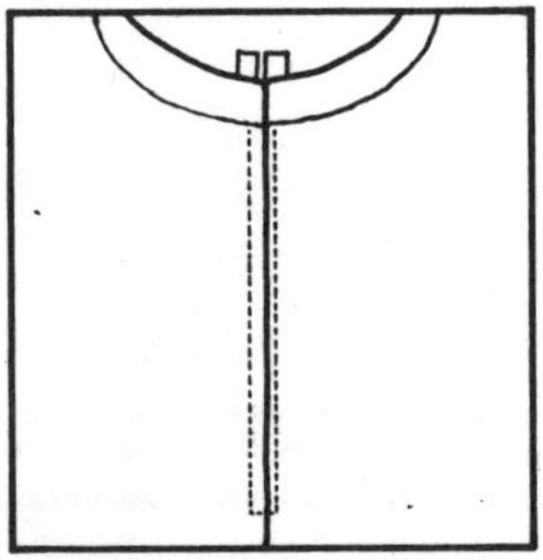

5 Nachdem Sie auch die zweite Seite geheftet haben, können Sie steppen oder von Hand nähen.

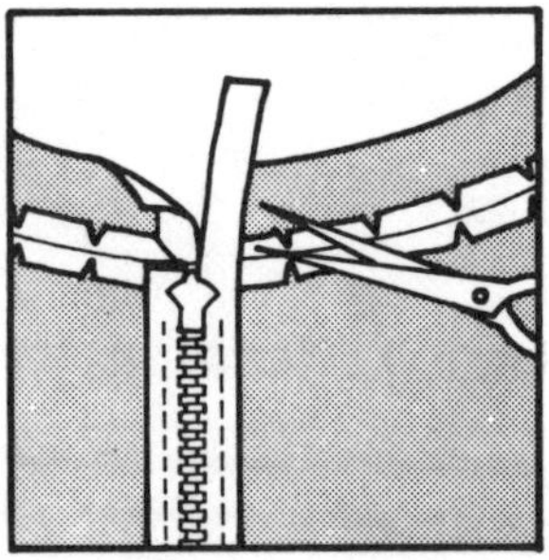

6 Jetzt schneiden Sie die überstehenden Enden des Reißverschlußbandes in Beleghöhe sorgfältig ab.

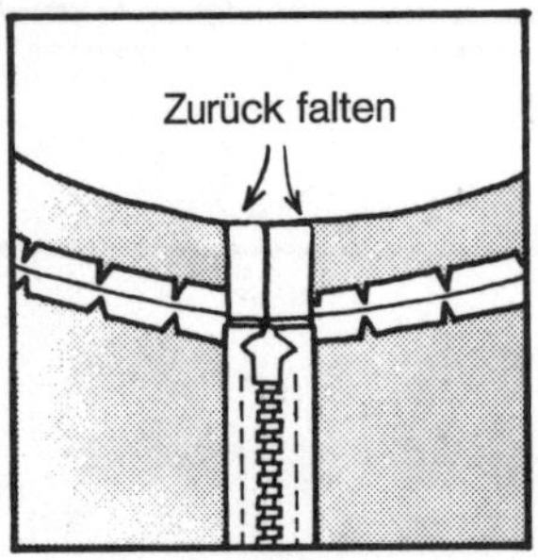

7 Schlagen Sie Belegkanten in Fortsetzung des Reißverschlußschlitzes nach innen um. Bügeln!

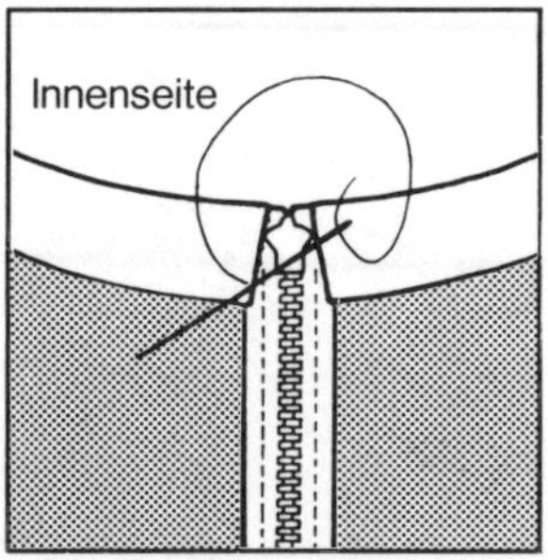

8a Mit Handstichen säumen Sie den umgeschlagenen Beleg auf dem Reißverschlußbändchen an.

So nähen Sie einen Reißverschluß ein

An manchen einfachen Konfektionskleidern sieht man häßlich beulende Reißverschlüsse. Das muß nicht sein! Nähen Sie Ihren Reißverschluß mit der Hand ein und halten Sie den Stoff eine Winzigkeit völliger als das feste Reißverschlußbändchen. Wenn Sie den Reißverschluß nach dem Einheften einmal feucht - oder je nach Stoffqualität trocken - überbügeln, kann das nicht passieren. Fassen Sie beim Einnähen des Verschlusses nur zwei bis drei Fäden des Oberstoffes und ziehen Sie den Faden nicht allzu straff an.

Bei dickeren Stoffen können Sie das Reißverschlußbändchen auch an der Naht entlang noch einmal leicht annähen, damit sich das Bändchen nicht verschieben kann.

Wenn Sie nicht genau den passenden Farbton bekommen, darf das Bändchen des Reißverschlusses eher eine Kleinigkeit dunkler als heller sein. Vorsicht bei Kunststoffverschlüssen. Fragen Sie die Verkäuferin nach der Reinigungs- und Bügelfestigkeit. Es ist schon recht ärgerlich, wenn man den Reißverschluß nach der ersten Reinigung, Wäsche oder nach dem Bügeln wieder heraustrennen muß. Im Zweifelsfalle machen Sie bitte vor dem Einnähen des Reißverschlusses eine Bügelprobe.

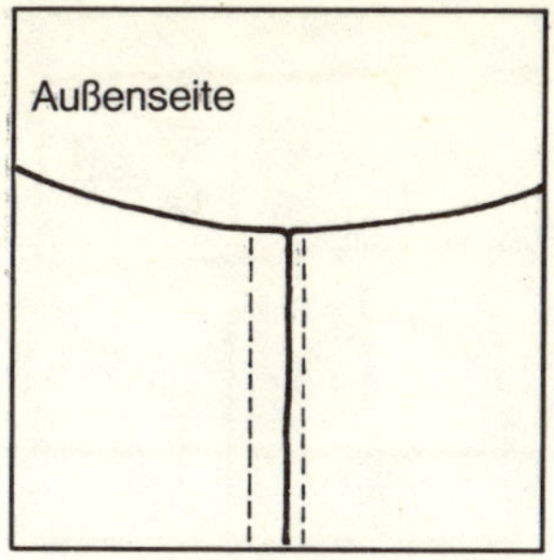

8b Von rechts ist die Kante sauber. Sie können so steppen, daß die Kante den Reißverschluß völlig verdeckt.

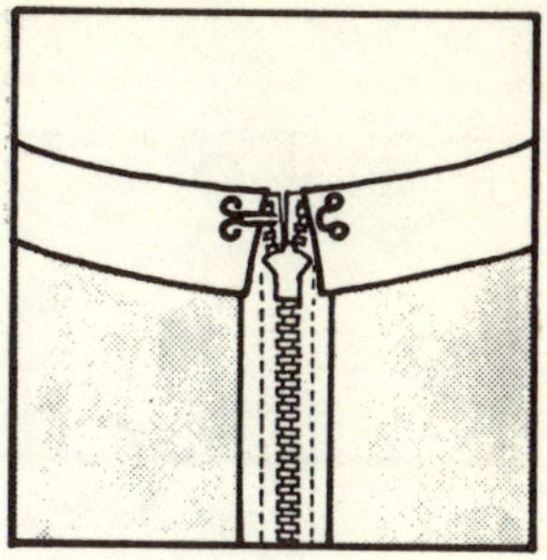

9 Wenn der Ausschnitt ziemlich eng ist, nähen Sie zum besseren Halt einen Haken und eine Öse an.

Haken und Ösen

Machen Sie vor dem Annähen von Haken und Öse mal eine kleine Probe, wo die beiden Teile sitzen müssen. Machen Sie dort eine Markierung mit einer Stecknadel. Wenn Haken und Öse geschlossen sind, darf man auf der rechten Seite nichts davon sehen.
Mit Haken und Ösen können Sie sich in der Kurzwarenabteilung Ihres Kaufhauses übrigens selbst bedienen: Dort sind alle Größen und Arten auf Kärtchen zu 1/2 oder einem ganzen Dutzend aufgereiht. Bei eleganten Modellen aus feinen Stoffen wird man aber die Öse aus einigen Fäden Nähseide arbeiten, das sieht eleganter aus. In diesem Fall brauchen Sie natürlich nur den Haken. Diese Lösung bietet sich bei Ausschnitten, Kanten oder Rockverschlüssen an.
Ob Sie Ihre Knopflochschlingen mit Nähseide oder Knopflochseide machen, hängt von der Beschaffenheit des Stoffes ab: Feine Stoffe brauchen Nähseide, dickere Wollstoffe Knopflochseide.

1 Den Haken knapp vor der Stoffkante annähen. Beim Schließen stoßen die Kanten dann aneinander.

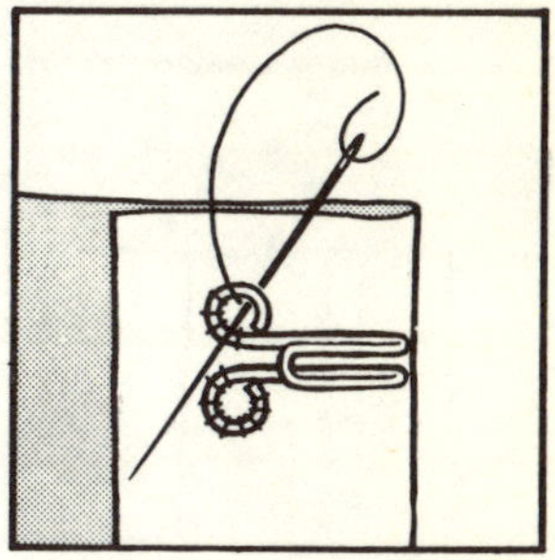

2 Nähen Sie »Augen« des Hakens mit kleinen überwendlichen Stichen an. Keinen Oberstoff mitfassen.

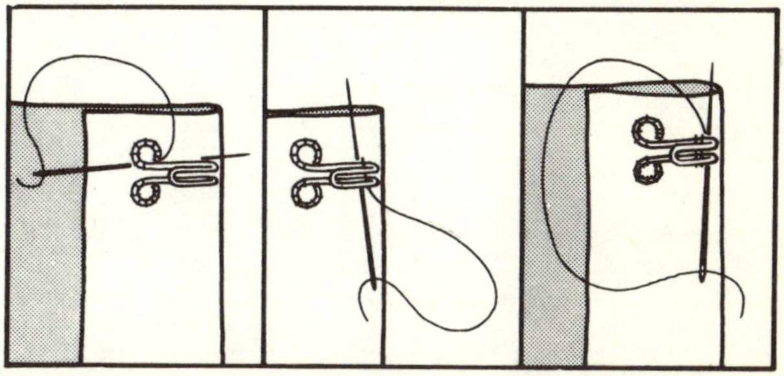

3 Führen Sie die Nadel zwischen den beiden Stofflagen bis zum Haken vor. Führen Sie auch hier mehrere überwendliche Stiche aus. Natürlich dürfen auch hier die Stiche an der rechten Seite nicht sichtbar sein.

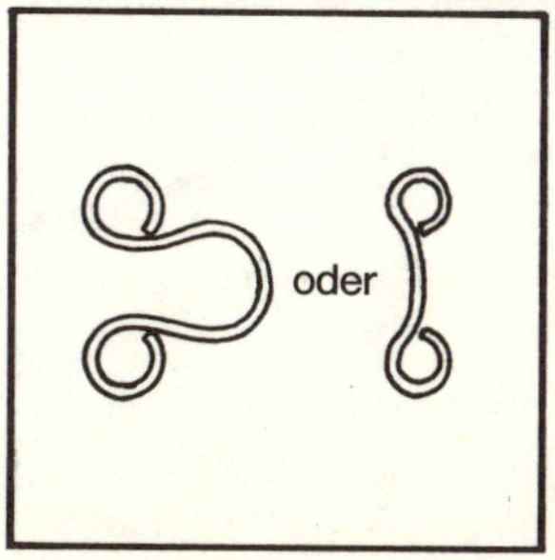

4 Hier sind zwei verschiedene Ösen: Die runden werden meist auf der Unterseite, die flachen oben angenäht.

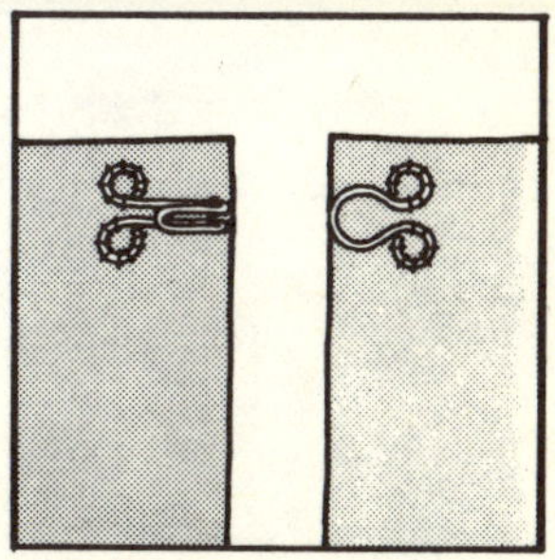

5 Die Öse muß genau passend angenäht werden: Hier mit kleinen überwendlichen Stichen nähen.

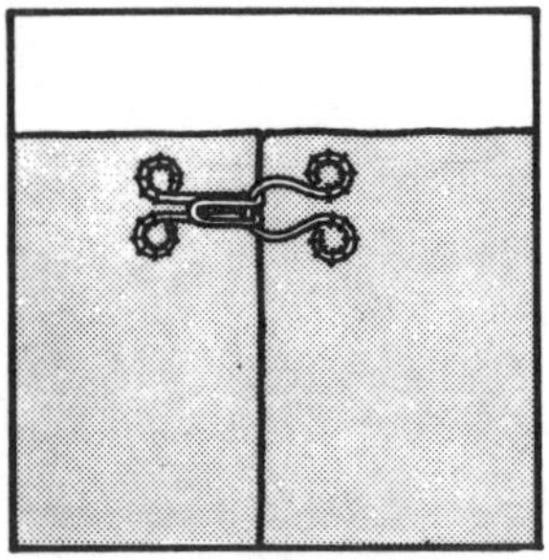

6 So ist es richtig: Die Stoffkanten stoßen genau gegeneinander und es gibt keine häßliche Öffnung.

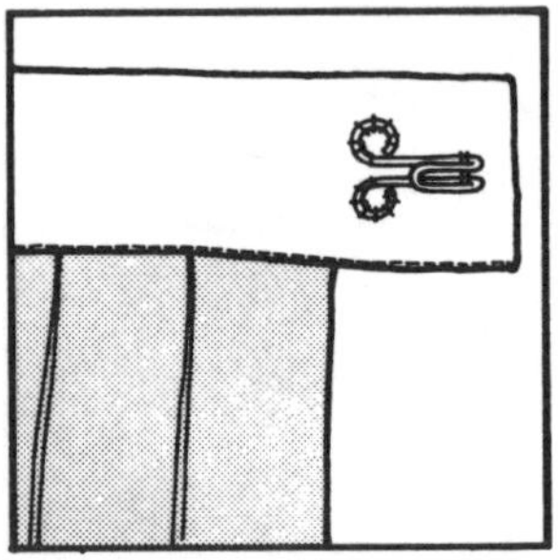

7 Eine Ausnahme macht das Gurtband mit Haken: Hier wird der Haken etwas entfernt angenäht.

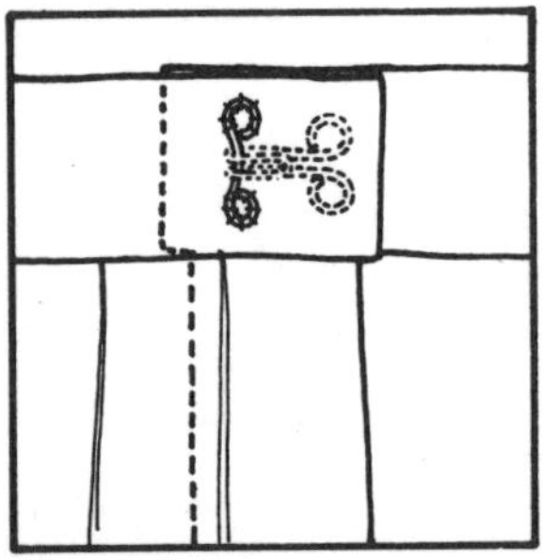

8 In diesem Fall können Sie eine flache Öse auf dem Oberstoff des Taillenbundes annähen. (Sitzt gut!)

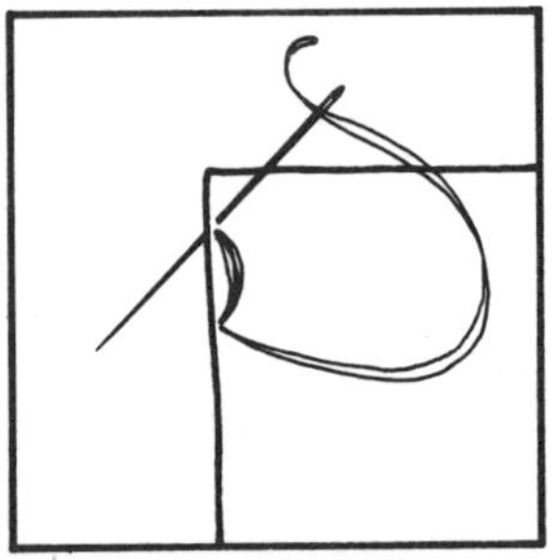

9 Wenn Sie keine flache Öse zur Hand haben, können Sie selbst eine machen: Mehrere Fäden spannen.

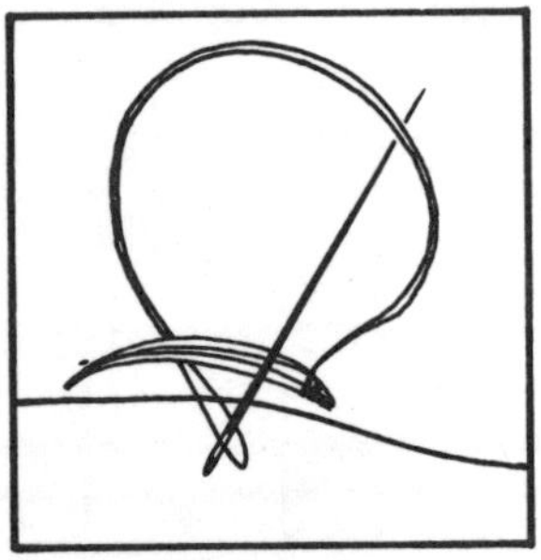

10 Diese Fäden sollen einen ganz flachen Bogen bilden, damit der Haken gut durchschlüpfen kann.

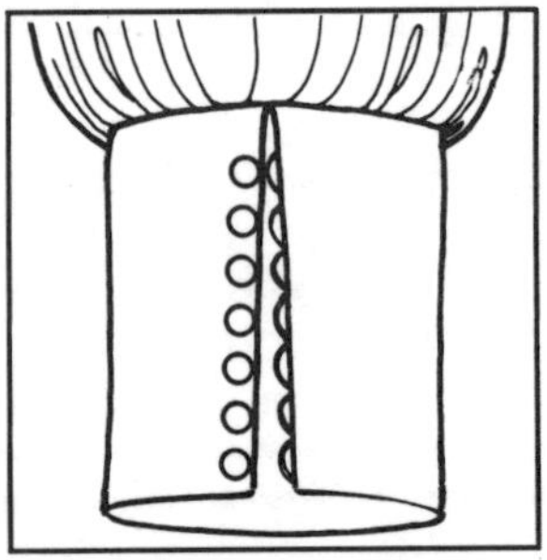

11 Diese Lösung bietet sich auch beim Ärmelverschluß an. Mit Knopflochstich die Fäden umschließen.

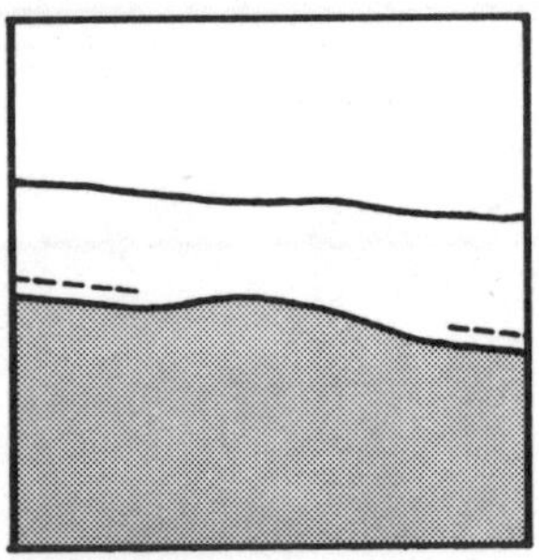

1 Kinderkleidchen, Höschen und Wäscheteile lassen sich mit einem elastischen Gummizug einhalten.

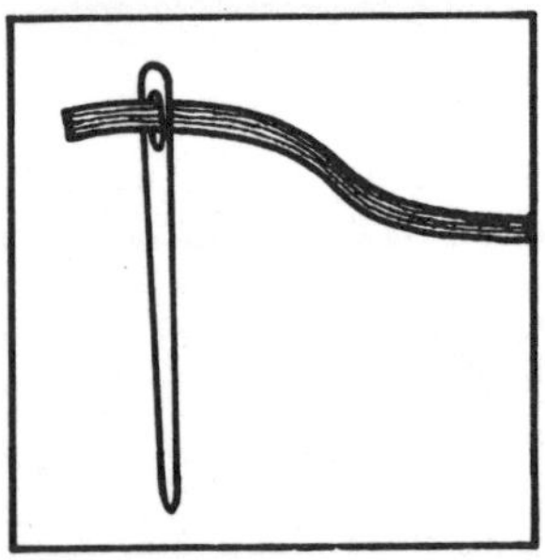

2 Ziehen Sie eine passende Gummilitze durch eine Gumminadel. Naht an einer Stelle offenlassen.

Gummiband einziehen

Denken Sie daran, Ihr Gummiband mit einer kleinen Sicherheitsnadel festzustecken, damit es beim Durchziehen nicht durch die Schaube davonrutscht! Übrigens hat die neue Zeit auch vor dem alten Gummiband nicht haltgemacht: Es gibt heute weiche und haltbare Gummibänder und schmale Gummilitzen, die sich auch nach längerem Gebrauch kaum ausweiten. Meist sind sie auch viel angenehmer und weicher im Tragen als das übliche harte Gummiband.

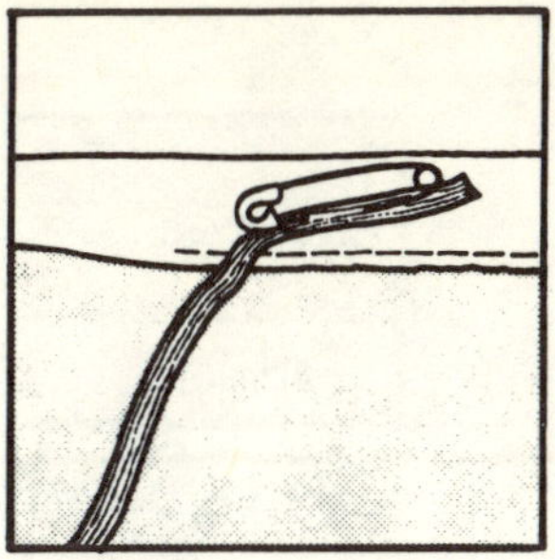

3 Stecken Sie den Anfang der Gummilitze mit einer Sicherheitsnadel auf der Oberseite gut fest.

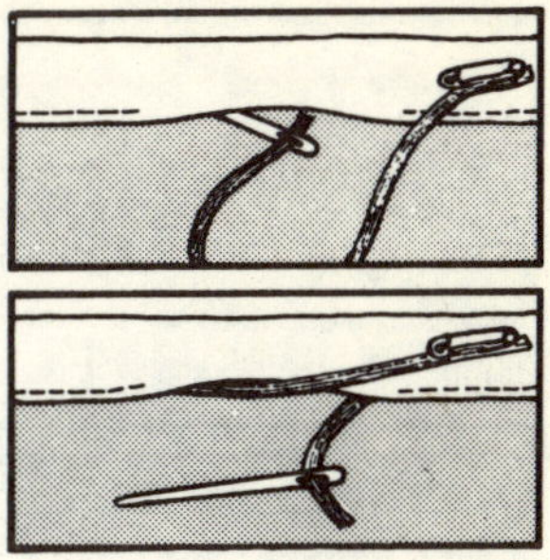

4 Führen Sie die Gummilitze in die offene Naht ein, ziehen Sie sie bis zum Anfang der Litze durch.

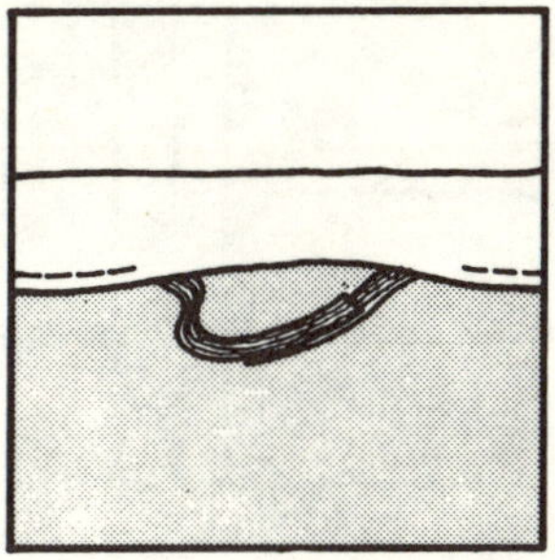

5 An der offenen Nahtstelle können Sie beide Litzenenden bequem übereinanderlegen, evtl. stecken.

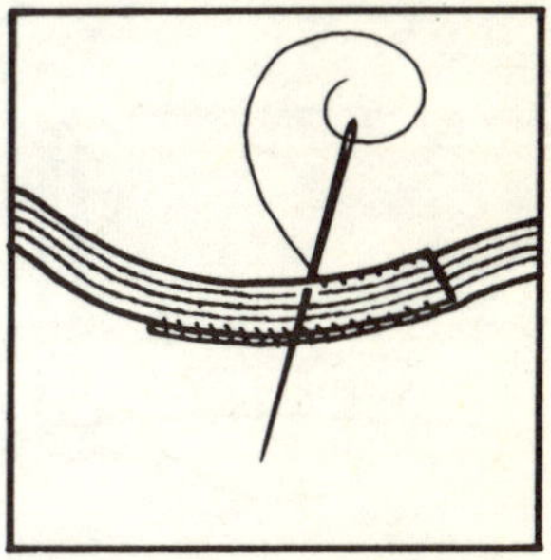

6 Mit kräftigem Garn und kleinen überwendlichen Stichen nähen Sie die übereinanderlappenden Enden.

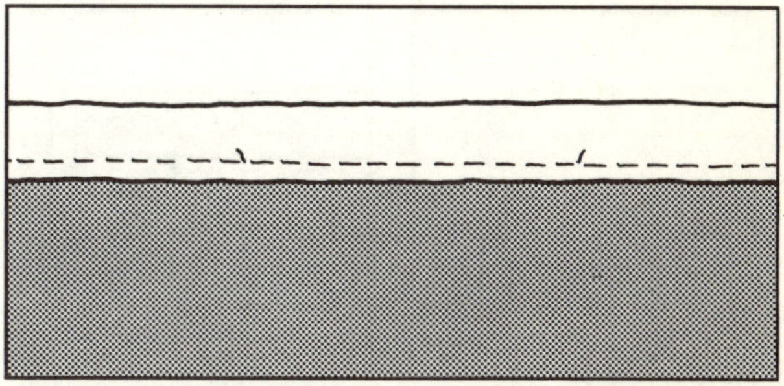

7 Die offene Nahtstelle nähen Sie jetzt im Verlauf der Steppnaht zu. Das Fadenende bitte gut vernähen.

So arbeiten Sie einen Gürtel

Beim Gürtel sollten Sie sich ein bißchen Mühe machen: Schließlich ist die Taillenpartie beim Kleid ein Blickfang! Es gibt übrigens heute einbügelbare Gurtbänder- oder Gürteleinlagen in vielen Breiten. Wenn Sie

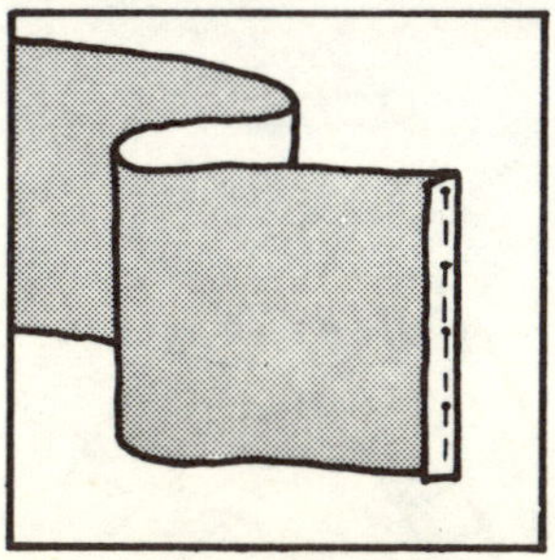

1 Stecken Sie die Schmalseite des Stoffstreifens mit einigen Nadeln auf der linken Seite an.

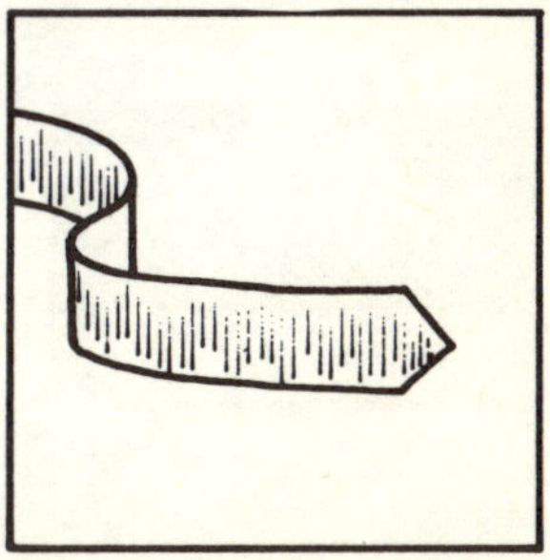

2 Schneiden Sie eines der Gurtbandenden in eine Spitze zurecht. Das Gurtband hat die Gürtelbreite.

an Ihrem Wohnort keine passende Breite bekommen, können Sie Vlieseline-Einlage vom Meter nehmen und passend abschneiden.
Der Stoffstreifen für den Gürtel soll 5 cm länger sein als notwendig. Diese Zugabe benötigen Sie später als Einschlag für das Gürtelende und als Einschlag für das Annähen der Gürtelschnalle. Auch die Breite braucht eine Zugabe zum Einschlagen: Schneiden Sie den Oberstoff bitte 3 mal so breit zu, wie der fertige Gürtel werden soll.

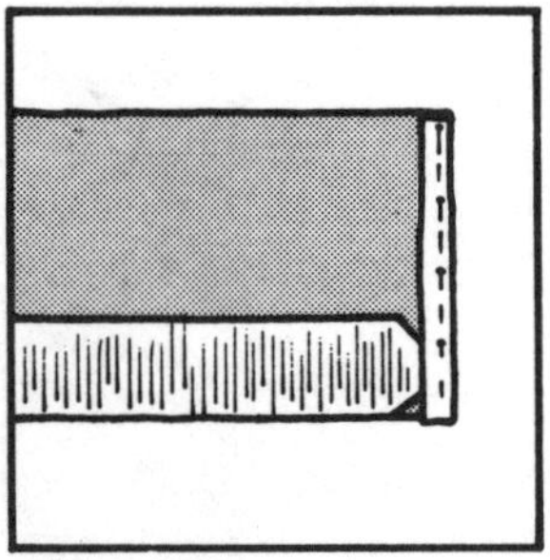
3 Legen Sie das Gurtband an die untere Stoffkante und schieben Sie die Spitze unter die Nadeln.

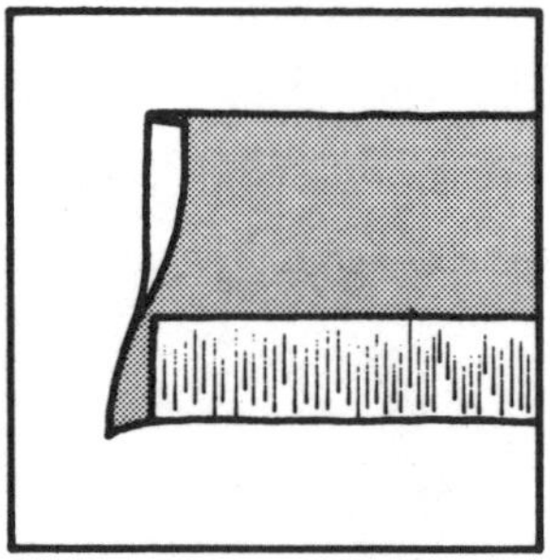
4 Das glatte Gürtelende ohne Spitze schmal um das Gurtband herumschlagen. Stecken und heften.

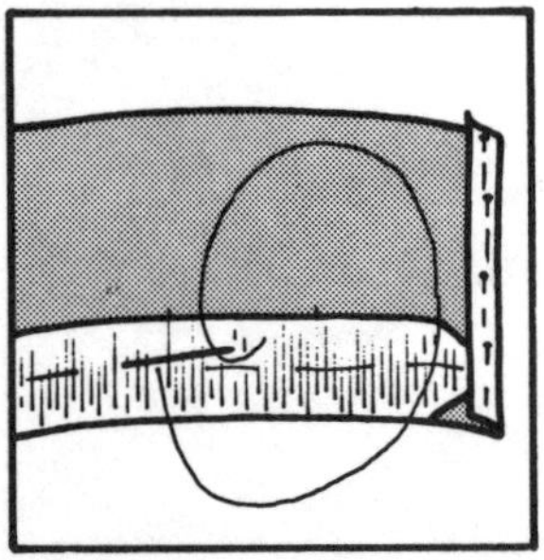
5 Heften Sie das Gurtband auf dem Stoffstreifen fest, damit es nicht verrutschen kann. Evtl. stecken.

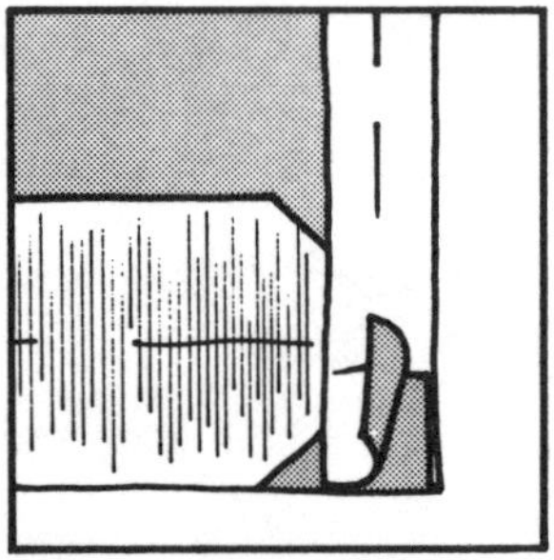
6 Schneiden Sie an der Gurtbandspitze eine Stoffecke heraus, dann wird der Gürtel dort nicht zu dick.

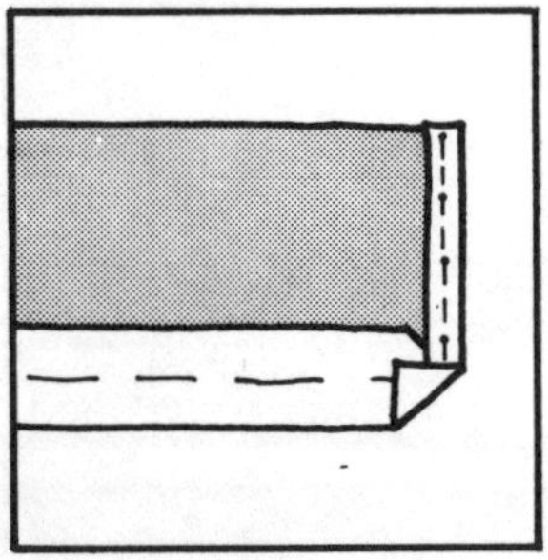
7 Schlagen Sie nun das Gurtband mit dem Stoff einmal um und kippen Sie die Stoffecke um die Spitze.

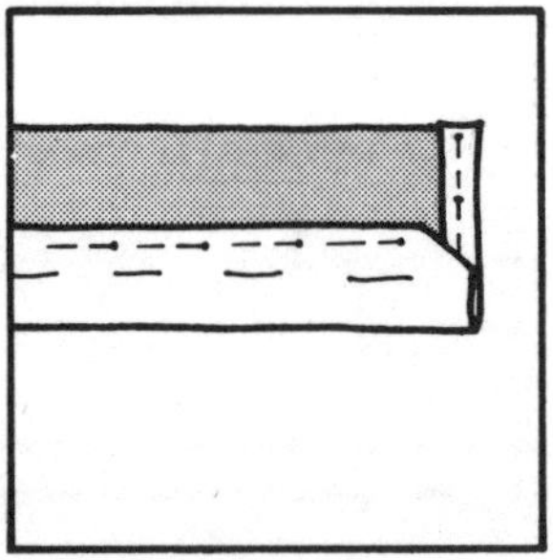
8 Jetzt schlagen Sie das Ganze nochmal um. Das Gurtband muß straff im Stoffbruch liegen. Stecken!

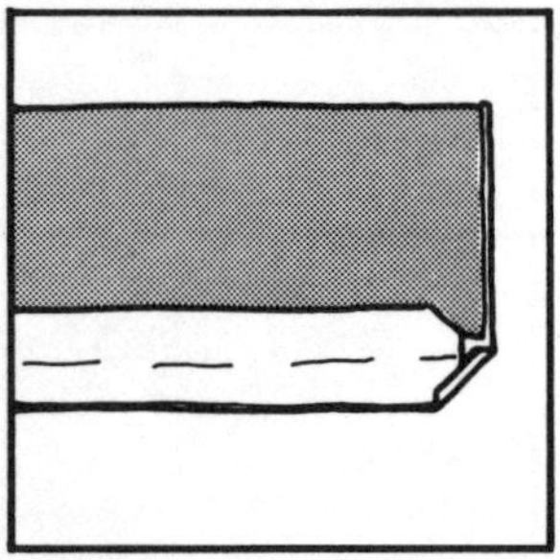
9 Die schräge Stoffspitze wird etwas beschnitten. Es muß gerade eine 1 cm breite Naht stehenbleiben.

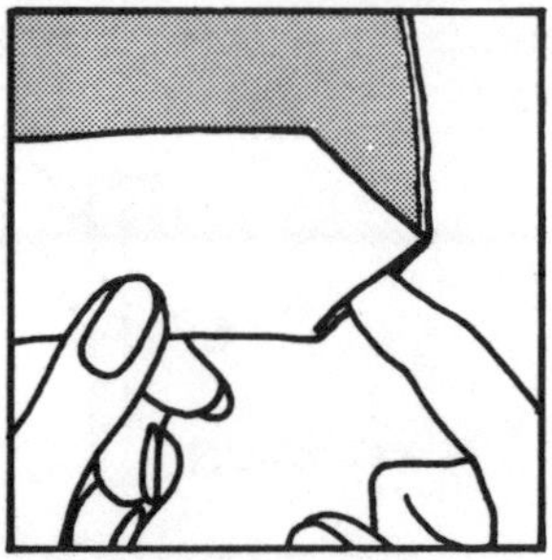
10 Diese Nahtbreite schieben Sie nun mit etwas Gefühl nach innen. Bitte einmal leicht anbügeln.

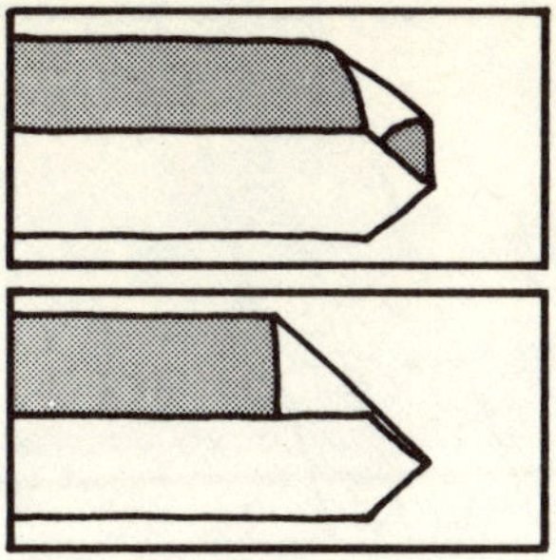

11 Jetzt ist nur noch die zweite Stoffschräge einzuschlagen. Sie darf hinter dem Gurtband liegen.

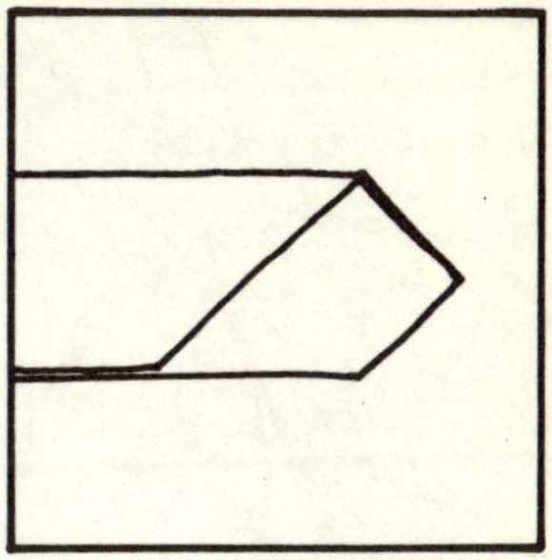

12 Der restliche Stoff wird umgeschlagen, bei leicht verschiebbaren Stoffen angesteckt und geheftet.

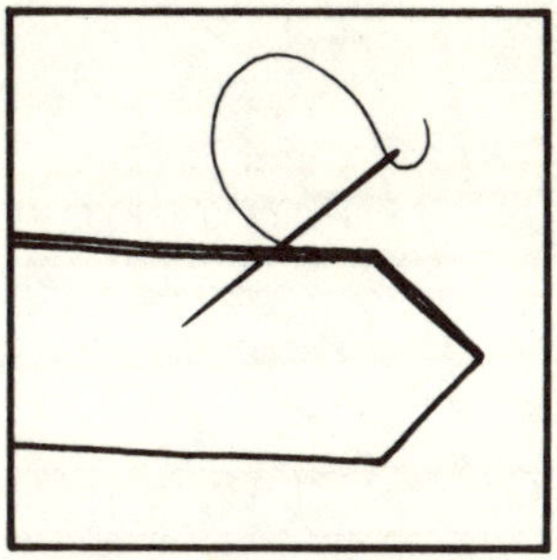

13 Nun können Sie den letzten Umschlag ansäumen. Hier mit kleinen überwendlichen Stichen nähen.

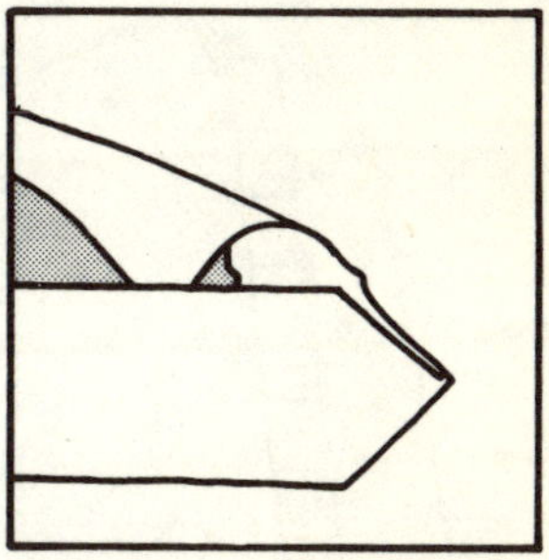

14 Falls Sie eine Webekante haben – einfach nähen. Eine offene Kante sollte schmal umgekippt werden.

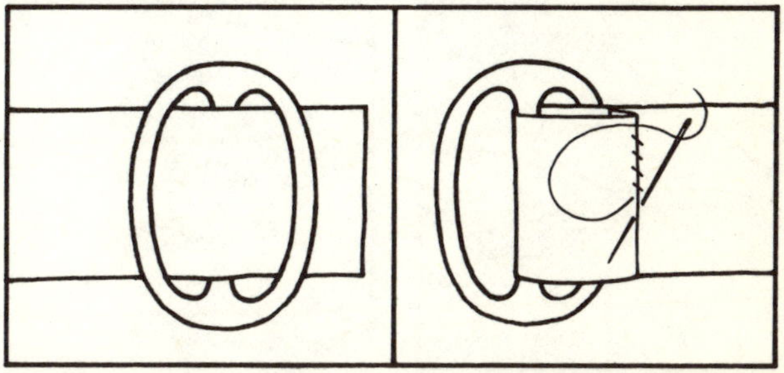

15 Ziehen Sie jetzt den gebügelten Gürtel durch die Schnalle. Ein wenig Bewegungsfreiheit muß sein. Zum Schluß nähen Sie den Gürtel auf der inneren Seite fein an. Bei leichten Stoffen Kante schmal umschlagen.

Knopflöcher

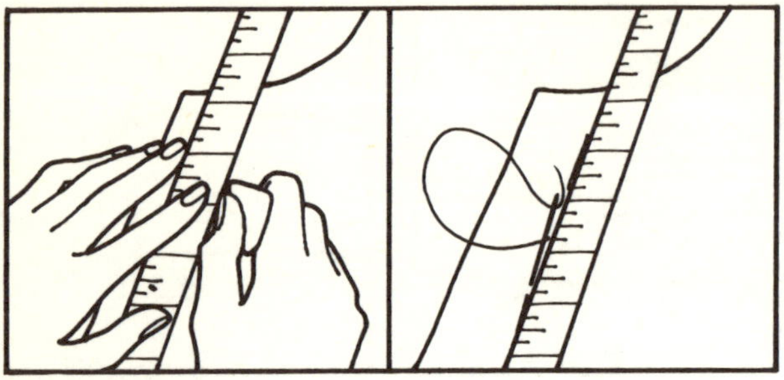

1 Bei lose gewebten Wollstoffen können Sie die vordere Kante und die Mitte mit Kriede anzeichnen. Bei feingewebter Seide markieren Sie mit einem Faden Nähseide.

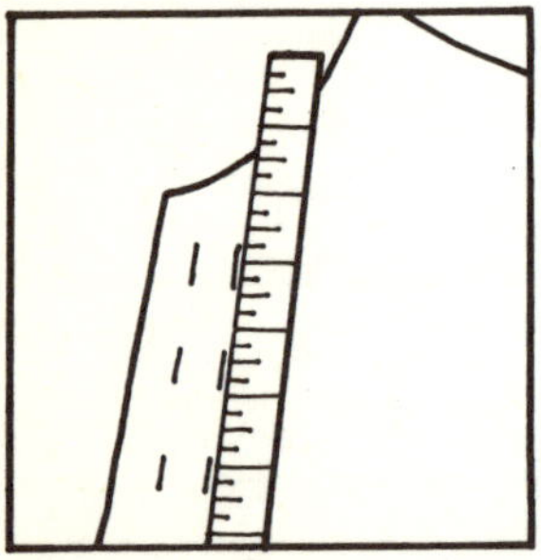

2 Diese Markierungsstiche können Sie schon am Maßband entlang passend zum Knopflochabstand ziehen.

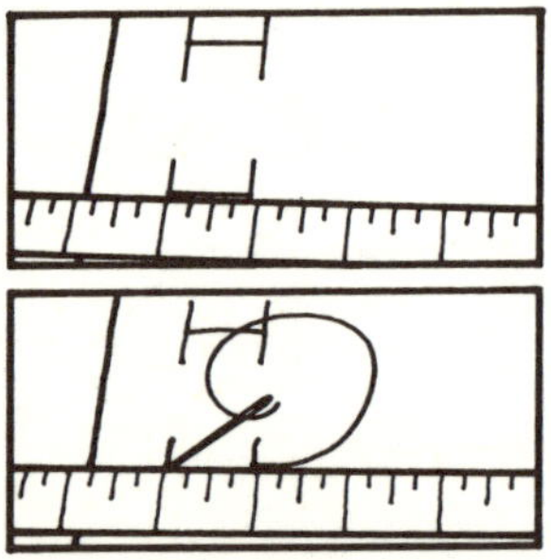

3 So haben Sie gleich zu Anfang die Begrenzungslinie für Ihr Knopfloch. Unten die Knopflochbreite.

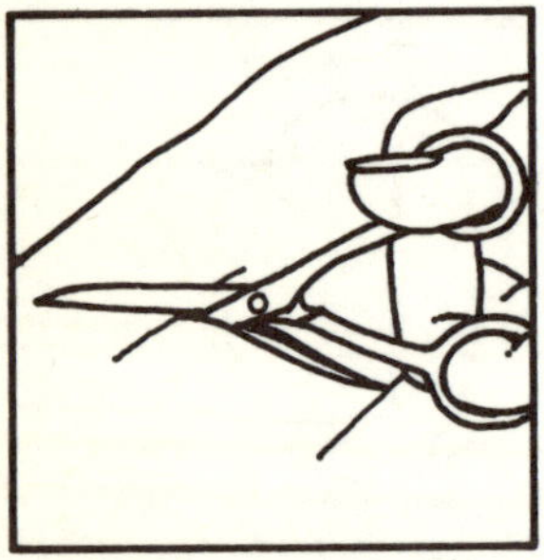

4 Nachdem Sie den Beleg umgeheftet haben, wird das Knopfloch mit einer spitzen Schere eingeschnitten.

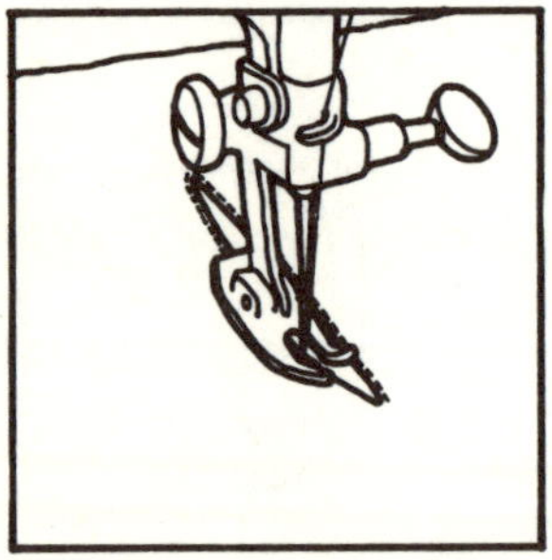

5 Mit kleinen Maschinenstichen steppen Sie nun Oberstoff und Beleg aufeinander. Evtl. vorher heften.

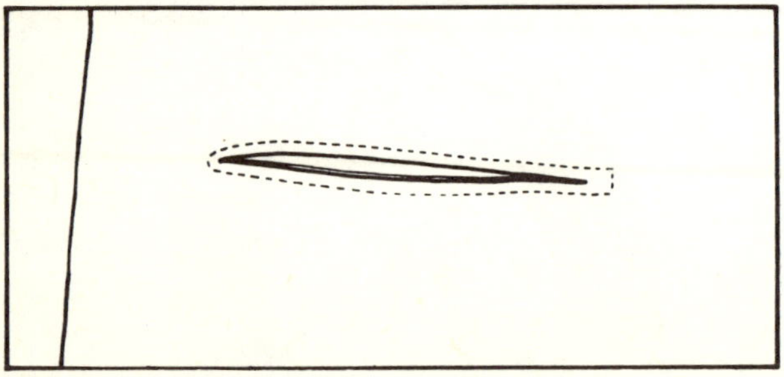

6 So sieht das umsteppte Knopfloch aus: Die Öffnung kann zum Beleg hin rund umsteppt werden. Am anderen Ende Querstiche.

Markierung

Auch der Knopfverschluß ist ein Blickfang: Man erkennt daran die sorgfältige Verarbeitung eines Kleides. Achten Sie bitte auf genauen und gleichmäßigen Abstand der Knopflöcher.
Es gibt zwei Arten von Knopflöchern: Das handgearbeitete Knopfloch, das mit Nähseide oder Knopflochseide gearbeitet wird und das »Paspelknopfloch«, das mit der Maschine und einem untergelegten Läppchen gemacht wird. Beim Handknopfloch nähen Sie Oberstoff und Beleg zusammen, beim »Paspelknopfloch« (Seite 44) säumen Sie den Beleg in einem extra Arbeitsgang dagegen.
Übrigens: Den Stich für ein Handknopfloch finden Sie auf Seite 14!

Nähen

Ziehen Sie beim Nähen der Knopflöcher von Hand den Faden bitte nicht zu straff an, sonst zieht sich der Stoff!
Ob Sie für das Knopfloch Nähseide oder Knopflochseide nehmen, hängt von der Art Ihres Stoffes ab. Feine Seidenblusen

oder Kleider, Chiffon-, Georgette- oder ähnliche Stoffe werden Sie natürlich mit Nähseide verarbeiten. Ein dicker Wollmantel, eine sportliche Jacke aus Tweed oder Lodenstoff zum Beispiel brauchen die kräftigere und dickere Knopflochseide.

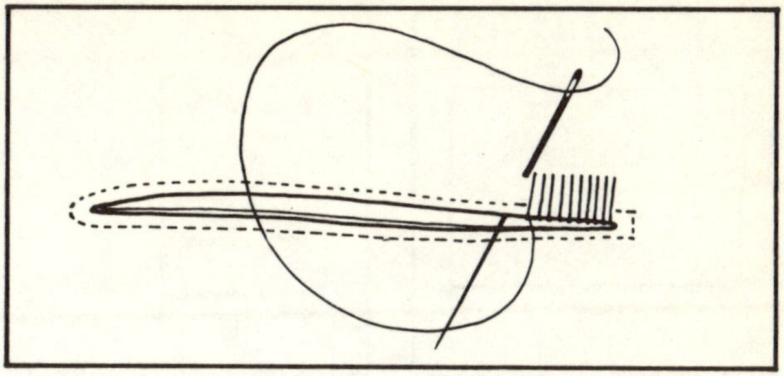

7 Nun können Sie entlang der Stepplinie das Knopfloch mit Näh- oder Knopflochseide einfassen. Knopflochstiche siehe Seite 14.

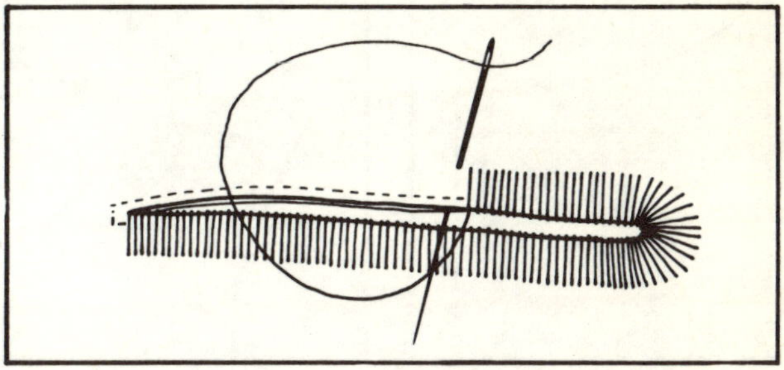

8 Beginnen Sie an der Schmalseite mit den Querstichen und umstechen Sie die Rundung mit eng aneinanderliegenden Stichen.

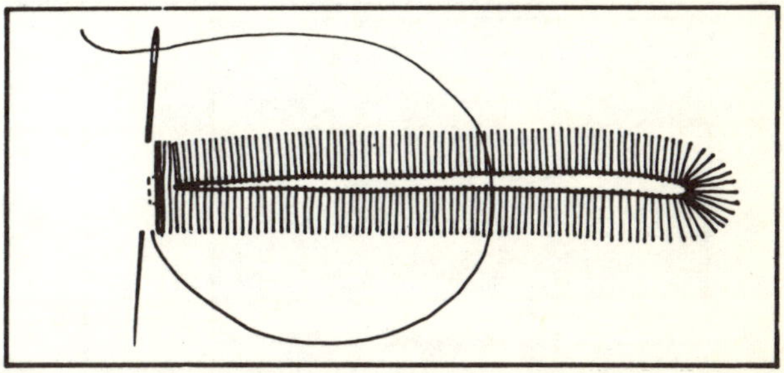

9 Sind Sie am Ausgangspunkt wieder angelangt, machen Sie zur besseren Absicherung einige Querstiche über die Steppstiche.

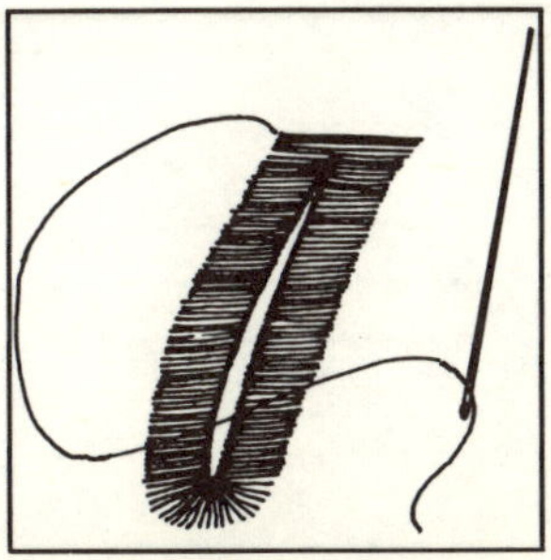

10 Das Knopfloch so herumdrehen, daß die zu vernähenden Fäden oben liegen. Auf Unterseite vernähen.

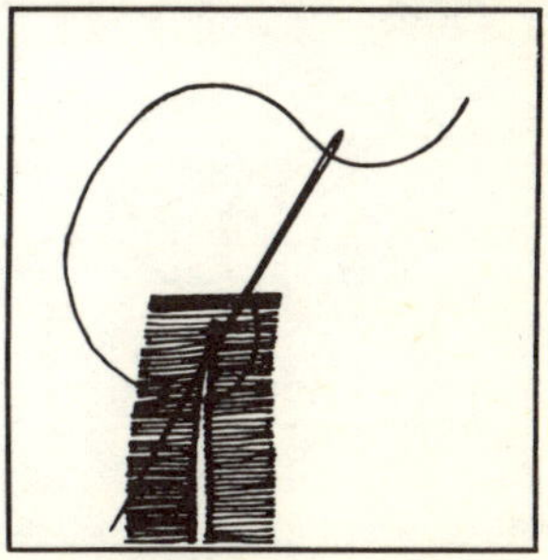

11 Vernähen ist wichtig: Führen Sie die Nadel auf die linke Stoffseite, damit man von rechts nichts sieht.

Paspelknopflöcher

Bei weit auseinanderliegenden Knopflöchern arbeiten Sie mit einzelnen kleinen Läppchen. Bei näher zusammenliegenden Knopflöchern - ab ca. 12 cm - können Sie mit einem durchgehenden Streifen arbeiten, der erst anschließend auseinandergeschnitten wird. Das ist einfacher und geht schneller.

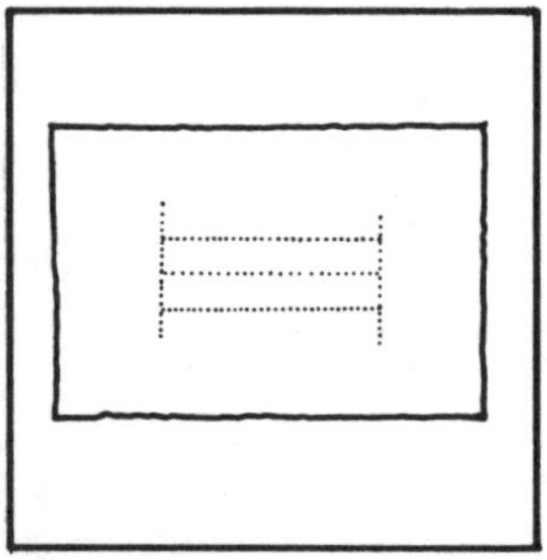

1 Schneiden Sie ein Rechteck des Stoffes zu. Es muß 2 cm länger als das Knopfloch und 4-5 cm breit sein.

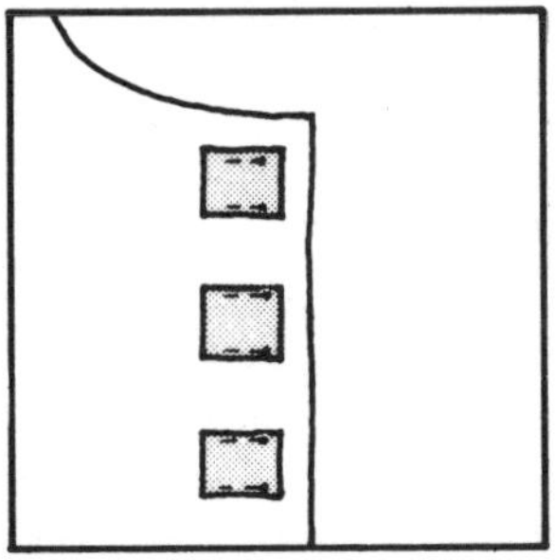

2 Heften Sie das Rechteck genau auf der Markierung (Seite 42) rechts auf rechts auf den Stoff.

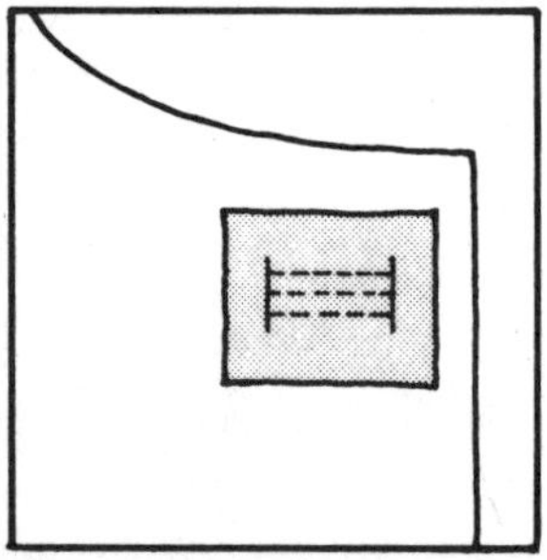

3 Markieren Sie die Form des Knopfloches mit Nähseide oder Kreide. (Alle Knopflöcher gleich.)

4 Steppen Sie das Rechteck an beiden Seiten der Mittellinie entlang mit kleinen Stichen auf. Leicht anbügeln.

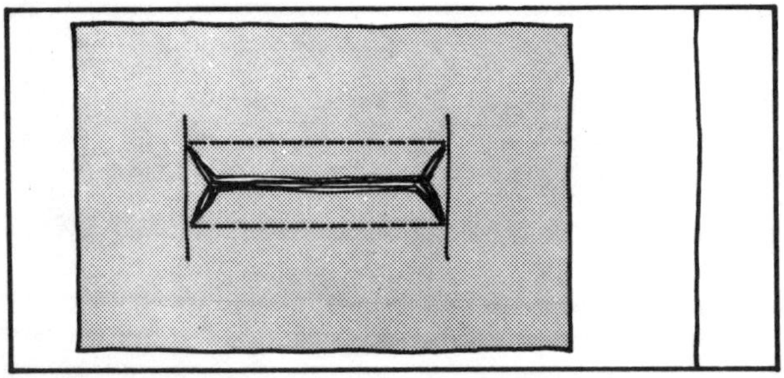

5 Schneiden Sie die Mittellinie und seitlich 2 kleine Schlitze mit spitzer Schere bitte ein.

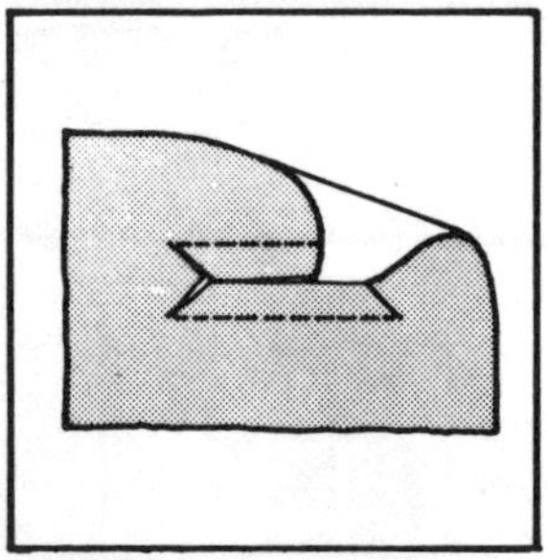

6 Ziehen Sie den Stoff des Rechtecks durch den Einschnitt auf die andere Seite durch (linke Seite).

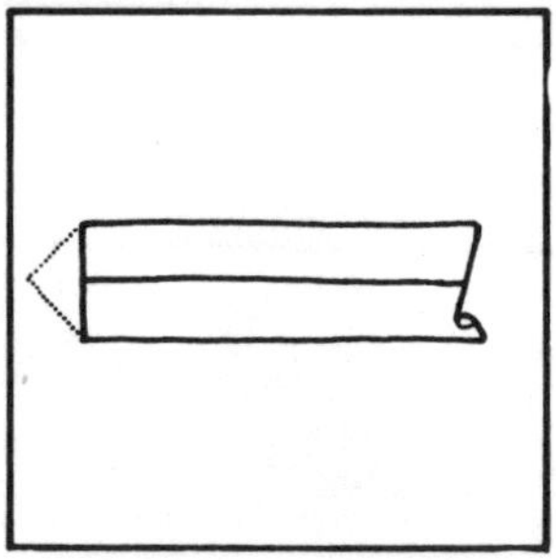

7 Schlagen Sie die kleinen Ecken vorsichtig ein. Heften und bügeln Sie das durchgezogene Knopfloch.

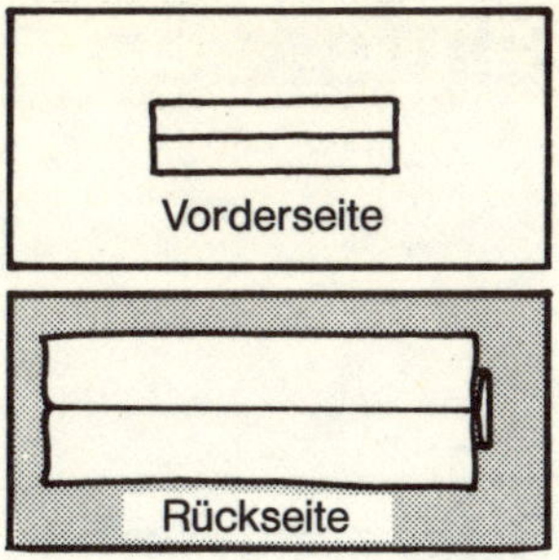

8 Nähen Sie die Paspellinie mit sehr kleinen Stichen zum besseren Halt rundherum durch.

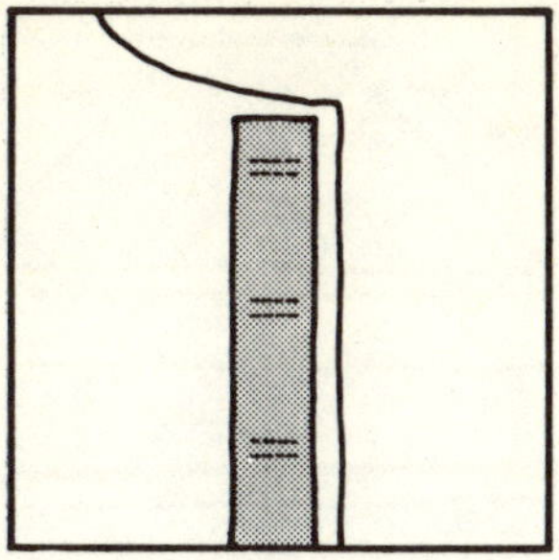

9 Wenn Sie mehrere Knopflöcher auf einmal machen, statt des Rechtecks einen Streifen aufheften.

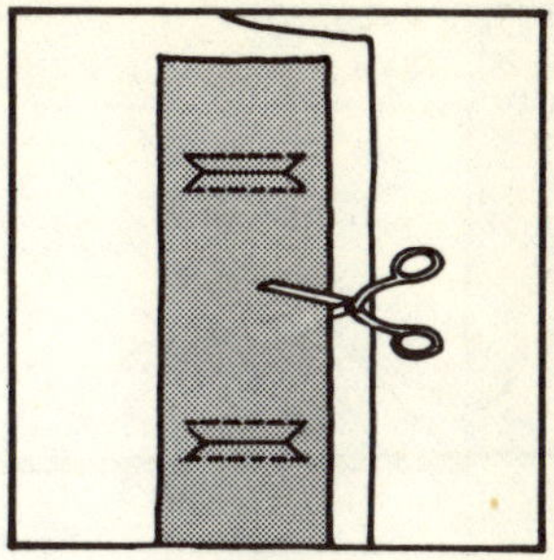

10 Nach dem Steppen können Sie dann die Zwischenräume durchschneiden. Das erspart viel Zeit.

Schlingen

Wenn Sie Knopflochschlingen aus fertiger Litze arbeiten, sollten Sie die Enden gut vernähen. Bei manchen Qualitäten lösen sie sich leicht auf!
Falls Sie den Verschluß aber ganz dicht, also Knopf an Knopf arbeiten möchten, können Sie die Litze für die Schlingen in einem Zuge annähen, also beim Anfertigen der nächsten Schlinge einfach wieder umdrehen zum nächsten Arbeitsgang. Das erspart Ihnen das Abschneiden und Vernähen der einzelnen Enden!

1 Schneiden Sie so viele Enden Schnur in passender Länge zurecht, wie Sie Schlingen arbeiten wollen.

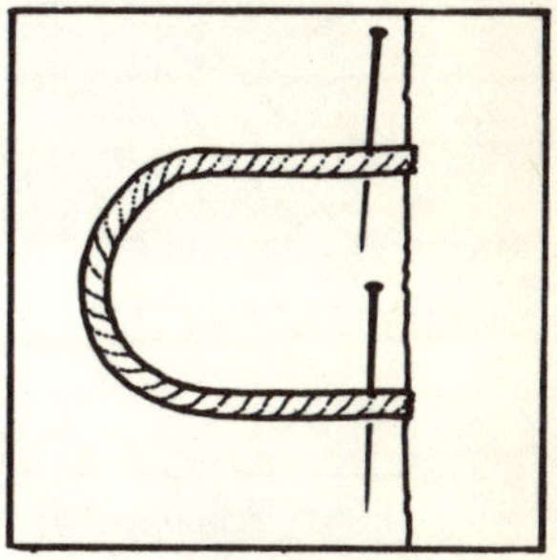

2 Stecken Sie die Schlingen in genauen Abständen an der Stoffkante fest. Rundung nach innen.

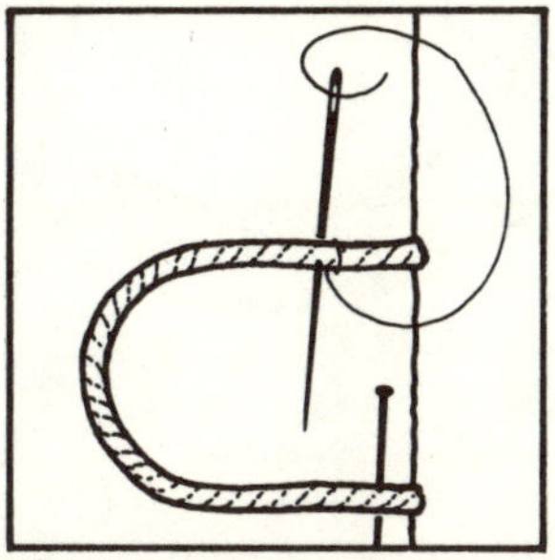

3 Nähen Sie die Schlinge mit kleinen überwendlichen Stichen fest. In gleichem Abstand nähen.

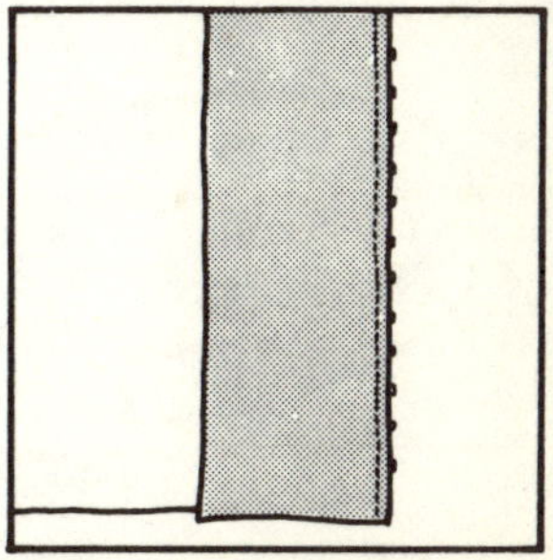

4 Steppen Sie jetzt einen kleinen Belegstreifen auf. Der Stoff liegt dabei rechts auf rechts.

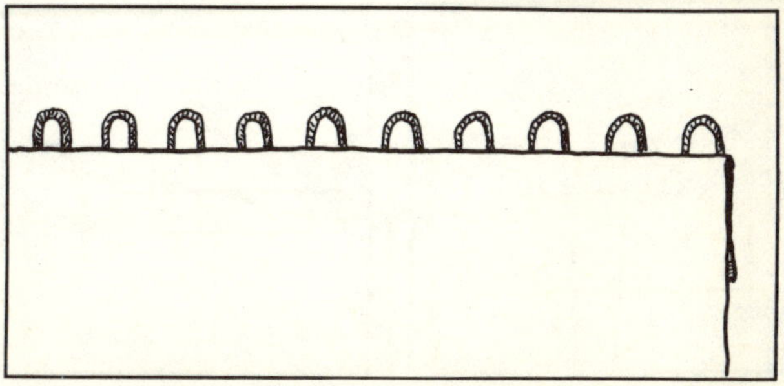

5 Wenn sie den Beleg nach innen umschlagen, haben Sie eine saubere Naht ohne sichtbare Stiche. Natürlich sollten alle Schlingen dieselbe Größe haben.

Einfassen

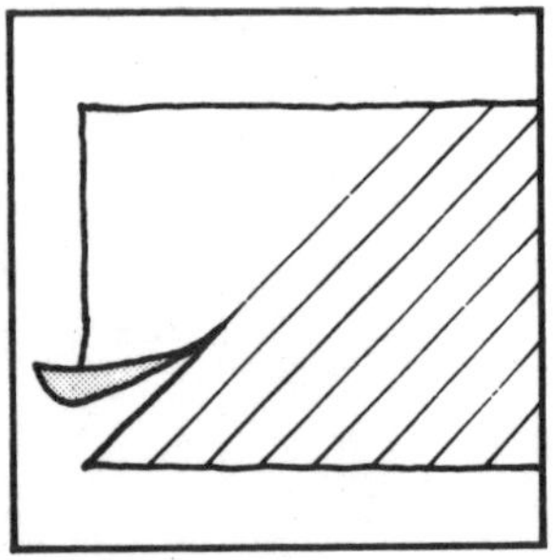

1 Schrägstreifen müssen ganz schräg sein, sonst verziehen sie sich zu leicht (diagonale Linie).

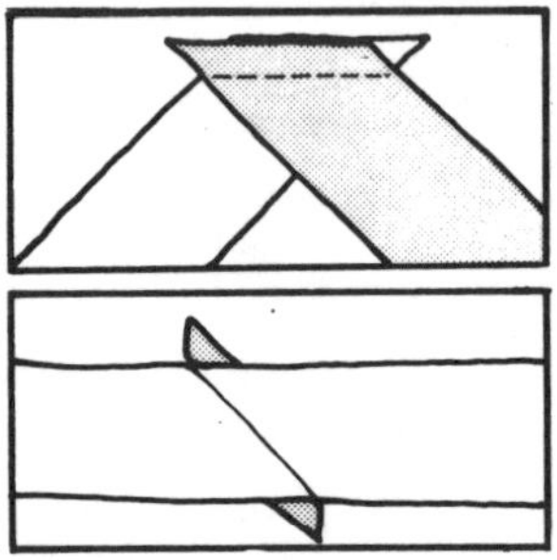

2 Nach dem Ausschneiden die Schrägstreifen so aufeinandersteppen, daß Naht über die ganze Breite geht.

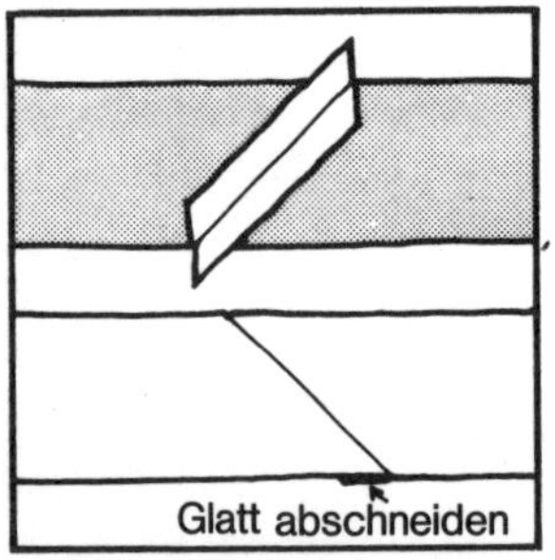

3 Wenn Sie die kleinen Nähte gut ausgebügelt haben, können Sie die überstehenden Ecken abschneiden.

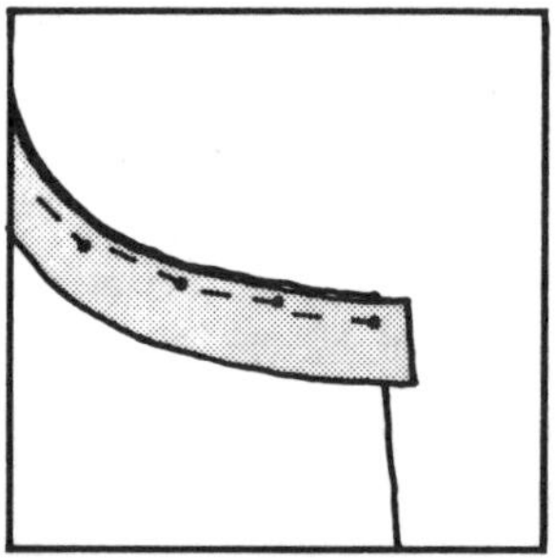

4 Steppen Sie das Rechteck an beiden Seiten der Mittellinie entlang mit kleinen Stichen auf. Leicht anbügeln.

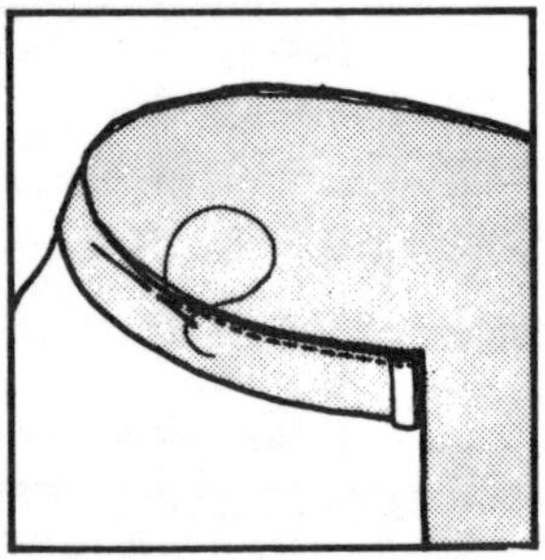

5 Schlagen Sie schmale Seite des Schrägstreifens schmal um, bevor Sie mit Hand oder Maschine steppen.

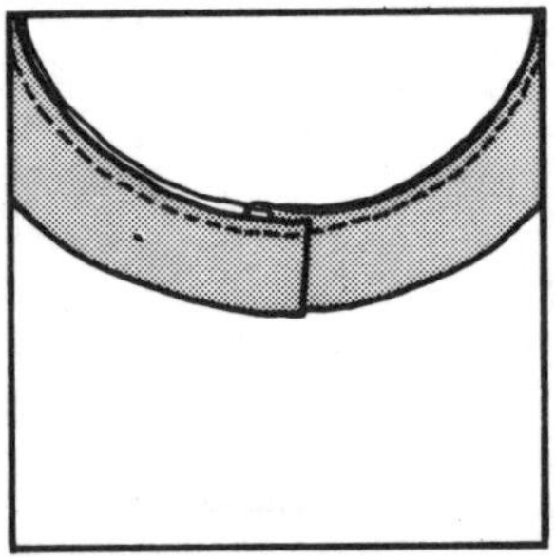

6 Falls Sie aber z. B. einen runden Ausschnitt ohne Schlitz versäubern, Enden überlappen lassen.

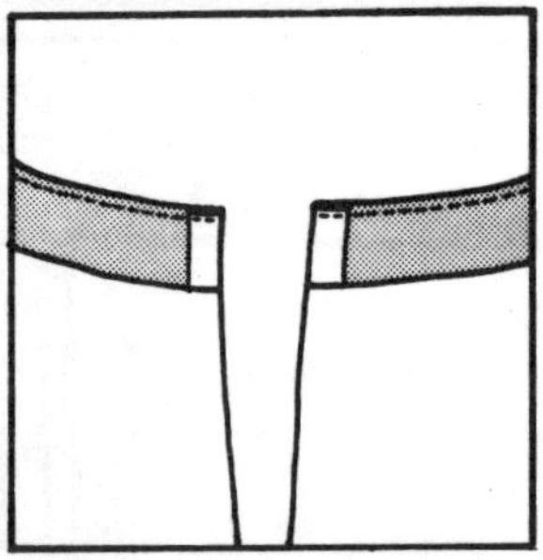

7 Bei jeder Art von Schlitz werden die Enden aber vor dem Steppen umgeschlagen und mitgesteppt.

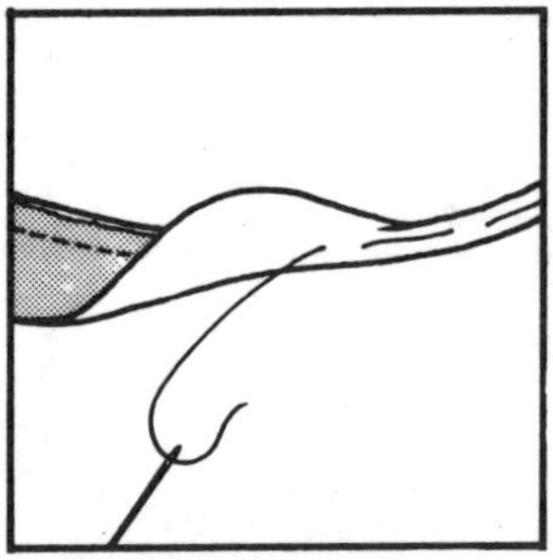

8 Schlagen Sie den Schrägstreifen um die Naht herum auf die linke Seite und heften Sie die Kante.

Schrägstreifen

Beim Belegen oder Einfassen mit Schrägstreifen brauchen Sie oft einen ziemlich langen Streifen, der sich aus den vorhandenen Resten nicht ohne weiteres herausschneiden läßt. In diesem Fall müssen Sie einige Schrägstreifen zusammensetzen. Das geht aber nicht mit einer geraden Naht, denn dann würden sich die Schrägstreifen garantiert verziehen. Bitte setzen Sie die Schrägstreifen genau im Fadenlauf des Stoffes aneinander. Das geht so: Legen Sie den glattgebügelten Stoffrest gerade auf die Tischplatte. Achten Sie dabei bitte auf einen geraden Fadenlauf der Ober- und Unterkante sowie der linken senkrechten Stoffkante. Jetzt schlagen Sie ein Dreieck wie bei einem Kopftuch um. Nur so haben Sie einen garantiert schrägen Fadenlauf für Ihre Streifen.
Schneiden Sie sich nun einen Pappstreifen von gewünschter Breite als »Maßstab« zu. Den legen Sie auf die wieder aufgeschlagene Bruchlinie des »Kopftuches«. So haben Sie die erste genau schräge Linie angezeichnet. Sie dürfen mit fein angespitzter Schneiderkreide arbeiten, die sich nachher leicht wieder ausschütteln läßt. Zeichnen

Sie mit Hilfe des Pappstreifens einen Streifen nach dem anderen an. Dann erst schneiden Sie die Streifen heraus. Setzen Sie die Streifen so zusammen, wie unsere Bilder es zeigen. (Einfache Teile können Sie auch mit fertigen Schrägstreifen vom Meter versäubern oder einfassen.)

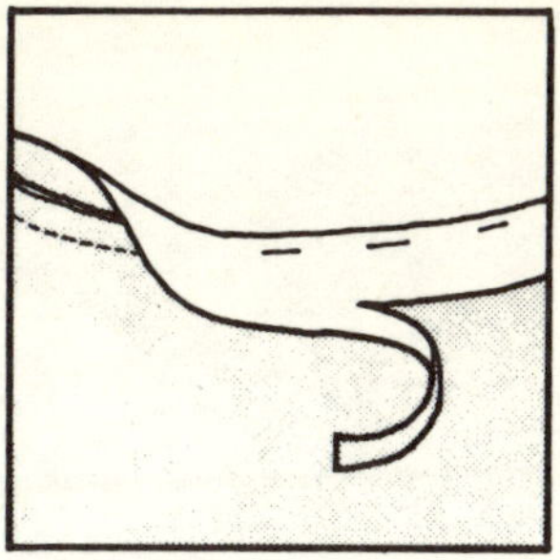

9 Jetzt dürfen Sie den Streifen, falls notwendig, etwas beschneiden, dann können Sie gut säumen.

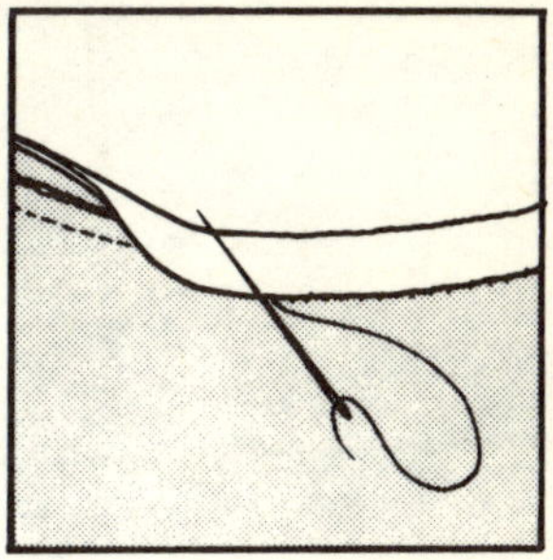

10 Schlagen Sie die Kante des Schrägstreifens schmal ein und nähen ihn mit feinen Stichen an.

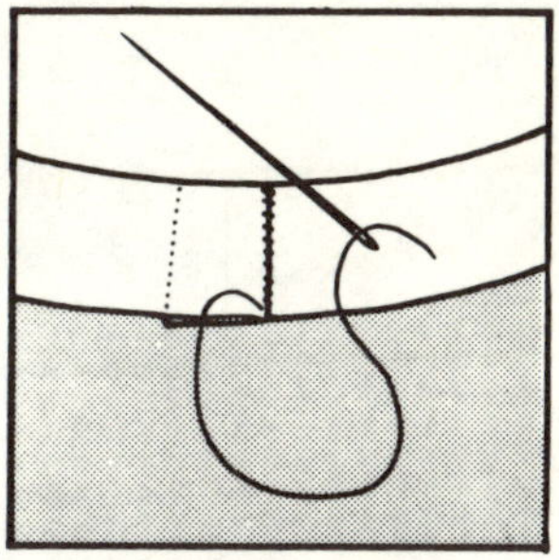

11 Beim Überlappen (runder Ausschnitt) schlagen Sie die eine schmale Kante einmal leicht um.

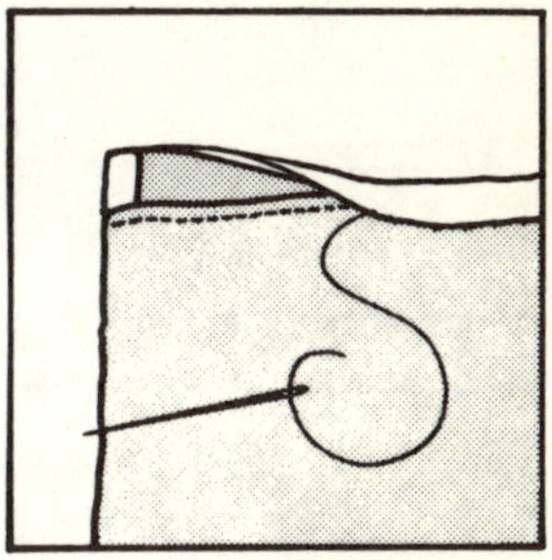

12 Bei einem Schlitz dagegen ergibt sich ein sauberer Abschluß, wenn die Enden umgeschlagen werden.

Paspeln mit Schrägstreifen

Mit Schrägstreifen können Sie alle sanft geschwungenen Rundungen versäubern. Für kleinere Rundungen, wie Armausschnitte oder Halsausschnitte engerer Form, verwenden Sie am besten einen »Formstreifen«. Dabei legen Sie den fertig anprobierten und korrigierten Ausschnitt noch einmal auf den Stoff und schneiden ihn mit 3–4 cm Breite noch einmal zu. Dann rechts auf rechts auf den Ausschnitt legen, heften, steppen, einknipsen und auf die andere Seite umwenden. Beim Steppen und Handnähen von dünnen Stoffen nehmen Sie am besten ein feines Synthetik-Garn.

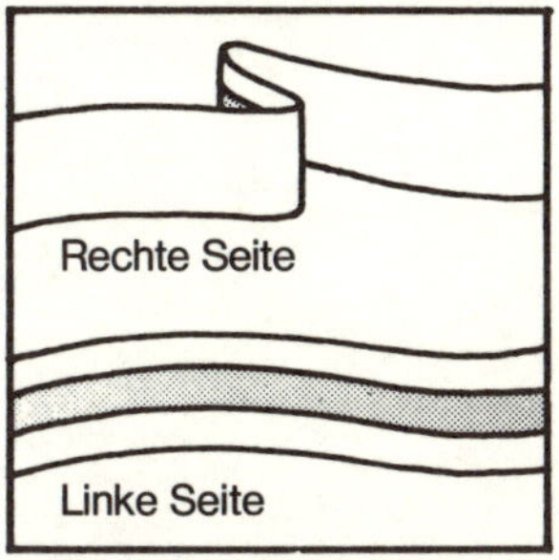

1 Bügeln Sie die Längsseiten des Schrägstreifens schmal nach innen um. Achten Sie auf gleiche Breite.

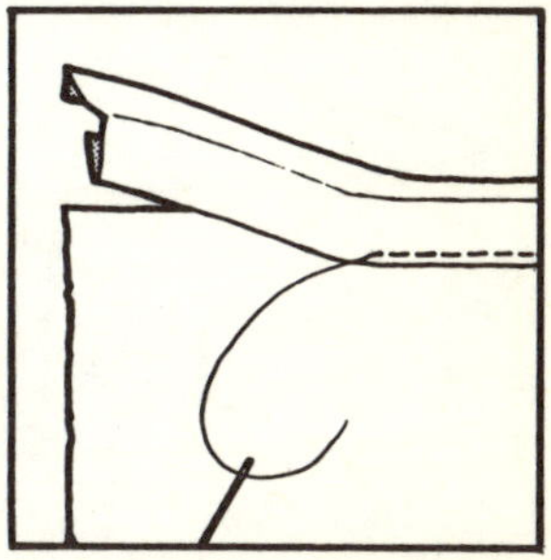

2 Wenn Sie die Paspellinie betonen möchten, können Sie die Kante mit regelmäßigen Stichen nachnähen.

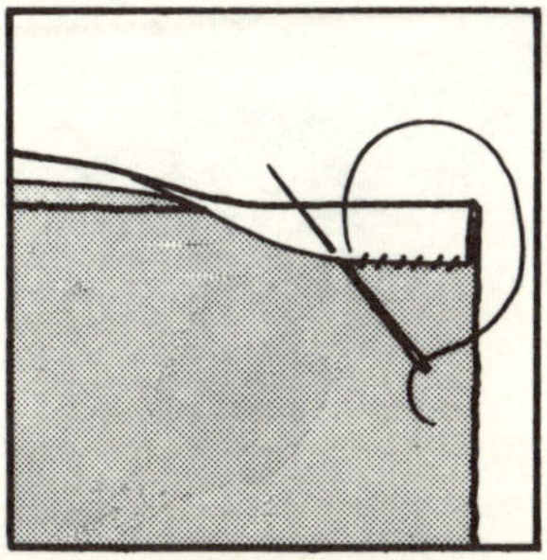

3 Schlagen Sie dann den Streifen nach links um und säumen die andere Kante mit feinen Stichen an.

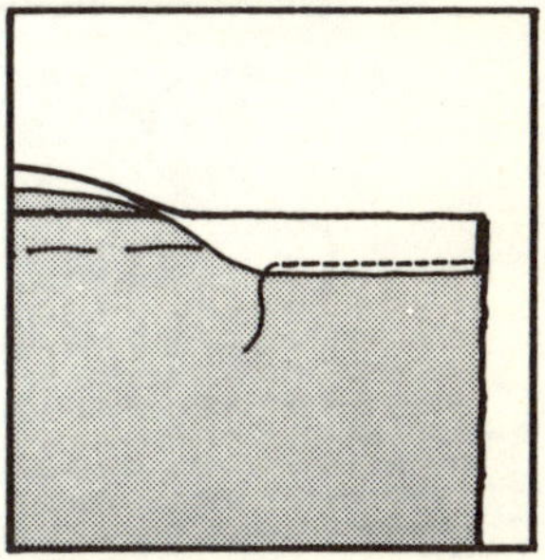

4 Oder: Sie heften nur, schlagen den Streifen um und steppen die Kanten in einem Arbeitsgang auf.

Rüschen und Fältchen

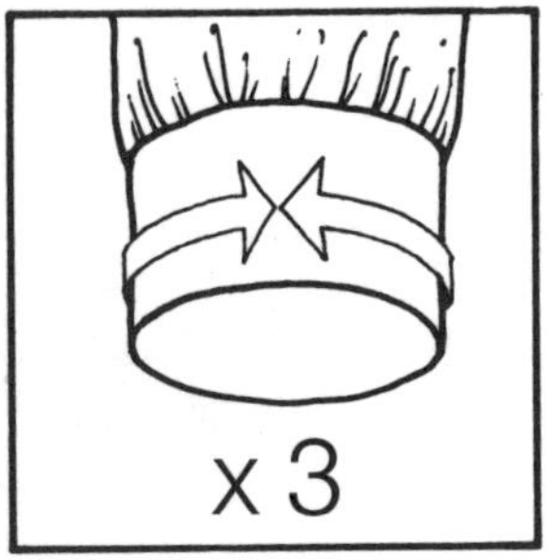

1 Messen Sie die normale Weite sorgfältig aus. Für eine Rüsche brauchen Sie die dreifache Weite.

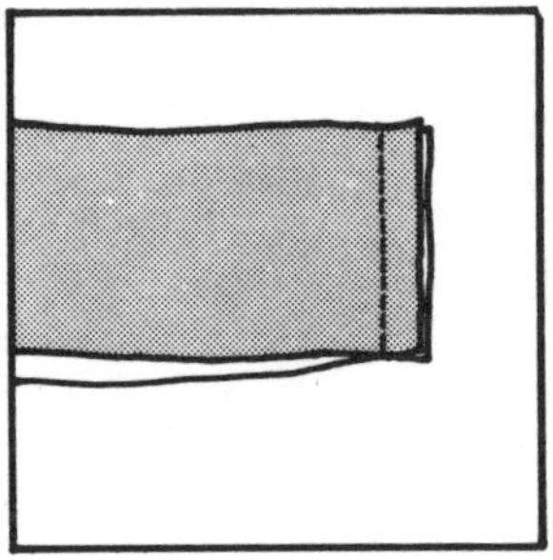

2 Wenn Sie keinen so langen Streifen haben, dürfen Sie auch ansetzen. Steppen Sie mit kleinem Stich.

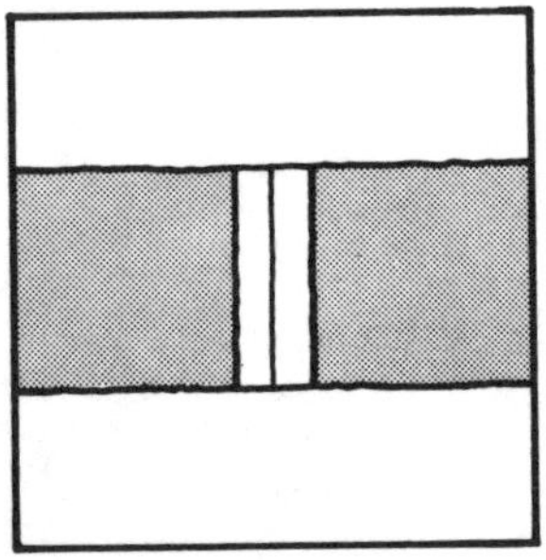

3 Streichen Sie die Naht gut auseinander und bügeln sie sorgfältig aus. Kanten geradeschneiden.

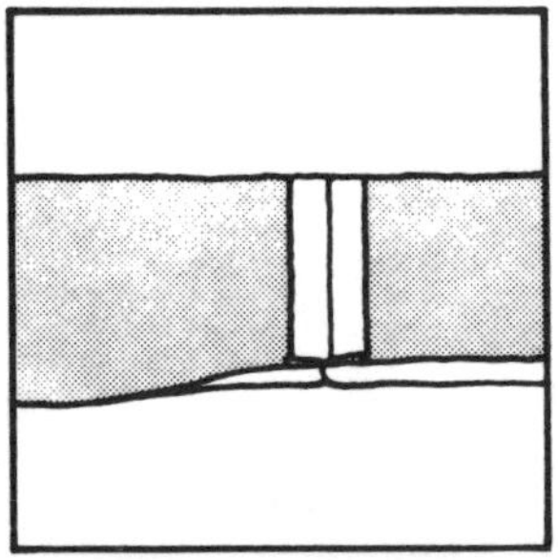

4 Schlagen Sie die lange Kante schmal um, säumen Sie sie mit feinen Hand- oder Maschinenstichen.

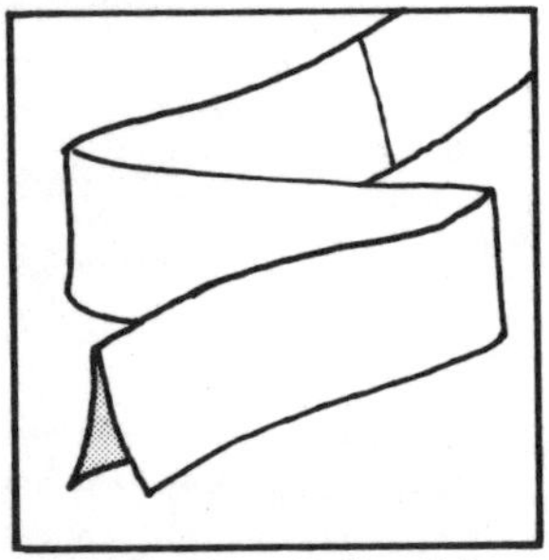

5 Bei sehr dünnen Stoffen dürfen Sie die Rüsche auch doppelt arbeiten. Falten und gut bügeln.

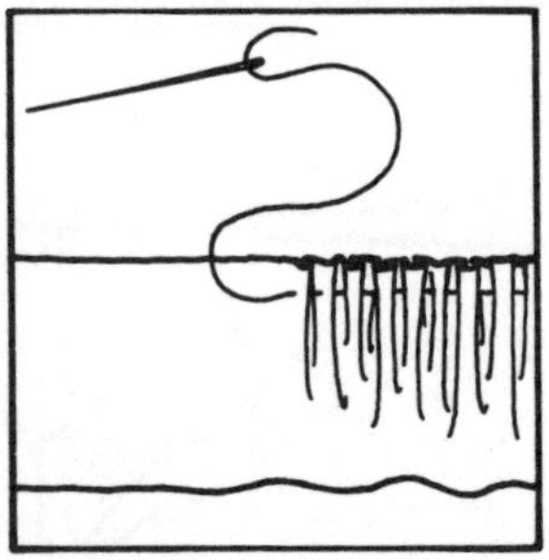

6 Die offene Stoffkante wird mit kleinen Heftstichen durchgekräuselt. 2 Heftlinien sind besser.

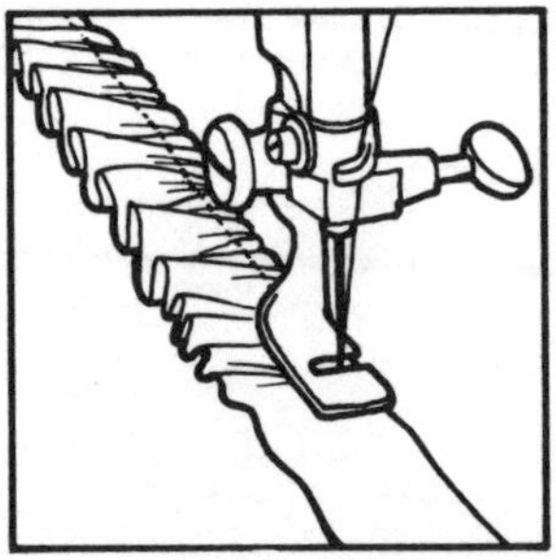

7 Bei modernen Maschinen gibt es spezielle Kräuselfüßchen, die diese Arbeit im Handumdrehen machen.

Doppelte Rüsche

Natürlich können Sie eine Rüsche oder einen Kräuselstreifen auch einfach offenkantig untersetzen. Das sieht aber nicht besonders schön aus, weil man die offene Stoffkante des Streifens oder der Rüsche sehen würde. Besser sieht es aus, wenn die Rüsche zwischen zwei Stofflagen liegt wie hier: Beide Seiten sind sauber und korrekt. Wenn Sie die Rüsche erst nachträglich ansetzen, können Sie sie gleich zu Anfang zwischensetzen wie beim Kissenbezug auf Seite 51. Dann ist ein schmaler Belegstreifen von Nutzen, den Sie nach dem Ansetzen der Rüsche ansäumen.

Stecken und Heften

Wenn Sie eine moderne Nähmaschine haben, ist sicher ein extra Kräuselfüßchen dabei. Lesen Sie doch noch einmal die Anleitung zu Ihrer Maschine genau durch. Mit dieser Hilfe können Sie sich eine Menge Arbeit sparen. Im anderen Fall ziehen

Sie mit kleinen Stichen einen oder noch besser, zwei Kräuselfäden mit der Hand ein. Lassen Sie die Enden der glatt eingezogenen Fäden zuerst einmal hängen und ziehen Sie sie erst nachher zusammen an.
Auch beim Fältchenlegen können Sie ein extra Füßchen bei Ihrer Nähmaschine verwenden, bei dem das Einlegen besser geht als zum Beispiel bei dem breiten Zick-Zack-Füßchen, das Ihnen zu leicht die Sicht versperrt. Vielleicht üben Sie ein paar Fältchen an einem Stoffrest, bevor Sie das richtige Teil in Fältchen steppen. Sie können dann mit etwas Übung gleichmäßiger arbeiten.

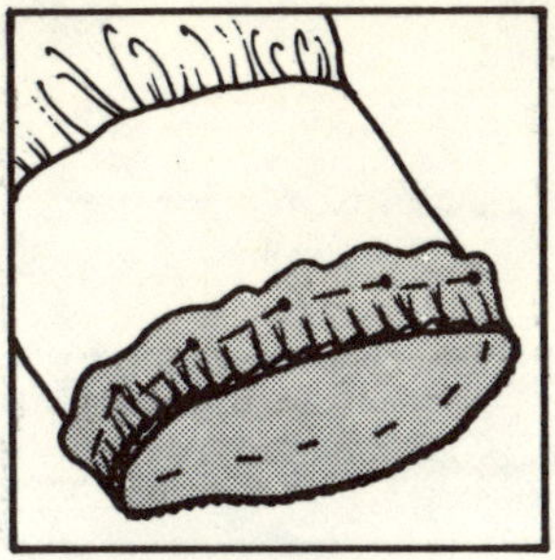

8 Stecken Sie die Rüsche jetzt rechts auf rechts auf den Ärmelrand und verteilen Sie die Weite.

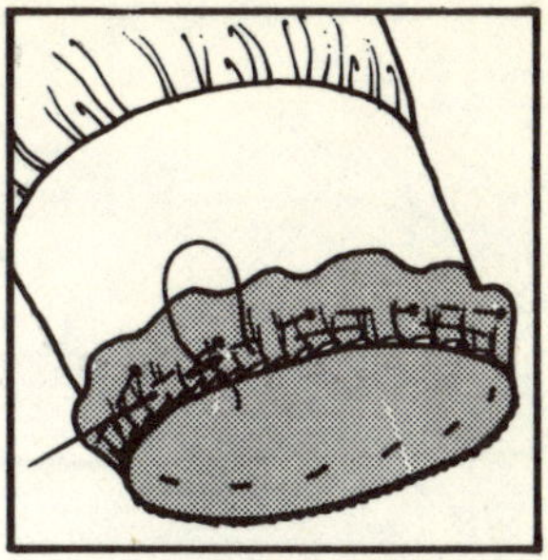

9 Nach dem Stecken kommt das Heften. Auch dabei können Sie die Weite noch einmal korrigieren.

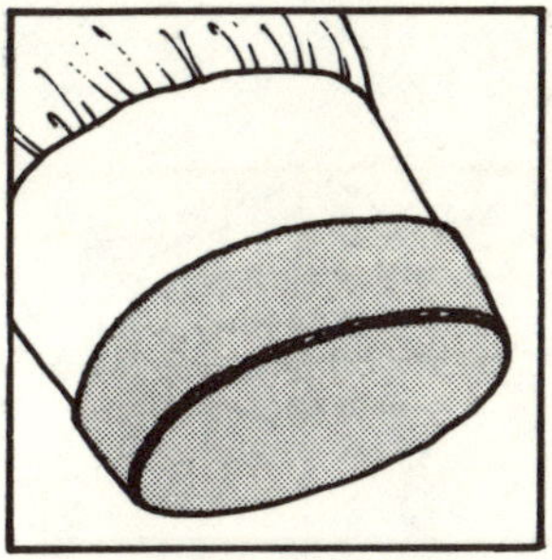

10 Legen Sie zum Versäubern der Kräuselkante einen Streifen rechts auf rechts auf die Ärmelkante.

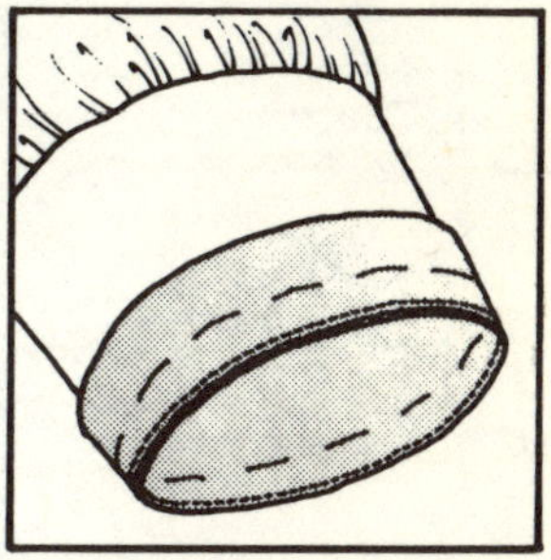

11 Heften und steppen Sie ihn auf. Er kann vor dem Aufsteppen mit einer kleinen Naht verbunden sein.

12 Jetzt können Sie ihn nach innen umschlagen: Die Kräusel liegen nun auf der rechten Seite. Gut bügeln.

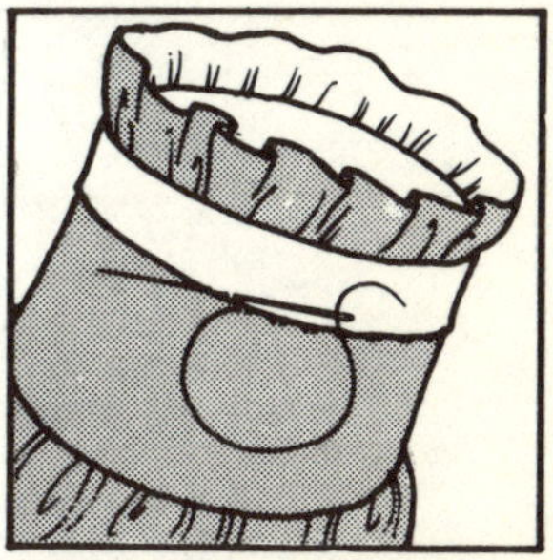

13 Mit kleinen überwendlichen Handstichen säumen Sie die offene Kante an, evtl. vorher anstecken.

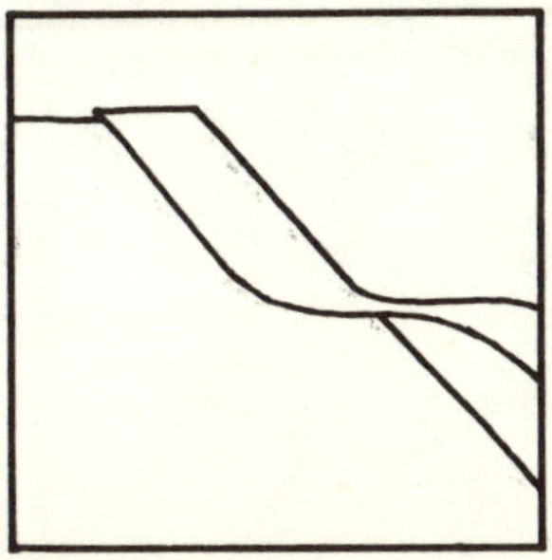

14 Statt der Krusel können Sie das Gleiche auch mit Fältchen machen (Streifen mit Webkante).

15 Schieben Sie den Streifen unter dem Maschinenfüßchen in kleine Falten und steppen Sie darüber.

Paspel mit Schnur

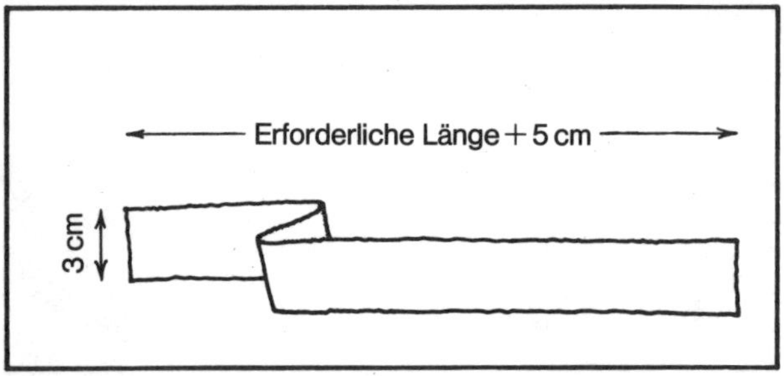

1 Schneiden Sie einen 5 cm breiten Streifen von gewünschter Länge plus 2 cm Zugabe als Spielraum zu. Der Fadenverlauf darf gerade sein.

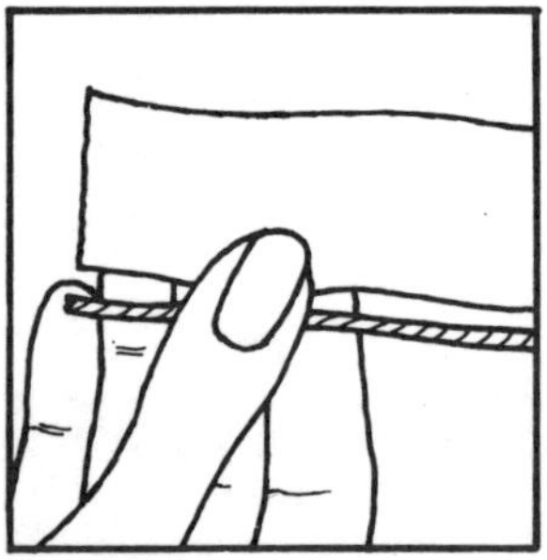

2 Jetzt brauchen Sie eine Baumwoll- oder Souttachekordel von gleicher Länge (4–5 mm dick).

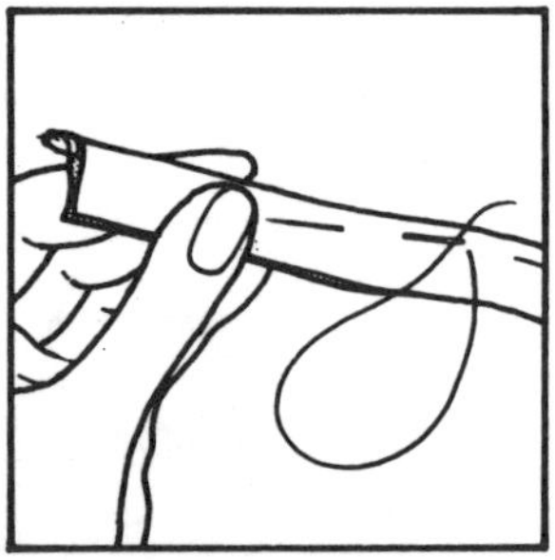

3 Schlagen Sie den Stoffstreifen um die Schnur herum, heften Sie in knappem Abstand einmal durch.

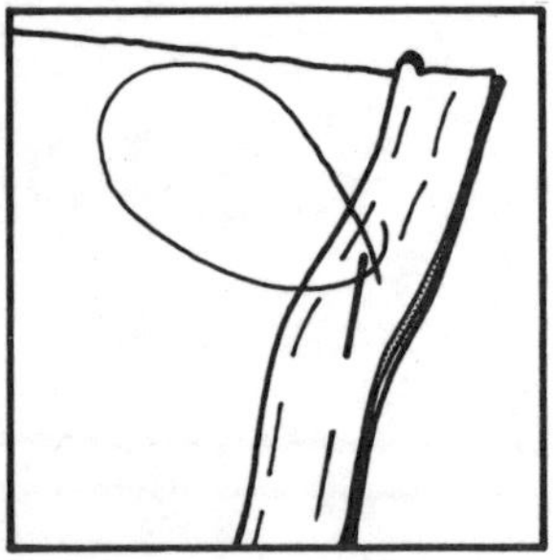

4 Nun heften Sie den Streifen rechts auf rechts auf die Kante der Kissenplatte oder Bezüge.

5 Mit Ihrem Spezialfüßchen können Sie dann knapp an der Schnur entlang steppen (kleine Stiche).

Mit eingezogenen dünnen Kordeln oder Schnüren lassen sich Rocksäume, Halsausschnitte und auch Kissen oder ähnliche Wäschestücke hübsch verzieren. Allerdings brauchen Sie ein Spezialfüßchen, falls Sie diese Arbeit mit der Nähmaschine machen wollen. Im anderen Fall können Sie nicht korrekt genug arbeiten. Da geht es mit der Hand schon besser. Nur: Sie müssen die kleinen Handstiche ganz knapp an der Schnur entlang machen. Bitte fragen Sie in der Kurzwarenabteilung Ihres Kaufhauses nach dem geeigneten Material für diese Schnur, denn sie ist in verschiedenen Stärken und Qualitäten zu haben.

Mit Rüschen, Fältchen und Paspeln können Sie viele Dinge verschönen.

Kissen

Verschiedene Dinge, wie zum Beispiel einen Kissenbezug, können Sie ohne Schnittmuster arbeiten, wenn Sie unsere Angaben befolgen. Oft genug gibt es hübsche und billige Reste, die Sie in Ihrem Schrank finden oder auch im Ausverkauf kaufen können. Wir zeigen Ihnen hier einen Kissenbezug mit zwischengefaßter Rüsche. Wenn Sie diesen langen Streifen einkräuseln, muß der Faden natürlich lang genug sein. Sie erleichtern sich die spätere Arbeit aber wesentlich, wenn Sie nicht nur einen, sondern zwei Fäden einziehen. Der Grund: Bei nur einem Kräuselfaden gerät die zusammengezogene Rüsche leicht unter das Steppfüßchen und Sie müssen diese Stelle mühsam auftrennen. Wenn Sie zwei Fäden eingezogen haben, können Sie die Kräusel sehr viel besser verteilen, und die eingekräuselte Kante hat mehr Halt. Sie verschiebt sich nicht so leicht und sie verheddert sich auch nicht mit dem Steppfüßchen, wenn Sie nur ein bißchen aufpassen.
Wenn es um die Ecke geht, sollten Sie die Kräusel eine Kleinig-

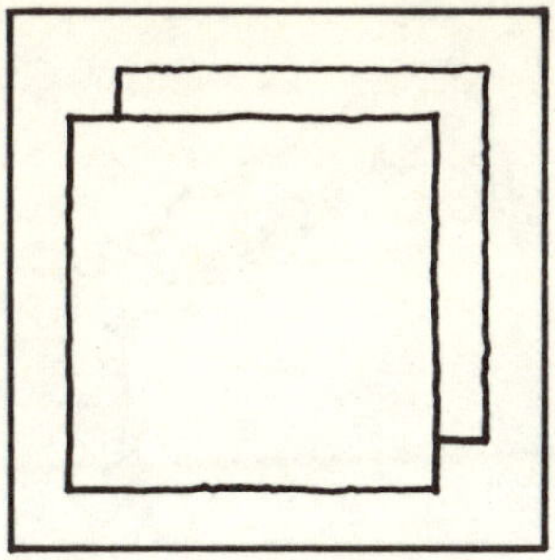

1 Für einen Kissenbezug schneiden Sie zwei gleich große Platten zu. Denken Sie an die Nahtzugabe.

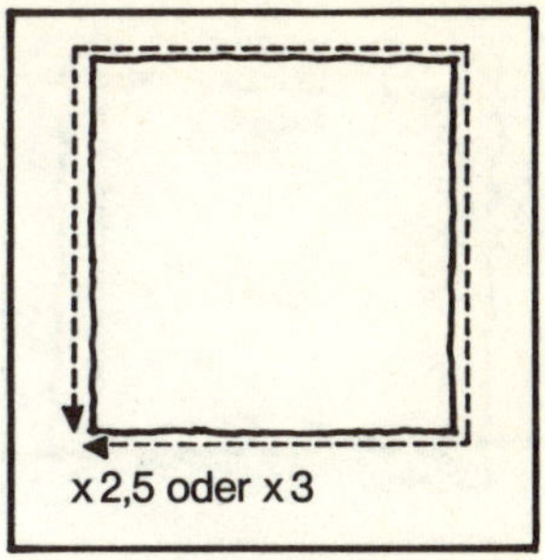

2 Messen Sie den Umfang des Viereckes aus und nehmen Sie dieses Maß mal drei für die Kräuselweite.

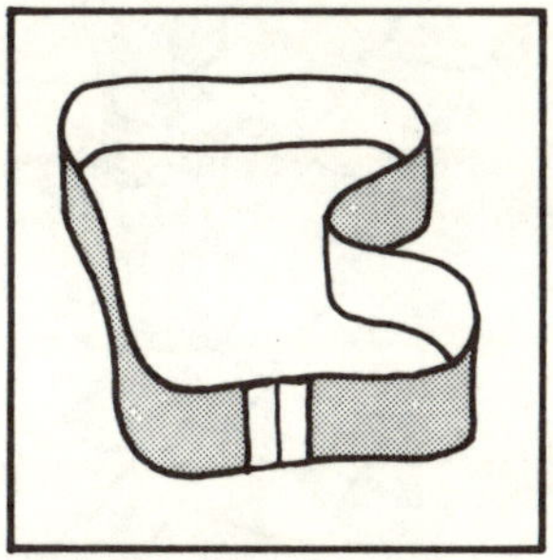

3 Schneiden Sie diesen langen Streifen zu und schließen Sie ihn mit einer kleinen Steppnaht.

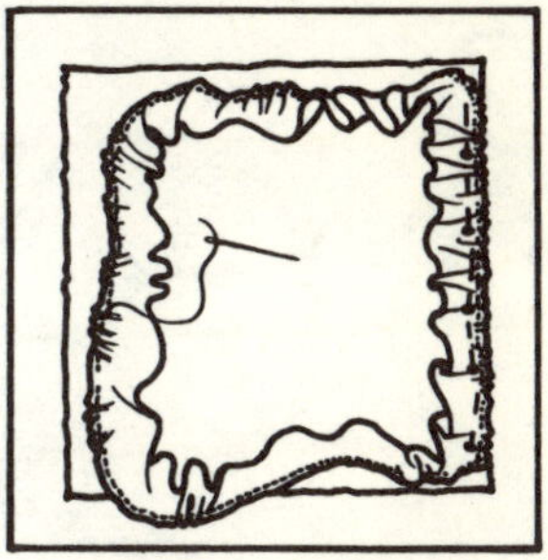

4 Wenn Sie den Streifen auf die fertige Länge eingezogen haben, entlang der Kante aufstecken.

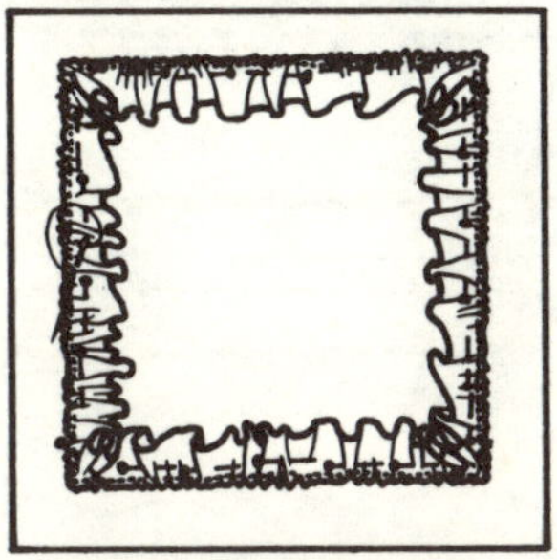

5 Jetzt bitte heften, die Weite gut verteilen. Darauf achten, daß alle Seiten gleich kraus sind.

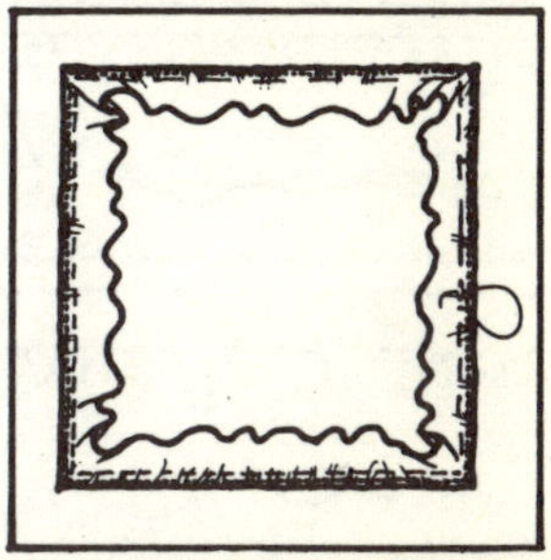

6 Heften Sie nach dem Stecken den Kräuselstreifen rundherum auf. Der Kräuselstreifen zeigt nach innen.

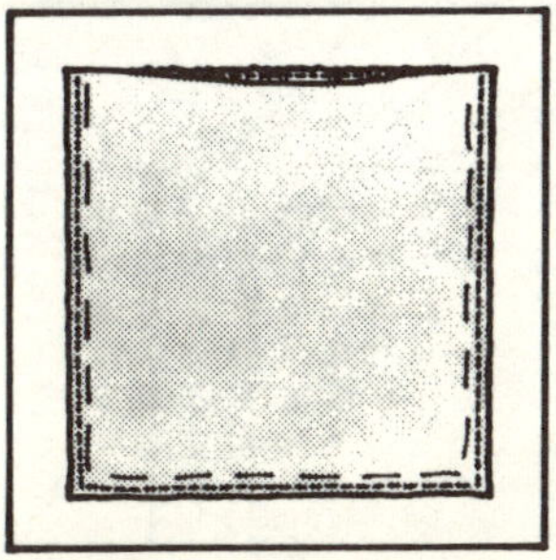

7 Nun können Sie die zweite Kissenplatte aufheften und knapp an der Kante entlang klein steppen.

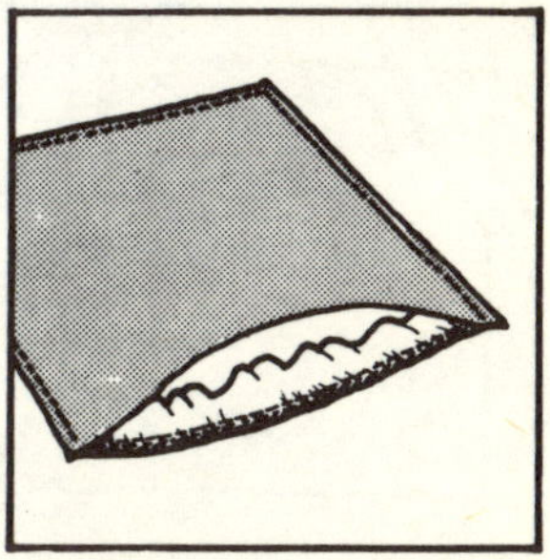

8 Eine Seite muß natürlich zum Füllen des Bezuges offenbleiben. Vernähen Sie die Nahtenden gut.

keit völliger halten, damit die Ecke nicht zu ärmlich wirkt! Bei Kissenbezügen können Sie – statt die offene Kante zuzunähen – auch kleine Knöpfe mit Knopflöchern einarbeiten. Wenn Sie nur ein wenig geschickt sind, können Sie an der offenen Kante auch einen Reißverschluß einnähen. In diesem Fall heften Sie die offenen Kanten schmal um und nähen den Reißverschluß dann erst ein. Ist prima zum schnellen Abziehen und Waschen. Achten Sie aber auf waschbeständiges Reißverschlußband!

9 Wenn Sie den Bezug jetzt auf die rechte Seite umwenden, haben Sie die Rüsche als Abschluß.

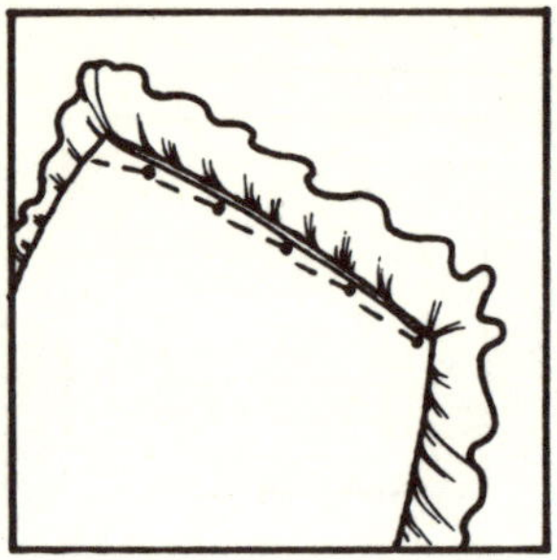

10 Füllen Sie den Bezug mit einem Federkissen und schlagen Sie die vierte Seite ganz schmal um.

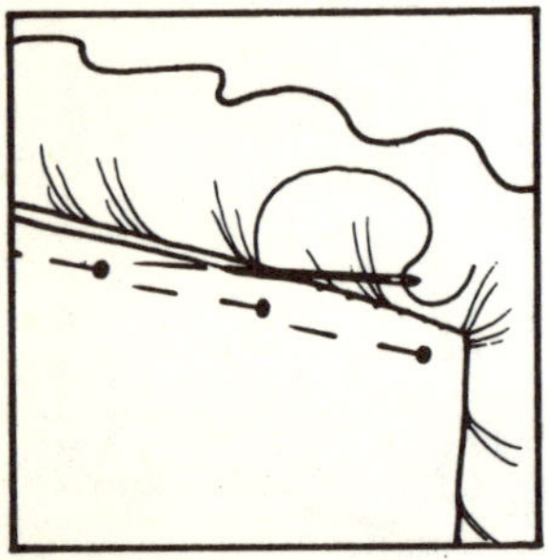

11 Mit kleinen überwendlichen Handstichen säumen Sie die Kante an. Sie liegt auf der hinteren Seite.

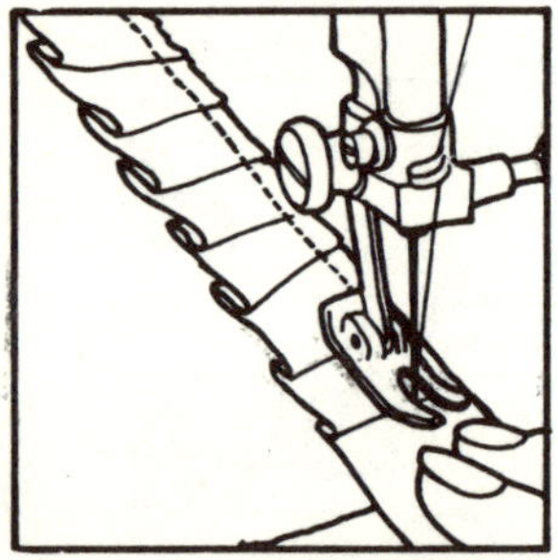

12 Falls Sie das Gleiche mit den Fältchen machen wollen, können Sie den Streifen gleich aufsteppen.

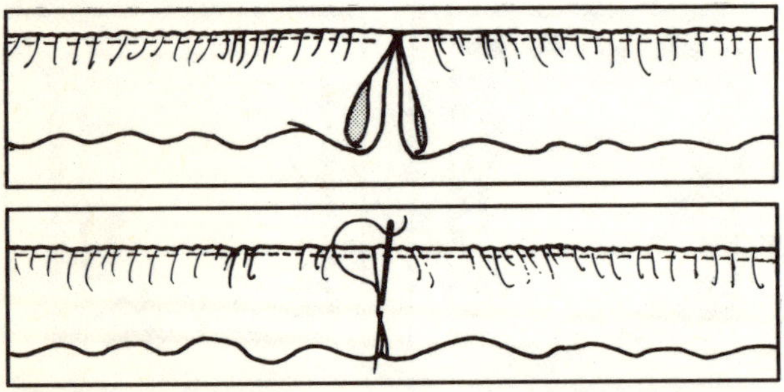

13 In diesem Fall schließen Sie den Streifen erst zuletzt: Kanten schmal umschlagen und gegensäumen.

Paspel mit Schnur ansetzen

Hübscher als ein ganz glatter Kissenbezug sieht einer mit eingesteppter Paspel aus. Das ist schnell gemacht und wirkt besser. Für die Kissenplatte brauchen Sie wieder zwei absolut

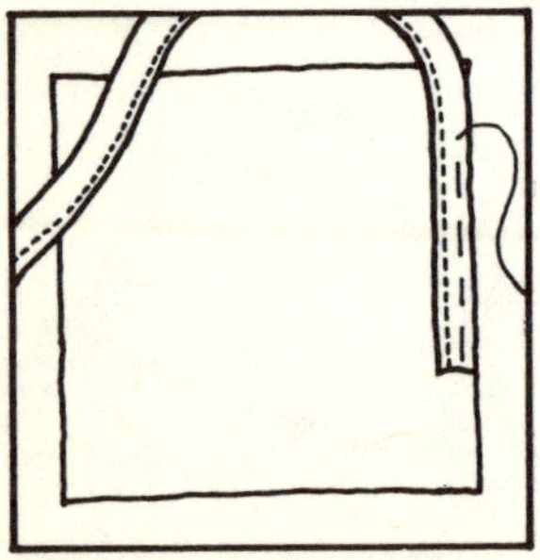

1 Heften Sie den Streifen mit eingehefteter Schnur auf die Kissenplatte (Paspel zeigt nach innen).

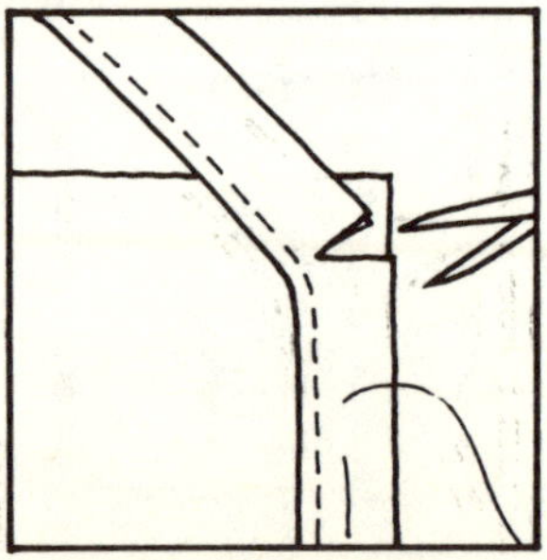

2 Schneiden Sie den Streifen an jeder Ecke ein, damit er die Kurve richtig mitmachen kann (s. oben).

gleiche Stoffteile, für den Paspel einen langen Streifen von 3 cm Breite, der genau dem Umfang des Kissenviereckes entspricht. Dazu kommt noch die entsprechende Kordellänge. Bitte verarbeiten Sie den Paspelstreifen mit der eingezogenen Kordel, wie wir es auf Seite 50 beschrieben haben. Wenn Sie zum Einziehen einfache Baumwollschnur verwenden, diese bitte vorher durchwaschen, damit sie nicht später noch einläuft und sich krause Seiten ergeben.

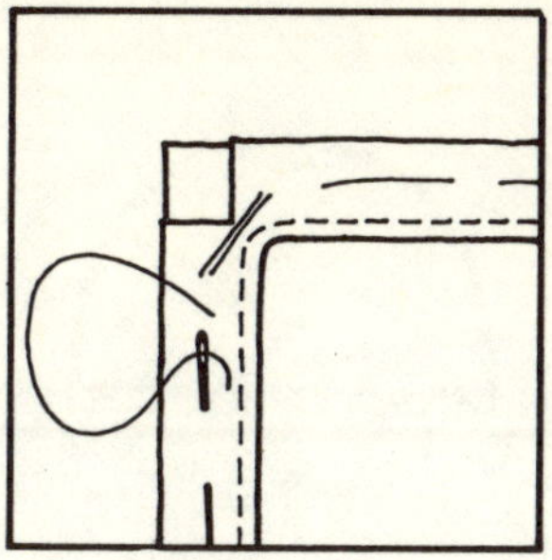

3 Der Streifen sperrt sich an der Ecke natürlich auseinander. Sichern Sie die Ecke mit einem Stich.

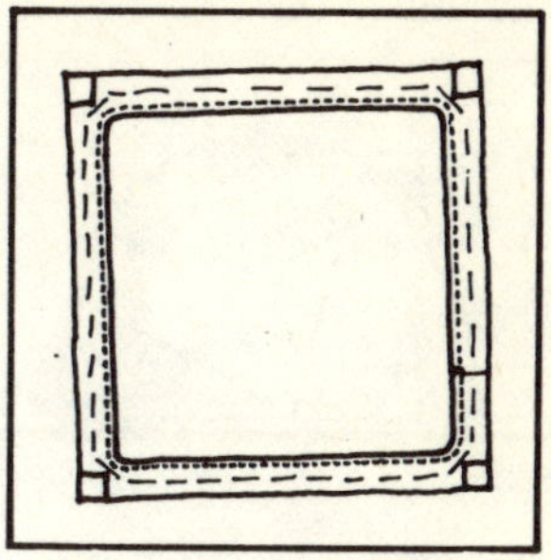

4 So sieht die Kissenplatte mit dem rundherum aufgehefteten Streifen aus (auf gleiche Breite achten).

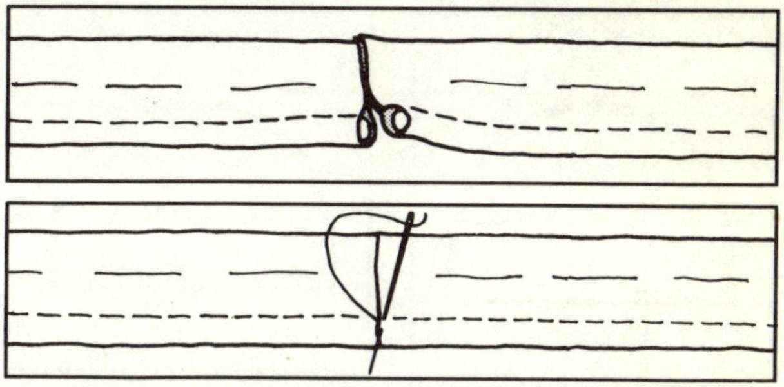

5 Die beiden Enden schließen Sie so: Schnur etwas abschneiden, damit eine Nahtbreite bleibt. Gegensäumen.

Ein neuer Bezug für Ihre Tee- oder Kaffeehaube

Aus Stoffresten, auch wenn sie aus Kleiderstoffen bestehen, können Sie diesen hübschen Kaffeewärmer machen. Manchmal sind Kleiderstoffe für diesen Zweck sehr gut geeignet. Vor allem, wenn sie freundliche Blümchen-, Karo- oder Streifenmuster haben. Auch aus älteren Kleidern, Blusen und Tischdecken können Sie diesen hübschen Kaffee- oder Teewärmer arbeiten. Auch die Watteline-Einlage werden Sie nicht immer kaufen müssen: In manchem älteren Mantel ist so ein wärmendes Innenleben versteckt. Trennen Sie bei einem ausrangierten Teil mal ein Stückchen Futter auf.

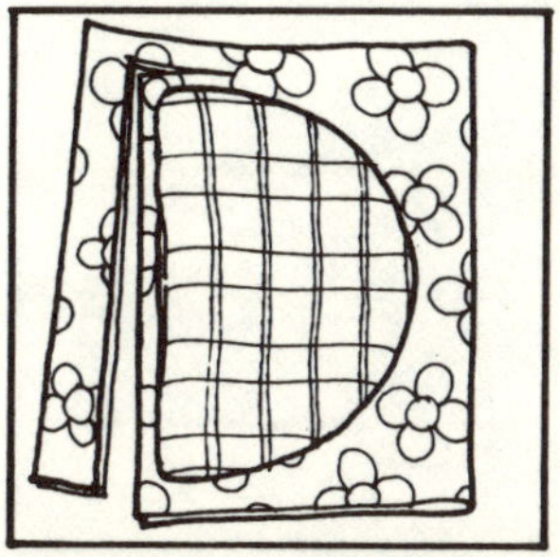

1 Nehmen Sie eine ältere Haube als Schnittvorlage. Zeichnen Sie die Form mit 1,5 cm Nahtzugabe ab.

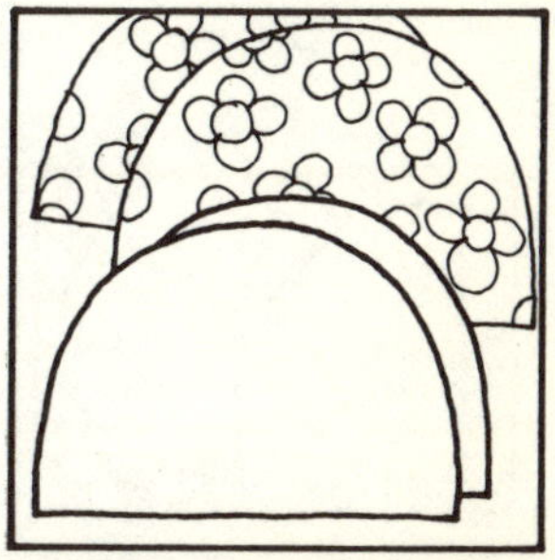

2 Nach diesen Stoffteilen bitte auch zwei Futterteile zuschneiden. Auch hier die Zugabe berücksichtigen.

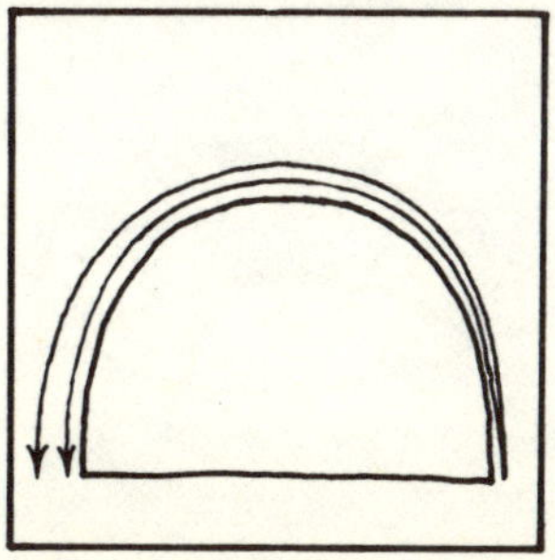

3 Messen Sie die Strecke aus, die Sie Für Rüsche, Fältchen oder Paspel brauchen (hier mit Rüsche).

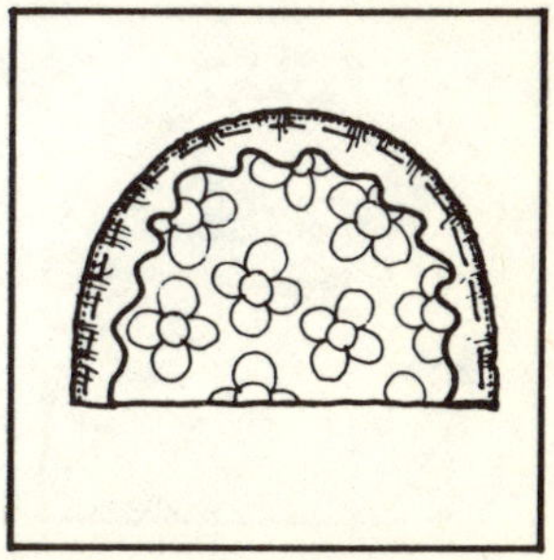

4 Arbeiten Sie jetzt wie beim Kissenbezug auf Seite 51: Heften Sie den gekräuselten Streifen auf.

Watteline-Einlage ist im Fachgeschäft für Schneiderbedarf zu haben, falls Sie sie in Ihrem Kaufhaus nicht bekommen können. Wenn Sie nur eine dünne Qualität finden können, nehmen Sie einfach zwei Lagen!
Statt der Watteline können Sie aber auch Schaumstofflagen oder normale Wattelagen verwenden. Bitte alles auf Futter heften.

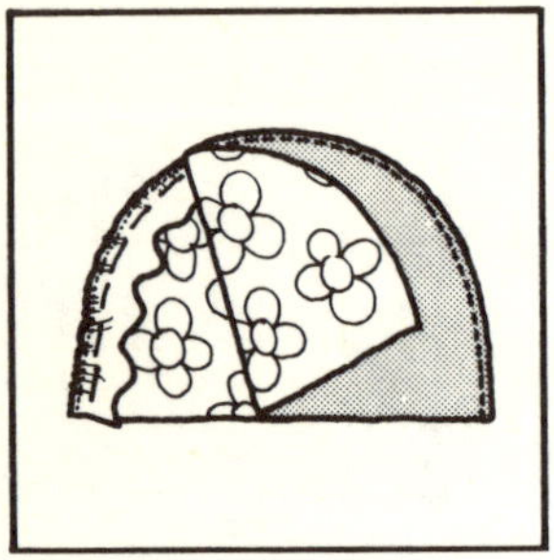

5 Jetzt die zweite Platte auflegen, heften und steppen. Bitte die Kräusel gleichmäßig verteilen.

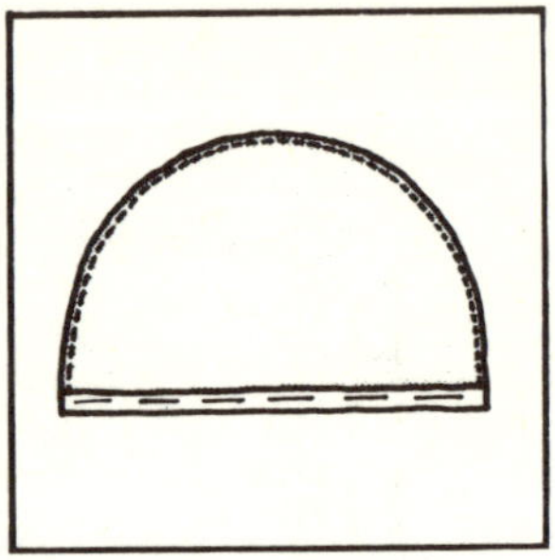

6 An der unteren Kante heften Sie rundum einen schmalen Saum um. Er braucht nicht angenäht zu werden.

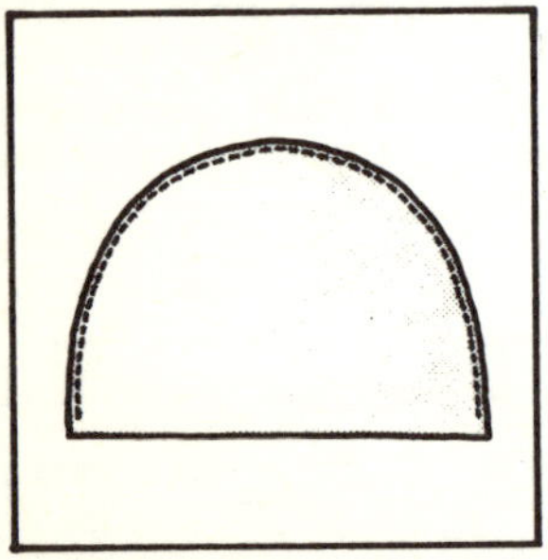

7 Setzen Sie nun die beiden Futterplatten zusammen. Futter verzieht sich leicht, evtl. vorher heften.

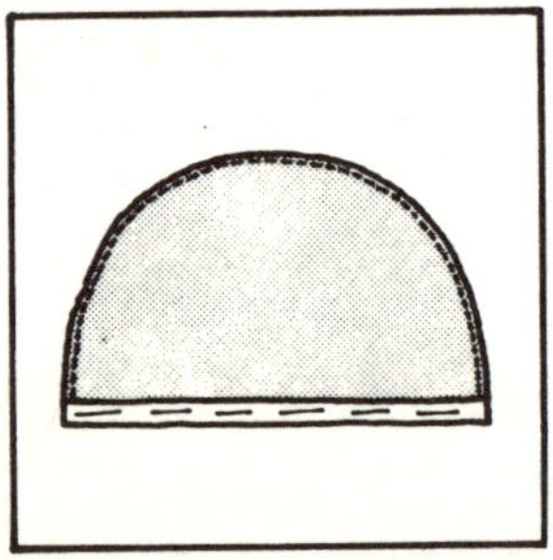

8 Auch beim Futter heften Sie unten einen schmalen Saum um. Achten Sie auf die gleiche Saumbreite.

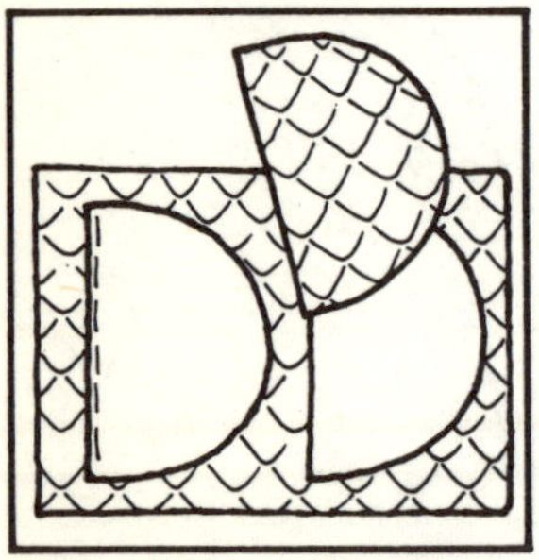

9 Schneiden Sie aus Wattestoff oder Schaumgummi die beiden Platten nochmals zu. (Zum Wärmen!)

10 Diese Platten heften Sie - jede für sich - auf die Steppnaht. Fassen Sie nur den Stoff der Naht.

11 Jetzt dürfen Sie den oberen bunten Bezug darüberstülpen. Bitte straff anziehen, das sitzt gut.

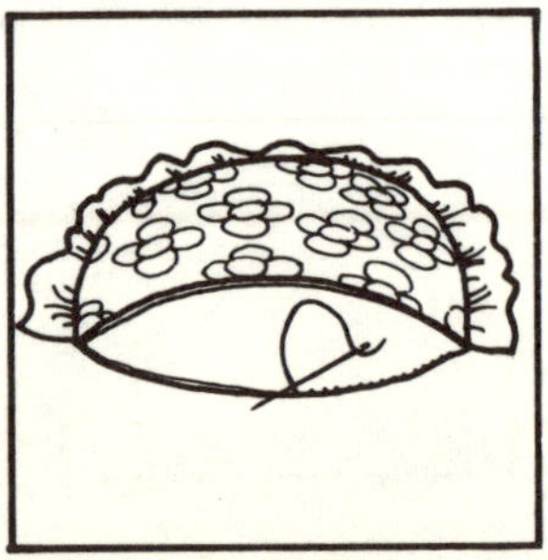

12 Die untere Kante mit den Säumen nähen Sie mit kleinen überwendlichen Stichen zusammen.

Änderungen sind gar nicht so schwer

Bügeln ist eine kleine Wissenschaft für sich: Hier können Sie gar nicht »pingelig« genug sein! Vor allem beim Ausbügeln eines alten Stoffbruches sollten Sie Sorgfalt walten lassen. Leider geht bei manchen Stoffen aus Chemiefasern der einmal eingebügelte Kniff oder Saumumbruch nicht heraus.

1 Ganz gleich was Sie ändern möchten: Bügeln Sie als erstes alle Säume oder Nähte sorgfältig aus.

2 Bei den meisten Stoffen geht das mit einem feuchten Tuch am besten. (Vorher eine Bügelprobe machen.)

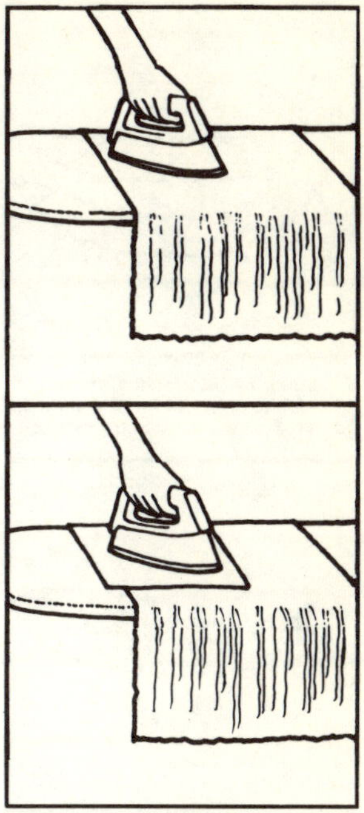

3 Auch aufgetrennte Kräusel müssen vorher gut ausgebügelt werden. Wollstoffe feucht bügeln.

So machen Sie einen zu weiten Ausschnitt enger

Wenn mehrere Abnäher gleich lang werden sollen, markieren Sie mit Kreide, Stecknadeln oder einem Heftstich das Abnäherende. In diesem Fall sollten Sie die Abnäher vor dem Steppen heften und noch einmal kontrollieren. Wir haben das zwar auf Seite 24 schon einmal gesagt, aber man kann das nicht oft genug betonen. Vor allem bei mehreren kleinen Abnähern wie hier ist ein korrektes Arbeiten notwendig. Im anderen Fall sieht die hier vorgeschlagene Änderung nach Flickwerk aus. Benutzen Sie zum Anzeichnen kleinerer Abnäher lieber ein Li-

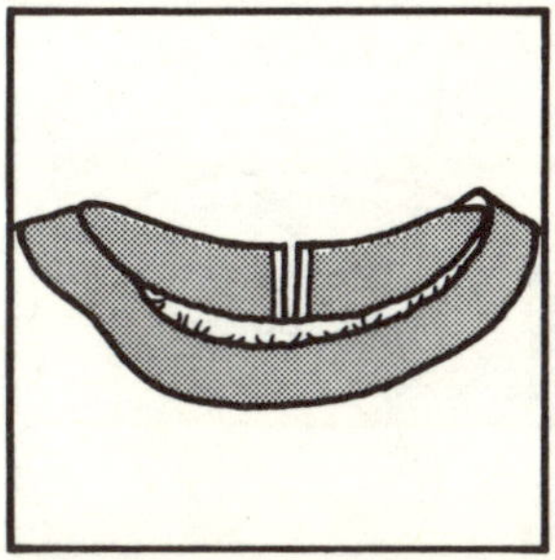

1 Wahrscheinlich hat Ihr Ausschnitt einen Beleg. Bitte trennen Sie ihn erst einmal ab. Stoff gut bügeln.

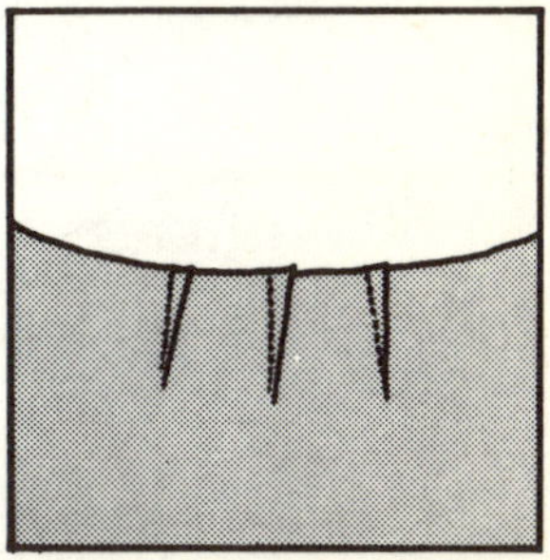

2 Steppen Sie als Verzierung (und gleichzeitige Verengung) drei kleine gleichmäßige Abnäher zurecht.

3 Wenn Ihr Ausschnitt entschieden zu weit ist, dürfen es auch fünf oder sechs sein, aber alle gleich.

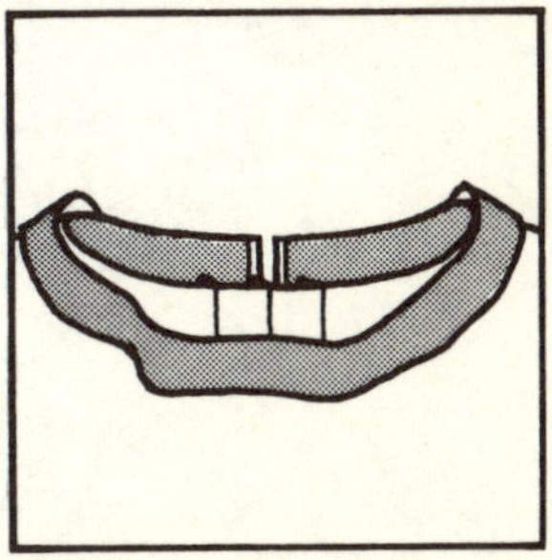

4 Legen Sie nun den Beleg rechts auf rechts auf. Sie sehen dann, an welcher Stelle er zu weit ist.

neal als ein Maßband, denn das dehnt sich oft ein bißchen aus und Sie haben immer noch keine übereinstimmende Abnäherlänge.
Beim Engermachen eines Ausschnittbeleges brauchen Sie fast nie etwas herauszuschneiden: meist genügt ein Einschneiden und wieder Zusammensetzen des Streifens, denn durch die Nahtbreite geht ohnehin genug von der Weite verloren. Bitte vorher ausmessen!
Natürlich können Sie die abgesteckten Stellen auch mit Kreide markieren. Der Nachteil: Sie sehen die Markierung nur auf einer Seite. Wenn Sie ein paar Heftstiche einziehen, ist die Markierung auf beiden Stoffseiten zu sehen und Sie können viel leichter arbeiten.

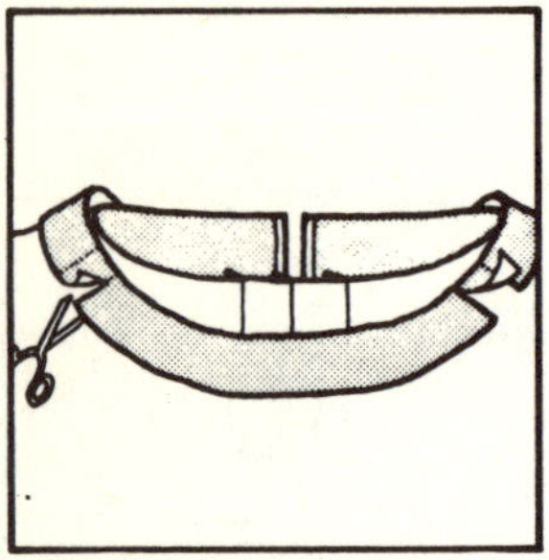

5 Schneiden Sie genau dort zwei entsprechend breite Stellen heraus. Lassen Sie eine Nahtzugabe stehen.

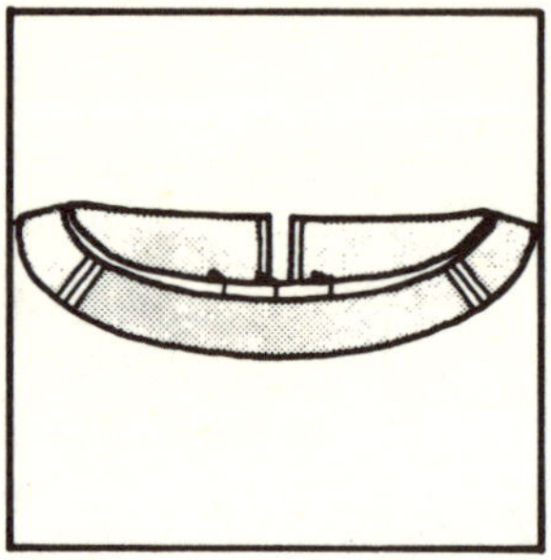

6 Steppen Sie den Beleg an diesen beiden Stellen wieder zusammen und bügeln Sie die Nähte glatt aus.

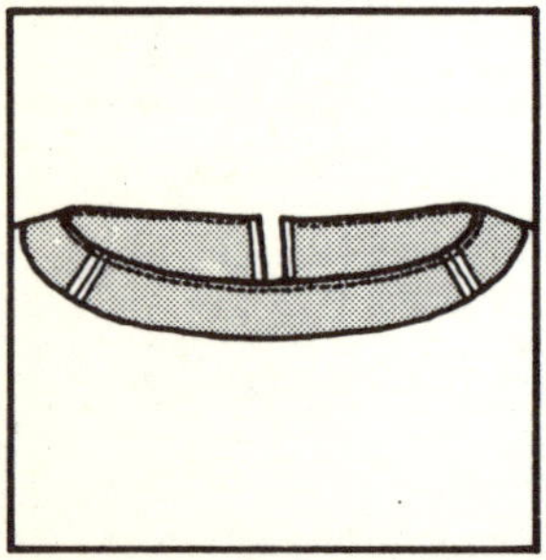

7 Jetzt können Sie den Beleg wieder ansteppen. Wenn Sie nicht viel Übung haben, vorher bitte heften.

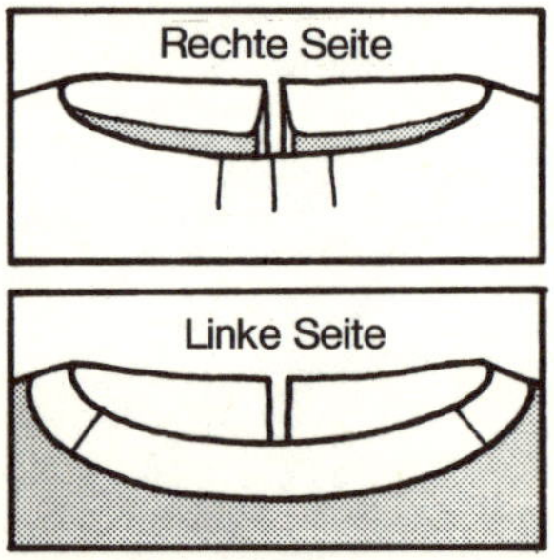

8 Nun wird der Beleg nach innen umgeschlagen, gut gebügelt und mit lockeren Stichen angenäht.

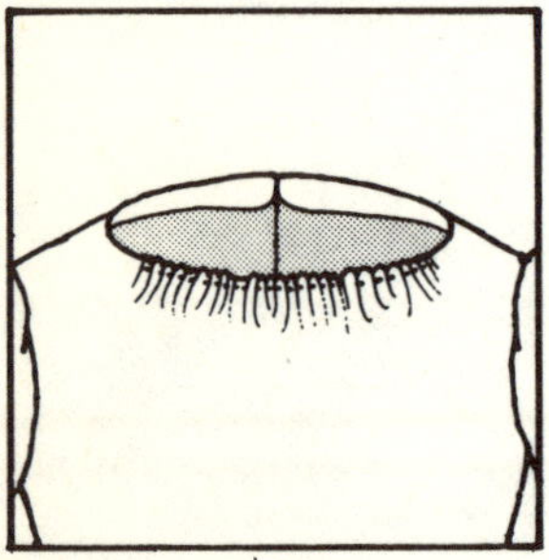

9 Bei Kinder- oder Mädchenkleider können Sie die überflüssige Weite auch mit Kräuseln einhalten.

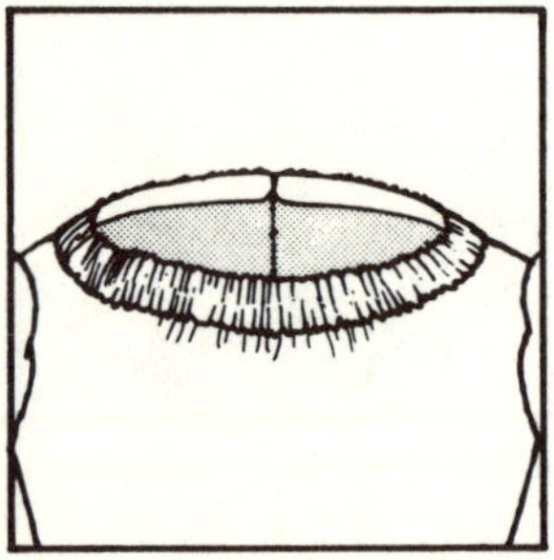

10 Wenn Sie ein hübsches Band oder eine Borde daraufsetzen, wirkt das wie eine absichtliche Betonung.

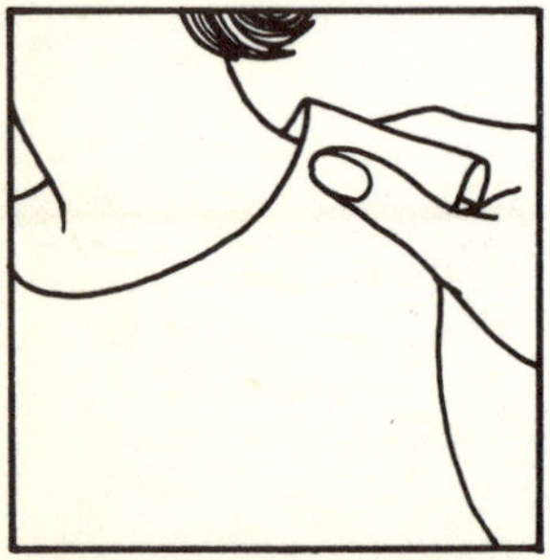

11 Bei ärmellosen Kleidern können Sie die Weite auch in die Schulternaht nehmen (etwas hochnehmen).

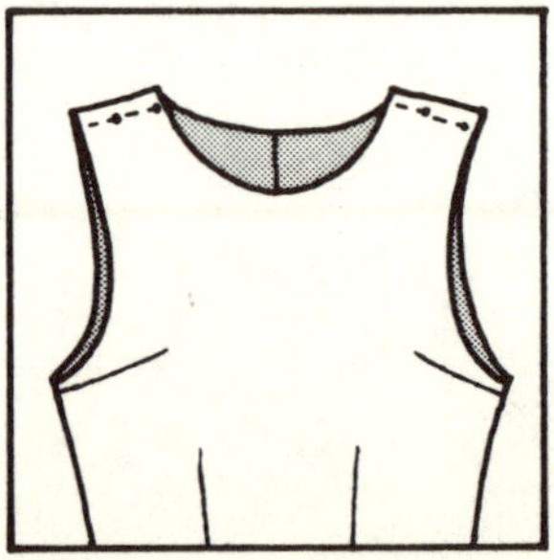

12 Stecken Sie die Schulternaht am angezogenen Kleid so weit hoch, daß der Armausschnitt nicht kneift.

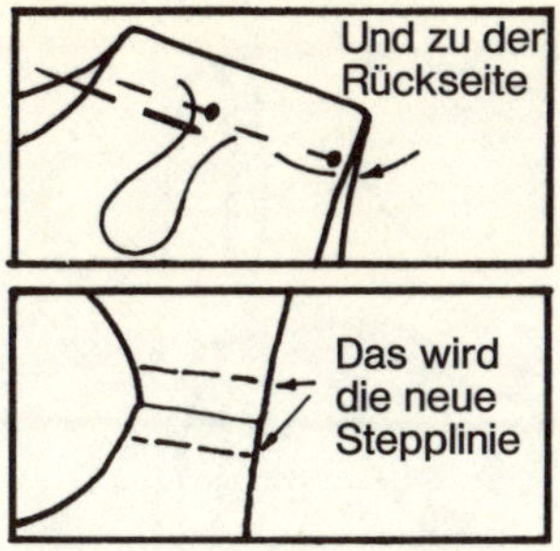

13 Mit einem Reihfaden markieren Sie die gestreckte Linie an der vorderen und rückwärtigen Schulternaht.

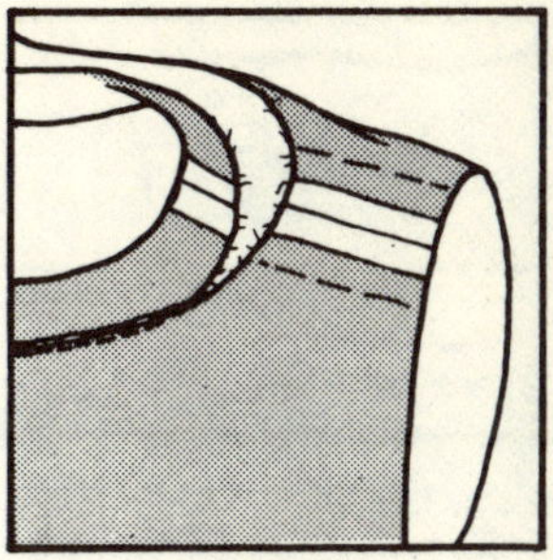

14 Natürlich muß der Belegstreifen des Ausschnittes an der Schulter etwas aufgetrennt werden. Bügeln!

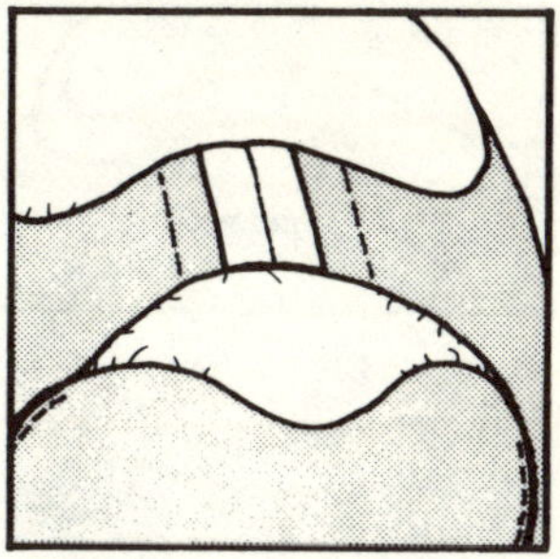

15 Falls Ihr Kleid Ärmel hat, auch diese bitte an der Schulter ein Stückchen auftrennen und bügeln.

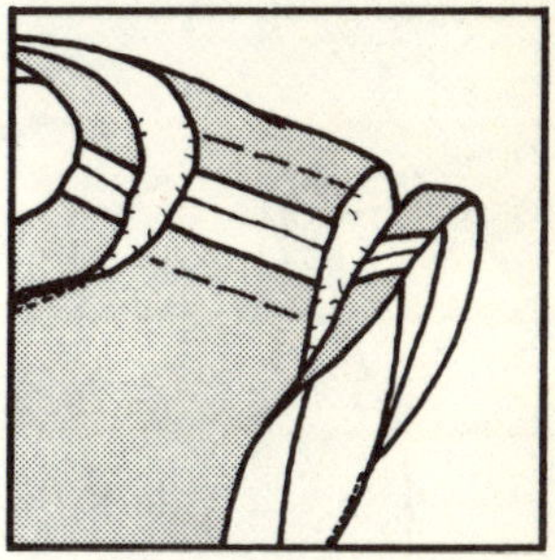

16 Ärmellose Kleider haben einen Beleg, mit dem der Armausschnitt versäubert ist. Schulter trennen.

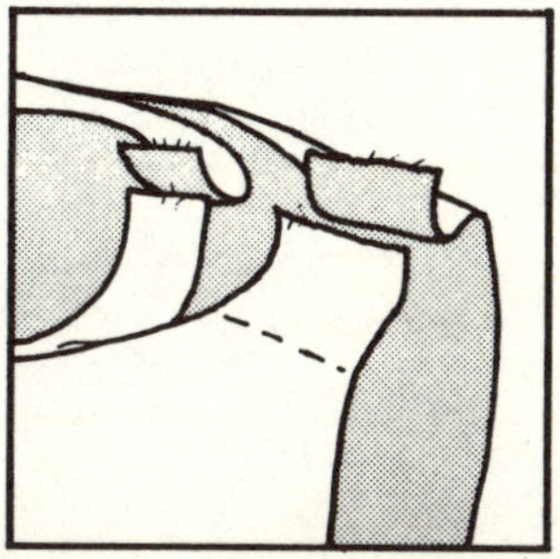

17 Jetzt können Sie die alte Naht von Oberteil und Ausschnittbeleg auftrennen. Neu zusammenstecken.

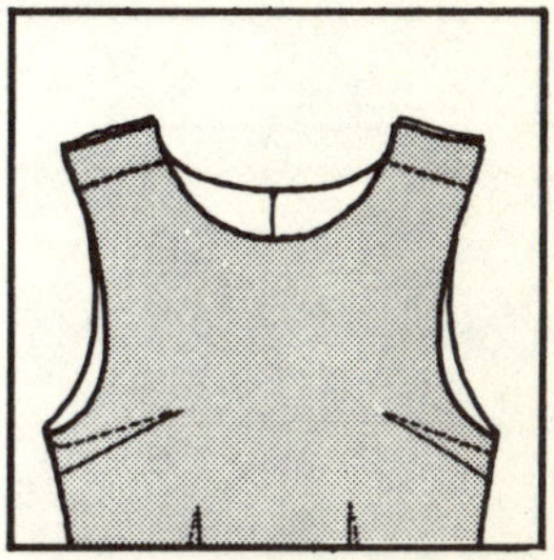

18 Drehen Sie das Kleid auf die linke Seite und steppen Sie neue Schulternaht mit kleinen Stichen.

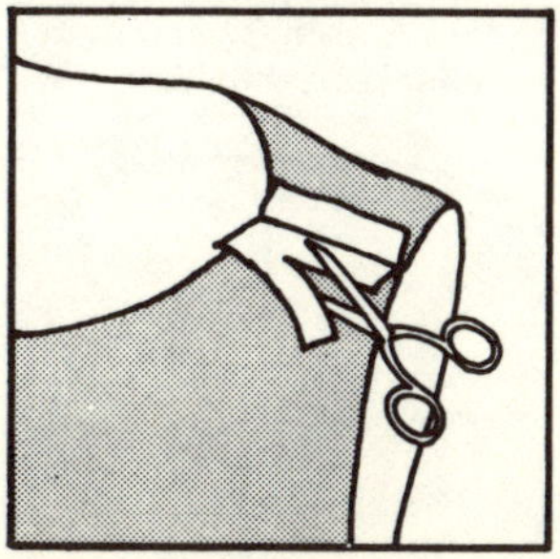

19 Die Schulternaht ist jetzt natürlich ziemlich breit. Schneiden Sie sie auf 2 cm ab. Dann bügeln.

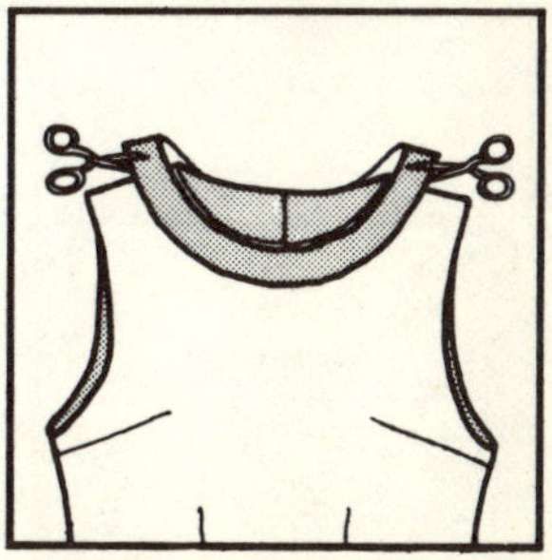

20 Trennen oder schneiden Sie den Ausschnittbeleg an der Schulter auf. Markieren Sie die berichtigte Weite.

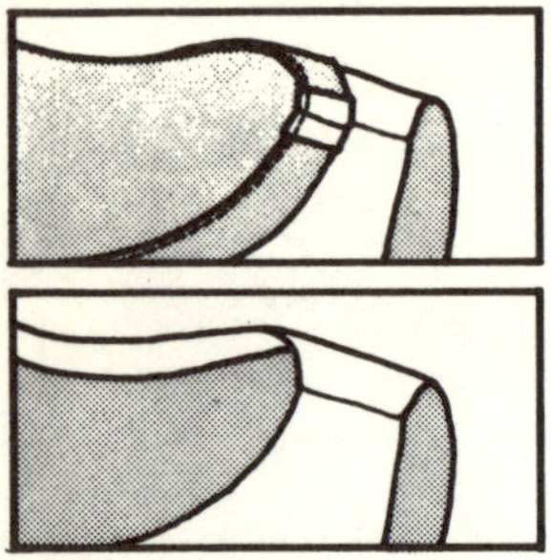

21 Steppen Sie den Belegstreifen wieder an, wenden Sie ihn auf die linke Seite und säumen Sie ihn an.

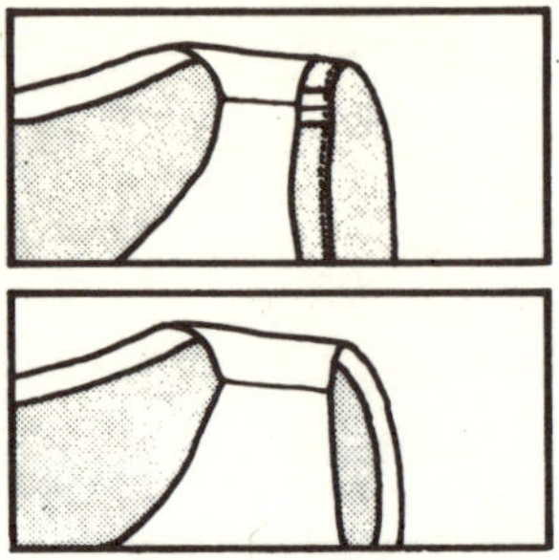

22 Beim ärmellosen Kleid gehen Sie mit dem Beleg des Armausschnittes ebenso vor. Bitte immer bügeln.

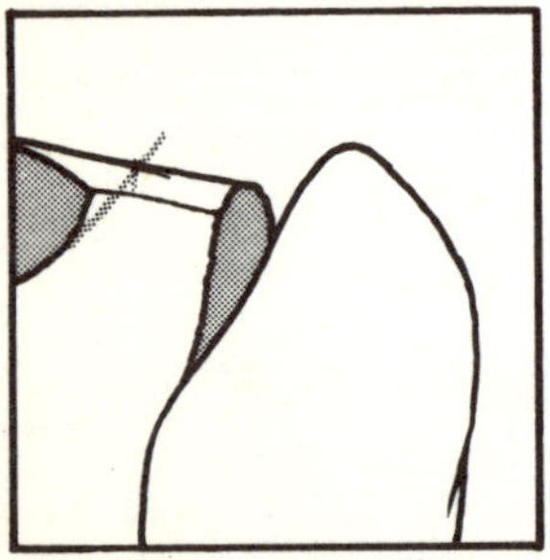

23 Wenn Ihr Kleid einen Ärmel hat, entsteht auf der Schulter etwas zuviel Weite, die eingehalten wird.

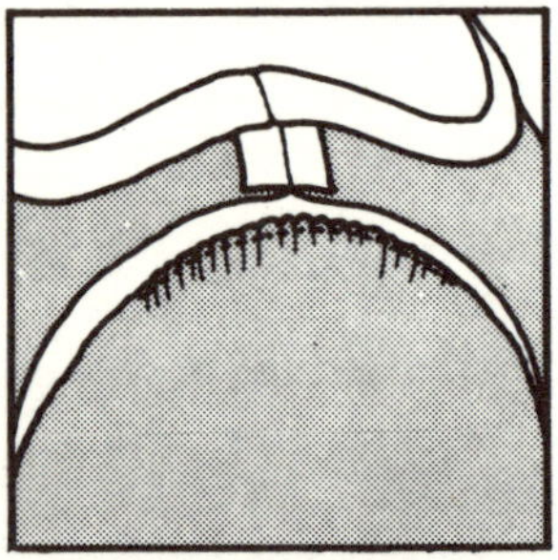

24 Ziehen Sie zu diesem Zweck einen, noch besser zwei Fäden mit kleinen Heftstichen ein. Verteilen!

Bei geringem Einhalten der Armkugel genügt ein Kräuselfaden. Wenn Sie mehr Weite einhalten müssen, ziehen Sie zwei bis drei Kräuselfäden ein, damit sich die Weite besser verteilen läßt.

Runder Ausschnitt – neu belegt

Bevor Sie an Ihrem Ausschnitt Änderungen vornehmen, sollten Sie erst mal nachsehen, ob die Kante auch richtig »eingeknipst« ist. Die Ausschnittkante legt sich dann viel besser um, und die Naht kann sich nicht mehr verziehen.

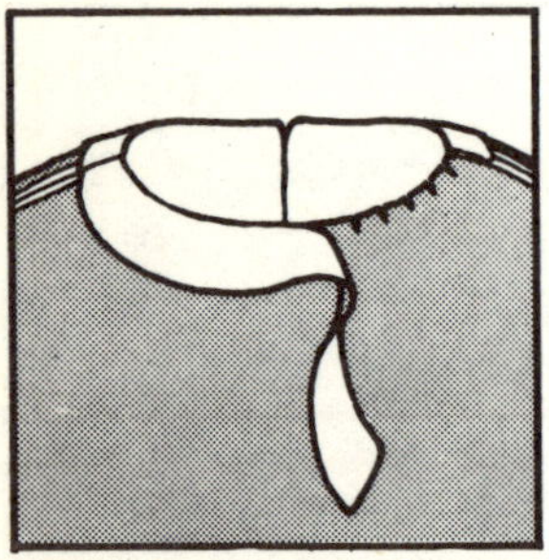

1 Bei fertig gekauften Kleidern ist der Ausschnitt oft zu eng: Trennen Sie den Belegstreifen ab!

2 Vielleicht ist die Ausschnittkante unter dem Beleg nicht »eingeknipst« worden? Kante erst durchsteppen.

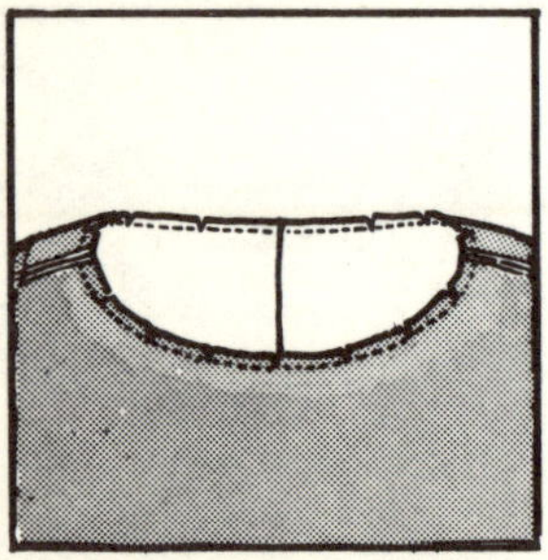

3 Jetzt können Sie die Kante mit einer spitzen Schere mehrmals bis knapp an die Naht einschneiden.

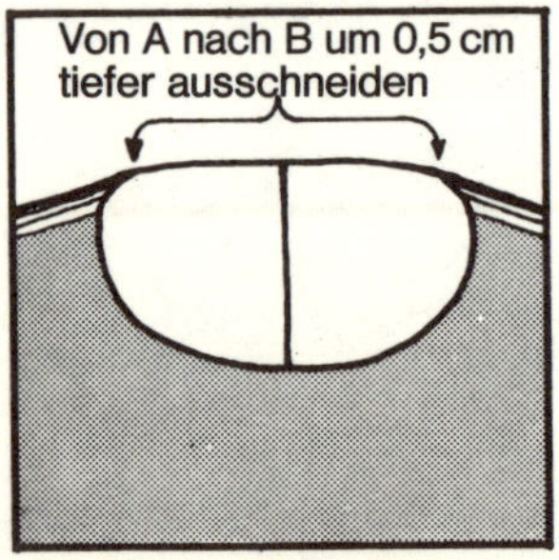

4 Nur im Vorderteil darf der Ausschnitt jetzt ein wenig tiefer ausgeschnitten werden, ca. 1/2 cm.

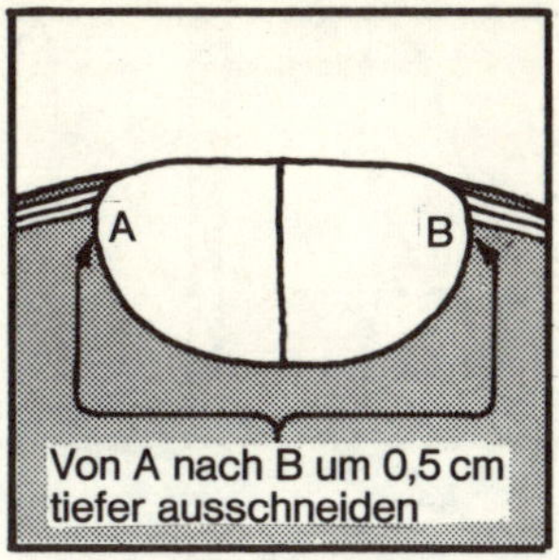

5 Wenn die Schulternaht aber genau die richtige Weite hat, mit dem Ausschneiden etwas tiefer beginnen.

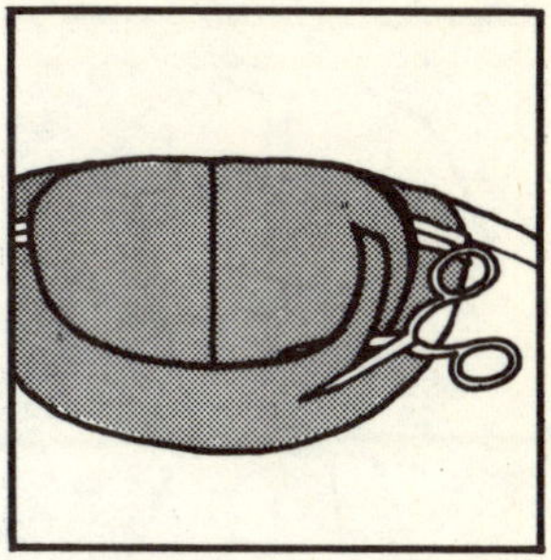

6 Jetzt muß der Belegstreifen ebenfalls die neue Weite bekommen: Beleg auflegen und passend schneiden.

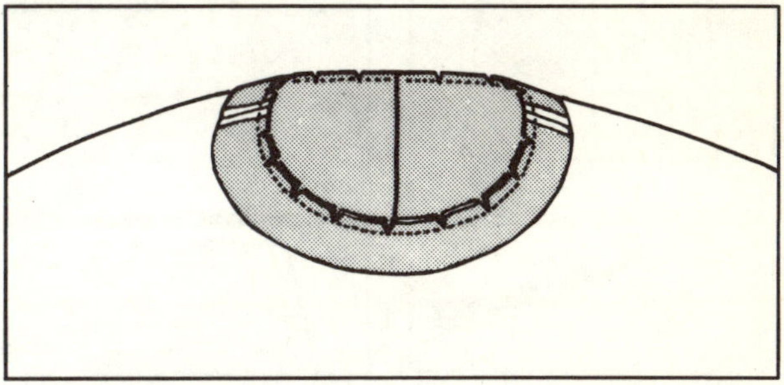

7 Stecken, heften und steppen Sie den Beleg jetzt auf. Auch hier das Einschneiden nicht vergessen.

So erweitern Sie ein Armloch

Die stehengebliebenen Ecken des offenen Armloches können auf eine gerade Linie abgeschnitten werden. Bitte längen Sie beim Einsetzen des Keiles aber nicht die Kanten aus! Nach Möglichkeit soll dieser Keil aus dem Stoff des Kleides bestehen. Falls Sie aber keine Reste haben, tut ein ähnlicher Stoff von gleicher Farbe denselben Dienst. (Möglicherweise läßt sich aber aus den Taschen, dem Beleg oder Saum ein Keil herausschneiden.)

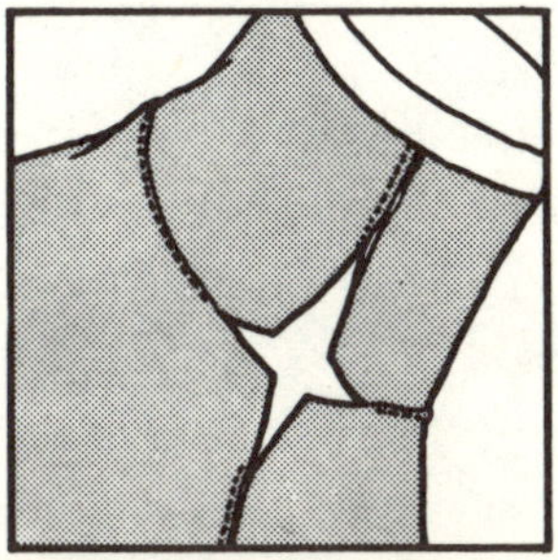

1 Trennen Sie als erstes alle Nähte unter dem Arm auf. Bügeln Sie die Stellen einmal sorgfältig aus.

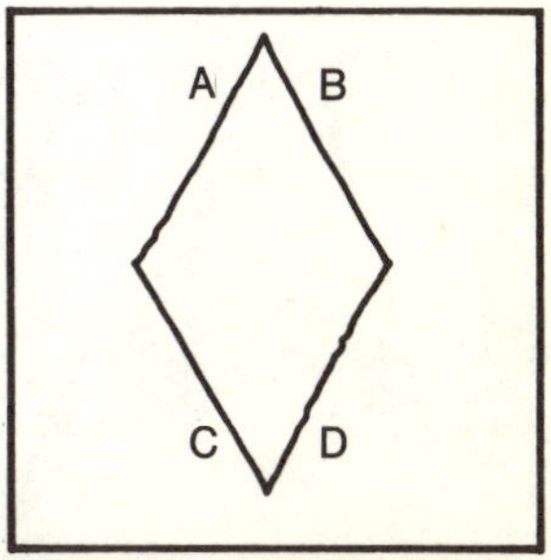

2 Schneiden Sie aus dem Stoff des Kleides ein pastillenförmiges Teil aus. Die Längsseiten sind 10 cm lang.

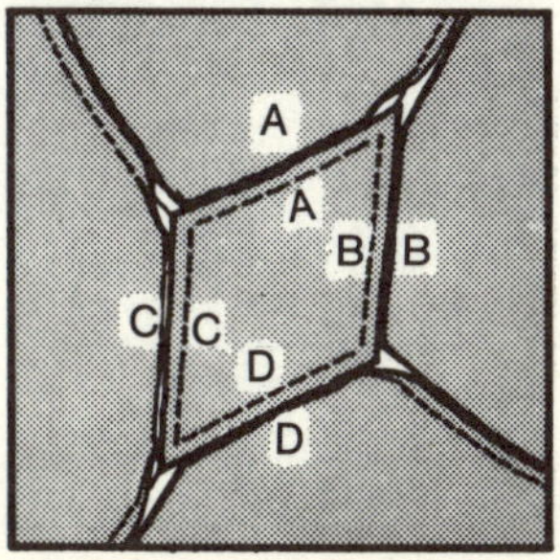

3 Steppen Sie dieses Teil auf der linken Stoffseite sorgfältig ein. Bügeln Sie die Nähte nach außen.

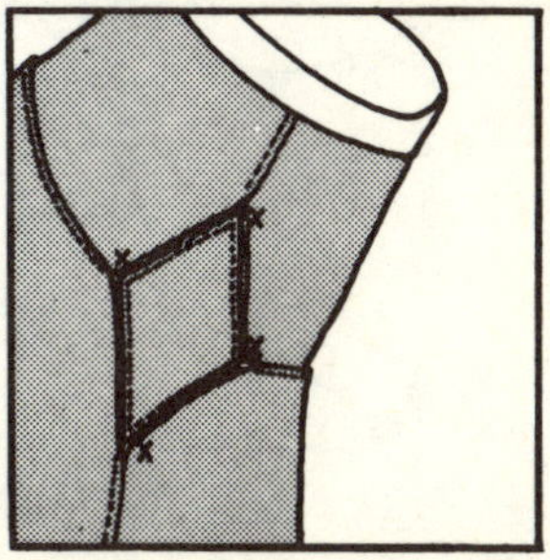

4 Die kleinen offenen Nahtstellen dürfen mit feinen Handstichen zum Schluß zusammengenäht werden.

Wenn das Oberteil zu lang ist …

Die richtige Taillenlänge ist maßgeblich am guten Sitz eines Kleides beteiligt. Bitte kontrollieren Sie sehr sorgfältig, wieviel Sie abschneiden müssen, denn Ansetzen macht Mühe und sieht auch nicht gut aus.

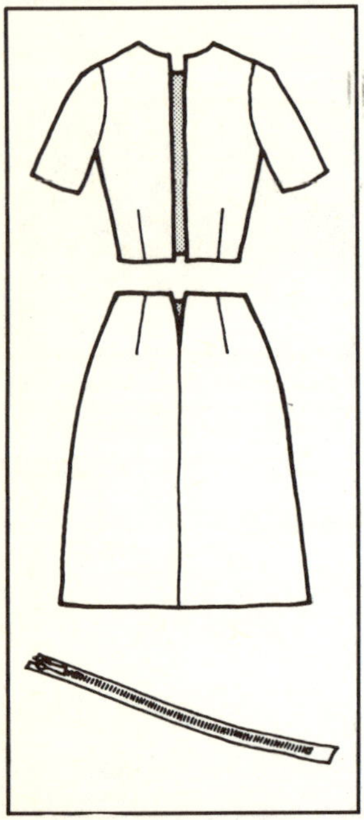

1 Bitte trennen Sie den Reißverschluß heraus und öffnen Sie die ganze Taillennaht. Gut ausbügeln.

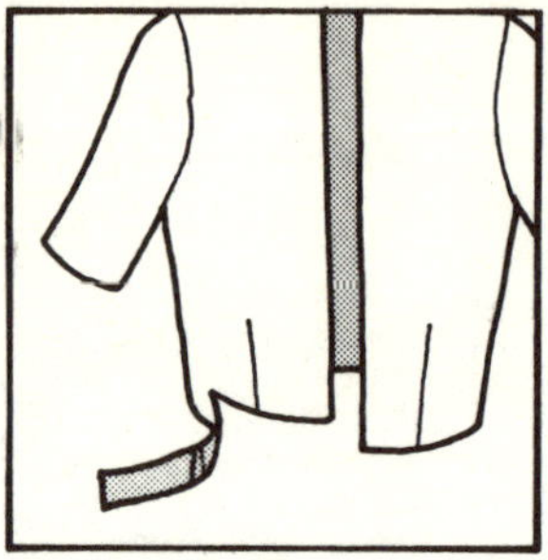

2 Schneiden Sie vom Taillenrand des Oberteils einen entsprechend breiten Streifen ab. (Abmessen!)

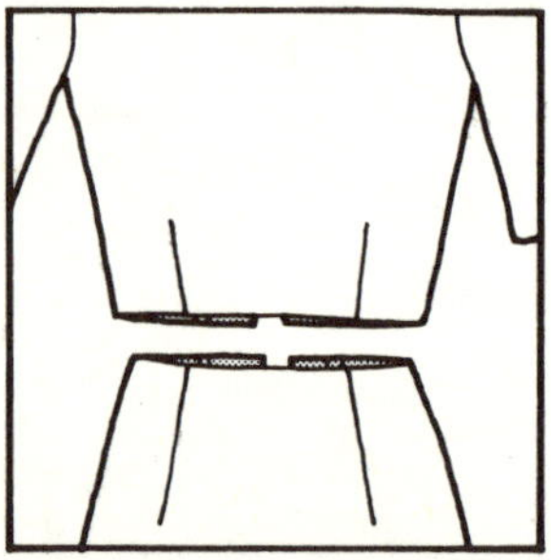

3 Da das Oberteil nach oben hin etwas weiter wird, kann es nicht genau auf die Rockweite passen.

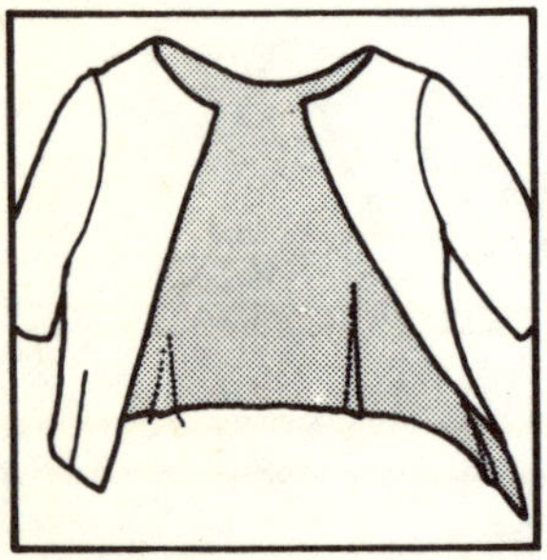

4 Steppen Sie jeden Abnäher eine Kleinigkeit länger ab. Kontrollieren Sie den richtigen Sitz.

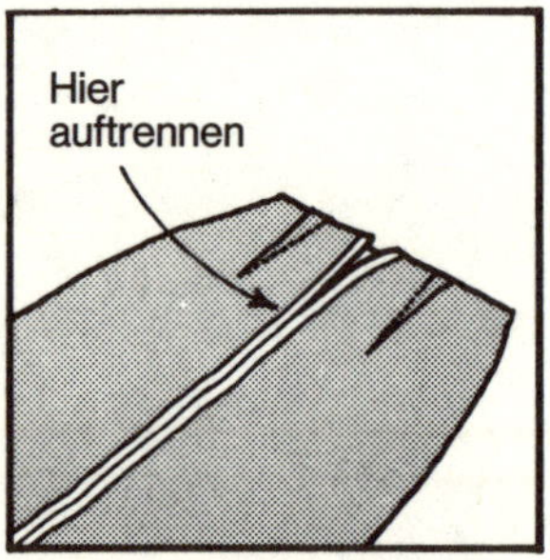

5 Auch der Reißverschluß muß der neuen Länge angepaßt werden. Hier läßt sich der Schlitz vertiefen.

Wenn das Oberteil zu kurz ist …

Wenn die kleinen Nähte im zwischengesetzten Taillenteil genau mit den Abnähern von Oberteil und Rock übereinstimmen, sieht Ihre kleine Verbesserung nicht nach Flickwerk, sondern nach modischer Absicht aus. In die-

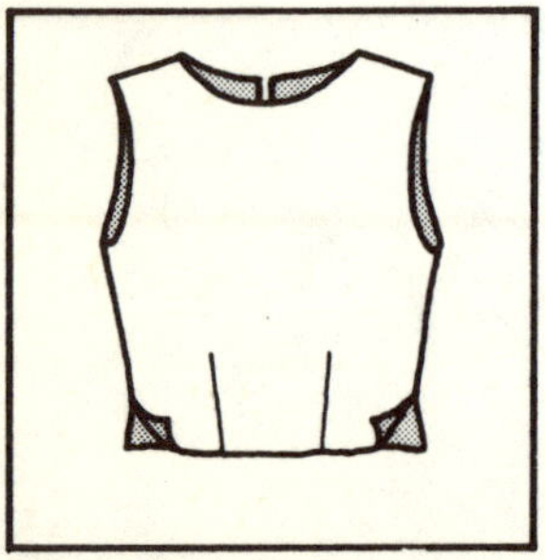

1 Trennen Sie beide Seitennähte ca. 8 cm lang auf, damit Sie besser arbeiten können. Nähte ausbügeln.

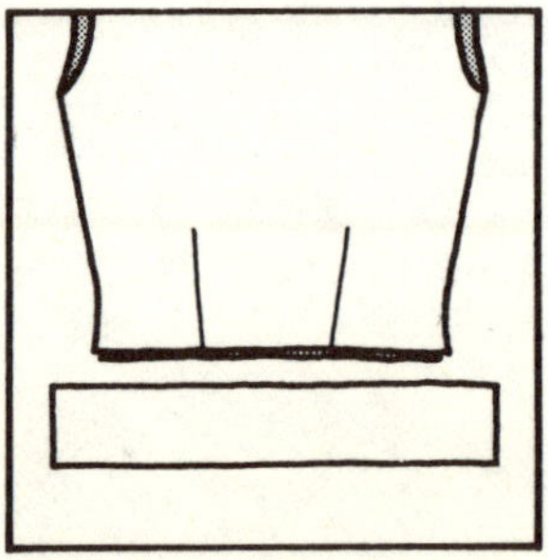

2 Schneiden Sie für das Vorder- und Rückenteil einen Streifen von gewünschter Breite zu. 6 cm Zugabe.

sem Fall sollten Sie vor dem Steppen alle Nähte sorgfältig heften.

Der Rücken Ihres Kleides muß genau so adrett aussehen wie das Vorderteil, denn Ihre Mitmenschen lernen Sie ja auch »von einer anderen Seite« kennen. Stecken Sie daher, wie beim Vorderteil auch, alle Nähte und Abnäher vor dem Heften und Steppen korrekt aufeinander. Bitte ziehen Sie das zusammengeheftete Kleid vor dem endgültigen Steppen der Nähte und Abnäher noch einmal an!

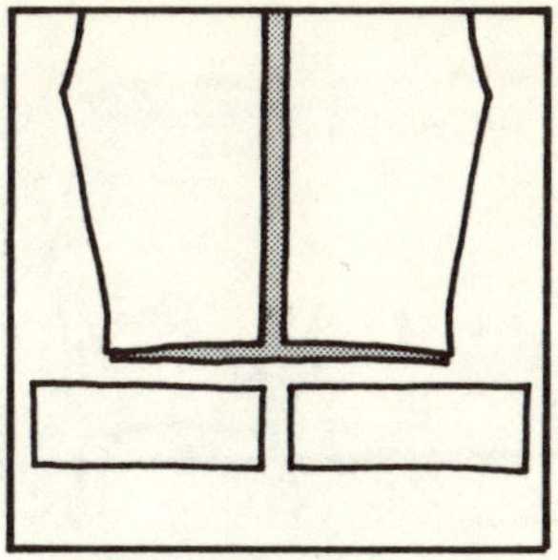

3 Bei einem rückwärtigen Reißverschluß wird ein Streifen in der Mitte geteilt (Nahtbreite zugeben).

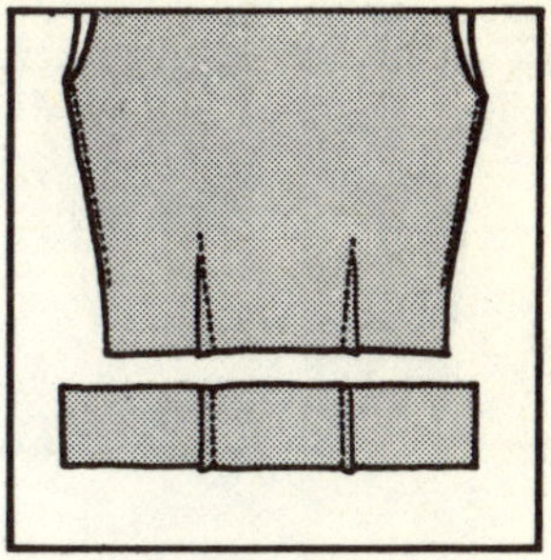

4 Wenn Ihr Kleid Taillenabnäher hat, bekommt der Zwischenstreifen ebenfalls zwei schmale Nähte.

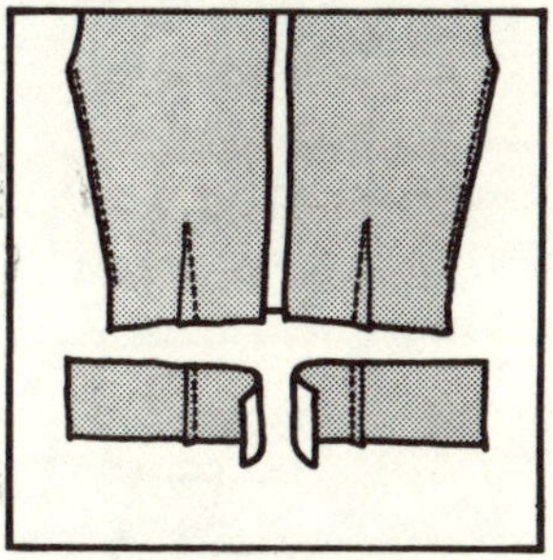

5 Auch im Rücken schmale Nähte: Der Zwischenstreifen sieht dann später nicht nach Notlösung aus.

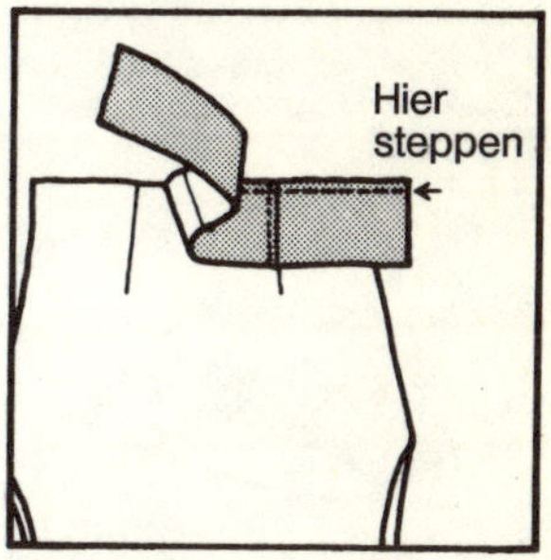

6 Heften Sie den Streifen rechts auf rechts auf die Taillenkante. Die Naht liegt genau am Abnäher.

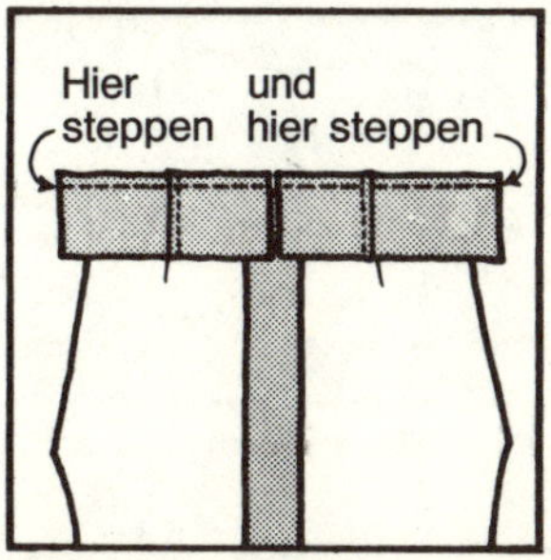

7 Beginnen Sie stets an der Seitennaht. Kontrollieren Sie ständig die Übereinstimmung der Nähte.

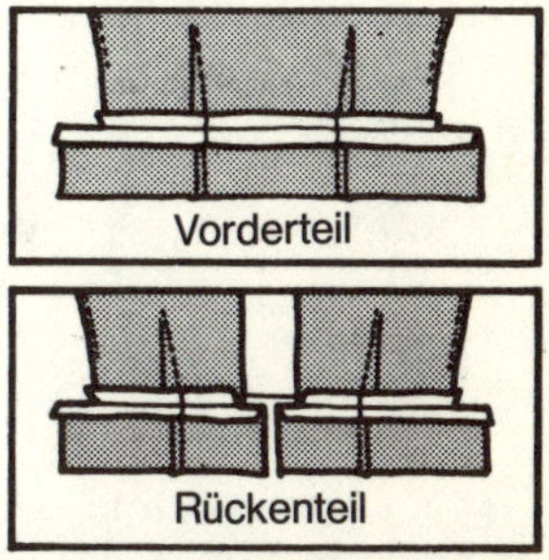

8 Von rechts muß das Ganze wie ein durchgehender Abnäher wirken. Bitte die Nähte gut ausbügeln.

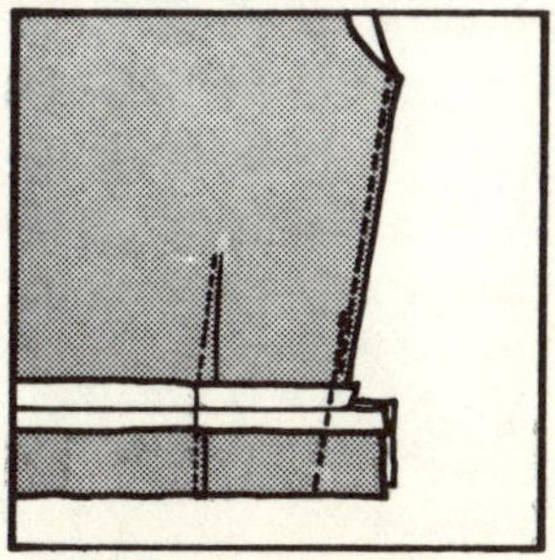

9 Nun können Sie die Seitennähte schließen: Stecken, heften und steppen im Verlauf der oberen Naht.

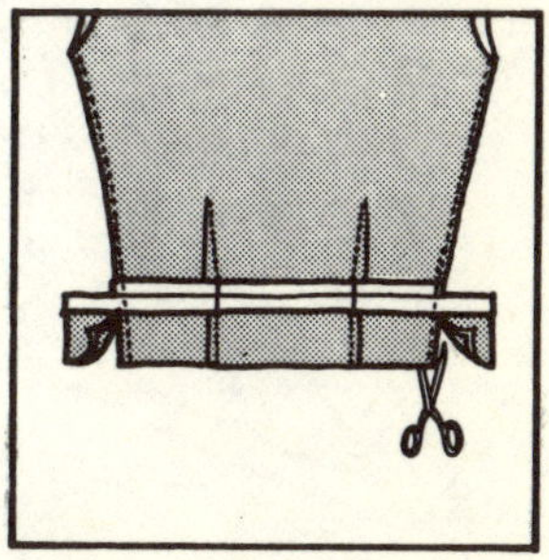

10 Wenn Sie den überflüssigen Stoff auf Nahtbreite abgeschnitten haben, bügeln Sie die Naht gut aus.

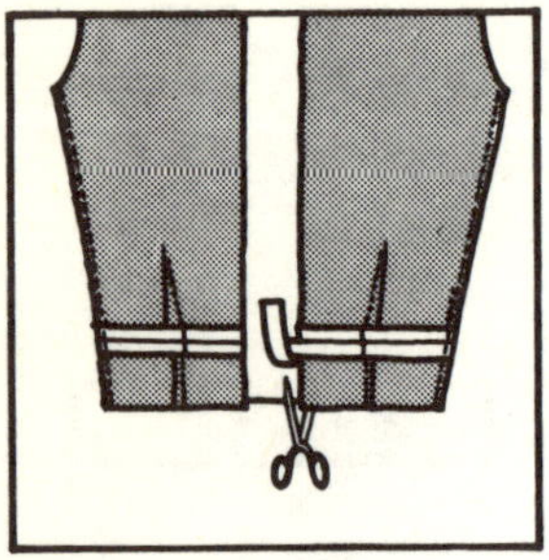

11 Auch in der Rückenmitte schneiden Sie die Längskanten schön gleichmäßig ab. Dann umheften.

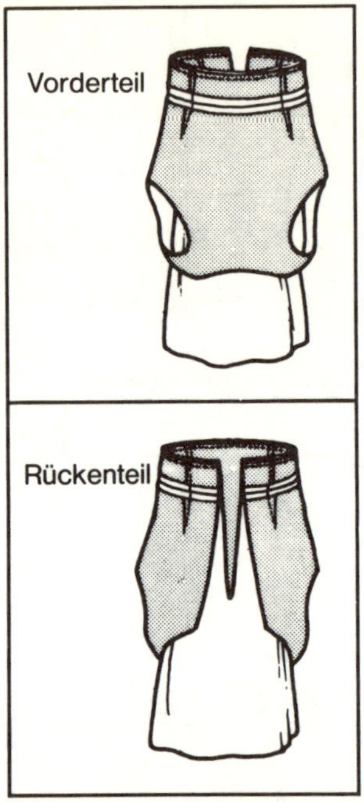

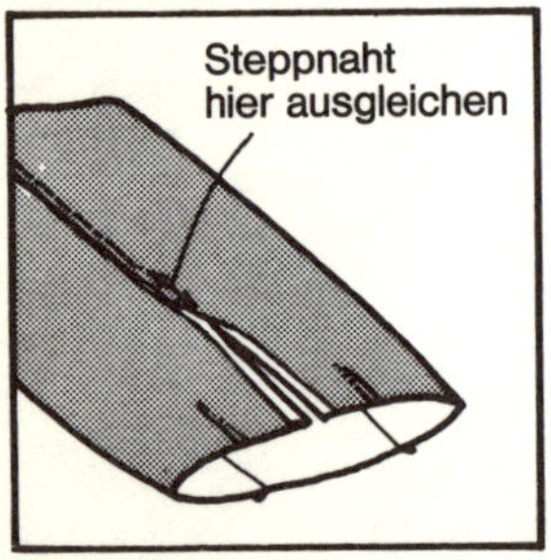

13 Ein bißchen Kummer macht der Reißverschluß: Hier sollten Sie die Rocknaht etwas mehr zunähen.

12 Jetzt können Sie den Rock ins Oberteil schieben, dabei liegt der Stoff mit der rechten Seite innen.

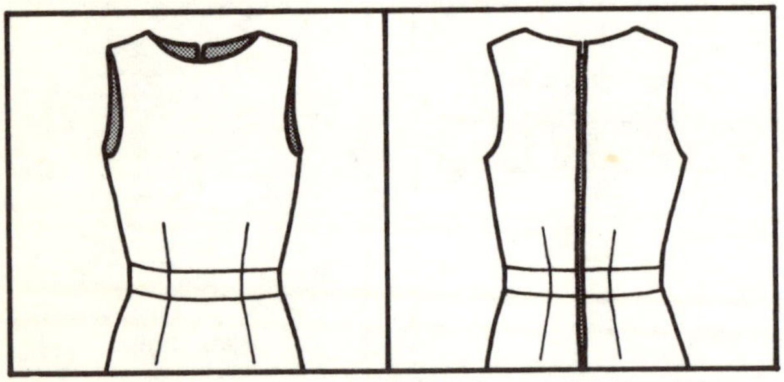

14 Und so sieht Ihr Kleid dann aus: Alle Abnäher und die kleinen Nähte des Zwischenstreifens passen genau!

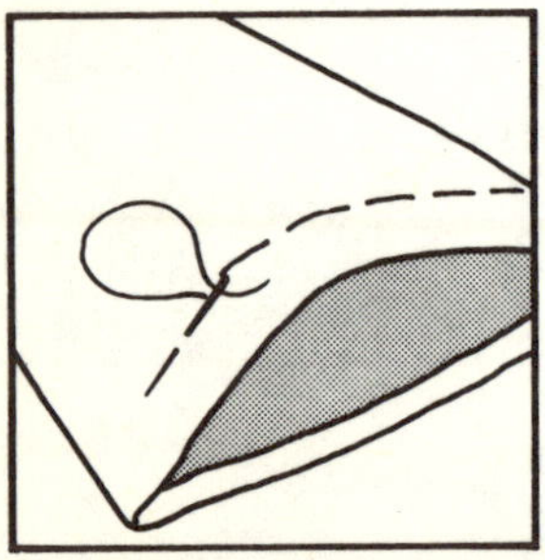

1 Wenn Sie die neue Rocklänge angekreidet haben, sollten Sie als Hilfe einen Reihfaden durchziehen.

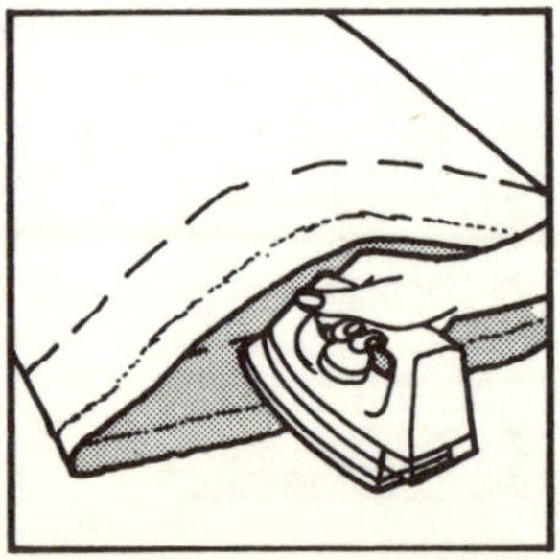

2 Trennen Sie nun den alten Saum auf und bügeln Sie den Kniff heraus, am besten mit einem feuchten Tuch.

So machen Sie Ihren Rock kürzer

Sie können die Saumkante schon vor dem Umnähen des Saumes versäubern. Das ist einfacher und geht schneller als bei bereits fertigem Saum. Bei geraden Röcken können Sie das übrigens auch mit dem Zick-Zack-Füßchen Ihrer Nähmaschine machen. Falls Sie an Ihrem Rock einen Schlitz haben, nähen Sie zuerst den Saum ganz durch, dann erst wird der Schlitzbeleg umgeschlagen und angesäumt. Diese Arbeitsfolge ist wichtig für den guten Sitz und korrekten Verlauf des Rocksaumes. Daß Sie den fertig gesäumten Saum vor dem Umschlagen des Beleges bügeln, ist inzwischen sicher klar, nicht wahr? Und zum Schluß bügeln Sie alles noch einmal. Wenn es geht, mit einem feuchten Tuch von links und von rechts. Bei feinen Stoffen, die keine Feuchtigkeit vertragen, bügeln Sie natürlich trocken.

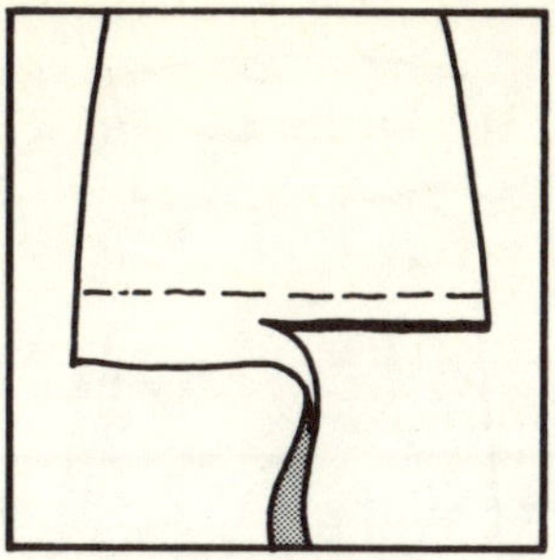

3 Jetzt können Sie den Saum etwas abschneiden, damit er nicht allzu breit wird und daher gut sitzt.

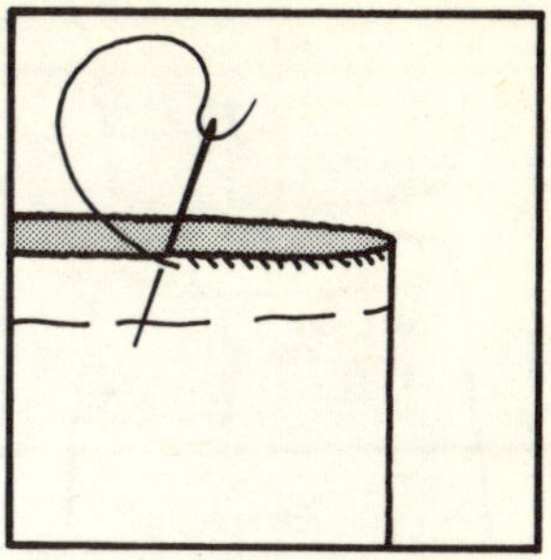

4 Die offene Saumkante wird mit überwendlichem Stich oder dem Zick-Zackfüßchen versäubert.

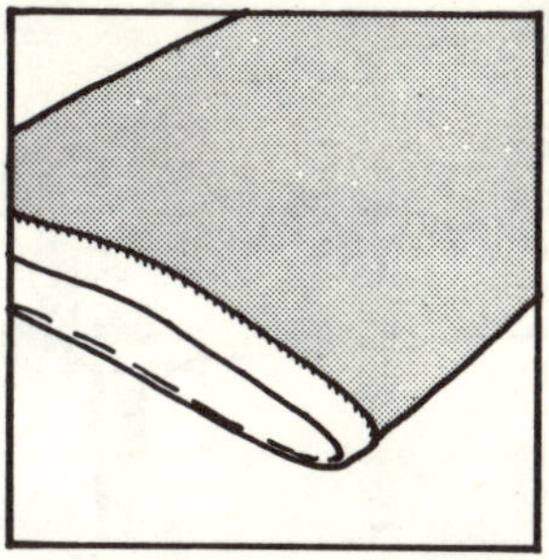

5 Heften Sie den neuen Saumbruch der Kante entlang um. Dann nähen Sie den Saum fertig wie auf Seite 29.

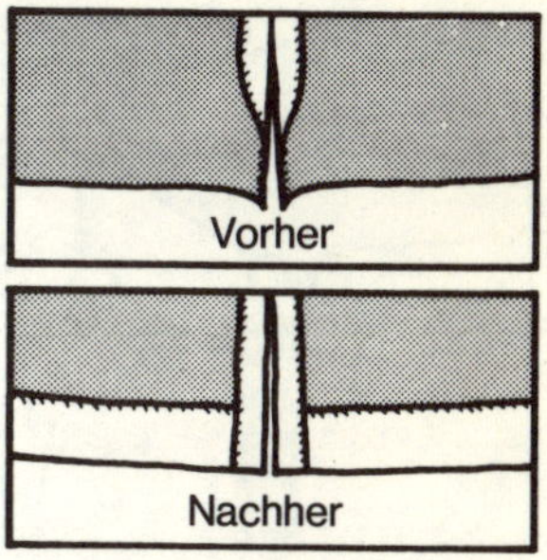

6 Falls Ihr Rock einen Gehschlitz hat, sollten Sie die Naht des Schlitzes über dem Saum annähen.

Kürzen an der Taillennaht

Allerdings ist es nicht immer richtig, den Rock grundsätzlich am Saum zu kürzen: Denken Sie nur an einen Falten- oder Plisseerock, bei dem Sie jede Falte unten extra nachbügeln müßten. Auch bei Bordürenstoffen ist das Kürzen am Saum zu heikel, denn möglicherweise geht die schöne Bordüre im Saum unter. In diesen Fällen kürzen Sie den Saum am besten in der Taille. Beide Methoden haben wir für Sie aufgezeichnet.
Wenn es sich bei dieser Änderung um ein Kleid handelt, setzen Sie Rock und Oberteil wieder so zusammen, wie es auf Seite 60 beschrieben wurde. Den Reiß-

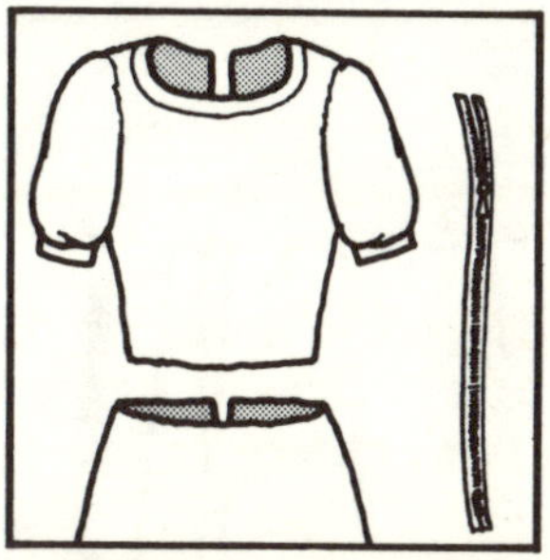

1 Bei Modellen mit Bordürenmuster ist es oft besser, an der Taillennaht zu kürzen. Bitte auftrennen.

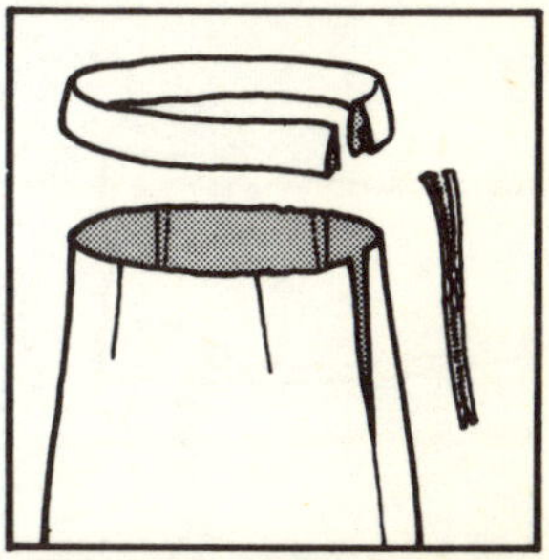

2 Bei einem Bordürenrock geügt das Abtrennen des Gurtbandes oder Taillenbündchens und Verschlusses.

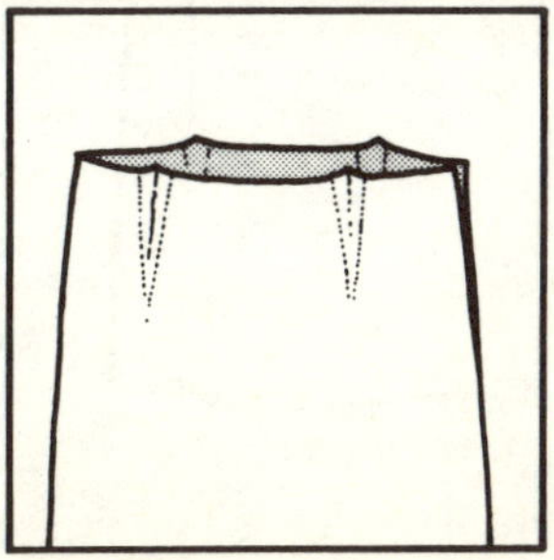

3 Trennen Sie alle Abnäher auf und bügeln Sie sie mit einem feuchten Tuch sorgfältig aus.

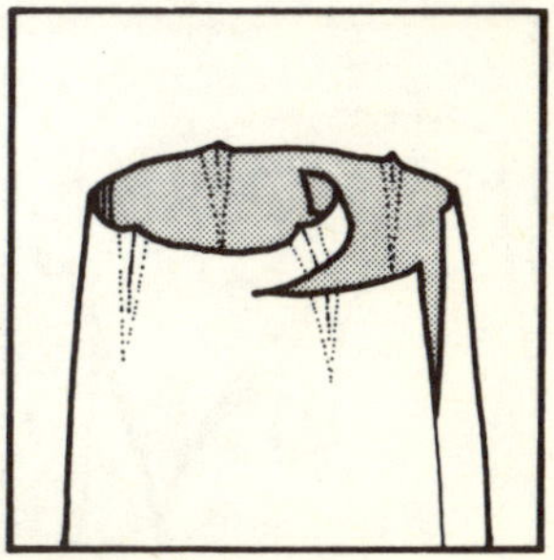

4 Jetzt schneiden Sie einen entsprechend breiten Streifen vom Taillenrand ab (vorher messen).

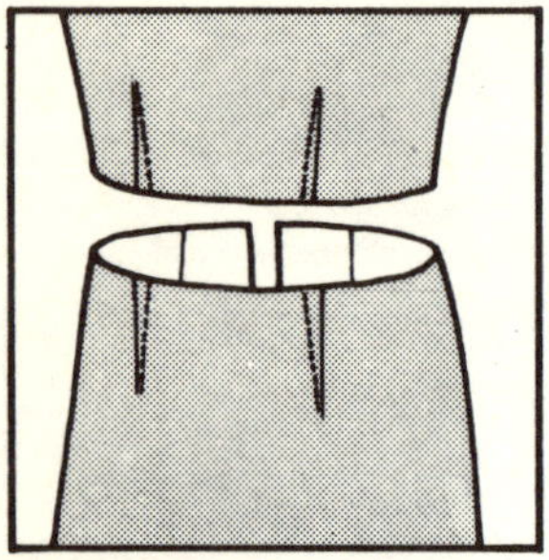

5 Steppen Sie neue Abnäher am Taillenrand des Rockes. Sie müssen mit dem Oberteil übereinstimmen.

6 Beim Rock wird das Gurtband oder Taillenbündchen wieder genau angesetzt. Die alten Fäden entfernen.

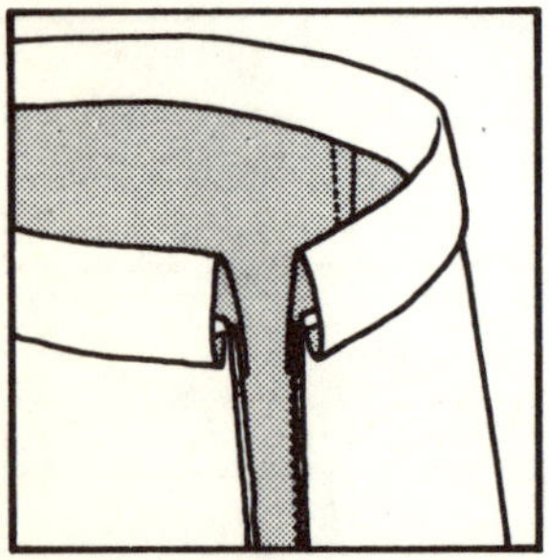

7 Wenn Ihr Taillenbund mit Haken und Ösen geschlossen wird, darf es mit dem Reißverschluß abschließen.

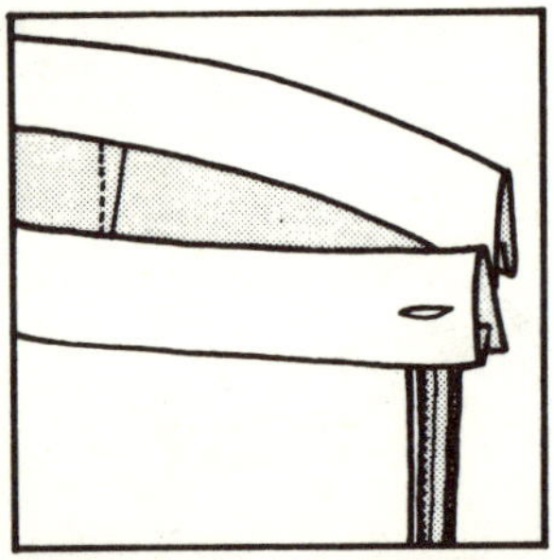

8 Bei einem Knopfverschluß müssen Sie das Knopfloch evtl. auftrennen, um leichter arbeiten zu können.

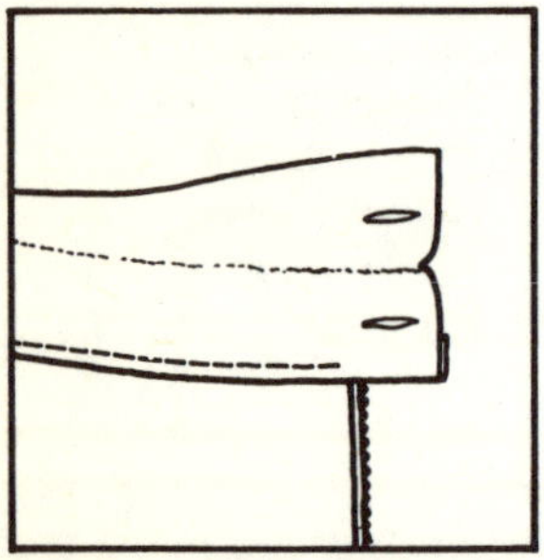

9 Schlagen Sie das Taillenbörtchen wieder schmal um und steppen es knapp der Rockkante entlang auf.

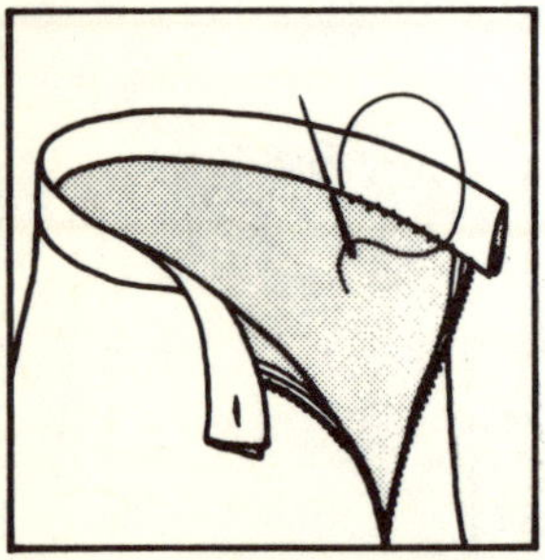

10 Jetzt schlagen Sie es nach innen um. Auch hier die Kante schmal umschlagen und fein ansäumen.

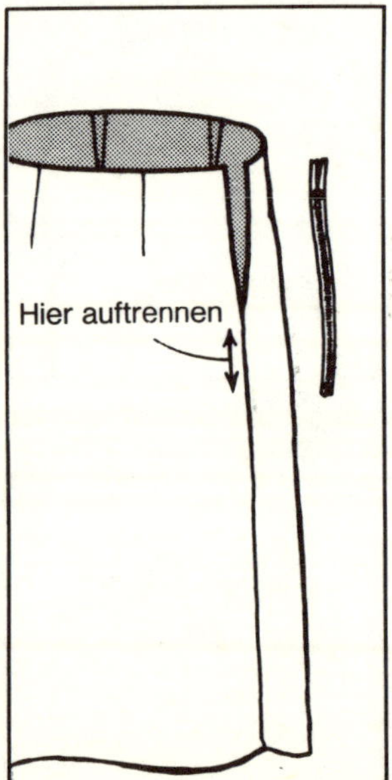

11 Natürlich ist der Reißverschluß jetzt ein bißchen zu lang. Trennen Sie die Naht etwas weiter auf.

verschluß setzen Sie so ein, wie es auf Seite 60 zu sehen ist. Bei einem solo Rock setzen Sie zuerst wieder den Reißverschluß ein (Seite 36). Dann setzen Sie das Taillenbörtchen an, wie es auf unseren Bildern beschrieben wird.

Bei dieser Gelegenheit sollten Sie die Qualität des Reißverschlusses genau prüfen: Es lohnt sich nicht, einen ramponierten Reißverschluß einzunähen, der ohnehin bald das Zeitliche segnen wird. Es wäre schade um Ihre Arbeitszeit. Kaufen Sie dann lieber einen neuen Verschluß. Dabei ergibt sich die Frage: »Metall oder Kunststoff?« Für Röcke und Hosen, die stark strapaziert werden, ist ein Metall-Verschluß sicher besser. Aber es gibt heute auch schmale Reißverschlüsse aus Kunststoff, die sehr haltbar sind.

So verlängern Sie Ihren Rock

Bitte achten Sie darauf: Wir zeigen Ihnen hier meist die gesteckten und dann schon fertig gesteppten Kanten. Bei vielen Stoffen sollten Sie alles vor dem Steppen einmal durchheften, damit sich der Stoff nicht verzieht. Dies ist eine Grundregel, deren Befolgung Ihnen manche nachträgliche Korrektur erspart. Das gilt für das Einsetzen von fertigen Taft- oder Ripsstreifen, die es ja in großer Vielfalt, in vielen Breiten, Farben und Qualitäten zu kaufen gibt – wie für das Ansetzen von Saumstreifen aus dem Stoff des Kleides!

1a Wenn der Rocksaum breit genug ist, wird das kein Problem: Saum gut ausbügeln und schmaler umnähen.

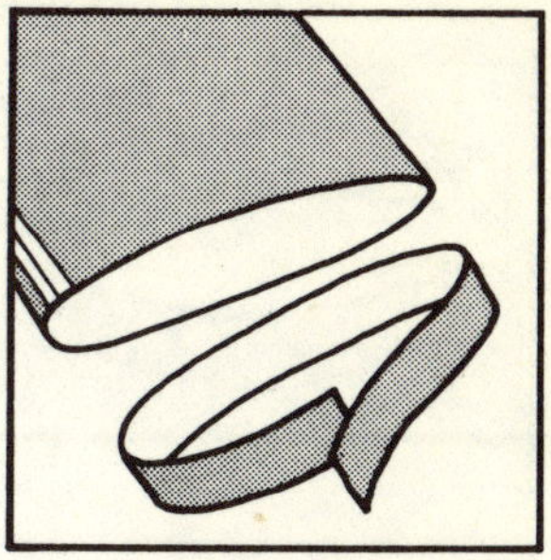

1b Wenn die Länge nicht reicht, können Sie einen »falschen Saum« gegennähen: Streifen zuschneiden.

2 Stecken Sie diesen Saumstreifen rechts auf rechts auf die offene Kante. Streifen nicht einhalten!

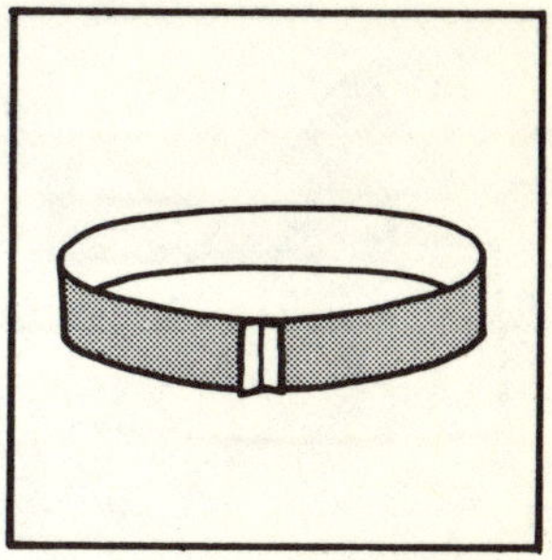

3 Wenn Sie die genaue Rundumlänge haben, den Saumstreifen mit einer kleinen Naht schließen.

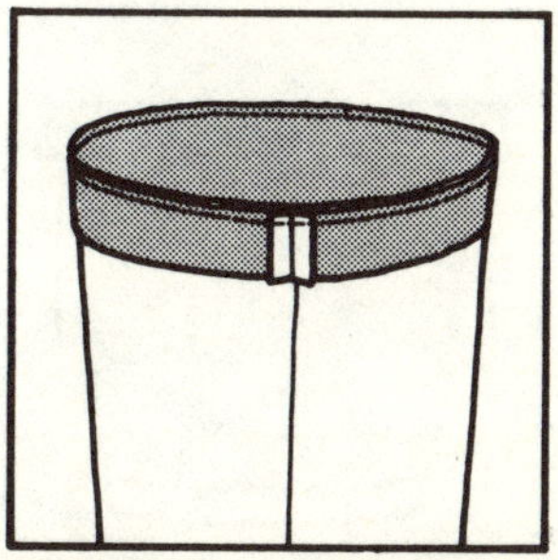

4 Den gut gebügelten Streifen wieder aufstecken, heften und schmal steppen. Naht sorgfältig ausbügeln.

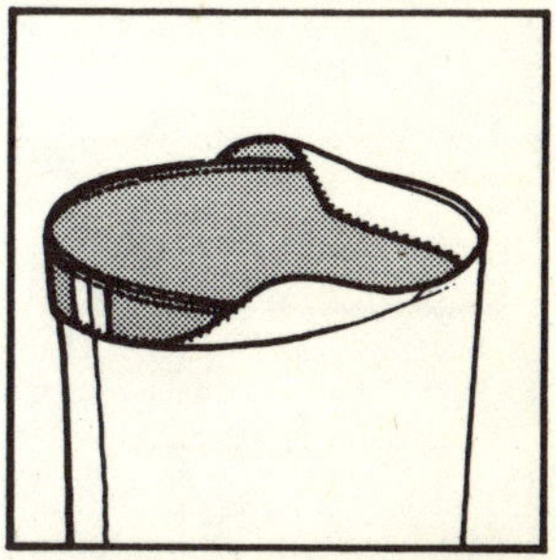

5 Dann können Sie den Saumstreifen auf die linke Rockseite umschlagen und wie auf Seite 29 annähen.

Mit Blenden und Borten leicht zu verlängern

Wenn Sie fertig gekaufte Blenden oder Borten verwenden, sollten Sie sie vor dem Einsetzen zuerst einmal leicht durchwaschen. Je nach Material laufen sie nämlich ein bißchen ein und stimmen

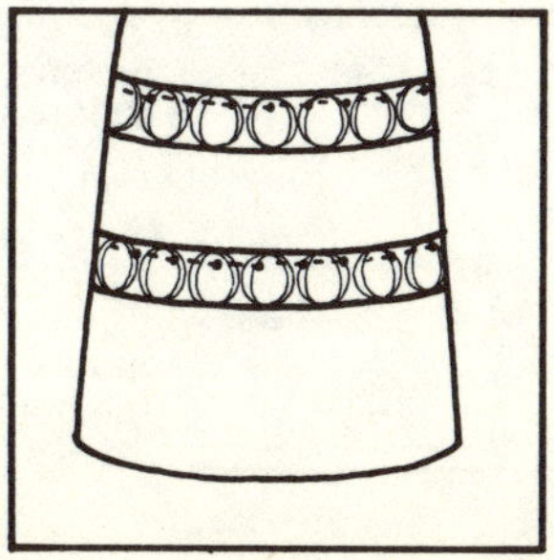

1 Stecken Sie die Kontrastblenden vor dem Auseinanderschneiden des Rockes auf. Den Sitz korrigieren.

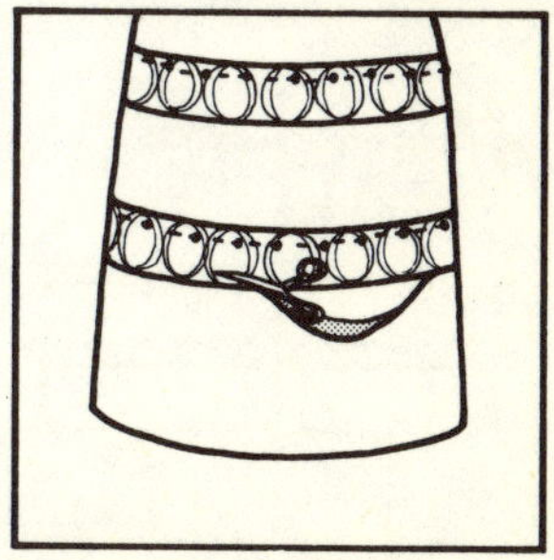

2 Schneiden Sie den Stoff an der Blende entlang ab. Bitte machen Sie jede Blende für sich fix und fertig.

dann nicht mehr genau mit der Weite des Kleiderstoffes überein. Das gilt natürlich auch für eingesetzte Blenden aus dem Stoff des Kleides, falls dieser Stoff schon einmal gewaschen wurde und etwas eingelaufen ist. Im anderen Fall würden an den Nähten krause Stellen entstehen.

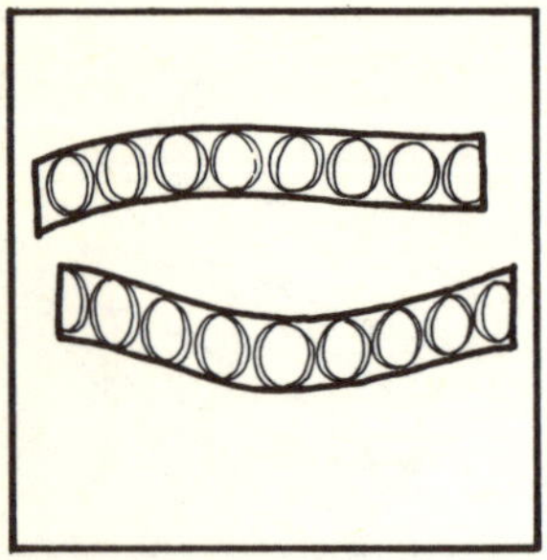

3 Schneiden Sie die Blende in zwei Teile, die der Breite des Vorder- und Rückenteils entsprechen. Messen.

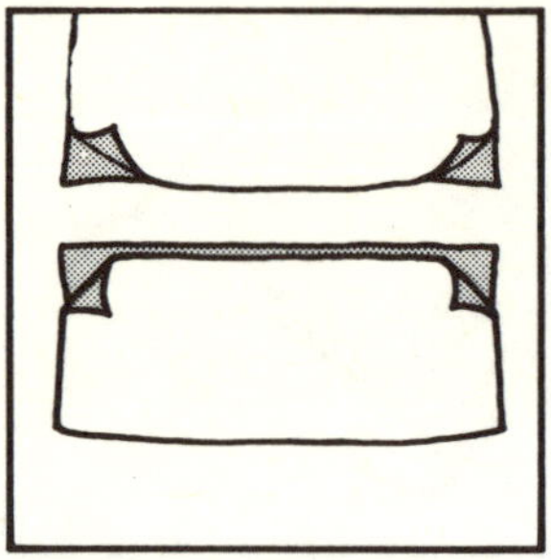

4 Jetzt haben Sie den Rock etwa 20 cm über dem Saum auseinandergeschnitten. Auch die Seiten trennen.

5 Falls Sie eine passende fertige Blende bekommen, können Sie diese an der Kante entlang aufsteppen.

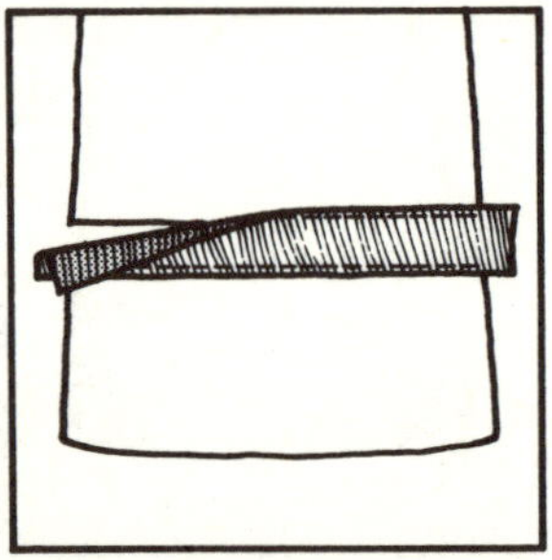

6 Auch die obere Kante kann einfach schmal aufgesteppt werden. An der Seite überstehen lassen.

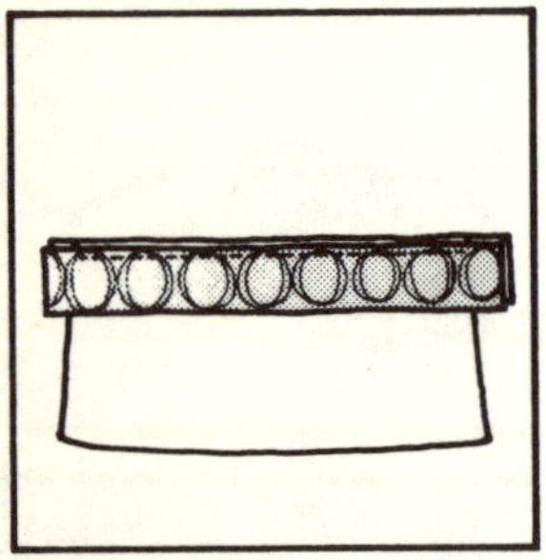

7 Manchmal paßt ein Stoffstreifen besser: Steppen Sie ihn rechts auf rechts auf die Kante auf.

8 Genau so steppen Sie auch den oberen Rockteil mit dem Einsatzstreifen zusammen. Nähte ausbügeln.

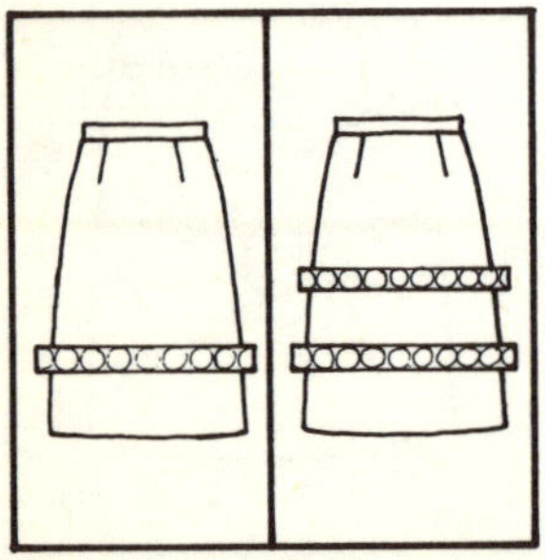

9 Mit einem oder mehreren Streifen können Sie Ihren Rock auf jede gewünschte Länge bringen.

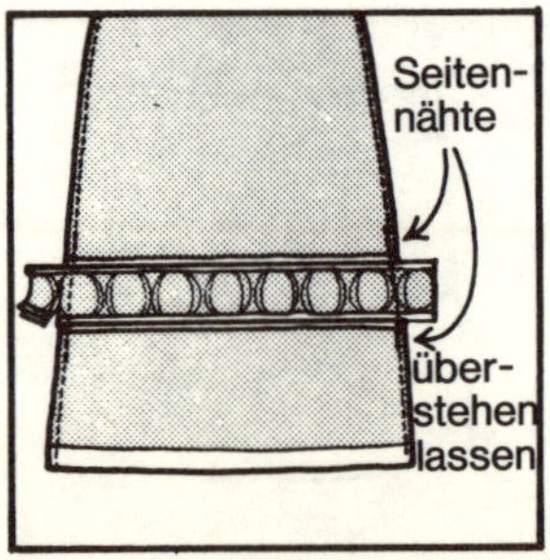

10 Jetzt wenden Sie den Rock auf die linke Seite. Stecken, heften und steppen Sie die Seitennähte.

Erweitern ist gar nicht so schwer

Das ist ja klar: Durch das Versetzen der Knöpfe können Sie nur eine geringfügige Erweiterung des Oberteils erwarten. Aber manchmal ist diese Kleinigkeit schon ausreichend. Nähen Sie den Knopf aber wieder genau so an, wie er war! In der Regel machen Sie ein »Stilchen«, wie wir es auf Seite 34 beschrieben haben.
Beim Ineinanderschieben von Rock und Oberteil hat man sich leicht vertan. Auf Bild 6 sehen Sie, wie es geht. Achten Sie auch hier darauf, daß die Abnäher genau aufeinandertreffen. Als kleine Hilfe können Sie sich vorstellen: Linke Seite auf linke Seite, rechte Seite auf rechte Seite. Auf Bild 6 können Sie genau sehen, wie das Oberteil mit der hellen Oberseite in die helle Innenseite des Rockes »fährt«. Wenn nachher beide Teile zum Kleid auseinandergezogen werden, liegen automatisch beide Oberseiten auf der rechten Seite, also oben. Wenn Sie das einmal richtig verstanden haben, wird Ihnen kein Fehler mehr unterlaufen.

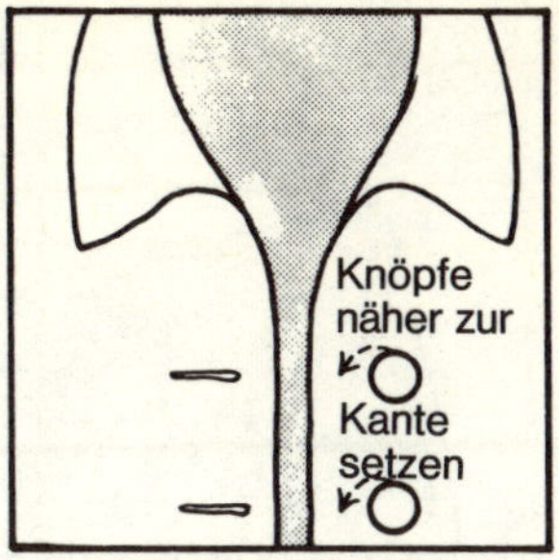

1 Wenn es sich nur um eine Kleinigkeit handelt, genügt oft das Versetzen der Knöpfe zum Rand hin.

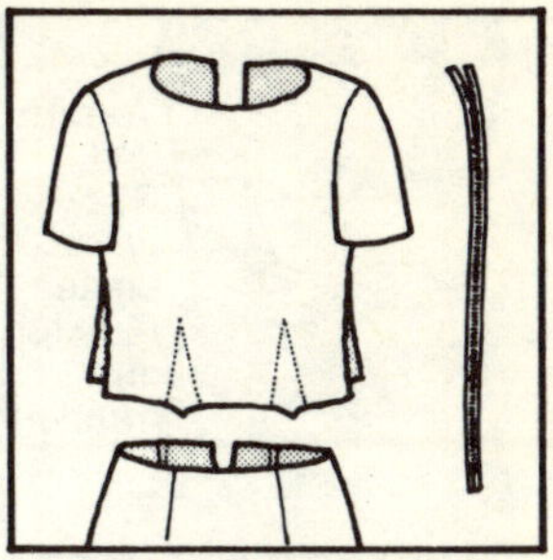

2 Im anderen Fall trennen Sie alle Abnäher und Seitennähte auf und entfernen Sie den Reißverschluß.

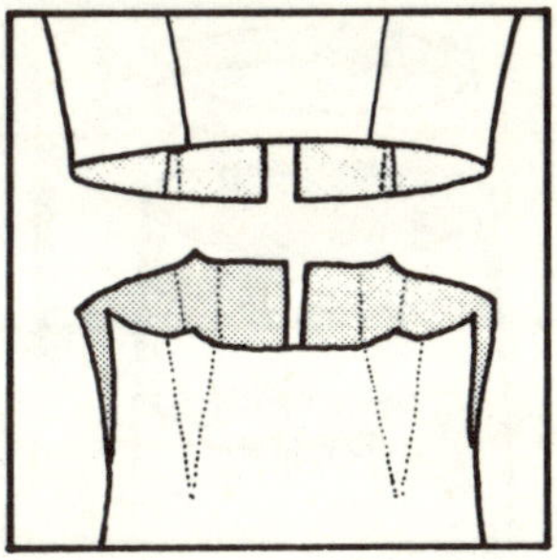

3 Beim Erweitern der Taille dürfen die Ärmel bleiben. Steppen Sie Abnäher und Seitennähte schmaler.

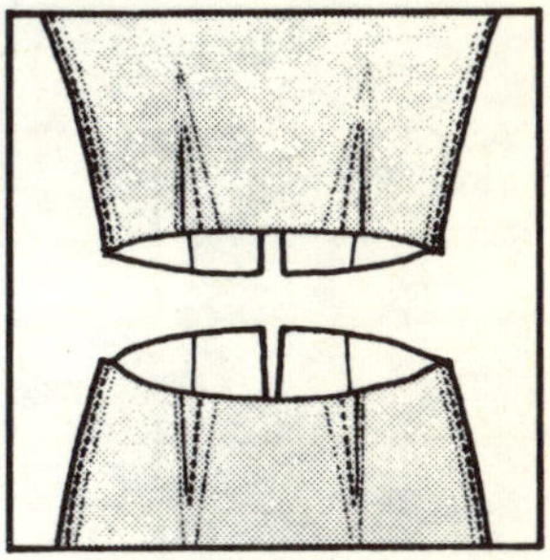

4 Achten Sie bitte auf den gleichen Verlauf der Abnäher: Sie müssen später genau aufeinander passen.

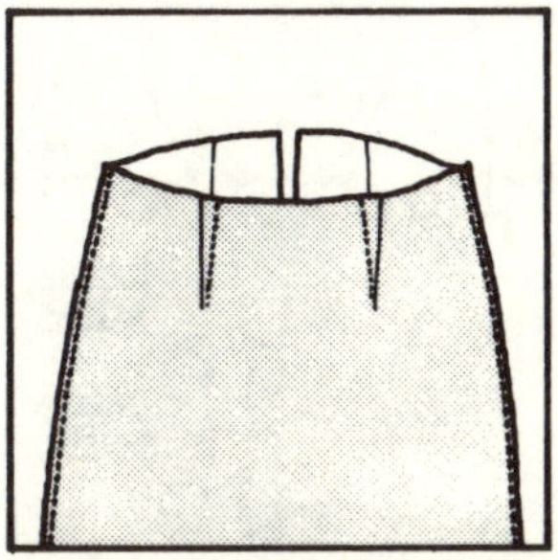

5 Steppen Sie bei Rock und Oberteil die Seitennähte und bügeln Sie die Nähte sorgfältig aus.

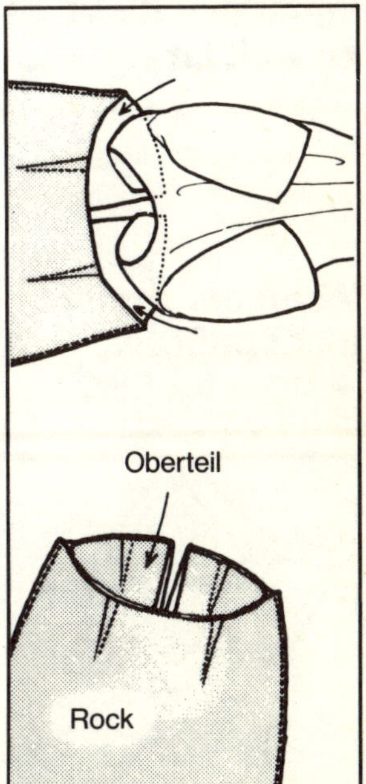

6 Jetzt schieben Sie das Oberteil in den Rock. Die rechten Stoffseiten müssen aufeinander liegen.

7 Natürlich müssen die Abnäher wieder genau aufeinander stoßen. Dann stecken, heften und steppen.

8 Wenn Sie das Kleid auf die rechte Seite ziehen, laufen alle Nähte korrekt zusammen. Nochmals bügeln.

Wenn Ihr Kleid nur ein wenig zu eng ist ...

Wenn Ihr Rock nicht mehr richtig paßt, können Sie ihn leicht ändern: Natürlich müssen Sie das Taillenbund abtrennen, den Reißverschluß herausnehmen und die Seitennähte ändern. Wenn Sie die Seitennähte enger machen möchten, steppen Sie an der Naht ohne den Reißverschluß einfach etwas enger, sonst etwas weiter. In beiden Fällen heften Sie die Seite mit der Reißverschlußöffnung zu, damit sie sich leicht enger oder weiter markieren läßt. Sie machen das am besten mit Schneiderkreide oder Markier-Stichen, die nachher aufgeschnitten werden.
Dann haben Sie am Vorder- und Rückenteil – und zwar von rechts und von links – die gleiche Markierung. Diese markierte Linie heften Sie um. Dann bitte bügeln und den Reißverschluß wieder einsetzen, wie auf Seite 36 beschrieben wurde. Dann setzen Sie auch das Taillenbord wieder an (siehe Seite 61 u. 64). Falls Sie den Rock weiter gemacht haben und das Bund nicht mehr paßt, setzen Sie einen Futterstreifen gegen die offene Taillenkante. Ähnlich wie einen falschen Saum von Seite 71. Sie dürfen natürlich auch ein Gurtband in Kontrastfarbe ansetzen, wenn das zu Ihren Blusen und Pullis paßt. (Daß Sie beim Engermachen des Rockes auch den Taillenbund enger machen müssen, ist sicher selbstverständlich.) Beim Enger- oder Weitermachen eines Blouson-Oberteiles gehen Sie genau so vor. Auch hier müssen Sie den Reißverschluß heraus-

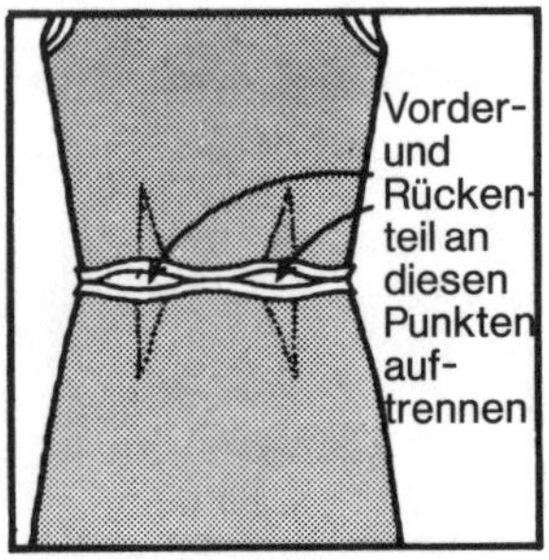

1 Manchmal genügt schon das Erweitern der Abnäher: Trennen Sie die Taillennaht an den Abnähern auf.

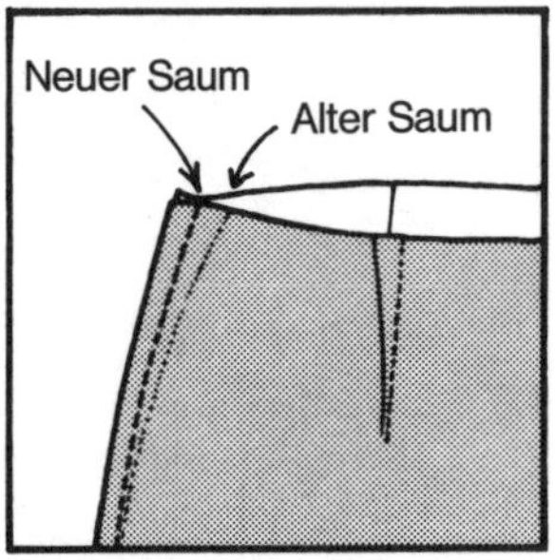

2 Reicht das nicht aus, werden die Seitennähte etwas weiter gesteppt. Dann erst die alte Naht auftrennen.

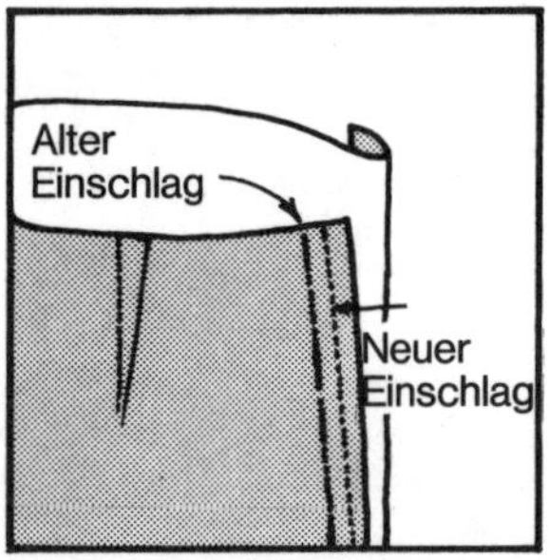

3 Falls in der Seitennaht ein Reißverschluß sitzt: Heraustrennen, die Naht glatt bügeln und neu umheften.

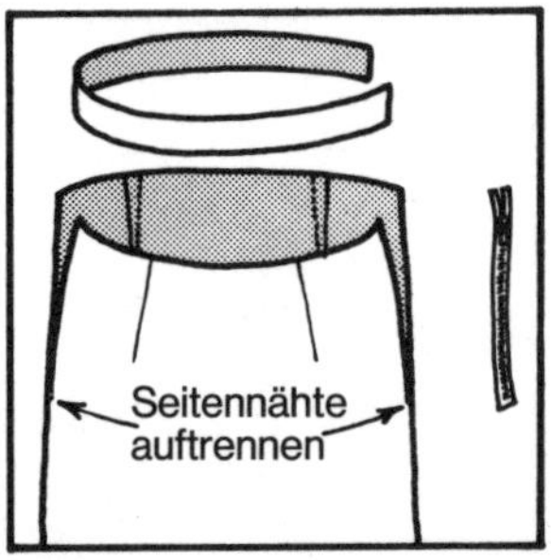

4 Wenn Sie den Rock in der Taille erweitern, paßt das Gurtband nicht mehr. Ein »falscher Saum« hilft (S. 71).

Wenn das Kleid zu weit ist ... ▶

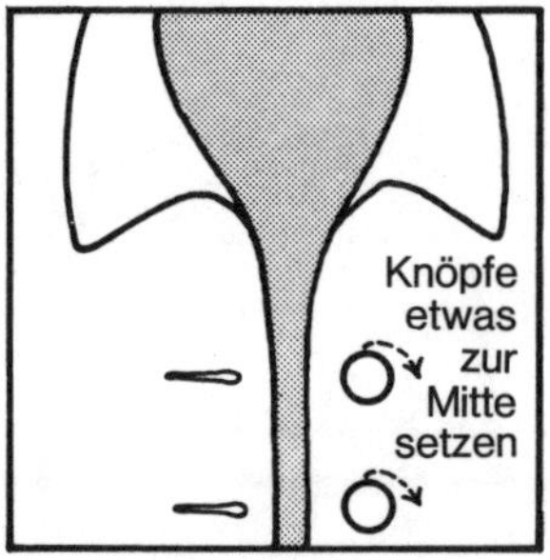

1 Wenn das Kleid nur ein bißchen zu weit ist, dürfen Sie die Knöpfe um 1–2 cm weiter nach außen setzen.

Wenn der Ärmel nicht paßt ... ▼

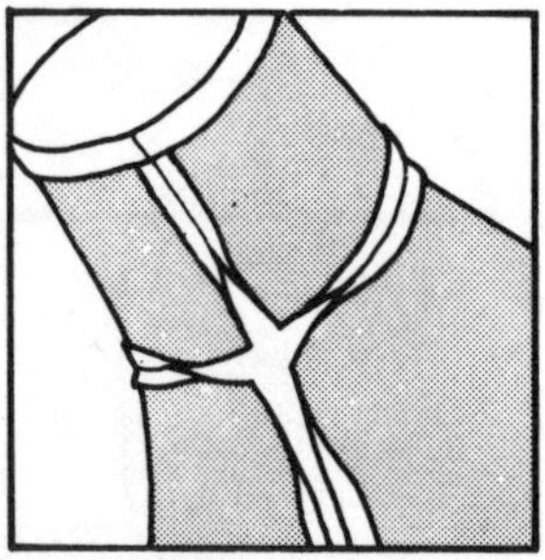

1 Wenn das Kleid unter dem Arm zu eng ist, setzen Sie einen Keil ein, wie auf Seite 59 beschrieben wird.

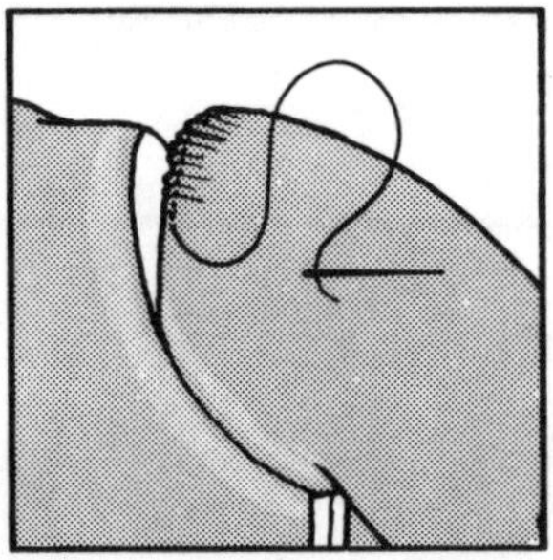

2 Ist das Armloch etwas enger als der Ärmel, kräuseln Sie den Ärmel in der Kugel etwas ein. (Verbügeln.)

Verkürzen und Verlängern eines Mantels

trennen. Im anderen Fall können Sie nur die Seitennähte enger oder weiter steppen und erst zum Schluß die alten Steppnähte auftrennen.
Wenn Ihr Kleid unter dem Arm nur ein wenig zu eng ist, hilft oft das Auftrennen und Erweitern aller vorhandenen Nähte. Leider müssen Sie zu diesem Zweck auch ein Stückchen der Ärmeleinsatznaht auftrennen, um an die Nähte heranzukommen. Dann steppen Sie die Nähte ganz knapp zusammen. Steppen Sie bitte mit einem sehr kleinen Stich, denn an dieser Stelle reißen die Nähte gerne aus. Eventuell können Sie auch einen schmalen Stoffstreifen zum festeren Halt mitsteppen. Bitte alles sehr sorgfältig ausbügeln. Wenn der Stoff es erlaubt, benutzen Sie ein feuchtes Tuch. Falls das Oberteil unter dem Arm aber zu weit ist, trennen Sie den Ärmel ganz heraus. Dann steppen Sie die Seitennähte enger ab. Die Armkugel darf etwas stärker eingehalten werden, so wie Bild 2 es zeigt. Wenn es sich beim Enger- oder Weitermachen aber nur um eine Kleinigkeit handelt, können Sie mit dem Versetzen der Knöpfe schon etwas erreichen. (Siehe auch Seite 67.)

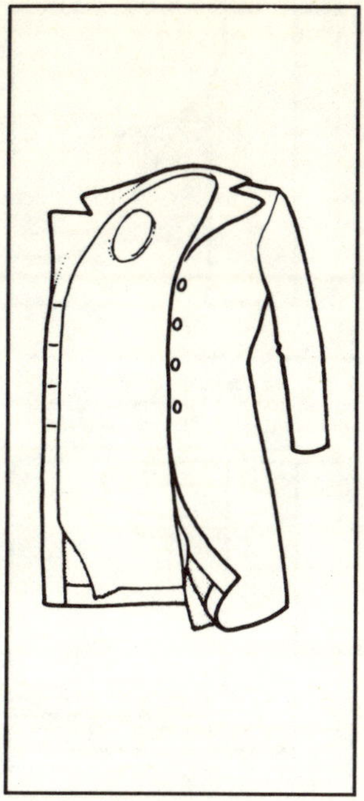

1 Bitte trennen Sie das Futter an den vorderen Belegen etwa 15 cm hoch auf. Saum gut ausbügeln.

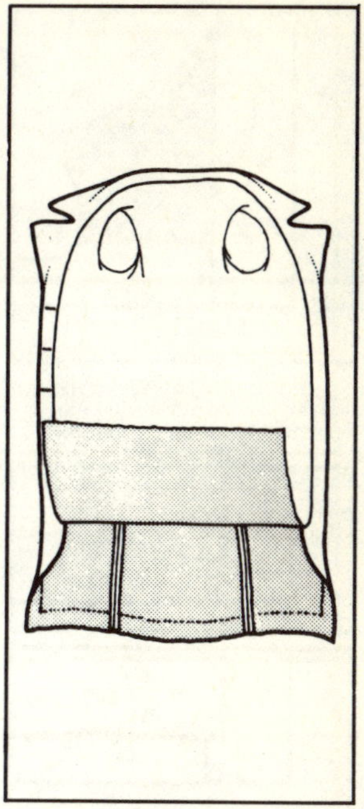

2 Trennen Sie den Mantelsaum ganz auf, entfernen Sie alle alten Fäden und bügeln Sie alles gut aus.

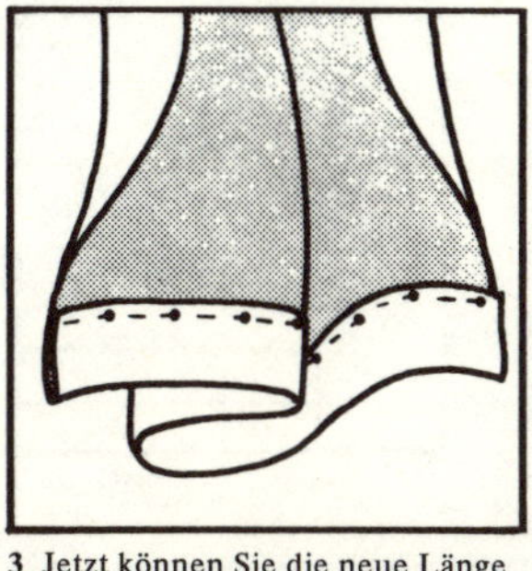

3 Jetzt können Sie die neue Länge umstecken (siehe Seite 28). Bitte trennen Sie auch die Belege auf.

4 Achten Sie darauf, daß die beiden vorderen Kanten genau die gleiche Länge haben. (Anprobieren!)

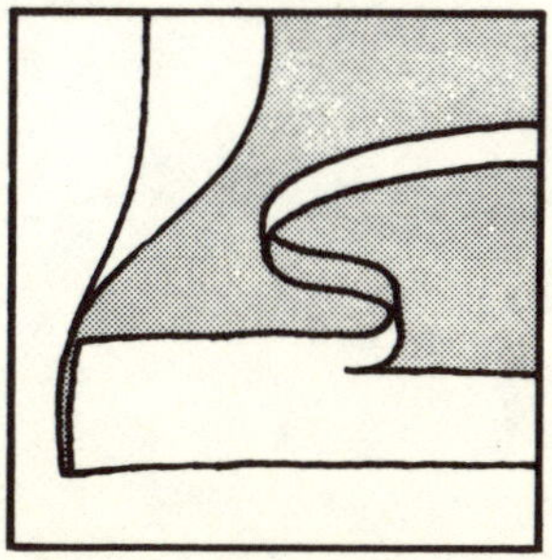

5 Wenn der neue Saum zu breit wird, können Sie einen schmalen Streifen vom Stoff abschneiden.

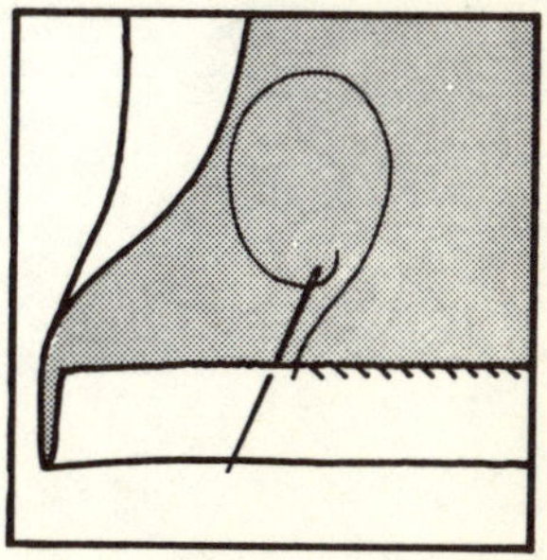

6 Beim Annähen des Saumes nur ganz wenig vom Oberstoff fassen. auch der Hexenstich von S. 13 geht.

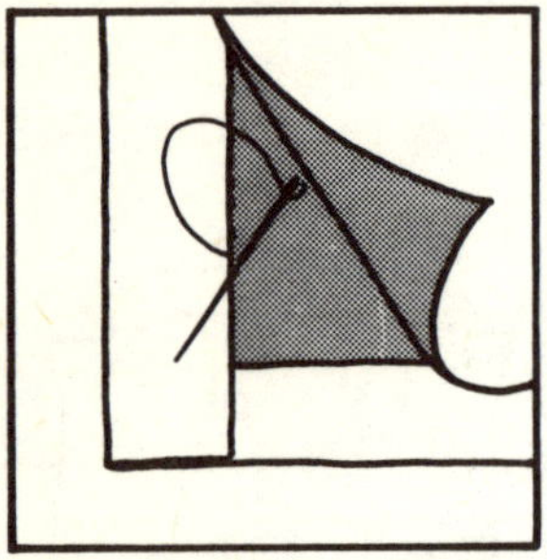

7 Jetzt den Beleg wieder einschlagen und mit kleinen Stichen ansäumen. Saum und Kante feucht bügeln.

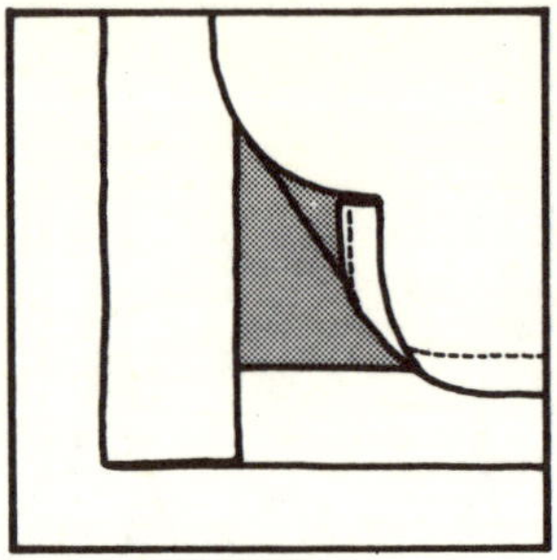

8 Kürzen Sie auch das Futter mit einem Stepp- oder Handsaum. Auch hier vor dem Nähen anprobieren.

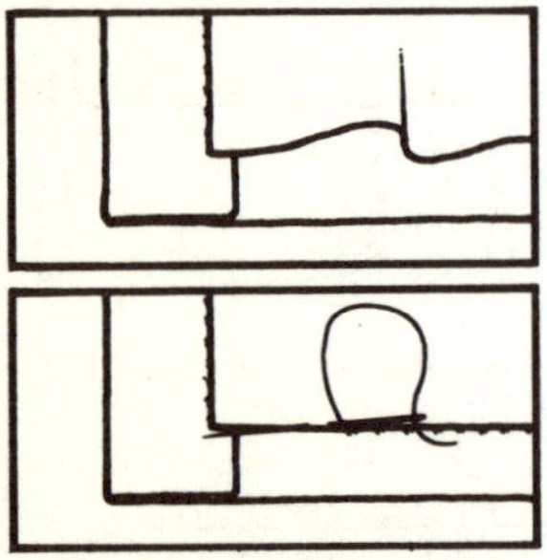

9 Meist gibt ein lose hängender Futtersaum besser nach. Aber Sie können ihn natürlich auch annähen.

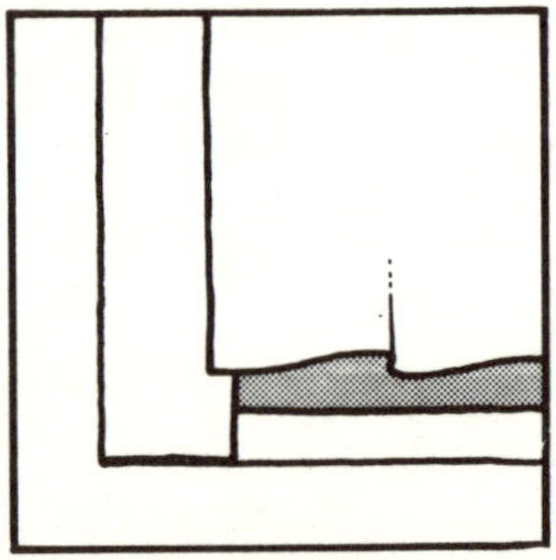

10 Beim Mantel-Verlängern können Sie einen Futterstreifen ansetzen oder das Futter unten lose lassen.

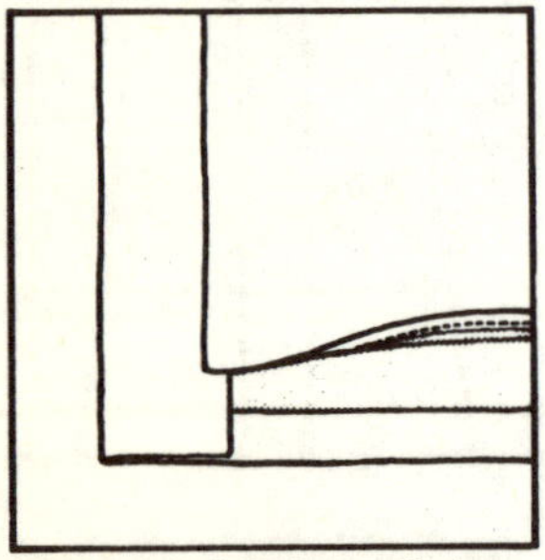

11 In diesem Fall säumen Sie das Futter nur ganz schmal um. Die kleine Differenz ist erlaubt.

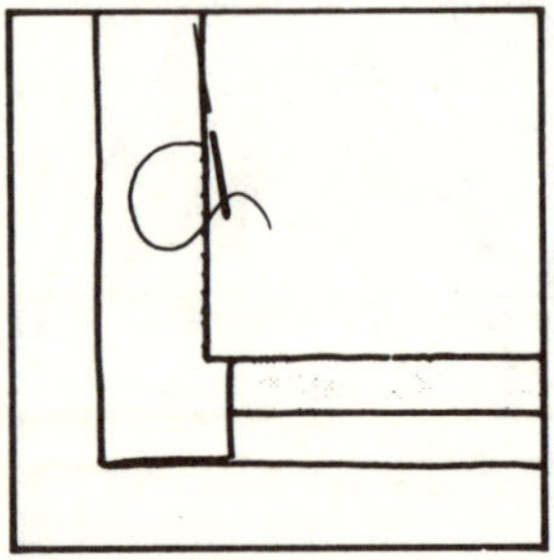

12 Dann brauchen Sie das Futter nur am Beleg anzusäumen (nicht durchfassen). Zum Schluß gut bügeln.

Das ist wichtig: Arbeiten Sie den Saum immer durchgehend von einer Kante zur anderen, also inclusive der Belegkante. Dann erst wird der Beleg umgeschlagen und angenäht. Fassen Sie beim Nähen, auch des Futters, nie ganz bis auf die obere Stoffseite durch und ziehen Sie den Faden nicht zu straff an. Dann sind auf der rechten Seite keine Stiche zu sehen!

Ein »Falscher Saum« ist oft das Ei des Columbus

Der falsche Saum muß in der Länge genau mit dem Oberstoff übereinstimmen. Wenn Sie ein anderes Stoffmaterial nehmen müssen, sollten Sie besonders darauf achten. Unterschiedliche Stoffarten reagieren auch unterschiedlich. Bitte verwenden Sie keinen Stoff, der beim Reinigen oder Waschen einlaufen kann. Wenn ein genügend breiter Saum vorhanden ist, können Sie ihn einfach auslassen. Bitte bügeln Sie aber vor dem Arbeiten des neuen Saumes die alte Kante gut aus. Es sieht schon recht häßlich aus, wenn der alte Kniff später zu sehen ist.

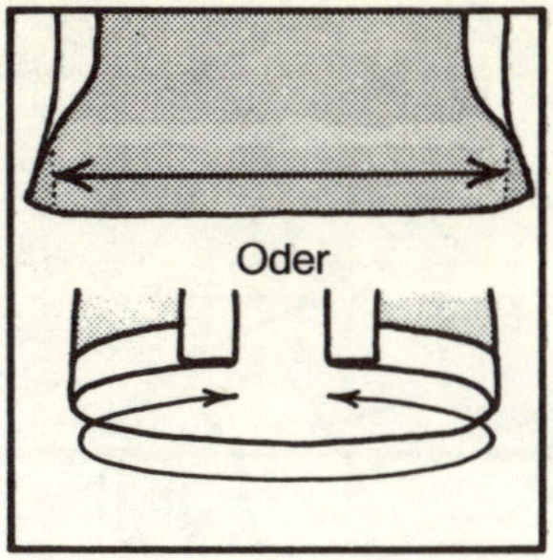

1 Kleider oder Jacken ohne Verschluß von Seite zu Seite, Teile mit Verschluß von Kante zu Kante messen.

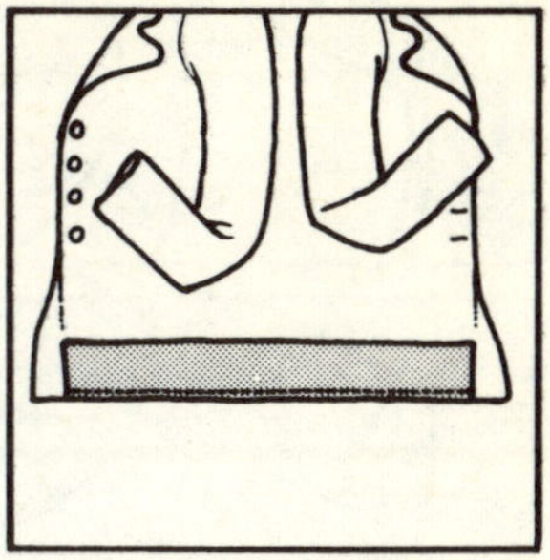

2 Schneiden Sie einen genau passenden Streifen Stoff zu. Stecken, heften und steppen Sie ihn unten auf.

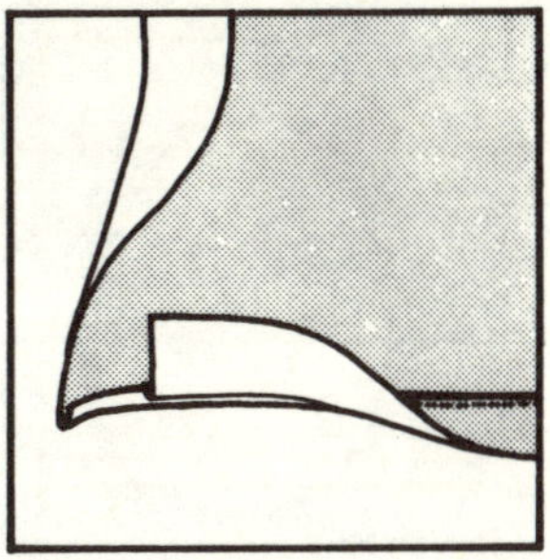

3 Naht nicht auseinander-, sondern zusammen überbügeln, Saum nach innen schlagen und fein annähen.

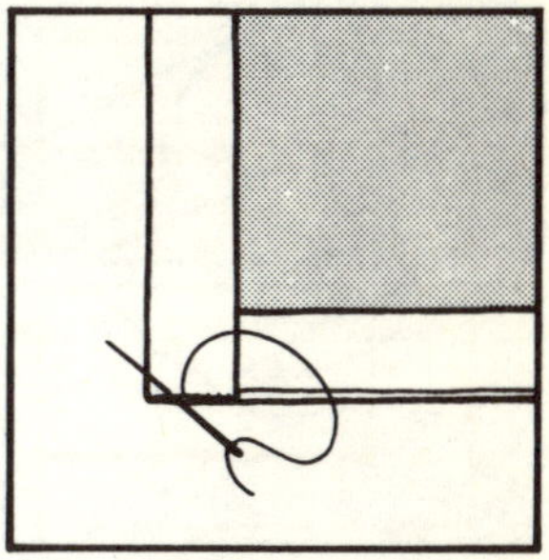

4 Die Ansatznaht des Saumes liegt nicht genau im Saumbruch, sondern etwas nach innen. Beleg ansäumen.

So machen Sie eine Schulternaht schmaler

Bitte bügeln Sie grundsätzlich jeden Abnäher und jede Naht nach dem Steppen aus, bevor Sie die Nähte weiter zusammensetzen. Ihr Kleid sitzt dann viel besser, weil alle Stellen adrett und glatt sind. Das gilt vor allem beim Ändern des Ärmeleinsatzes. Wenn die Schulter etwas zu schmal geraten ist, trennen Sie den Ärmel heraus. Dann bitte bügeln, wie auf Seite 55 beschrieben wurde. Halten Sie dann den Armausschnitt mit kleinen Heftstichen ein wenig ein, damit die Rundung sich nicht ausdehnen kann. Dann setzen Sie den Ärmel wieder ein. Die Kugel sollte aber leicht eingehalten werden, das sitzt besser!

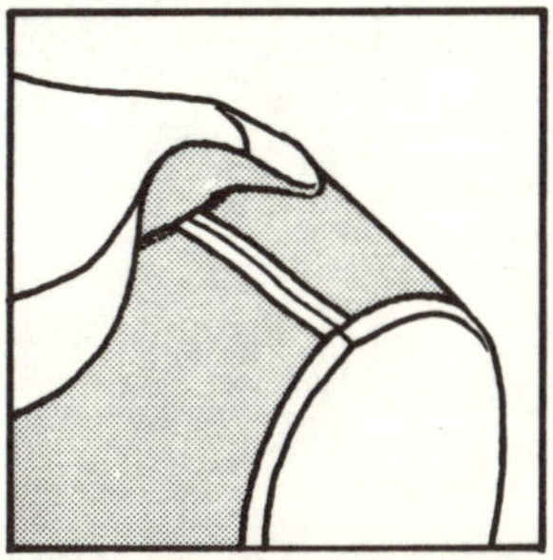

1 Falls Ihr Modell einen Ausschnittbeleg hat, die Saumnaht auftrennen. Sie können dann besser arbeiten.

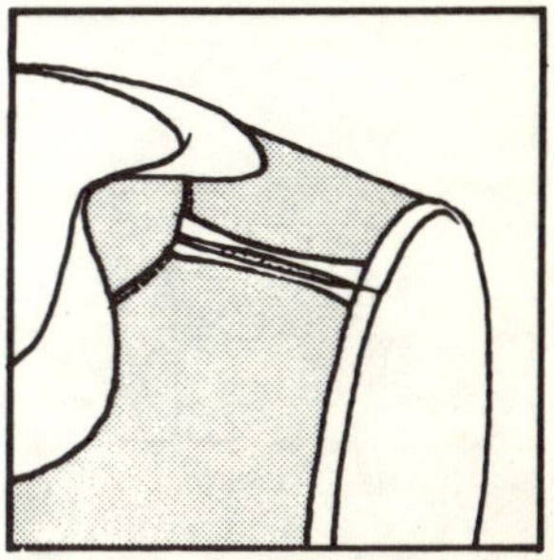

2 Trennen Sie die Mitte der Schulternaht auf und bügeln Sie diese schmale Naht aus, dann geht's besser.

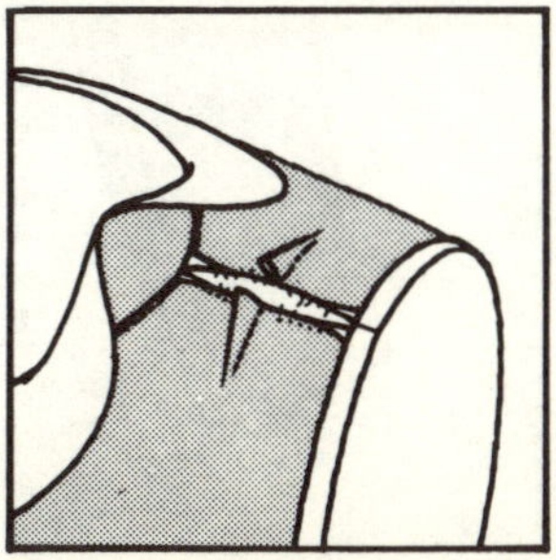

3 In der Mitte der Schulternaht zwei schmale Abnäher einheften, einen nach vorne, einen nach hinten.

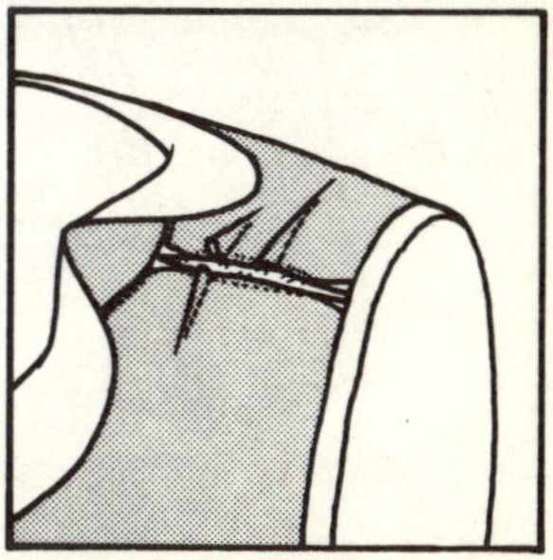

4 Sollte Ihr Modell schon Abnäher für die Rückenrundung haben, legen Sie die Abnäher nach innen.

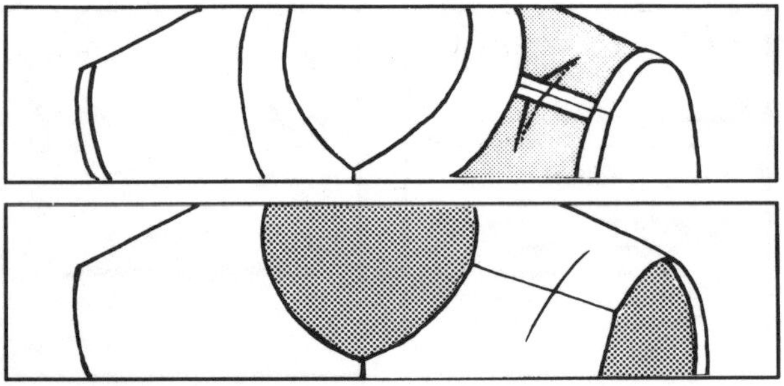

5 Dann wird der Beleg wieder angesäumt und alles sorgfältig gebügelt. Von rechts ist die Naht korrekt.

Verbreitern ist schon schwieriger

Wenn Sie bei einem schmalen Ärmel den neuen Saum umnähen, fehlt unten etwas Weite, weil der Ärmel ja immer enger wird. In diesem Fall darf der Saum unten etwas »sperren«. Es sei denn, Sie holen von der Nahtbreite ein bißchen Stoff heraus, so daß der Saum gegeneinanderstößt.

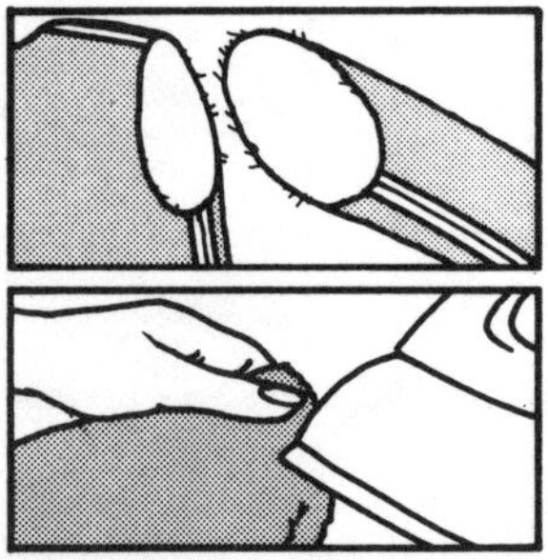

1 In diesem Fall müssen Sie den Ärmel heraustrennen, alle alten Fäden entfernen, dann gut bügeln.

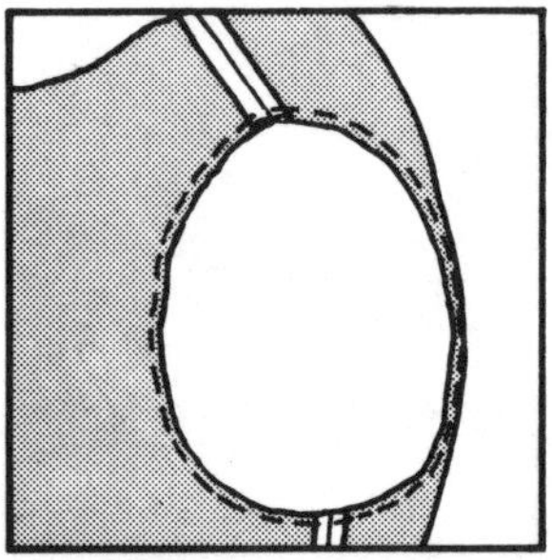

2 Das Armloch darf nicht ausgedehnt werden: Ziehen Sie einen Faden mit ganz kleinen Stichen ein.

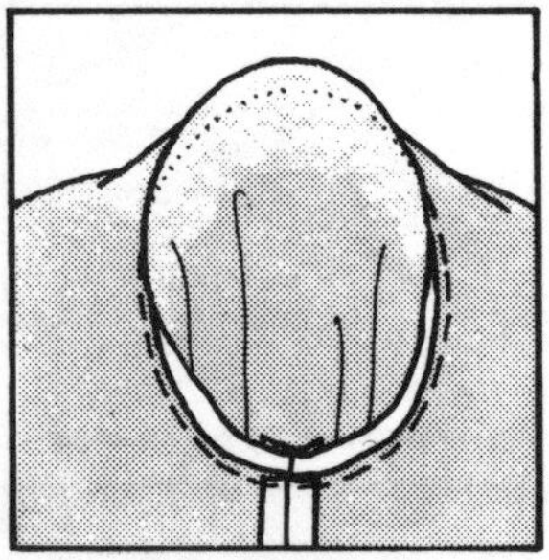

3 Stecken und heften Sie den Ärmel so ein, daß vom Oberteil nur eine 102 cm breite Naht stehen bleibt.

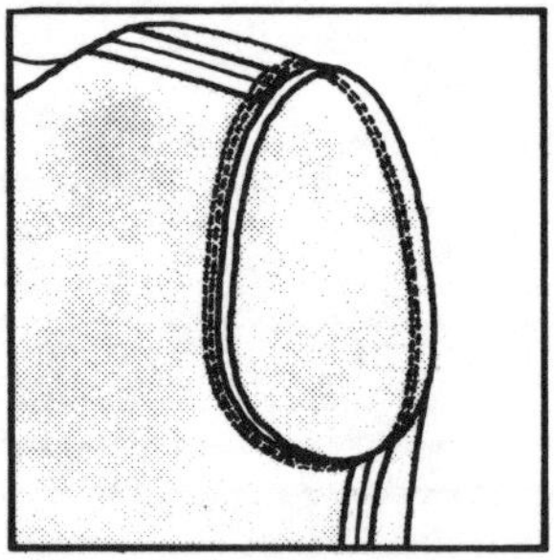

4 Steppen Sie den Ärmel zweimal ganz knapp nebeneinander ein, damit er nicht so leicht aufreißt.

So machen Sie einen Ärmel kürzer

1 Bitte trennen Sie den Saum ganz auf. Entfernen Sie die alten Fäden und bügeln Sie den Bruch aus.

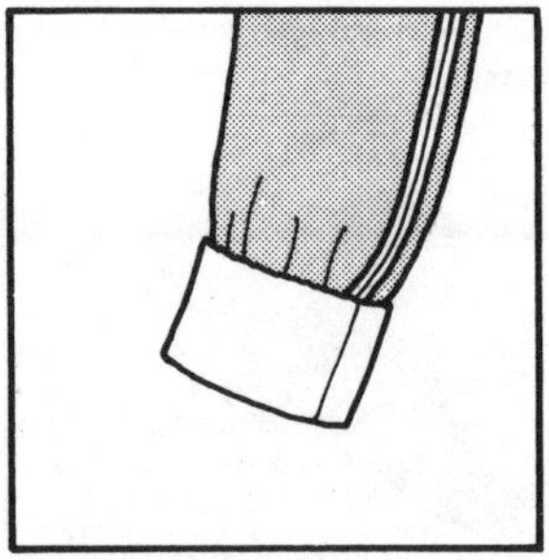

2 Jetzt schlagen Sie den Saum auf die richtige Länge um. Bitte probieren Sie vor dem Abschneiden an.

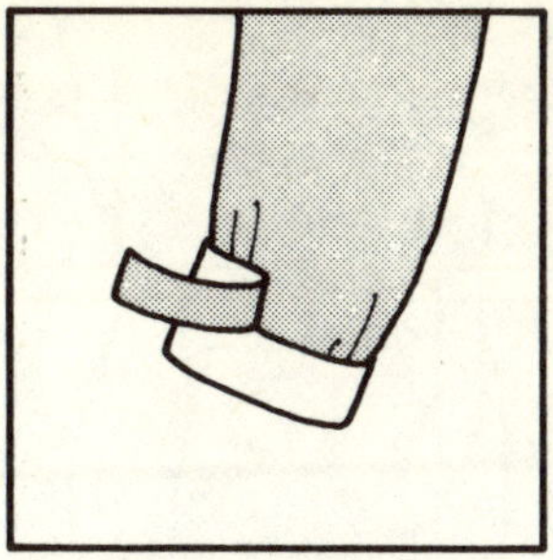

3 Meist ist der Saum dann zu breit. Schneiden Sie einen Streifen ab. Achten Sie auf gleichmäßige Breite.

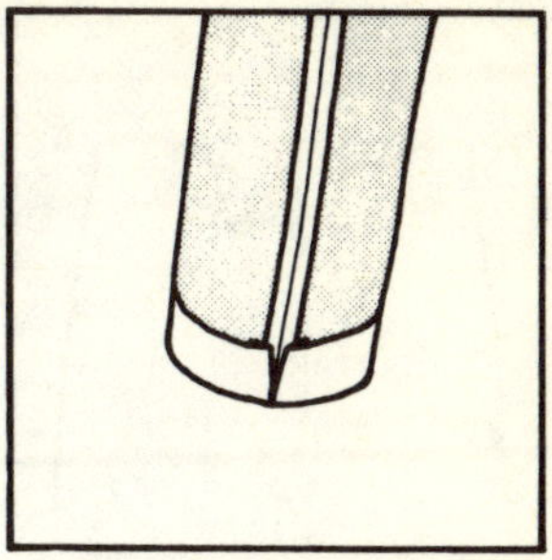

4 Bitte noch einmal prüfen, ob die Länge auch stimmt. An der Naht sperrt der Saum leicht auseinander.

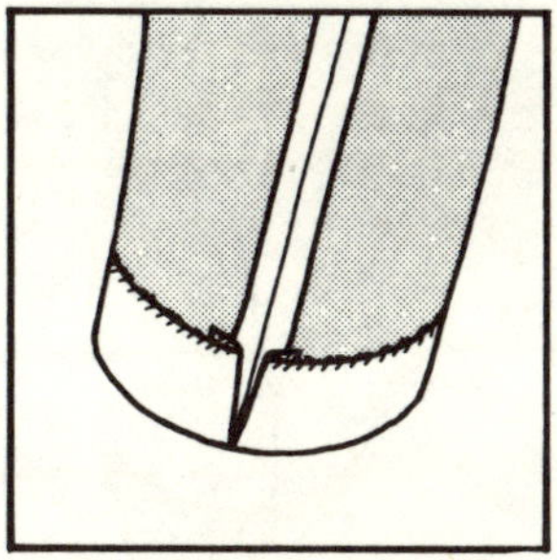

5 Mit kleinen überwendlichen Stichen oder Hexenstichen (Seite 13) nähen Sie den Saum an. Gut bügeln.

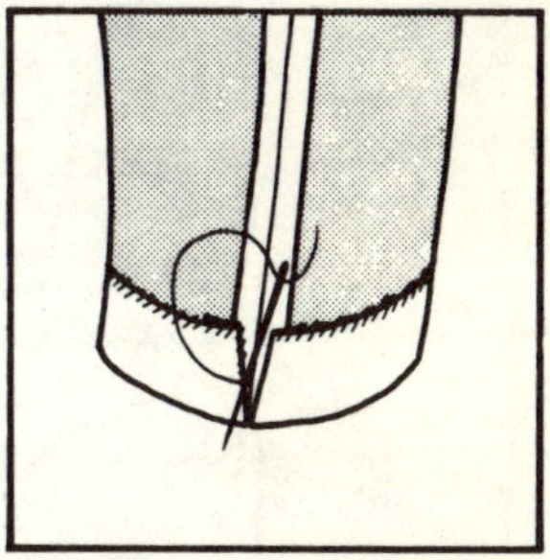

6 Der Ärmelsaum wird an der auseinandersperrenden Ärmelnaht mit kleinen Stichen sorgfältig vernäht.

Die Ärmelweite

Die Weite des Ärmels kann in Kräuseln oder Fältchen eingefangen werden. Sportliche Modelle sind für Fältchen, elegante für Kräusel geeignet.
Daß sich festgewebte Stoffe besser für Fältchen und weiche Gewebe eher für Kräusel eignen, ist sicher klar.

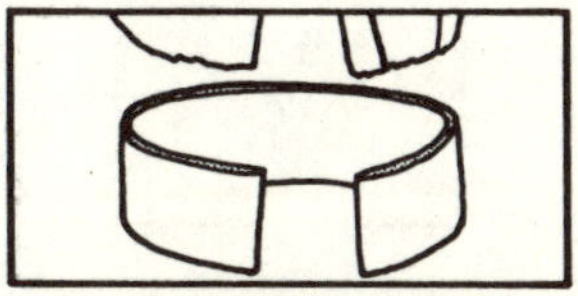

1 Bei einem Manschettenärmel trennen Sie zuerst die Manschette ab. Entfernen Sie alle alten Fäden.

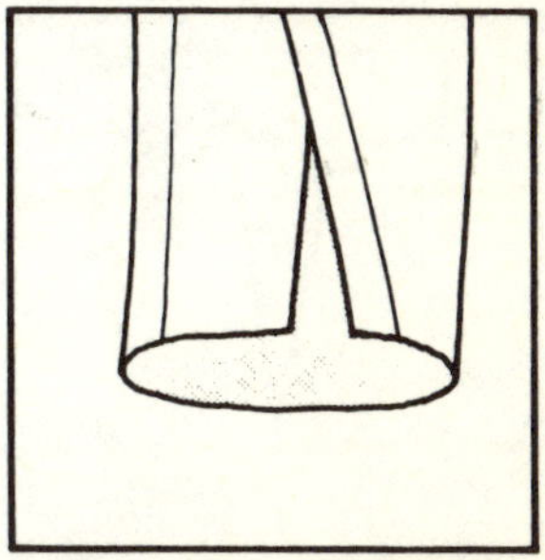

2 Bügeln Sie Ärmel und Manschette gut aus, dann können Sie besser weiterarbeiten. (Evtl. Bügelprobe!)

3 Jetzt können Sie die untere Ärmelkante etwas kürzen. Vergessen Sie aber nicht die Nahtzugabe, ca. 1 cm.

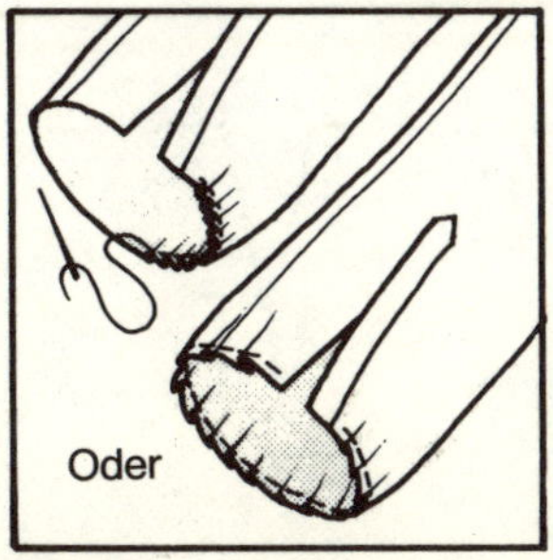

4 Die offene Kante wird wieder eingekräuselt oder in kleine Fältchen geheftet. (Bitte Weite nachmessen!)

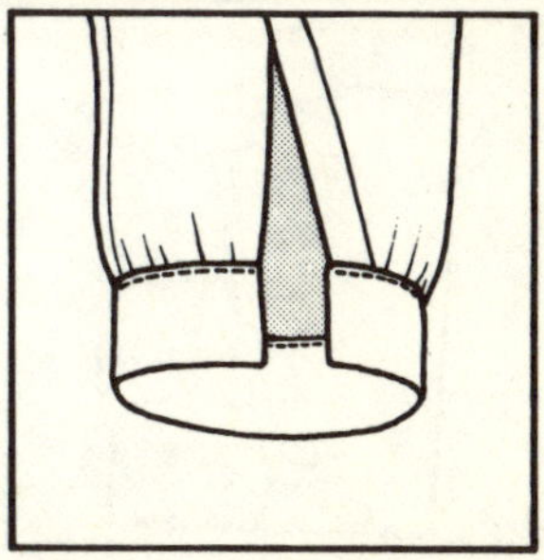

5 Dann können Sie die Manschette wieder ansetzen. Dabei dürfen Sie die alte Stepplinie aufnehmen.

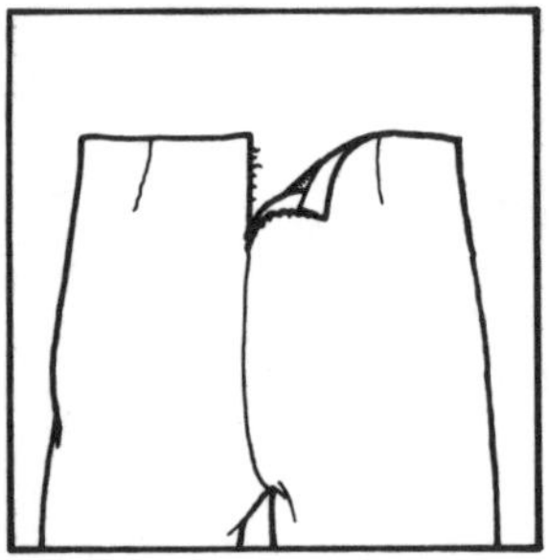

1 Trennen Sie die rückwärtige Mittelnaht etwa 12–15 cm auf. Evtl. auch etwas mehr, falls notwendig.

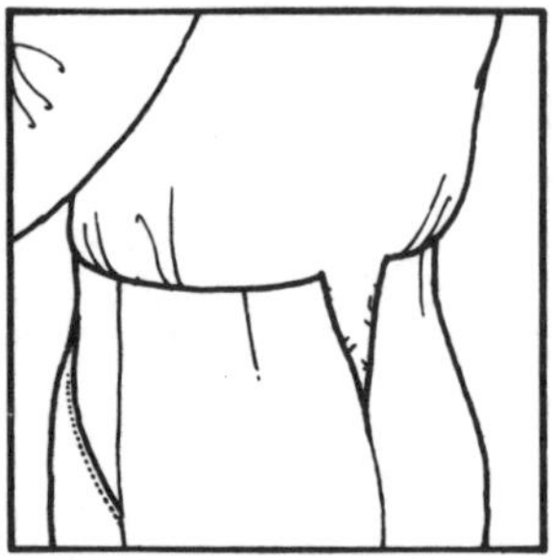

2 Am besten probiert man die Hose an. Der Schlitz sollte ja nur so lang werden, daß die Hose sitzt.

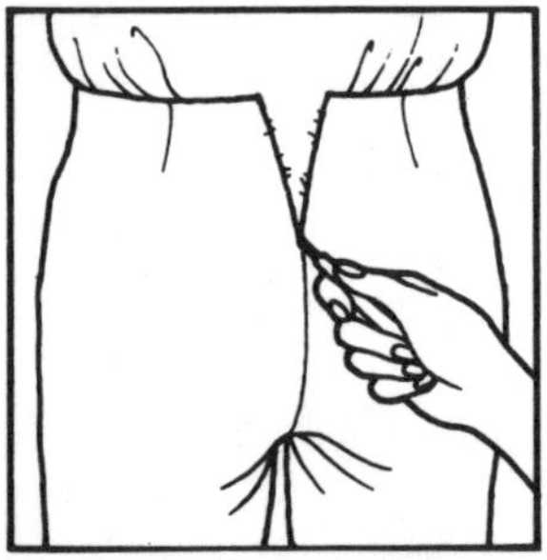

3 Wenn Sie bei Ihrem Nähgerät auch ein feines Trennmesser haben, können Sie die Hose auftrennen.

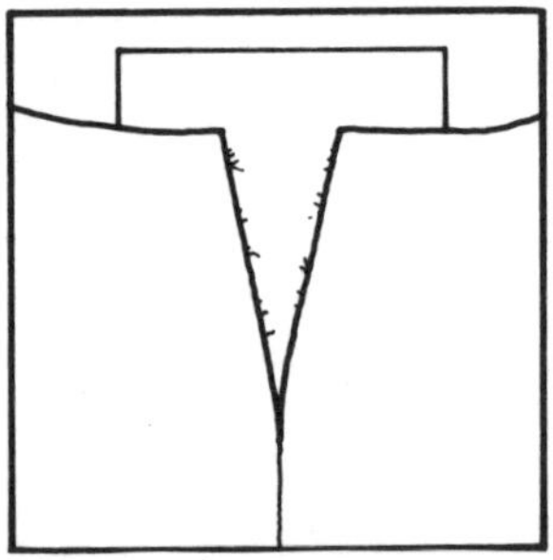

4 Legen Sie ein Stück Papier unter und zeichnen Sie den Schnitt des einzusetzenden Keiles sorgfältig ab.

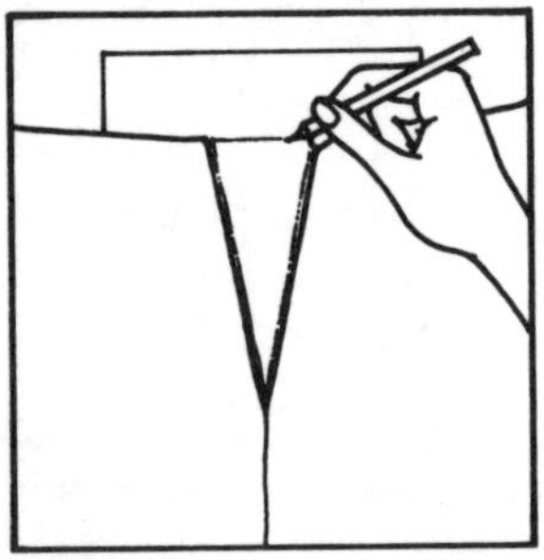

5 Denken Sie beim Anzeichnen auch an den Verlauf des Taillenrandes: Er muß rechts und links passen.

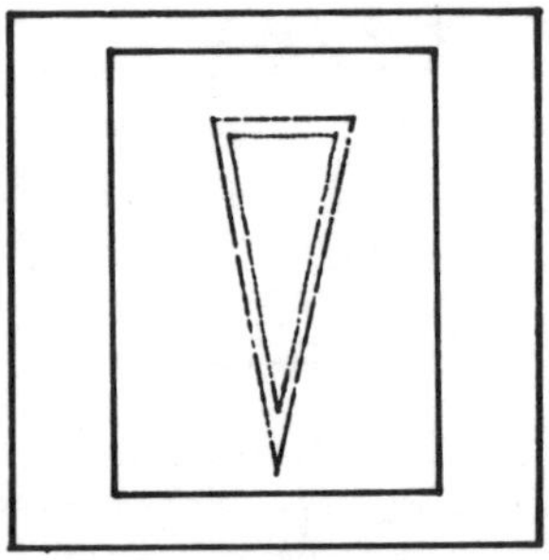

6 Legen Sie das Papier auf den Tisch und zeichnen Sie rundum 1,5 cm Nahtzugabe zum Steppen an.

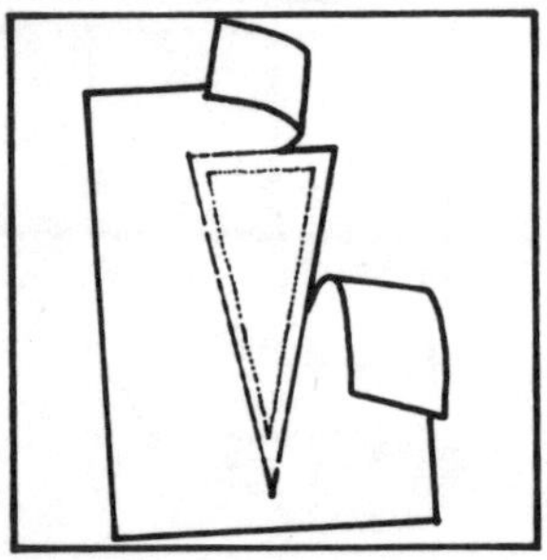

7 Jetzt schneiden Sie den kleinen Papierschnitt aus. Sie haben nun die endgültige Form des Einsatzes.

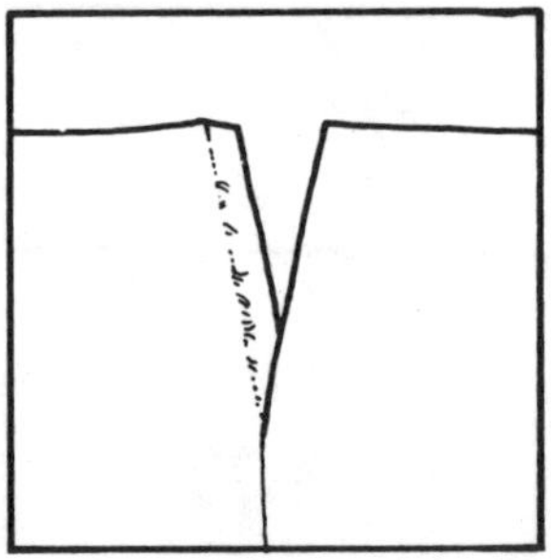

8 Entfernen Sie die alten Steppfäden und bügeln Sie die aufgetrennte Naht mit einem feuchten Tuch.

Möchten Sie eine Hose weiter machen?

Bei einer fertig gekauften Hose gibt es nur selten ein Ersatzstück an Stoff. Wenn Sie keinen passenden Stoff zum Einsetzen des Keiles haben, schauen Sie doch einmal in die Hosentasche. Vielleicht können Sie dort einen Streifen Stoff herausschneiden und durch einen anderen Stoffstreifen ersetzen.
Wir haben Ihnen hier genau beschrieben, wie das gemacht wird. Natürlich werden Sie sich diese Arbeit nur machen, wenn es keine andere Möglichkeit zum Erweitern der Hose gibt. Schauen Sie also vorher einmal nach, ob nicht noch Naht genug vorhanden ist: In den Seitennähten, in der hinteren Mitte und vielleicht auch am Reißverschluß. Zählen Sie dann einmal die Zentimeter zusammen, vielleicht genügt das. Im anderen Fall setzen Sie unseren Keil ein. Wenn Sie nicht eine ganz ähnliche Farbe und ein ähnliches Material bekommen können, dürfen Sie auch eine Kontrastfarbe nehmen, die sich beim Taillenbund oder beim unteren Hosenumschlag wiederholen darf. Diese Lösung wird junge Leute überhaupt nicht stören, weil sie originell und etwas »poppig« aussieht.
Eines sollten Sie noch bedenken: Baumwollhosen wie Jeans zum Beispiel laufen beim Waschen meist etwas ein. Bitte ziehen Sie auch den Stoff für den Keil vor der Verarbeitung einmal durch heißes Wasser. Wenn der eingesetzte Keil einläuft, die Hose selbst aber ihre alten Maße behält, gibt es krause Nähte!

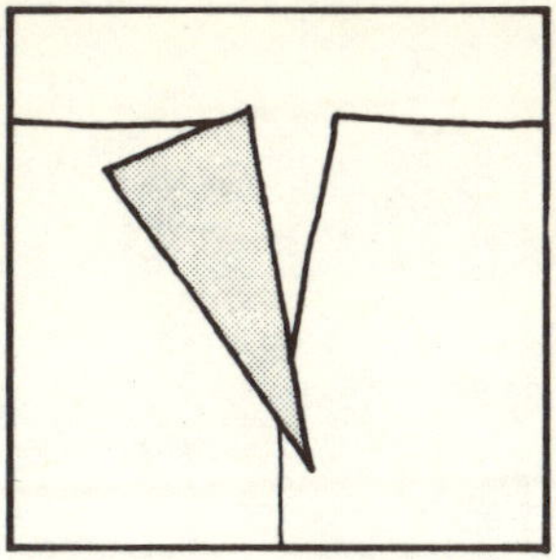

9 Legen Sie den Einsatzkeil rechts auf rechts auf die Nahtkante. Erst eine Seite, dann die andere.

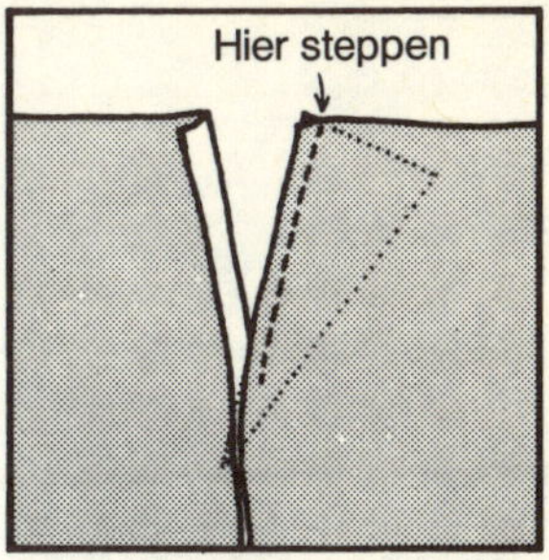

10 Steppen Sie von oben nach unten. Wenn eine Seite gesteppt ist, vernähen Sie den Faden sorgfältig fest.

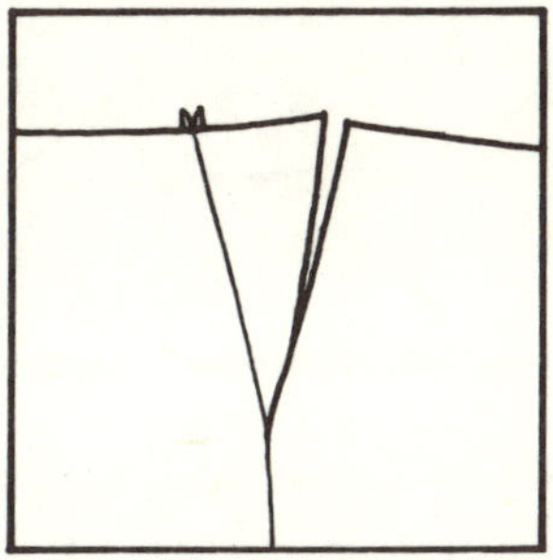

11 Bügeln Sie diese Naht nach außen flach. Steppen Sie nun erst die andere Seite an, ebenfalls gut bügeln.

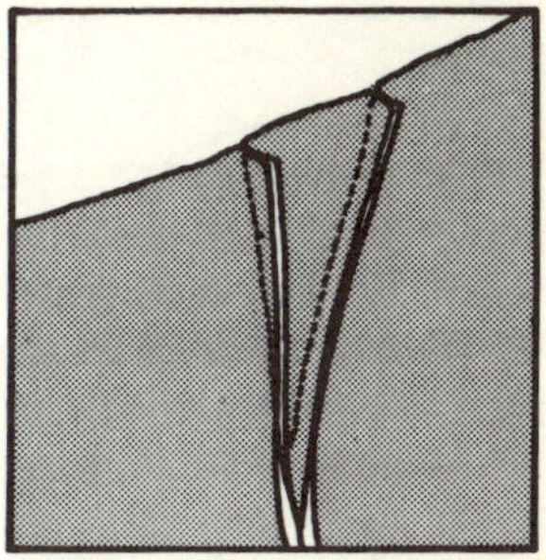

12 Nun sitzt der Einsatzkeil genau in der alten Stepplinie der Hosennaht. Bitte nochmals flachbügeln.

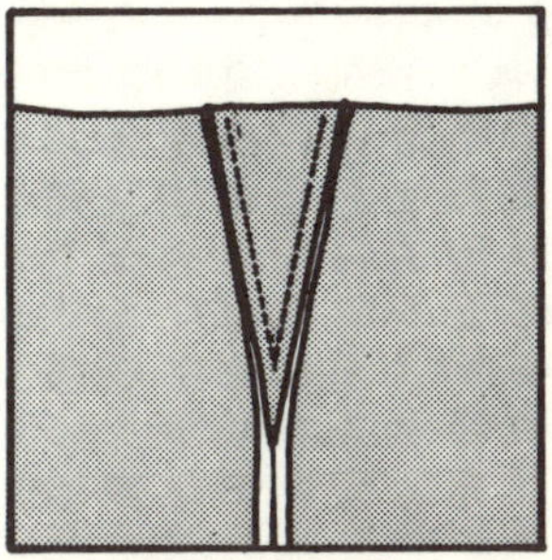

13 Die Steppnaht muß an der unteren Spitze des Keils genau zusammentreffen. Alle Fäden vernähen.

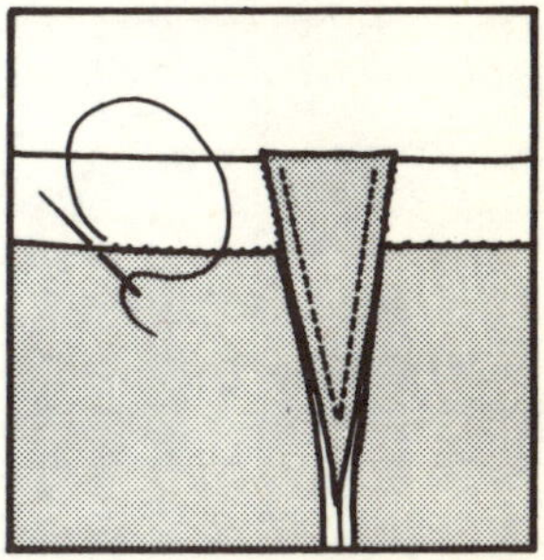

14 Nähen Sie den Taillensaum wieder an. Die Nahtbreite des Keiles steht oben 1,5 cm über den Rand.

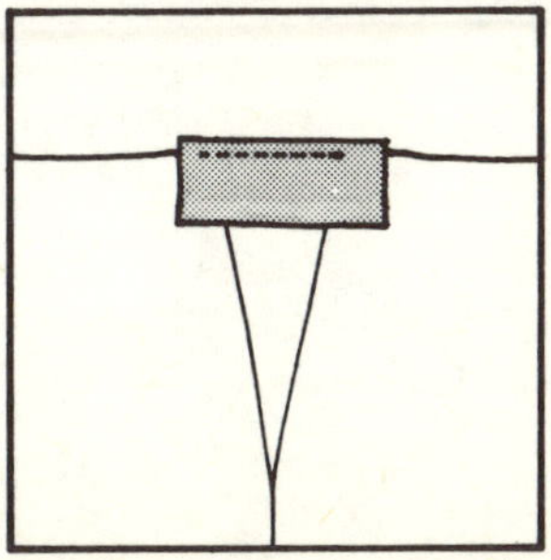

15 Steppen Sie einen kleinen Stoffstreifen von der Breite des Saumes mit 1,5 cm Nahtzugabe auf die Kante.

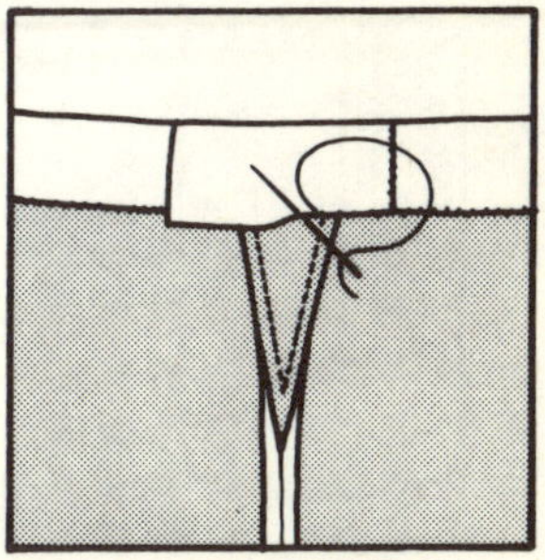

16 Wenden Sie diesen »falschen Saum« nach innen, nachdem Sie die Naht ausgebügelt haben. Ansäumen.

Wenn die Hose nur ein wenig zu eng ist ...

Beim Engermachen brauchen Sie die Seitennähte nicht schon vorher aufzutrennen. Im Gegenteil: Bei geschlossenen Nähten können Sie die Weite viel besser absteppen als bei aufgetrennten Nähten! Im übrigen können Sie arbeiten wie beim Rock auf Seite 67.

1 Oft reicht es, wenn Sie Abnäher und Seitennähte erweitern und ein passendes Taillenbund ansetzen.

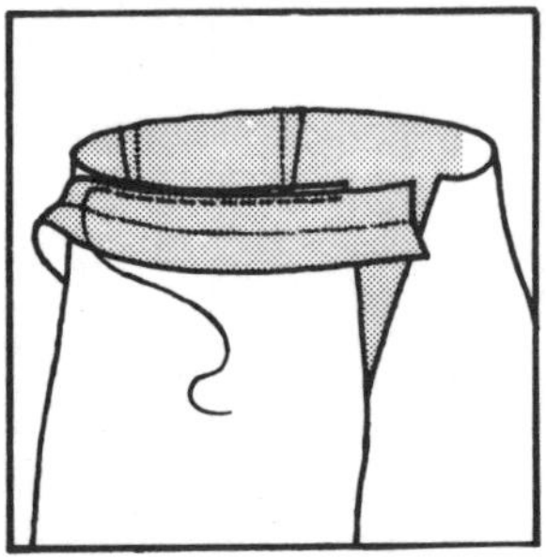

2 Der doppelt gebügelte Streifen wird rechts auf rechts dem offenen Taillenrand schmalkantig aufgesteppt.

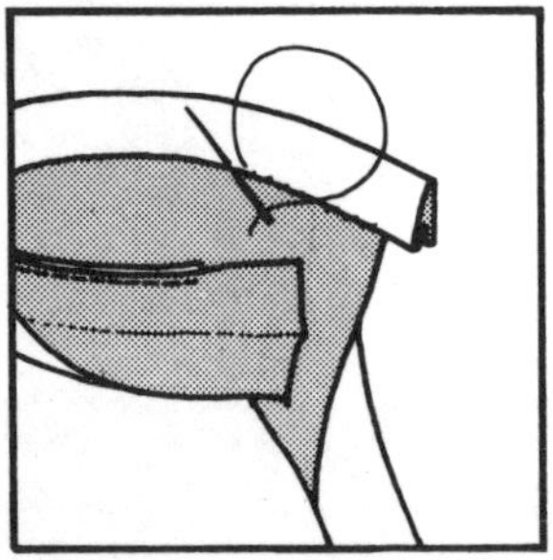

3 Die innere Kante des Taillenbundes wird schmal umgeschlagen und mit kleinen Stichen angesäumt.

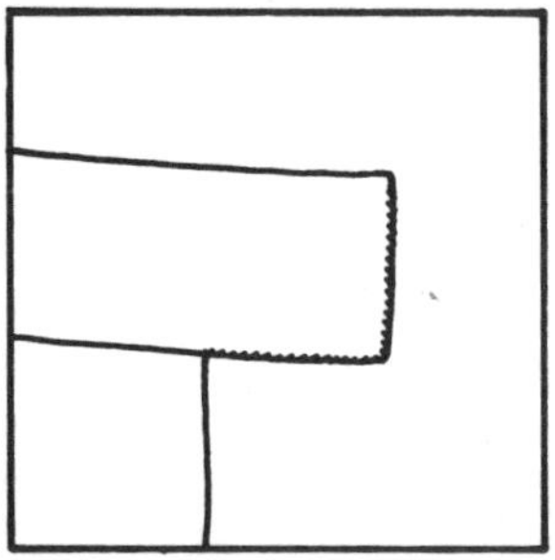

4 Das überstehende Ende wird gegeneinander gesäumt. Reißverschluß einsetzen (siehe Seite 36).

Und wenn Ihre Hose zu weit ist?

1 Dann ist eine Änderung denkbar einfach: Trennen Sie nur die Seitennähte und hintere Mittelnaht auf.

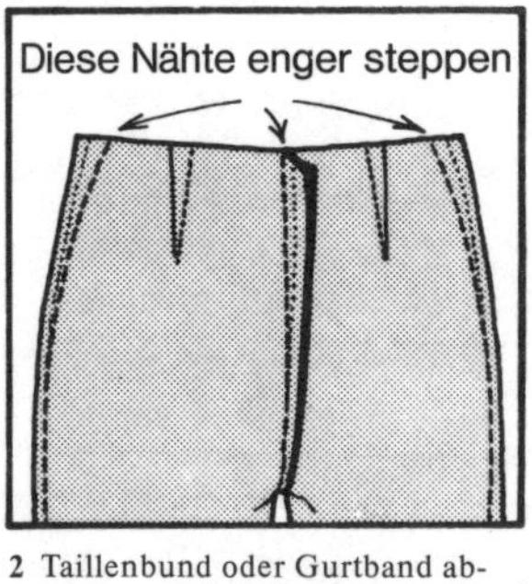

2 Taillenbund oder Gurtband abtrennen und die Nähte etwas schmaler steppen. Bund ansetzen (Seite 64).

So wird eine Hose mit Umschlag verkürzt!

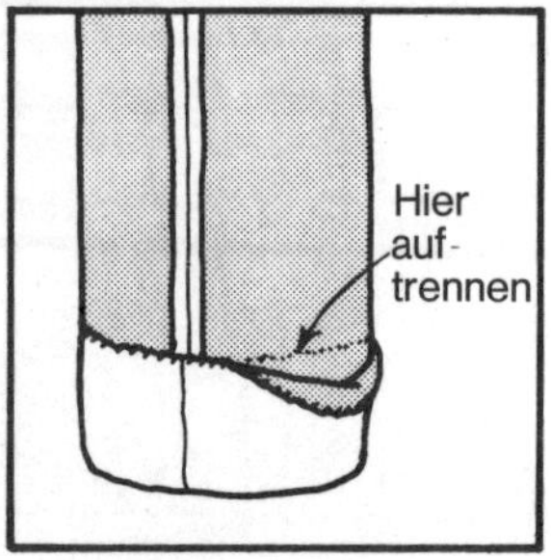

1 Trennen Sie als erstes den breiten Saum auf. Bitte die alten Fäden ausnahmsweise nicht entfernen.

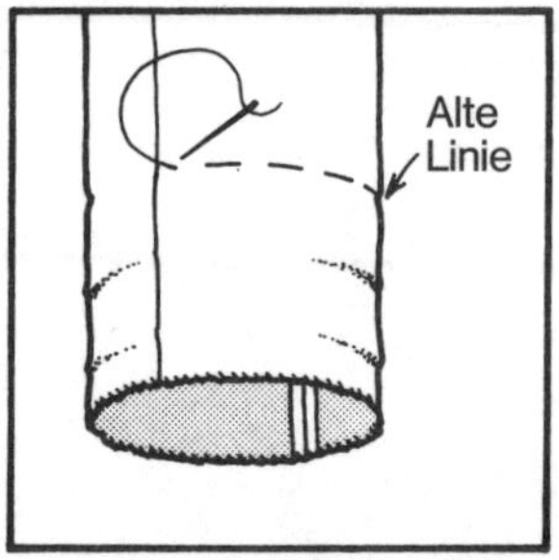

2 Ziehen Sie einen Reihfaden dort ein, wo die Umschlagkante auf der rechten Seite des Hosenbeines saß.

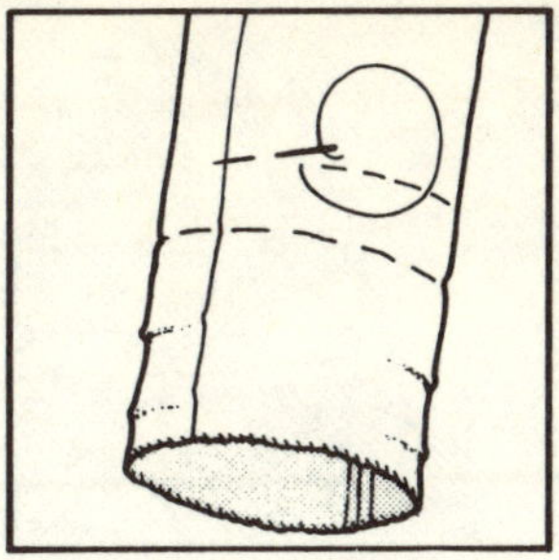

3 Ziehen Sie jetzt einen neuen Reihfaden ein, wo der Umschlag später sitzen soll. Bitte rundum gleich.

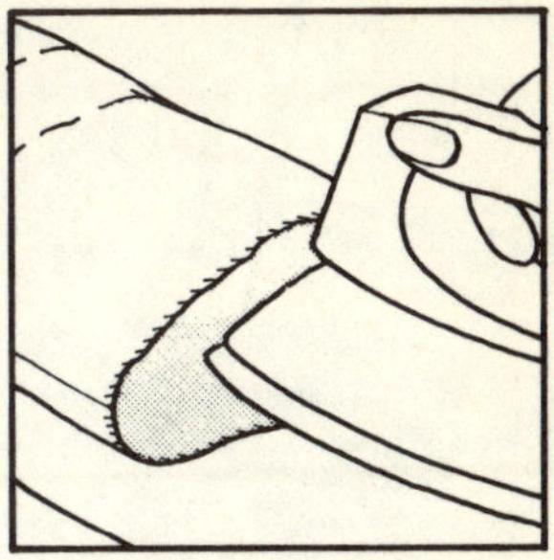

4 Nun bügeln Sie das Hosenbein gut aus. Bei den meisten Stoffen mit feuchtem Tuch. (Evtl. Bügelprobe!)

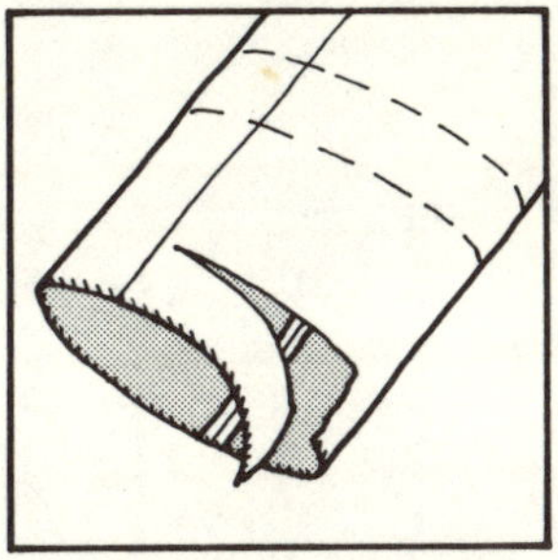

5 Schneiden Sie an der Saumkante einen Streifen ab. Er muß in der Breite der neuen Markierung sein.

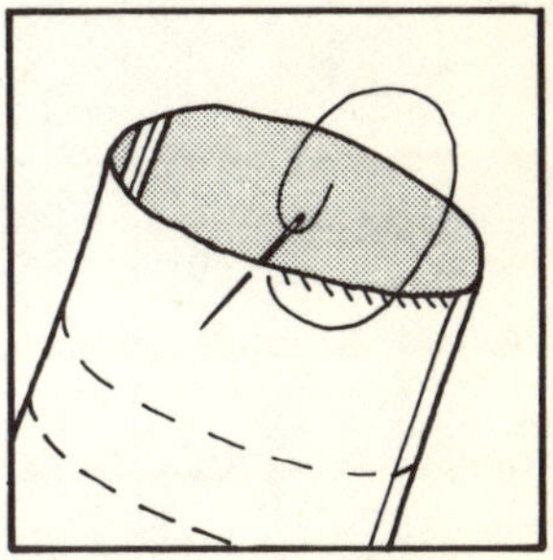

6 Umstechen Sie die offene Saumkante mit überwendlichen Stichen, damit sie nicht ausfransen kann.

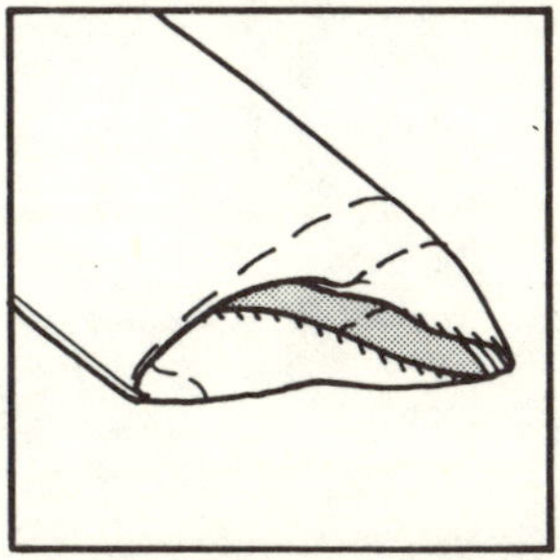

7 Schlagen Sie den Umschlag an der neuen Markierungslinie nach innen um. (Bei leichten Stoffen heften!)

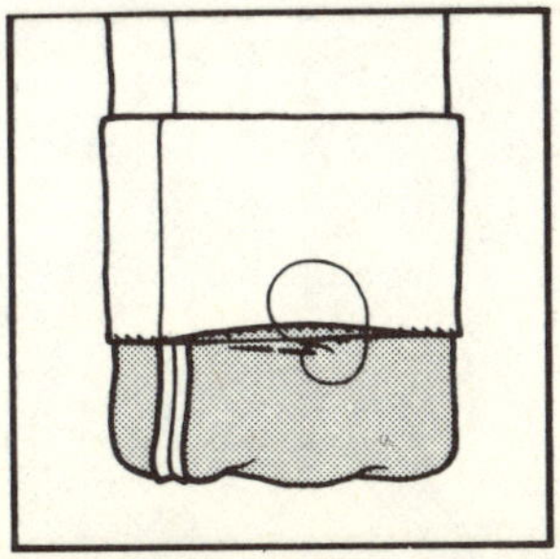

8 Jetzt säumen Sie die umstochene Kante mit blinden Stichen an. Diesen Stich finden Sie auf Seite 28.

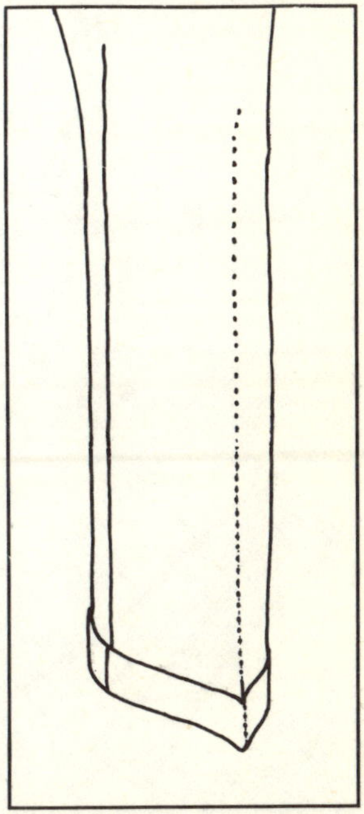

9 Schlagen Sie nun den Umschlag nach außen um und bügeln Sie alle Kanten mit feuchtem Tuch.

Eine Hose verlängern

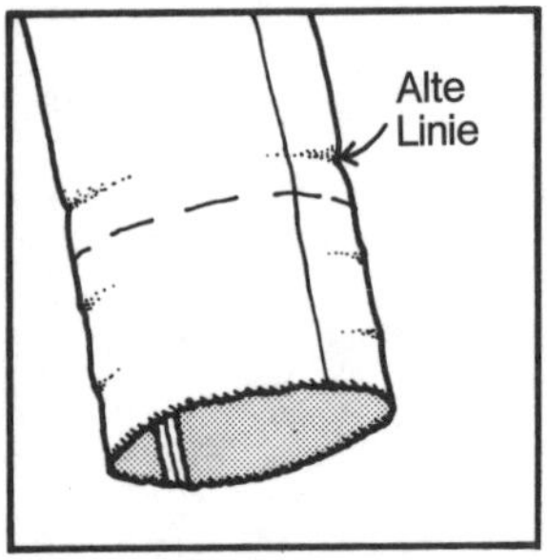

1 Eine Hose mit Umschlag läßt sich nur ein wenig verlängern. Ziehen Sie hier den Reihfaden etwas tiefer ein.

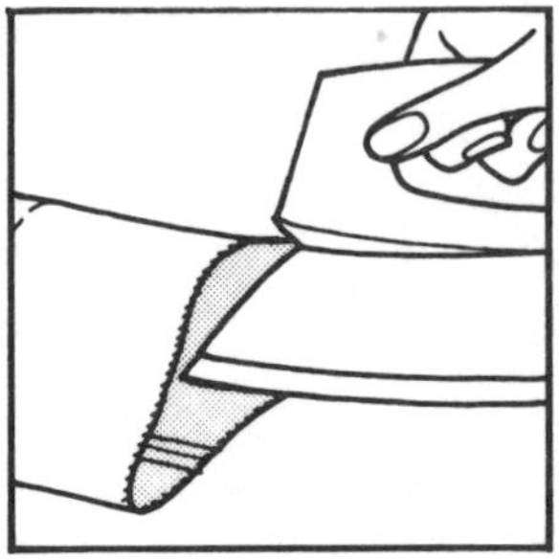

2 Wieder gut bügeln. Arbeiten Sie wie auf Seite 77, Bild 8 und 9. Der Umschlag wird etwas schmaler.

So machen Sie die »Fußweite« schmaler

Hosenkanten sind nach längerem Tragen hin und wieder reparaturbedürftig. Genauso wie Ärmelkanten auch. Da es sich im Prinzip um den gleichen Vorgang handelt, schauen Sie sich doch bitte einmal die Bilder vom Ärmelreparieren auf Seite 72 an. Wir können wieder nur empfehlen, vor jeder neuen Arbeit die alten Nähte, Kante oder Stoffbrüche gut auszubügeln. Sie können dann entschieden ordentlicher weiterarbeiten. Wenn Sie die Hosenbeine unten enger steppen wollen, sollten Sie die gesteckte und kontrollierte Markierung mit Lineal und Kreidestrich nachziehen, damit die Naht ganz gerade wird. Wenn Sie Bogen oder Kurven steppen, kann die Naht nicht richtig sitzen.

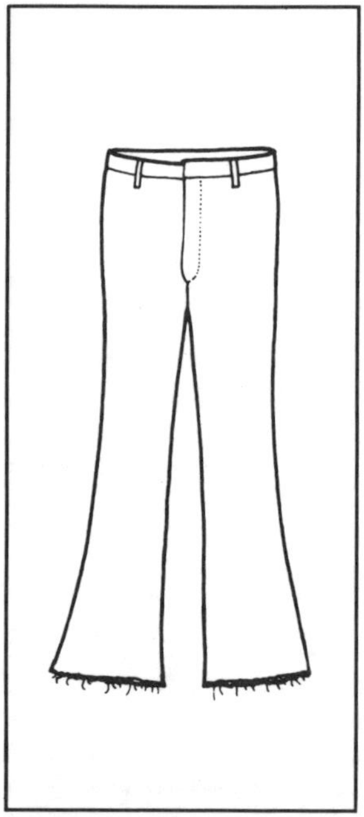

1 Trennen Sie die Säume auf. Bügeln Sie alles sorgfältig aus. Nur die Saumlinie soll sichtbar bleiben.

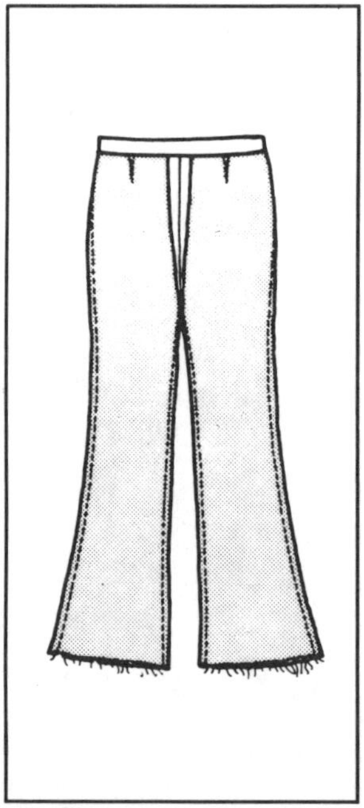

2 Wenden Sie die Hose auf die linke Seite um und legen Sie die Hose flach auf eine große Tischplatte.

3 Bügeln Sie alle Nähte flach. Sie können dann viel besser markieren. An einigen Stellen feststecken.

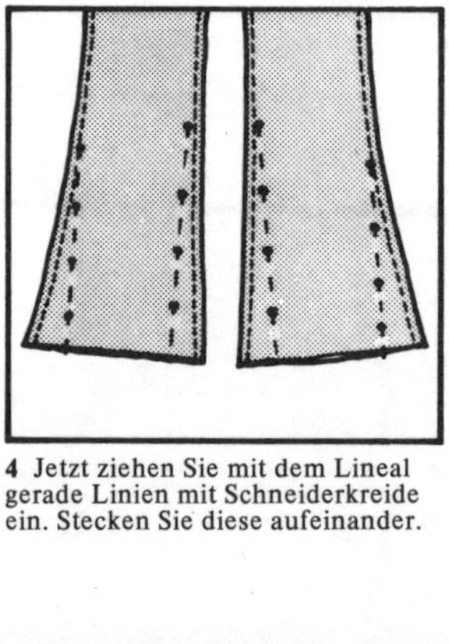

4 Jetzt ziehen Sie mit dem Lineal gerade Linien mit Schneiderkreide ein. Stecken Sie diese aufeinander.

5 Heften und steppen Sie die geraden Linien. Lassen Sie diese in die obere Naht verlaufen.

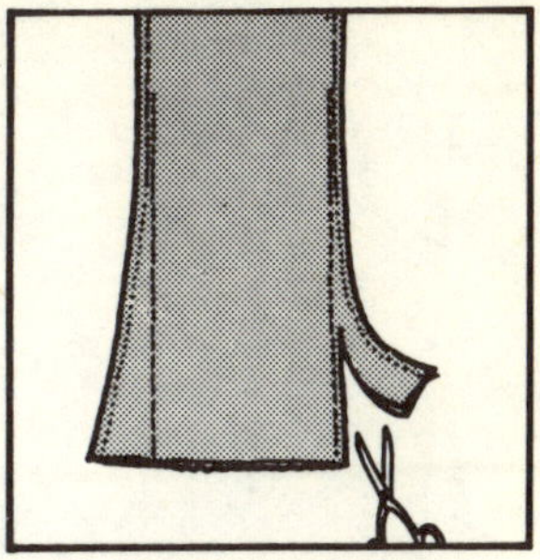

6 Schneiden Sie die überflüssige Naht ab. Evtl. mit Zick-Zackstich versäubern. Naht flachstreichen.

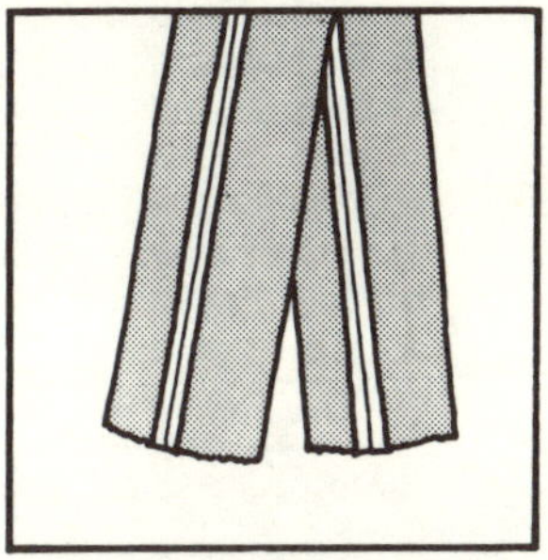

7 Alle Nähte sorgfältig auseinanderbügeln. Das geht auf der Tischplatte oder auf einem Ärmelbrett.

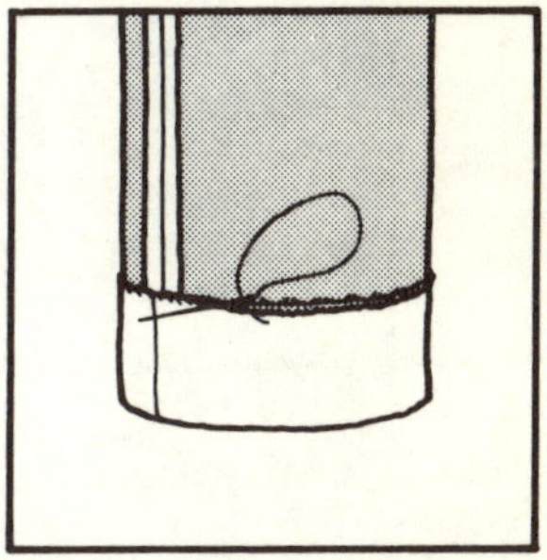

8 Zum Schluß arbeiten Sie den Saum, wie er auf Seite 11 beschrieben ist. Den fertigen Saum gut anbügeln.

So können Sie eine Hose schmaler machen

Falls Sie das ganze Hosenbein enger machen wollen, können Sie die Außennaht schon in Hüfthöhe beginnend absteppen. An der inneren Beinnaht sollte die Stepperei erst ein Stück unterhalb der Schrittnaht beginnen, das sitzt besser.
Alle Nähte kräftig ausbügeln!
Denken Sie beim Hoseneinkauf an diese kleinen Änderungstips: Sicher hat Ihnen schon einmal eine Hose vom Stoff und Dessin her gefallen – aber sie war in den Beinen zu weit oder nach unten hin zu breit ausgestellt. Sie brauchen dann nicht auf Ihr Lieblingsstück zu verzichten: steppen Sie die überflüssige

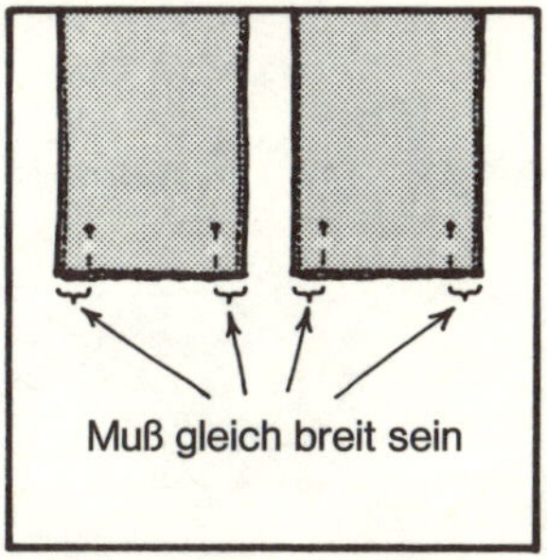

1 Fangen Sie an wie auf Seite 78, Bild 1, 2 und 3. Stecken Sie unten die gewünschte Breite korrekt ab.

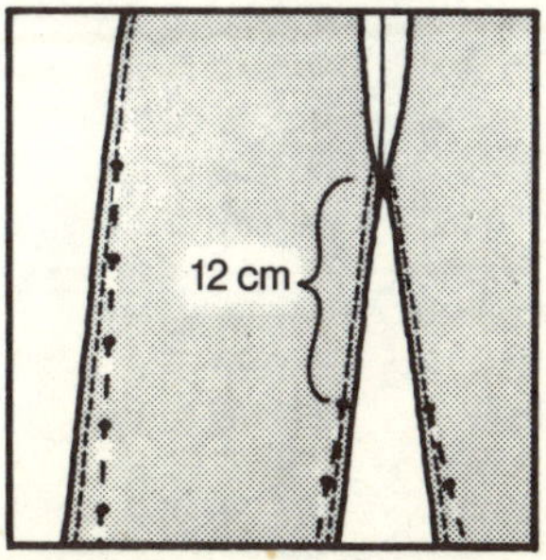

2 Legen Sie die gewendete Hose wieder auf die Platte und stecken Sie ab Hüfte die überflüssige Weite ab.

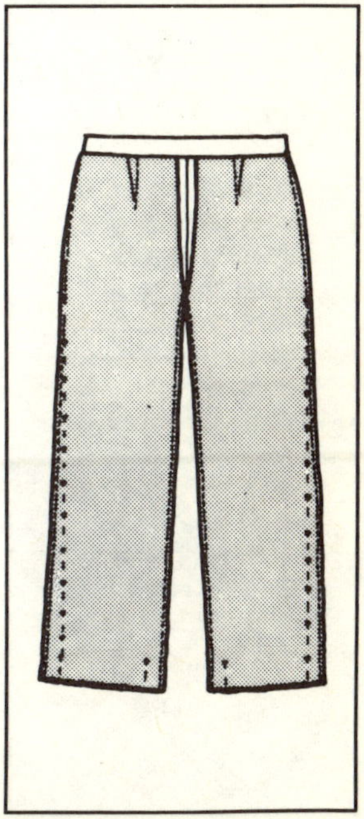

3 Beginnen Sie mit dem Abstecken der inneren Beinaht erst 10 cm unterhalb des Schrittes.

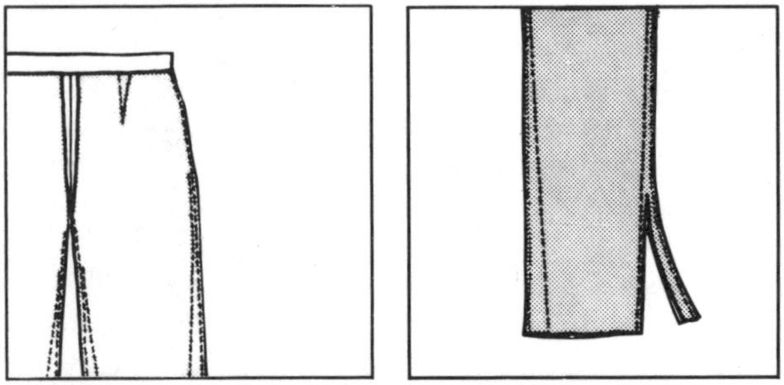

4 Arbeiten Sie dann weiter wie auf Seite 79 Bild 5, 6 und 7 beschrieben wird. Bitte gut bügeln. Dabei werden die Nähte flach auseinandergestrichen.

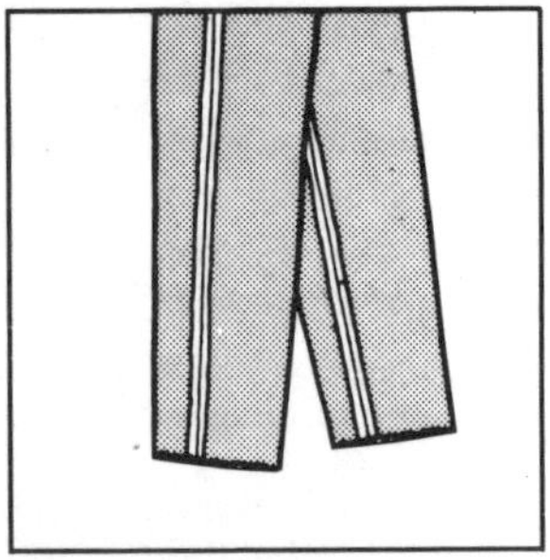

Bei engen Hosen lassen sich die Nähte der Hosenbeine oft besser mit einem Ärmelbrettchen ausbügeln.

5 Meist ist der Saum etwas breiter als das Hosenbein: Lassen Sie ihn etwas auseinandersperren. Ansäumen.

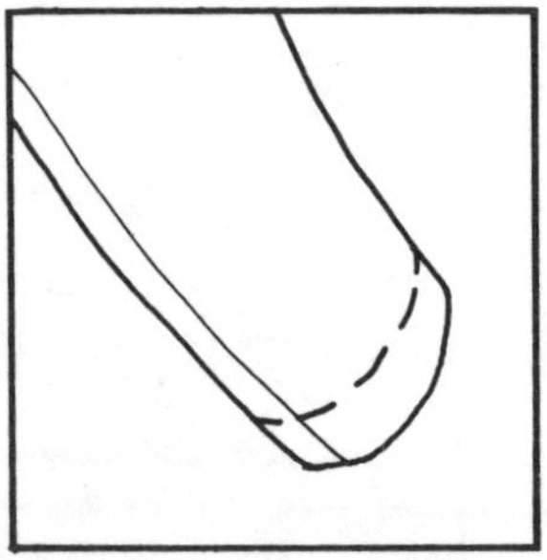

1 Ziehen Sie an der neuen Ärmellänge einen Reihfaden ein. Der Ärmel darf hinten etwas länger sein.

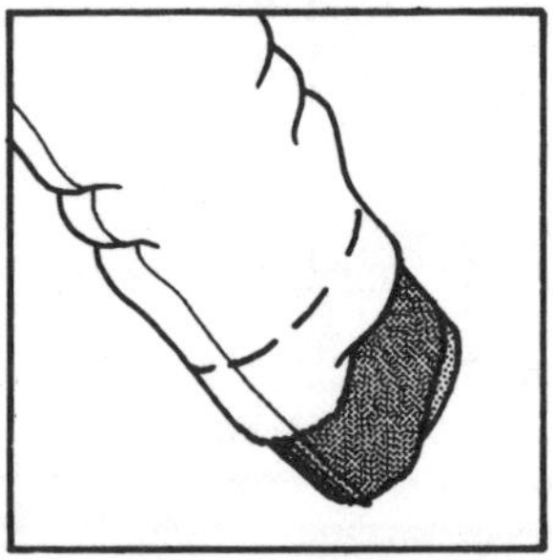

2 Trennen Sie den Ärmel- und den Futtersaum auf und bügeln Sie den alten Stoffbruch gründlich aus.

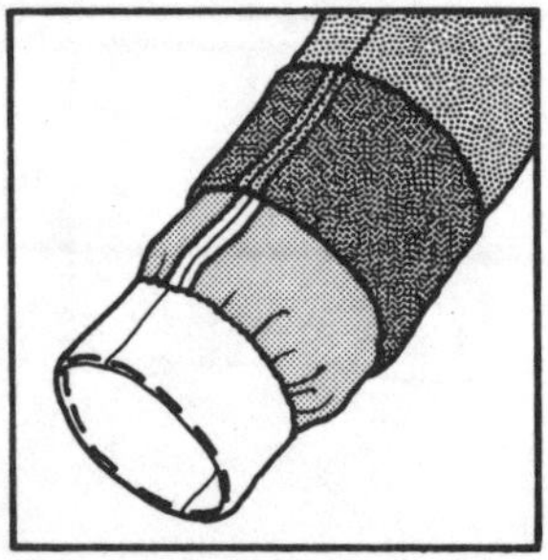

3 Wenden Sie den Ärmel nach links. Schlagen Sie das Futter zurück. Den Saum an der Markierung umschlagen.

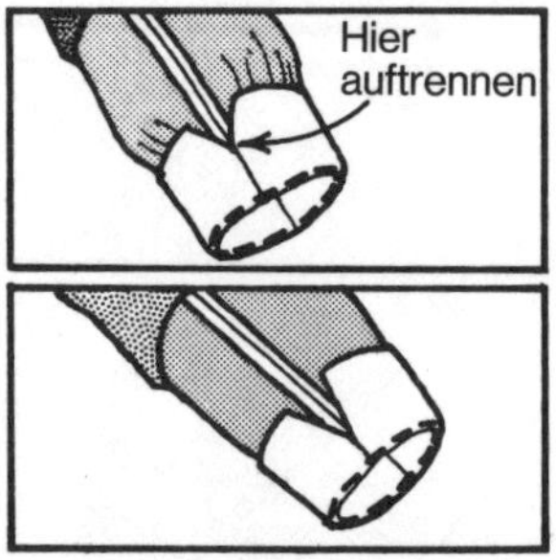

4 Trennen Sie den Saum an der Ärmelnaht etwas auf. Der Ärmel wird nach oben breiter: Saum »sperrt«.

Weite wie beschrieben ab und der Fall ist klar. Einen Tip am Rande: Steppen Sie Hosen aus Chemiefaserstoffen auch nur mit einem Garn aus Chemiefaser! Wenn Sie mit billigem Baumwollgarn steppen und die Hose waschen, läuft der Baumwollfaden ein, die Hose selbst aber nicht. Das Ergebnis sind krause Nähte, die Sie wieder auftrennen müssen!

Möchten Sie einen Jacken- oder Mantelärmel kürzen?

Bei weiten gefütterten Ärmeln können Sie vor dem Hochstreifen des Futters einen Heftfaden durchziehen, der das Futter an seinem Platz hält, damit es sich nicht in Querrichtung verschiebt. Natürlich muß das ein Stück vor dem Umschlagen geschehen, damit es sich auch genügend breit hochstreifen läßt.

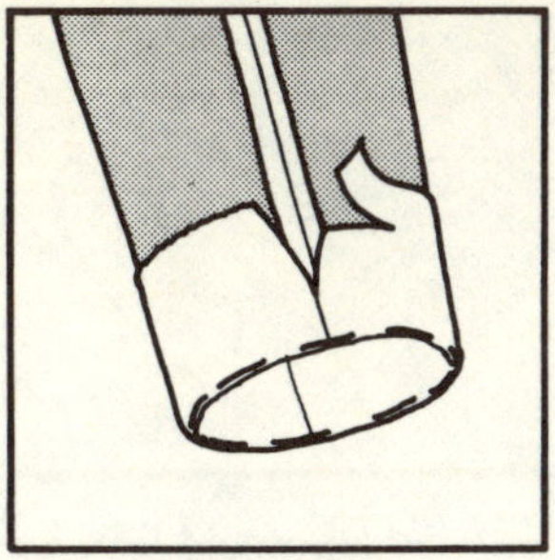

5 Jetzt können Sie den Saum schmaler schneiden. Bei glatten Stoffen ist Stecken und Heften angebracht.

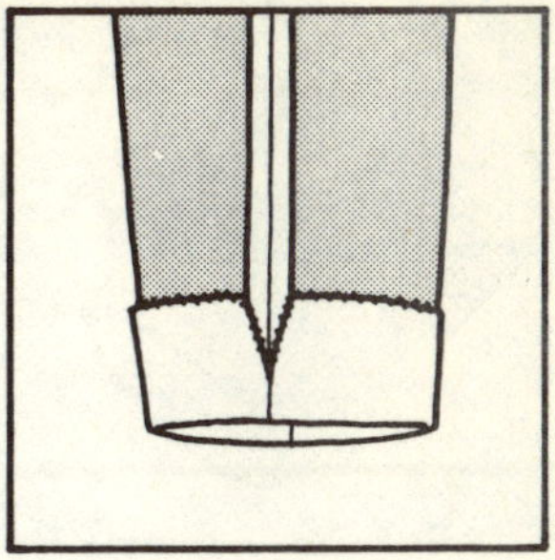

6 Mit Saumstichen oder Hexenstichen (Seiten 11 u. 13) befestigen Sie den Saum auf der linken Stoffseite.

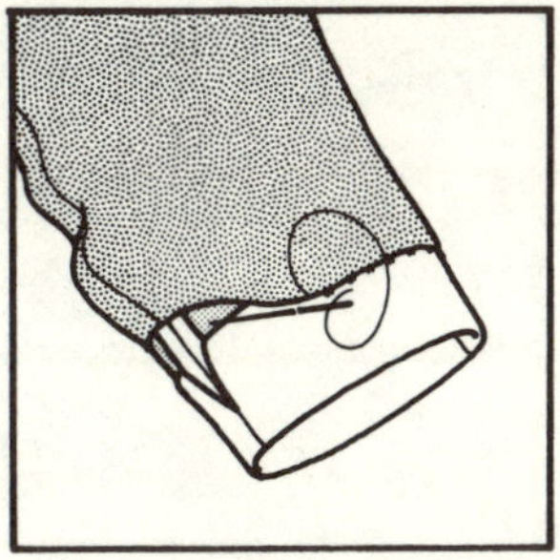

7 Wenn Sie auch das Futter etwas kürzer geschnitten haben, können Sie es mit kleinen Stichen ansäumen.

Und so verlängern Sie einen Jacken- oder Mantelärmel

Auch beim Ansäumen des Futters sollten Sie nicht bis auf den Oberstoff durchfassen, sondern nur den Stoff des Saumes fassen. Auf der rechten Stoffoberseite sind dann keine Stiche zu sehen.

1 Trennen Sie Futter- und Ärmelsaum auf und bügeln Sie beide auf dem Ärmelbrettchen sorgfältig aus.

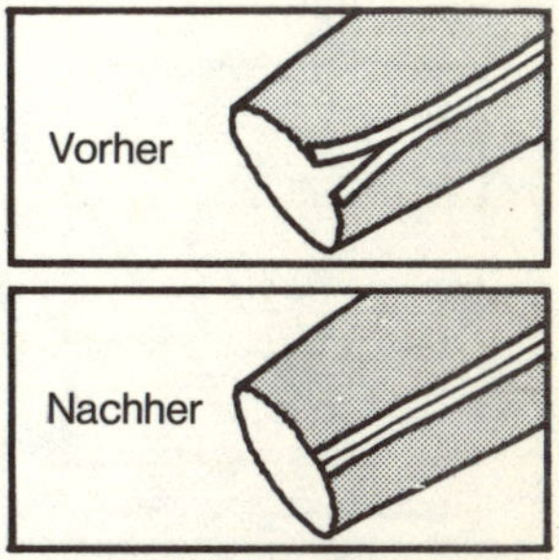

2 Falls die Ärmelnaht in Saumhöhe offen war, die Naht ganz zusammensteppen und auseinanderbügeln.

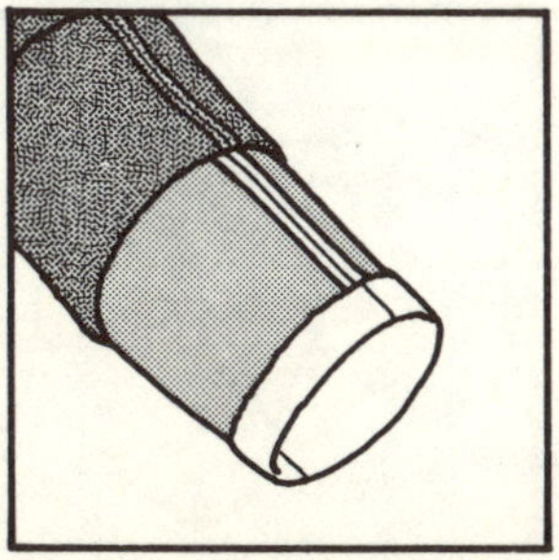

3 Futter zurückstreifen. Schlagen Sie den Saum zur gewünschten Länge um. Auf die Futterlänge achten!

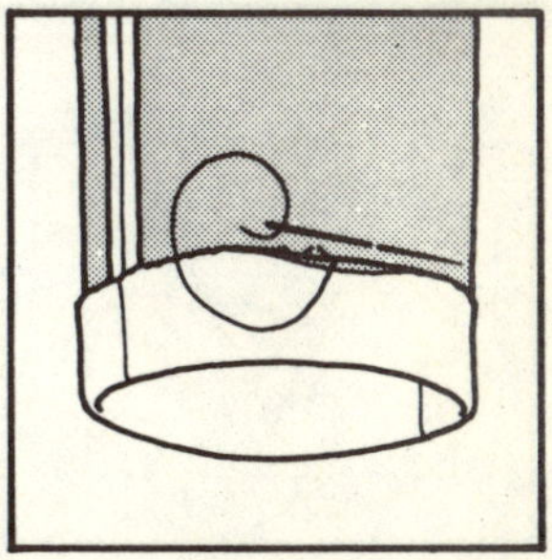

4 Arbeiten Sie den Saum mit den Saumstichen von Seite 28. Den Saum mit feuchtem Tuch bügeln.

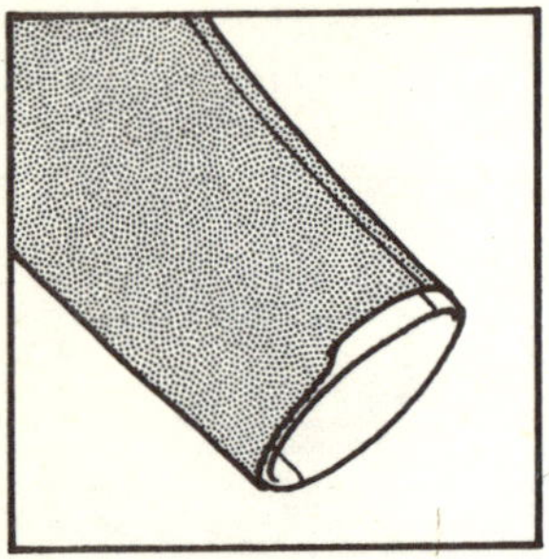

5 Schlagen Sie nun das Futter wieder schmal um und säumen Sie es auf dem Stoff des Saumes sorgfältig an.

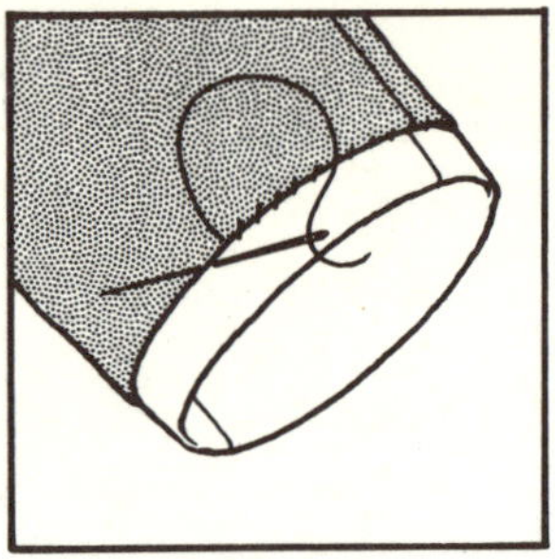

6 Hierbei verwenden Sie wieder den überwendlichen Stich (Seite 49, Bild 13). Das Futter darf nicht ziehen.

So arbeiten Sie einen V-Ausschnitt

Was hier mit einer Stecknadelmarkierung gezeigt wird, können Sie mit Lineal und Kreide nachziehen.
Bitte arbeiten Sie besonders ordentlich, denn der Halsausschnitt ist der Blickfang Ihres Kleides! Mit freier Handzeichnung kriegen Sie nie eine korrekte Linie hin.
Die Folge: Der Ausschnitt sitzt nicht! Er beult oder zieht in alle Richtungen und ist alles andere als eine Zierde. Übrigens gelten unsere Tips für neu gearbeitete wie für bereits vorhandene Kleider. Ältere Kleider können mit einem neuen Ausschnitt, einem gekürzten Ärmel oder einer hübschen Garnitur wieder jung werden. Neu gearbeitete Kleider können zuerst einmal hochgeschlossen zugeschnitten werden. Dann legen Sie vor dem Spiegel die Tiefe des spitzen Ausschnittes fest und arbeiten weiter, wie unsere Tips es zeigen. Nur wenn Sie Ihr Schnittmuster sorgfältig geprüft haben, sollten Sie den Ausschnitt schon beim Zuschneiden dem Schnittmuster gemäß ausschneiden. Bedenken

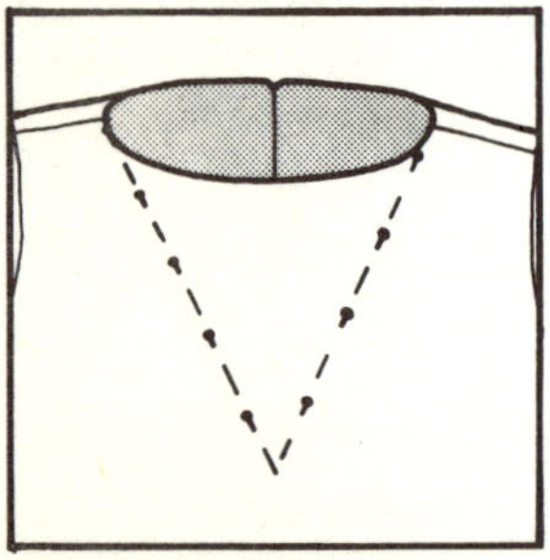

1 Markieren Sie den V-Ausschnitt mit Kreide oder Stecknadeln. Bitte vor dem Spiegel die Form prüfen.

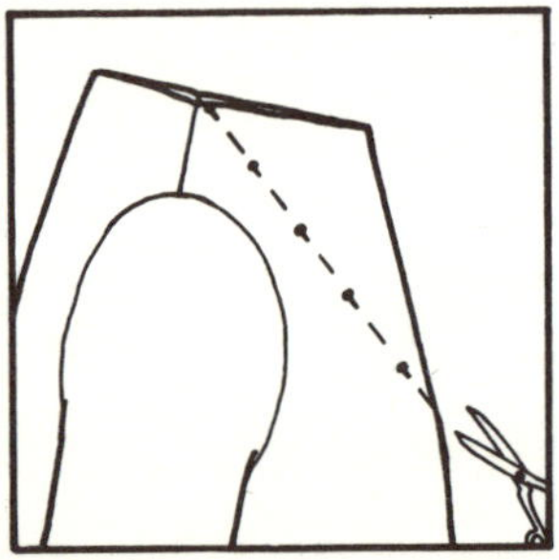

2 Stecken Sie nun das Vorderteil aufeinander, so daß die Mitte im Stoffbruch liegt. Ausschneiden.

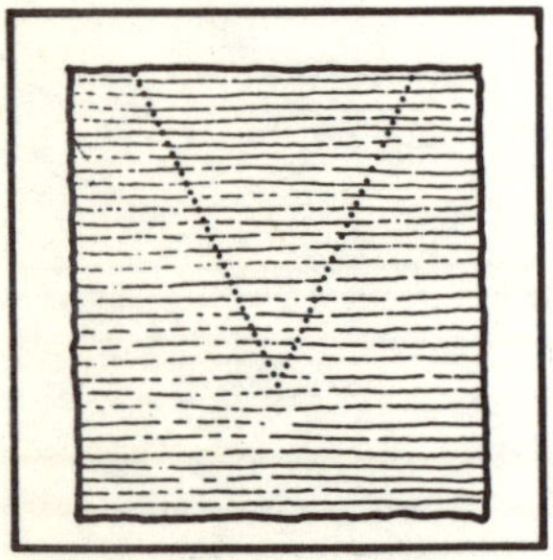

3 Der Beleg kann aus Stoffresten oder aus passendem Futter sein. Oben 4, unten 6 cm Zugabe lassen.

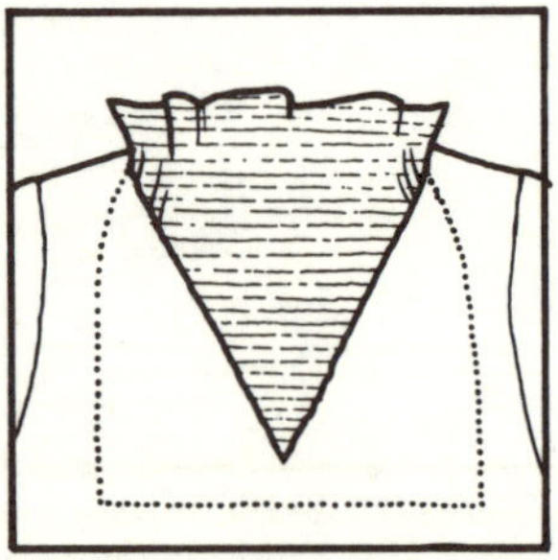

4 Legen Sie das Kleid flach auf den Tisch und schieben Sie den Belegstoff in den offenen Ausschnitt.

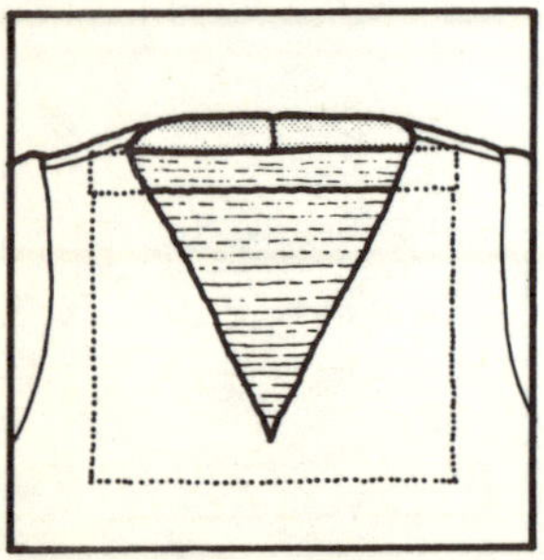

5 Der Beleg darf an der Schulter nicht zu knapp werden. An der Oberkante 5 cm breit umschlagen.

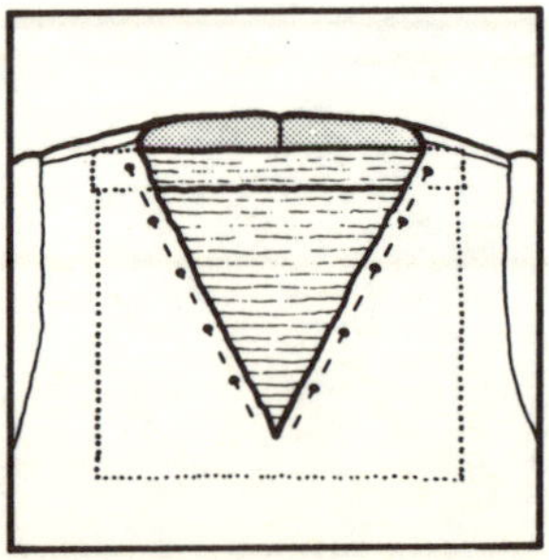

6 Stecken Sie jetzt den Beleg an der V-Kante entlang sorgfältig auf. Die Kante bitte nicht ausdehnen.

Sie bitte auch, daß ein spitzer Ausschnitt an den Kanten einen schrägen Fadenlauf hat, der sich bei der weiteren Verarbeitung sehr leicht ausdehnt. Wenn Sie vor dem Ausschneiden, also in hochgeschlossenem Zustand, einen Heftfaden mit kleinen Stichen einziehen, wird der Stoff mit dem schrägen Fadenlauf festgehalten. Der Faden gibt dem schrägen Stoff den ursprünglichen Sitz und vermeidet garantiert das Ausdehnen.
Eine weitere Möglichkeit: Bügeln Sie vor dem Ausschneiden des Ausschnittes einen schmalen Streifen Vlieseline auf die vorgezeichnete Ausschnittkante. Nehmen Sie bei leichten Stoffen aber bitte nur ganz weiche und schmiegsame Qualität, die nicht »starr« wirkt und die die hübsche weiche Linie des Ausschnittes erhält. Wenn Sie eine ganz dünne Qualität bekommen können, dürfen Sie diesen Streifen mitsteppen. Sonst ist ein Ausbügeln knapp jenseits der zukünftigen Stepplinie zum Stoff hin vorteilhafter. Daß der Stoff für den Beleg selbst nach Möglichkeit aus dem Material Ihres Kleides bestehen sollte, ist sicher selbstverständlich. Falls Sie ein vorhandenes Kleid ändern möchten, dürfen Sie auch einen Futterstoff von der Farbe des Oberstoffes verarbeiten. Bitte halten Sie sich aber genau an unsere Anleitung. Ganz gleich, um welches Material es sich auch handelt. Als Wiederholung noch einmal der Tip, das »fremde« Material vor dem Verarbeiten durch heißes Wasser zu ziehen, damit es später beim Reinigen oder Waschen des Kleides nicht einlaufen kann. (Es gibt »einlaufsicheres« Futter!)

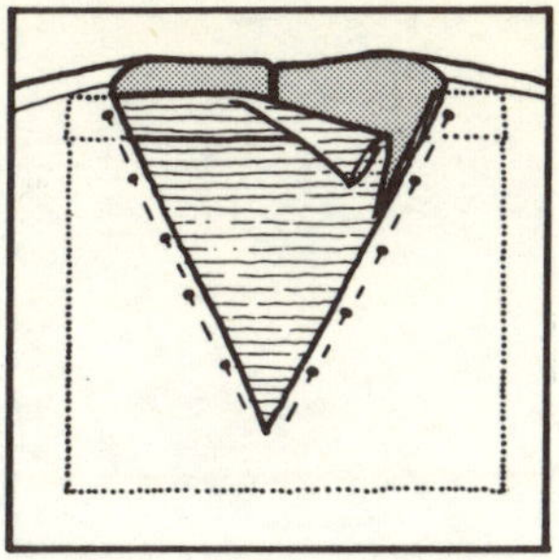

7 Schneiden Sie aus dem Belegstoff das V heraus. Bei leichten Stoffen nicht nur stecken, sondern heften.

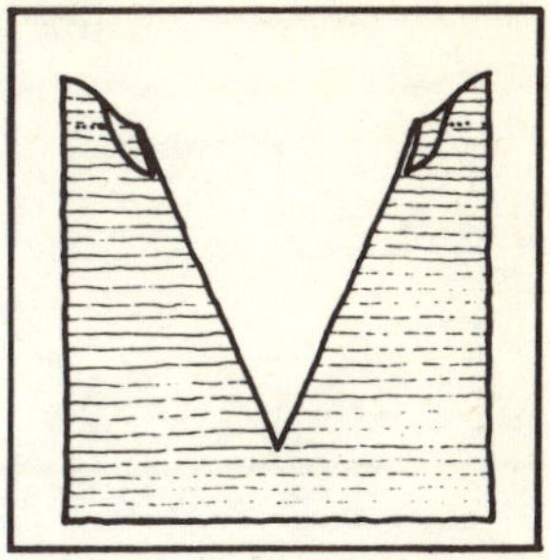

8 Nehmen Sie den Beleg heraus und streichen Sie die Zugabe an der oberen Kante (Schulter) nach außen.

9 Ihr Beleg hat jetzt die endgültige Form. Legen Sie ihn rechts auf rechts auf den Ausschnitt (Heften).

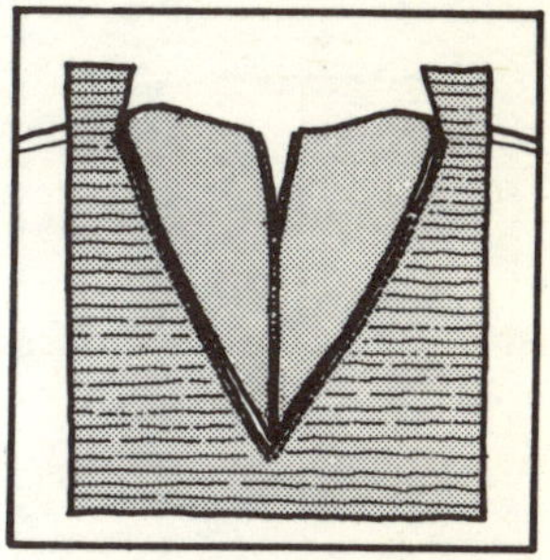

10 Steppen Sie ihn mit 1 cm Nahtbreite auf. Bei leichten Stoffen immer heften. Naht nicht ausdehnen.

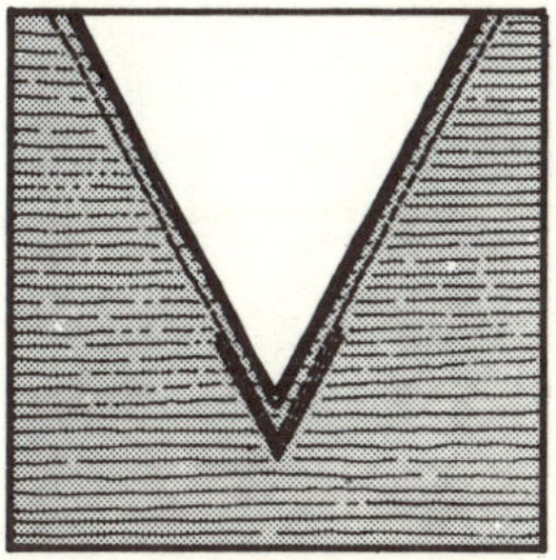

11 Die Spitze sollte knapp an der Stepplinie entlang nochmals abgesteppt werden. Das reißt nicht aus.

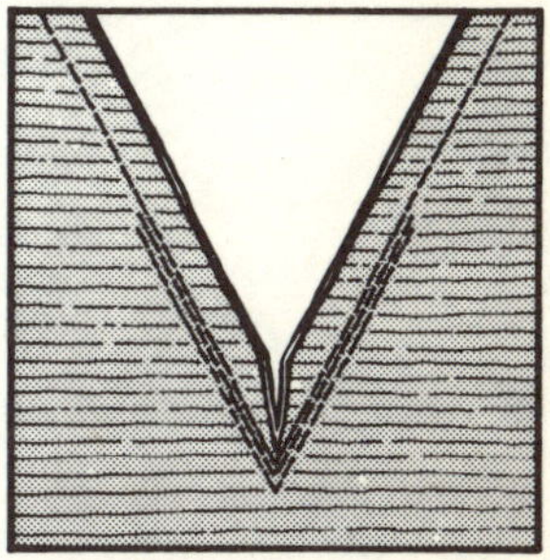

12 Jetzt können Sie die Spitze bis knapp an die Steppnaht einschneiden, dann sitzt die Spitze besser.

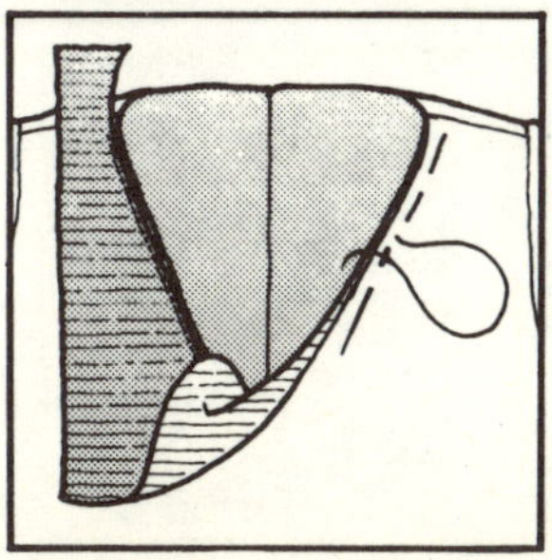

13 Wenden Sie den Belegstoff nach innen und heften Sie die Kante durch. Die Naht nach innen schieben.

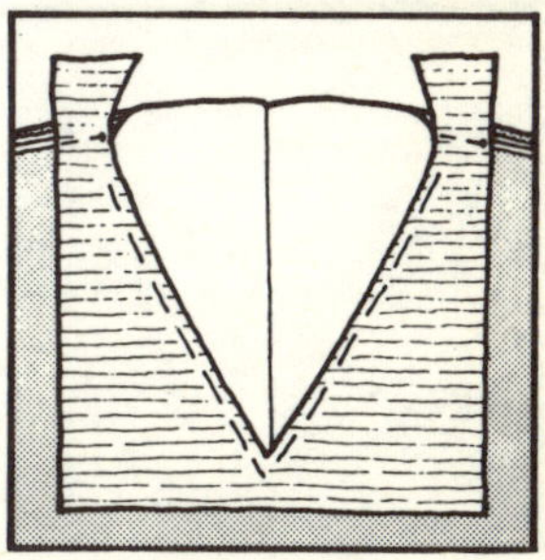

14 So sieht der Beleg jetzt auf der linken Seite aus. Bügeln Sie die geheftete Kante einmal leicht über.

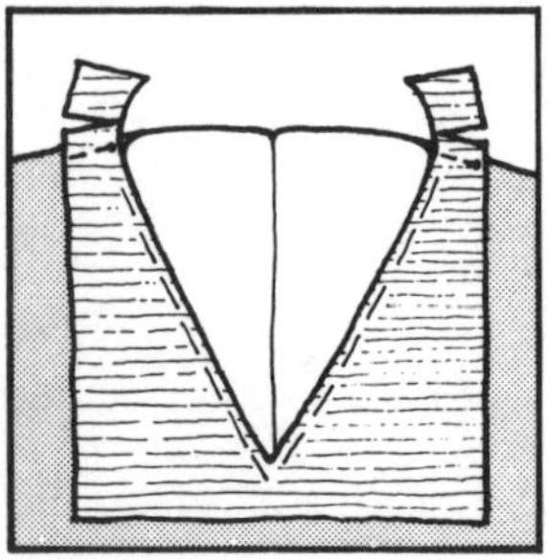

15 Schneiden Sie den überflüssigen Stoff an der Schulter ab. Sie brauchen etwas Nahtzugabe zum Säumen.

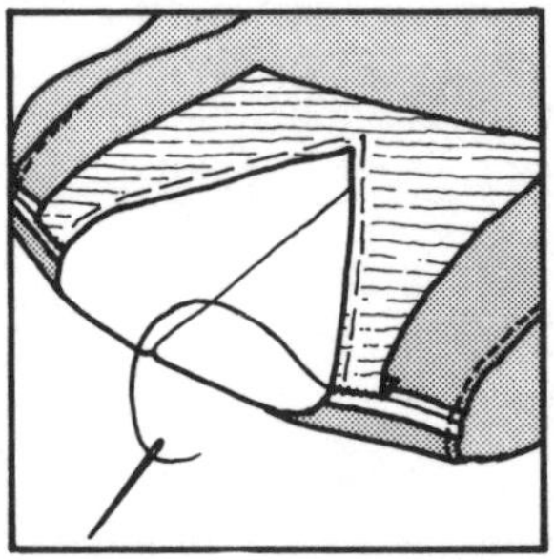

16 Schlagen Sie diese Nahtzugabe schmal um und säumen Sie den Beleg mit kleinen Stichen fest an.

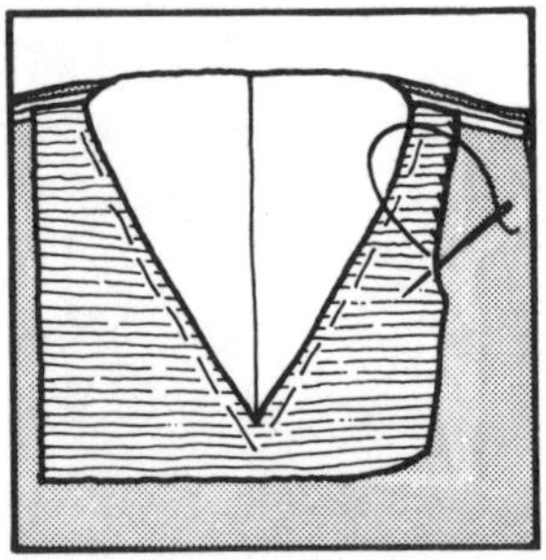

17 Versäubern Sie den Beleg rundum mit kleinen überwendlichen Stichen, so franst die Kante nicht.

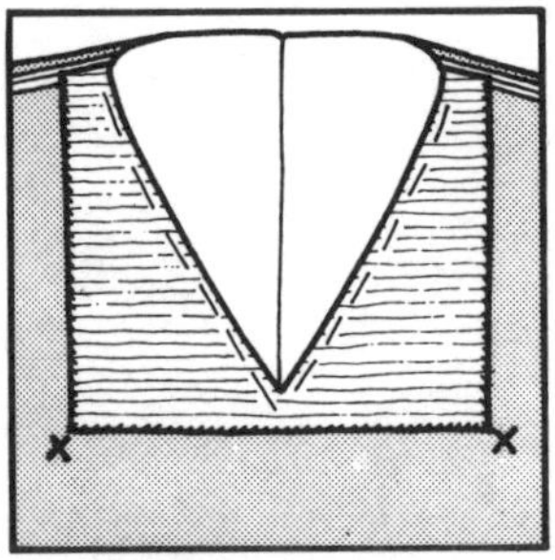

18 Befestigen Sie die Ecken mit lockeren Stichen. Fassen Sie dabei vom Oberstoff 2–3 Fäden.

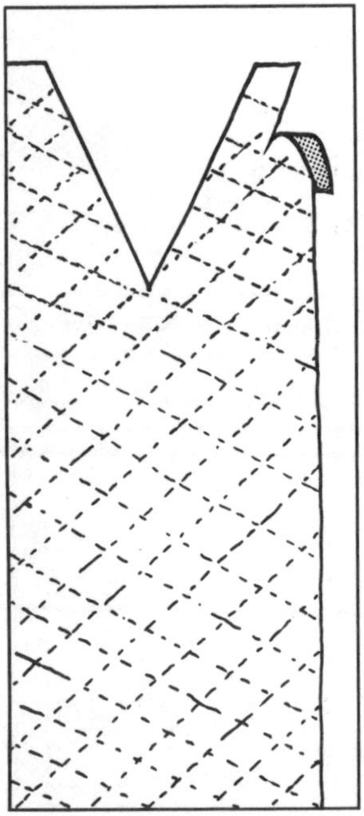

20 Der Vlieseline-Streifen darf knapp so breit wie die Schulter des Beleges sein. Nachmessen.

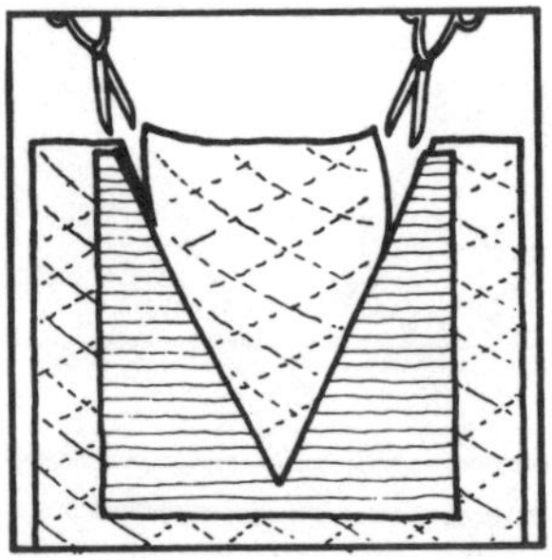

19 Bei weich gewebten Stoffen können Sie einen Streifen Vlieseline zum besseren Halt einlegen (V-Form).

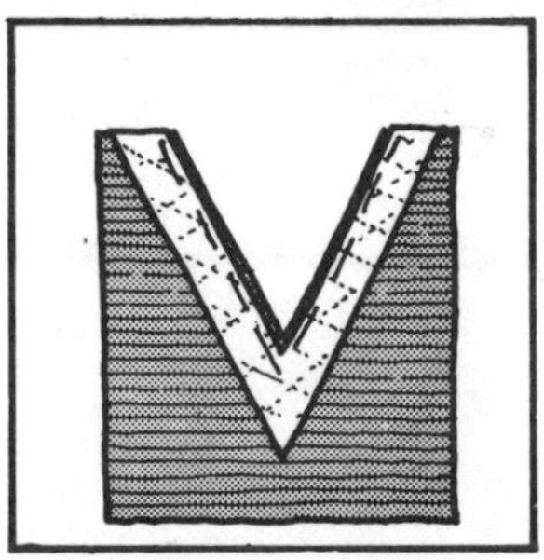

21 Heften Sie die Vlieseline auf die Innenseite des Beleges. Arbeiten Sie dann weiter wie Bild 9.

So ändern Sie die Länge bei abgesteppter Obernaht

Das neue Absteppen vorhandener Nähte auf der Oberfläche des Modells ist schon so eine Sache. Sicher werden Sie nicht immer den haargenau passenden Farbton des alten Garnes bekommen. Wer selbst schneidert, ist da wieder fein raus: Er kann vom Garn ein bißchen mehr kaufen und für eventuelle Änderungen aufheben. Wenn Sie vorhandene Modelle ändern, die fertig gekauft wurden, hilft nur die am besten passende Farbe oder das Auftrennen und Neusteppen der gesamten Naht.

1 Falls die Nähte bei bereits fertigem Saum abgesteppt wurden, müssen Sie die Stepperei auftrennen.

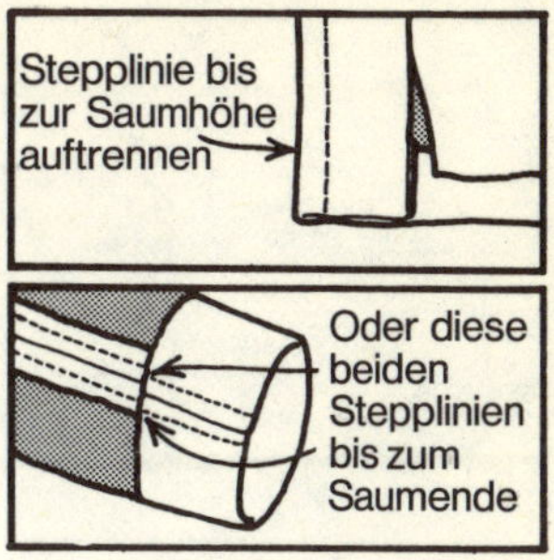

2 Dann arbeiten Sie die neue Länge wie bei Ärmel und Säumen beschrieben. Auch hier stets gut bügeln.

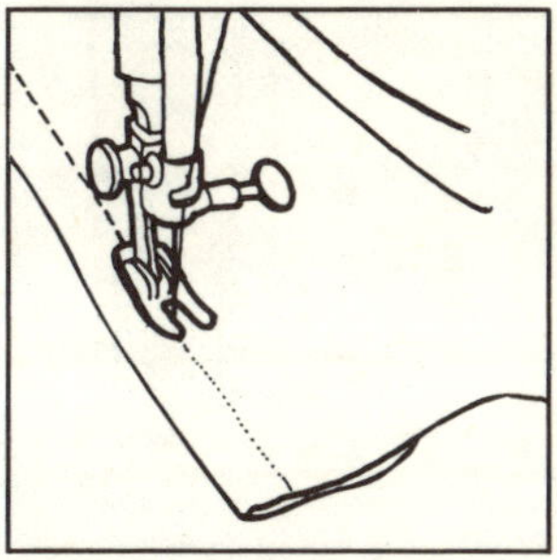

3 Nach dem Anfertigen der neuen Länge die Nähte der alten Linie gemäß farblich passend absteppen.

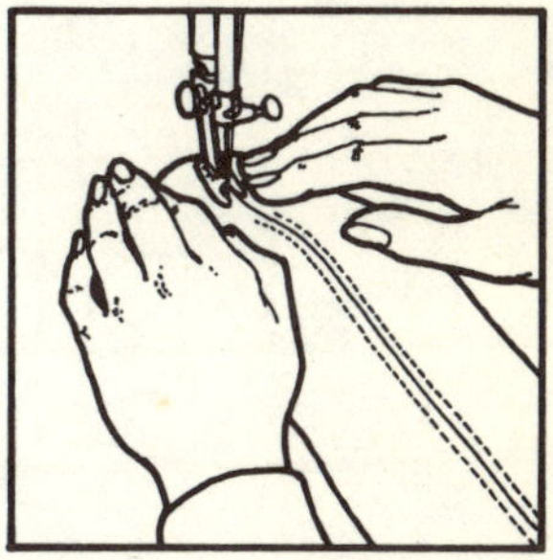

4 Wenn Sie beim Absteppen am Saum beginnen, kann die neue Steppnaht in die alte Naht verlaufen.

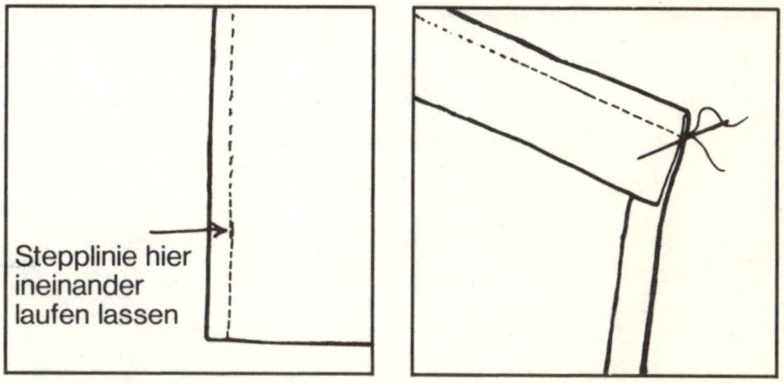

5 An der Übergangsstelle vernähen Sie die Fäden auf der linken Seite. Am Saum nähen Sie in den Beleg.

Ein paar Tips zum Ändern von Kinderkleidung

Ärmel verkürzen

Daß Sie beim Arbeiten von Kinderkleidung etwas Stoff zum Verlängern und Erweitern zugeben und drinlassen, ist wohl selbstverständlich. Kinder wachsen schnell, und meist ist die Kleidung nicht aufgetragen, sondern nur ein bißchen zu knapp geworden. Aber auch bei fertig gekauften Kleidungsstücken können Sie mit Geschick noch etwas herausholen.
Hier sind ein paar Tips, wie Sie mit fertig gekauften Borten oder Litzen und auch mit kontrastfarbenen Stoffresten noch etwas herausholen können. Bei Kinderkleidung brauchen Sie nicht allzu pingelig zu sein. Kinder wachsen schnell und unnötiges Auftrennen macht viel Arbeit. Bei einfachen Stoffen sollten Sie das Material vor dem Verarbeiten einmal durchwaschen. Manche einfachen Stoffe laufen ein und Sie müßten zu schnell ändern!

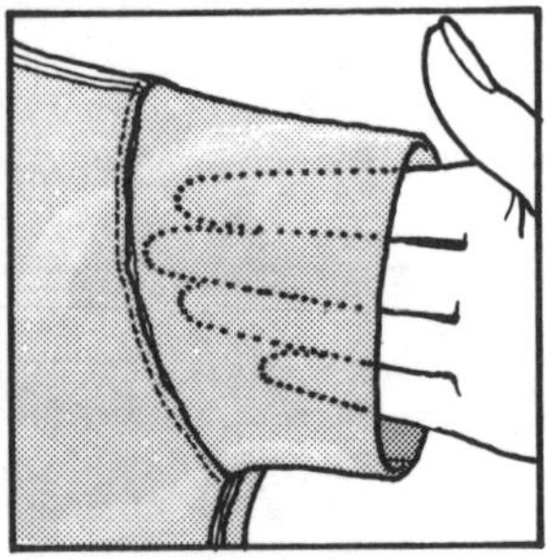

1 Wenden Sie das Kleidungsstück auf die linke Seite. Schieben Sie mit der Hand einen Saum nach außen.

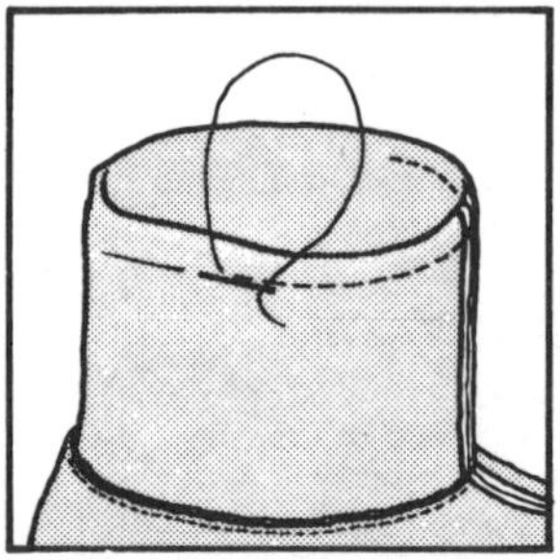

2 Heften Sie mit feinen Handstichen eine Falte ab, schlagen Sie den Saum zurück und heften Sie ihn an.

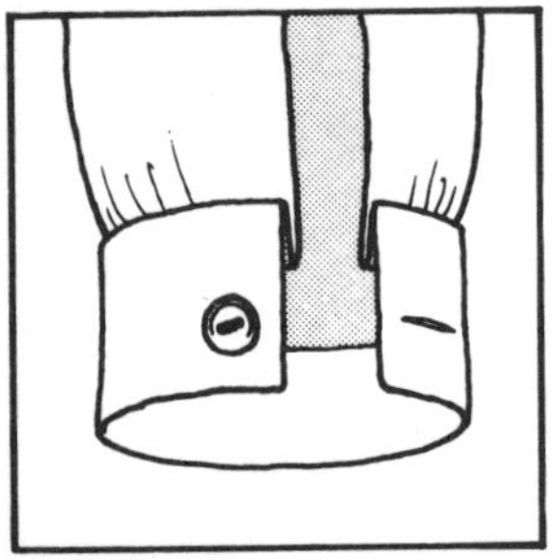

3 Bei langen Ärmeln können Sie diese Falte an der Manschette einlegen. Die Falte sollte gleich breit sein.

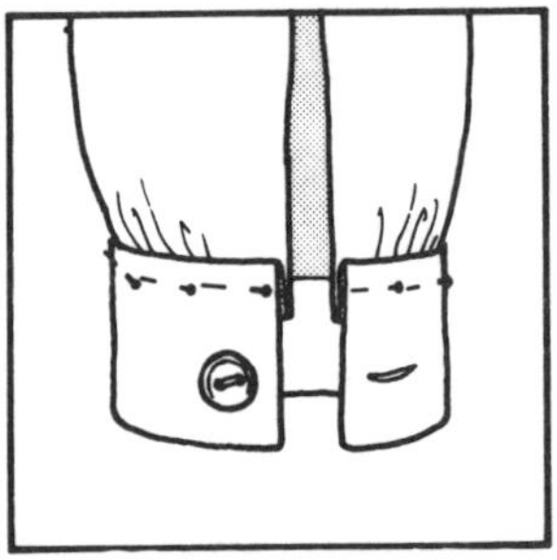

4 Jetzt stecken und noch einmal prüfen, ob die Länge richtig ist. Die Kräusel gleichmäßig verteilen.

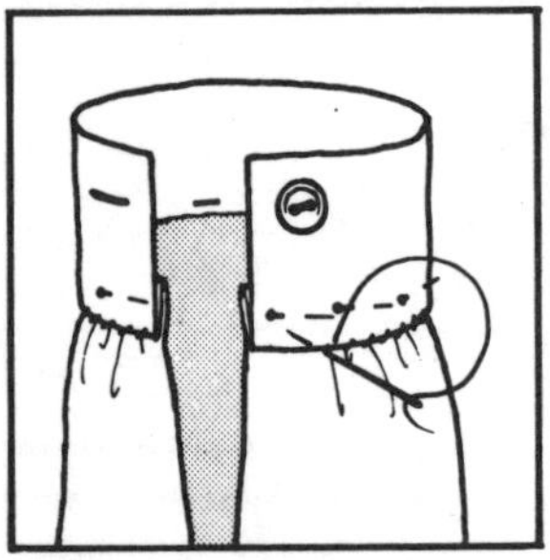

5 Mit farblich passendem Garn ansäumen. Den Faltenboden am Schlitz mit einigen Stichen heften.

So erweitern Sie ein Kinderkleid

Was wir hier in gestecktem Zustand zeigen, sollten Sie mit Lineal und Kreide nachziehen, damit die Linie ganz glatt verläuft. Kleine Bogen oder Kurven können Ihnen das Einsetzen der Borte erschweren. Wir haben mit Absicht das Erweitern durch eine Borte an den Anfang gestellt, weil das die einfachste Arbeit ist: Eine gewebte Borte hat den Vorzug, an beiden Kanten entlang sauber zu sein. Das Gleiche geht natürlich auch mit Stoffblenden! Es gibt in den Kurzwarenabteilungen der Kaufhäuser viele schöne Borten und Litzen von verschiedener Breite, die sich leicht einsetzen lassen. Sie haben einen glatten Abschluß an beiden Seiten und brauchen daher nur aufgesteppt zu werden.
Die Stoffblenden dagegen müssen an beiden Seiten fadengerade sein und schmal umgebügelt werden. Bei weichen Stoffen ist auch ein Umheften der Längskanten zu empfehlen. Ganz gewissenhafte Hobby-Schneiderinnen probieren die Breite vorher in Nessel aus.

Auch beim Aufschneiden des Rockes sollten Sie diese Linien mit Lineal und Kreide markieren, damit der Durchschnitt schön gerade und glatt wird. Geringe Bogen oder Kurven beeinträchtigen den glatten Verlauf der Naht und der Rock würde später schief fallen und schlecht sitzen. Beim Umbügeln von vorhandenen Falten ist jedoch Vorsicht geboten: Viele Stoffe sind ja heute aus Chemiefasern, da gehen die einmal eingepreßten Fal-

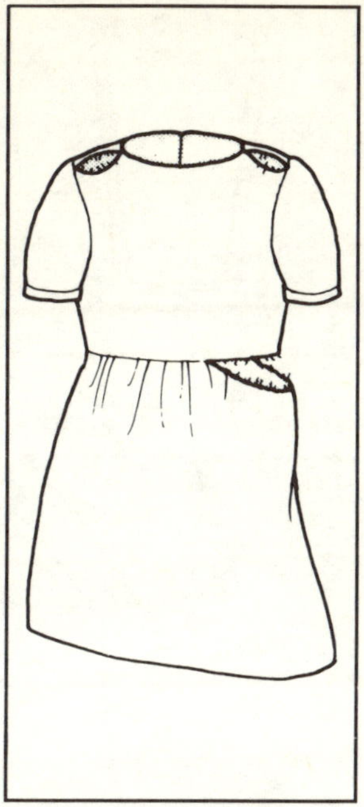

1 Trennen Sie die Schulternähte auf und nehmen Sie den Rock vom Oberteil ab. Alle Nähte gut ausbügeln.

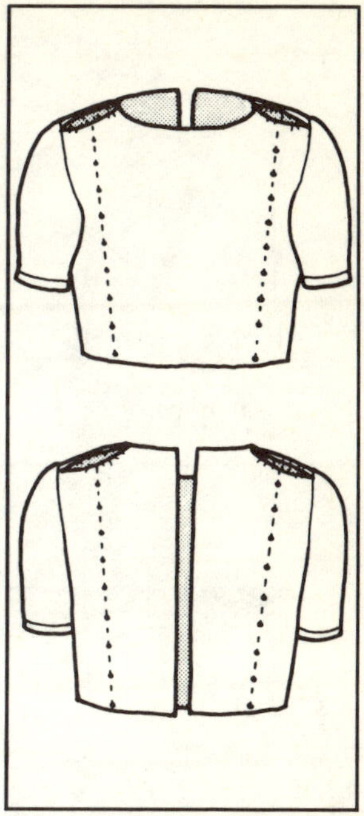

2 Markieren Sie mit Stecknadeln oder Kreide 2 Längslinien, die unten schmaler zusammenlaufen dürfen.

3 Schneiden Sie den Stoff an diesen Linien entlang auseinander. Schneiden Sie bitte jede Linie für sich.

4 Wenden Sie jetzt bitte das Oberteil auf die linke Seite und legen Sie die offenen Kanten schmal um.

5 Heften Sie diese ca. 1 cm breiten »Säume« um, so daß auf der rechten Stoffseite eine saubere Kante liegt.

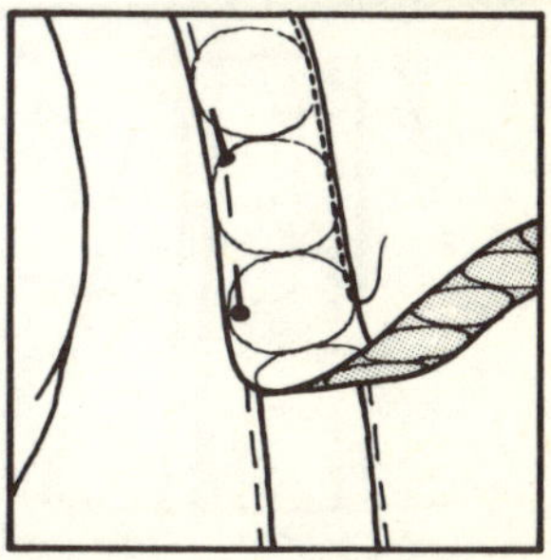

6 Nun stecken, heften und steppen Sie eine farblich passende, fertig gekaufte Litze oder Borte darauf.

ten nicht so ohne weiteres heraus. Die alten Stoffbrüche bleiben auch nach dem schönsten Bügeln einfach drin! Bitte probieren Sie vor der Änderung einmal aus, ob sich diese Mühe lohnt!

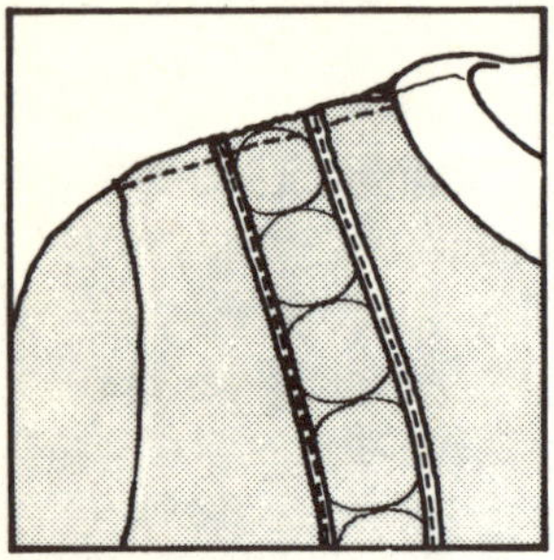

7 Wenn Vorder- und Rückenteil diesen Einsatz haben, steppen Sie die Schulternähte zusammen.

8 Das Vorderteil ist nun an vier Stellen weiter geworden. Das wird meist genügen. Nun kommt der Rock:

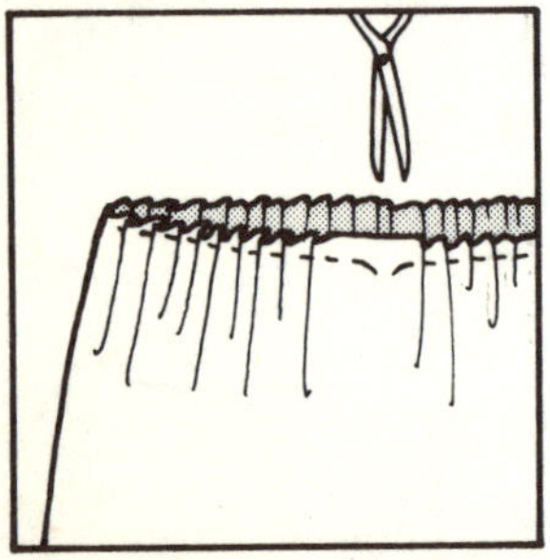

9 Oft ist er gekräuselt oder in Fältchen gelegt, denn enge Röckchen gibt es kaum. Lassen Sie etwas aus.

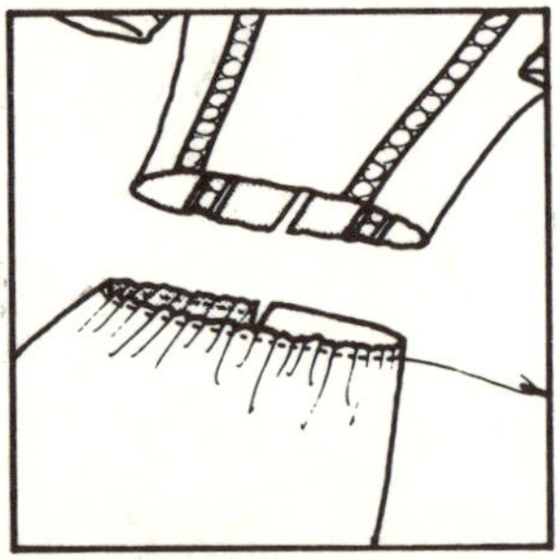

10 Wenn Sie den Kräuselfaden eingezogen haben, können Sie den Rock genau auf das richtige Maß bringen.

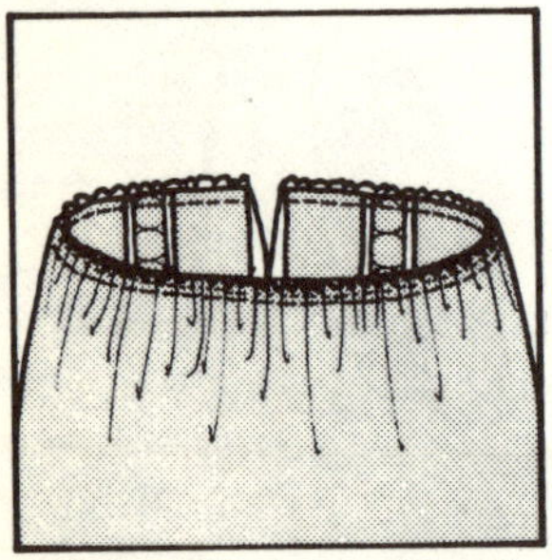

11 Schieben Sie nun das Oberteil in den Rock wie auf Seite 62 beschrieben wurde und steppen Sie die Naht.

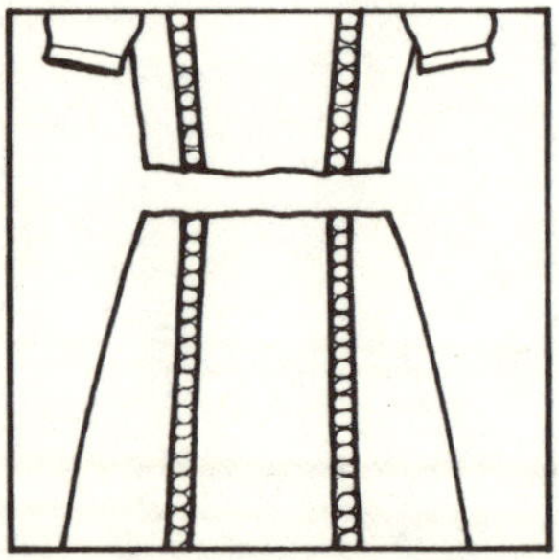

12 Bei größeren Mädchenkleidern gibt es manchmal schmalere Röcke: Auch hier tut eine Borte guten Dienst.

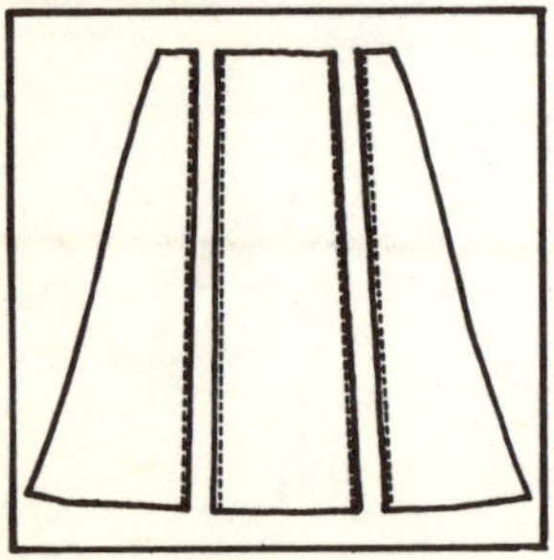

13 Schneiden Sie den Stoff genauso wie beim Oberteil auseinander und säumen Sie die Kanten schmal um.

14 Lassen Sie die Borte bis auf die offene Saumkante durchgehen. Dann Borte und Saum umschlagen.

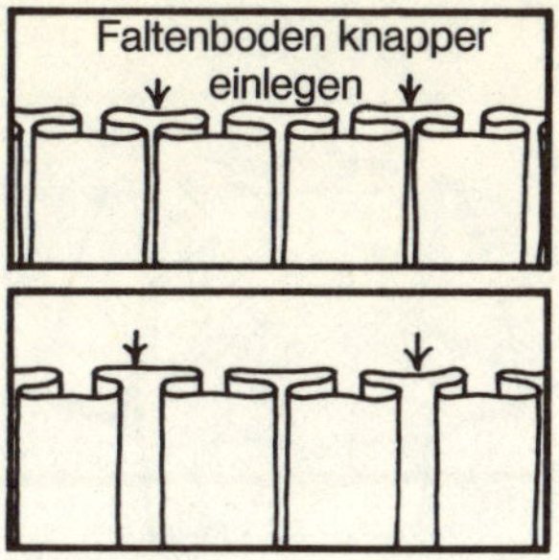

15 Bei einem Rock mit Kellerfalten je zwei Falten im Vorder- und Rückenteil etwas weniger tief einbügeln.

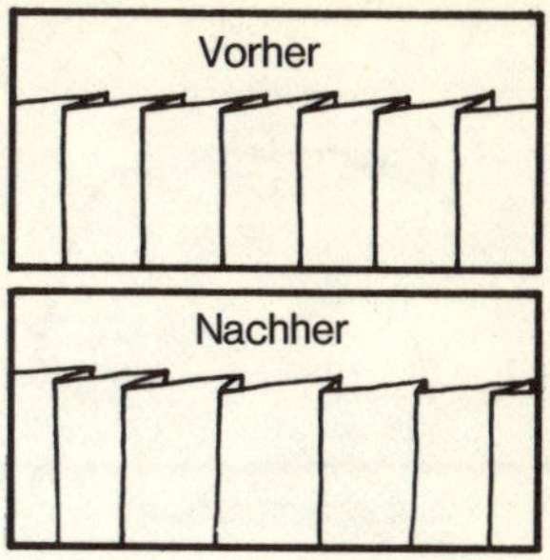

16 Bei einseitig eingelegten Falten bügeln Sie die Partie, die auf der Hüfte liegt, etwas weniger tief ein.

Auch T-shirts und Jumper lassen sich so erweitern

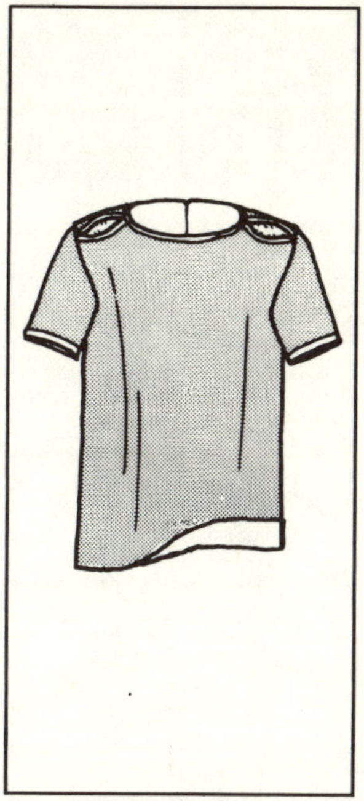

1 Trennen Sie als erstes die Schulternähte auf. Arbeiten Sie dann weiter wie auf Seite 87 ab Bild 2.

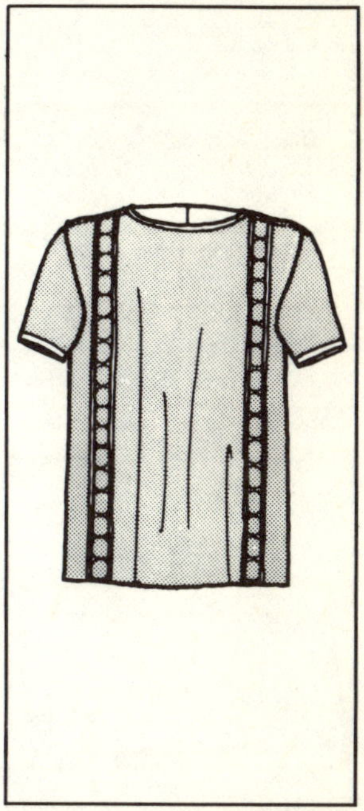

2 Hierbei kann die eingesetzte Borte parallel verlaufen, also nach unten hin gleich breit entfernt sein.

So machen Sie ein zu weites Kleid enger

Auch hier gilt: Lieber Lineal und Kreide zum Markieren der abzusteppenden Fältchen benutzen, als nur mit Stecknadeln markieren. Das gibt beim Steppen zu leicht Unregelmäßigkeiten. Bügeln Sie auch bitte nach jedem Steppen die Falte zuerst einmal aus. Dann erst weiterarbeiten.

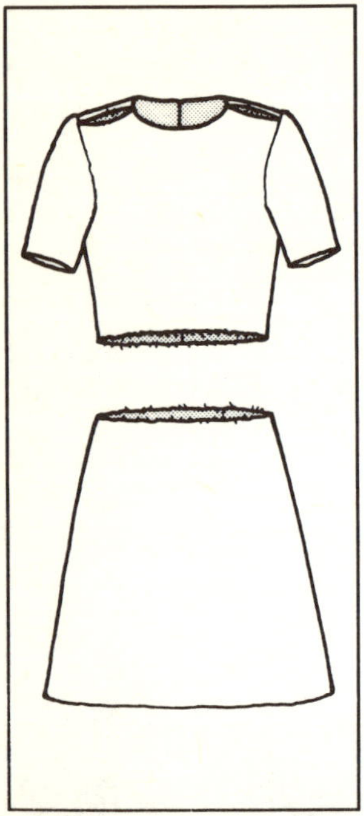

1 Trennen Sie die Schulternähte und die Taillennaht auf. Bügeln Sie alle Nähte sorgfältig aus. (Bügelprobe!)

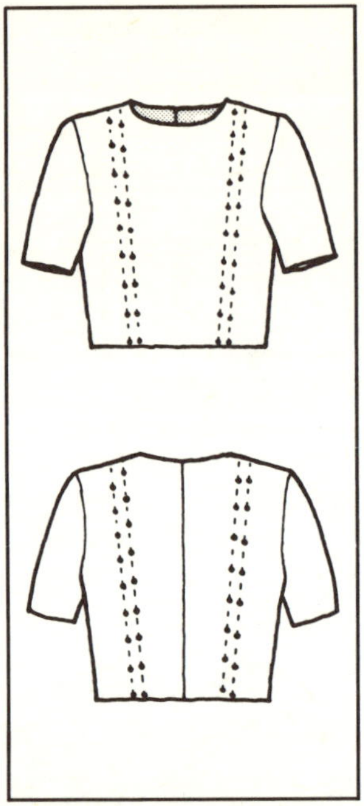

2 Markieren Sie mit Kreide eine Falte von notwendiger Breite im Vorder- und Rückenteil. (Evtl. zwei).

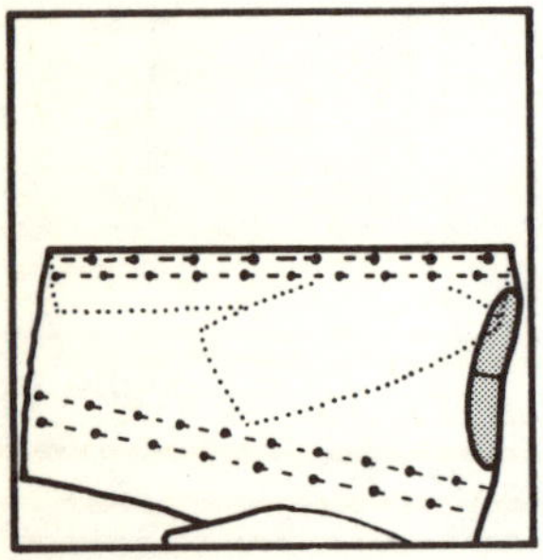

3 Schlagen Sie das Oberteil an der Markierung entlang zusammen: So kann man heften und steppen.

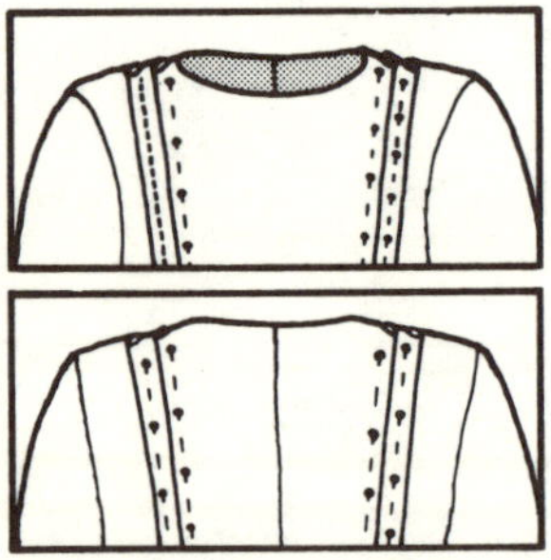

4 Manchmal sind zwei schmale Falten hübscher als eine breite. Achten Sie auf einen gleichmäßigen Abstand.

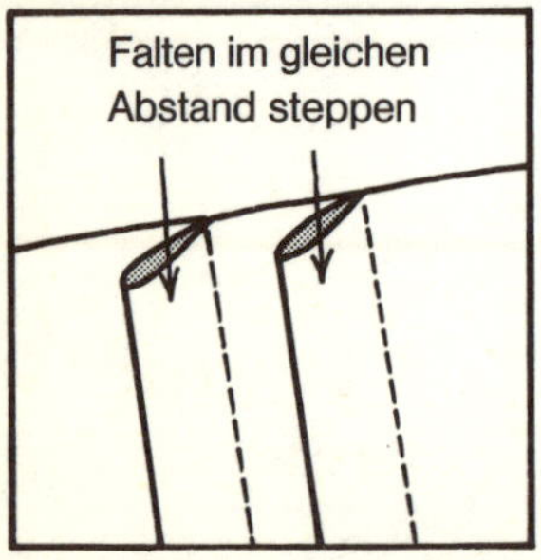

5 Auch die Faltentiefe muß überall gleichmäßig sein. Die Steppnähte sollen sich auf der Schulter treffen.

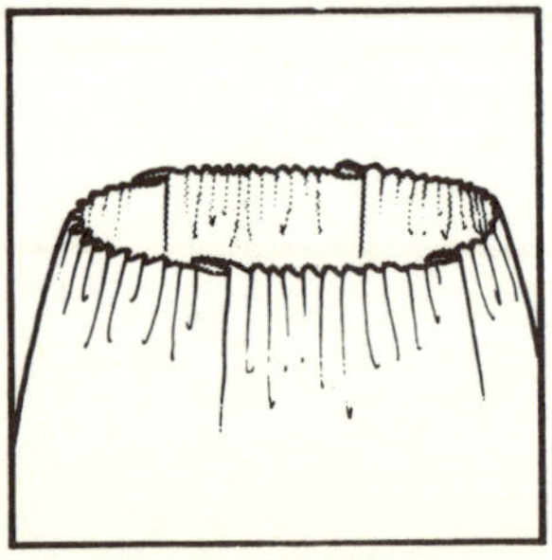

6 Der Rock läßt sich leicht enger machen: Legen Sie zusätzlich eine kleine Falte in die Kräuselkante ein.

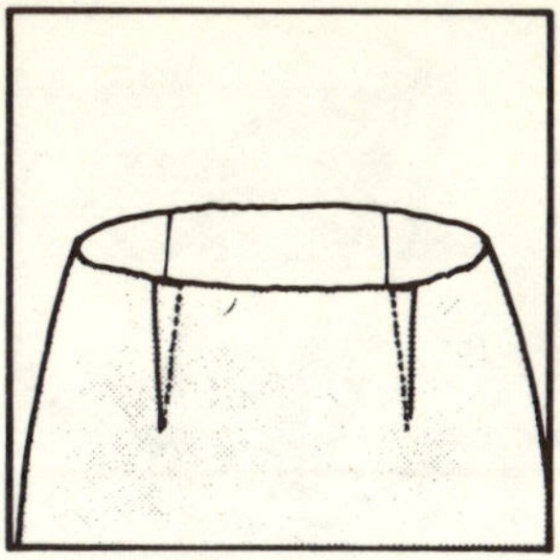

7 Bei schmaleren Röcken tun Abnäher den gleichen Dienst. Wie sie gemacht werden, zeigt Seite 26 Bild 1.

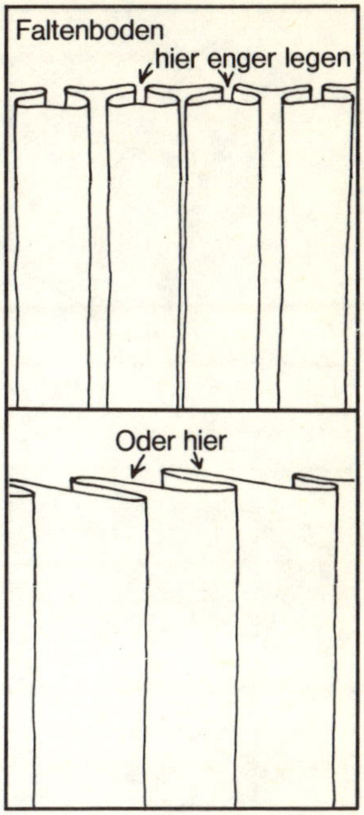

8 Bei Kellerfalten oder einseitigen Falten legen Sie den Faltenboden etwas tiefer ein. Gut nachbügeln.

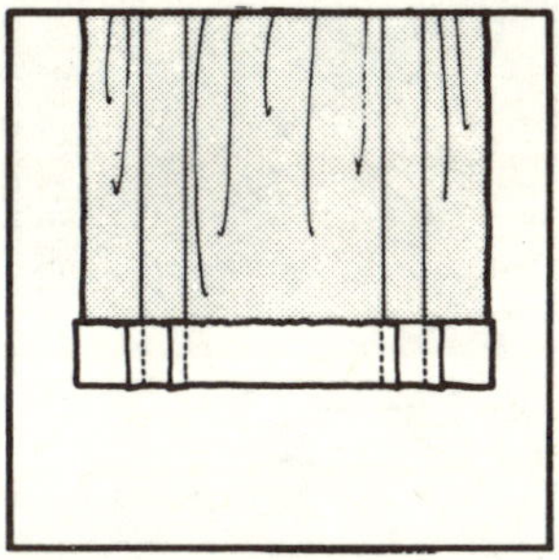

9 Bei durchgehend geschnittenen Kleidchen die Fältchen senkrecht herunter steppen. Dann säumen.

Mit Rüschen läßt sich's leicht verlängern

Für eine Saum-Rüsche müssen Sie die zweifache Weite rechnen. Bei sehr duftigen Stoffen und bei langen Röcken darf es auch die zweieinhalb-fache Weite sein. Probieren Sie an einem kleinen Stück Saum mit Stecknadeln aus, wie reich die Rüsche gekraust sein darf.
Wenn Sie die Ansatznaht der Rüsche schmal absteppen, können Sie sicher sein, daß die Rüsche einen festen Halt hat und daß die Ansatznaht selbst nicht nach unten rutscht und den Sitz der Rüsche beeinträchtigt.
Rüschen sind ja bei Röcken und Ärmeln eine schicke Möglichkeit zu verlängern, ohne daß

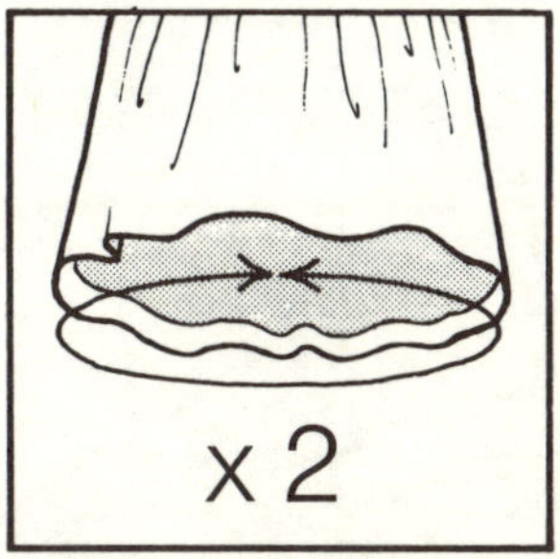

1 Schön, wenn Sie einen Stoffrest haben; oft sieht aber ein anderes Muster lustig aus (2 x die Weite).

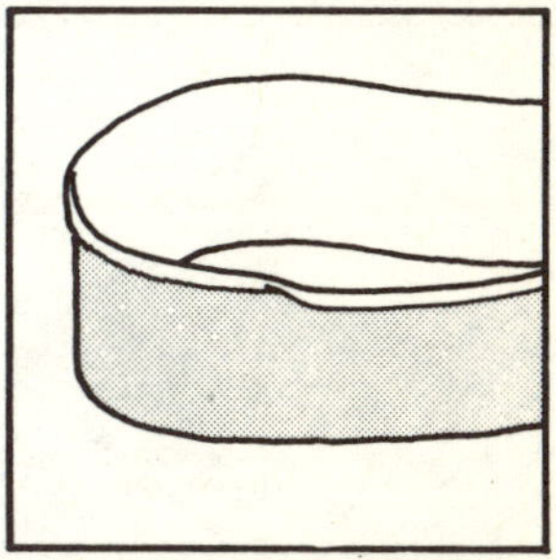

2 Sie brauchen zweimal die Saumweite und die gewünschte Breite. Eine Kante wird schmal umgesäumt.

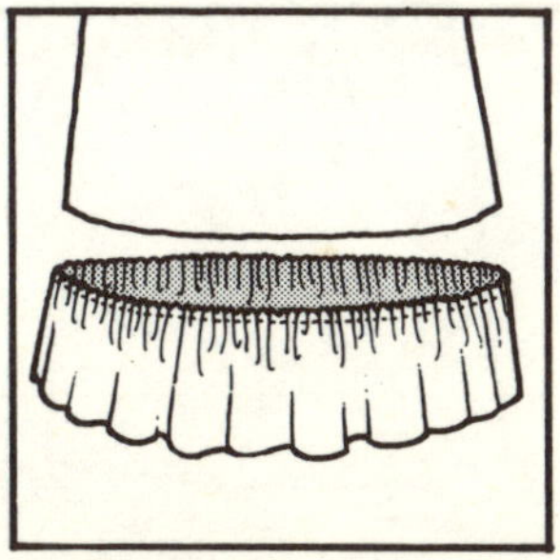

3 Jetzt kräuseln Sie die obere offene Stoffkante auf die Saumweite des Kleides ein. Fadenenden gut vernähen.

4 Setzen Sie die Rüsche nicht auf, sondern an. Das sieht hübscher aus. Die untere Rockkante ausbügeln.

diese Korrektur nach Flickwerk aussieht. Ganz gleich, ob Sie noch Stoffreste haben oder nicht: In diesem Fall sind auch Kontrastfarben und -Muster erlaubt!

5 Legen Sie die gut verteilte Rüsche rechts auf rechts auf die untere Rockkante. Nun stecken und anheften.

6 Nach dem Steppen versäubern Sie die schmale Naht mit Zick-Zack- oder Handstichen. Naht überbügeln.

7 Jetzt streifen Sie die Rüsche nach unten: Der Rock hat nun die gewünschte neue Länge. Naht bügeln.

8 Wenn Sie die Ansatznaht von der rechten Seite schmal absteppen, bekommt die Rüsche Halt und Schwung.

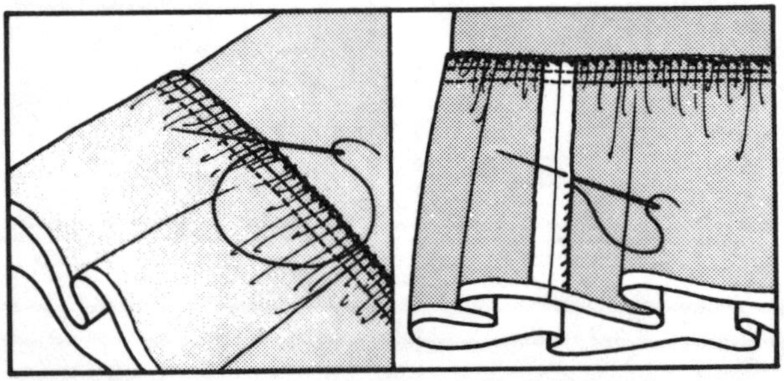

9 Falls Sie keine Nähmaschine haben, können Sie die Naht auch zum Schluß mit feinen Stichen versäubern. Die kleine Naht, mit der die Rüsche zur Rundung geschlossen wurde, evtl. mit Handstichen versäubern.

Fältchen machen Röcke kürzer

Messen Sie den Abstand der Fältchen stets vom Saum aus nach oben ab. So sind die Fältchen gleich hoch vom Saum entfernt. Das sieht besser aus, als wenn sie oben stimmen wür-

1 Auch diese Änderung ist einfach. Legen Sie aber lieber zwei schmale statt einer breiten Falte hinein.

2 Markieren Sie die Höhe der untersten Falte mit einer Nadel, einem Kreidestrich oder mit einem Faden.

den, aber einen unregelmäßigen Abstand vom Saum aus haben. Diese Arbeit sollten Sie sich aber nur zutrauen, wenn Sie fit im Steppen gerader Nähte sind! Streifen Sie den Rock über das Bügelbrett und bügeln Sie alle Fältchen in Richtung Saum. Ziehen Sie den Stoff mit der Hand immer schön glatt, damit die Fältchen auch korrekt sitzen. Stellen Sie die Fadenspannung beim Steppen nicht zu straff ein, sonst werden die Nähte leicht kraus und verziehen sich.

3 Markieren Sie diese Stelle an einer alten Postkarte oder an einem Stück Pappe als Hilfe zum Messen.

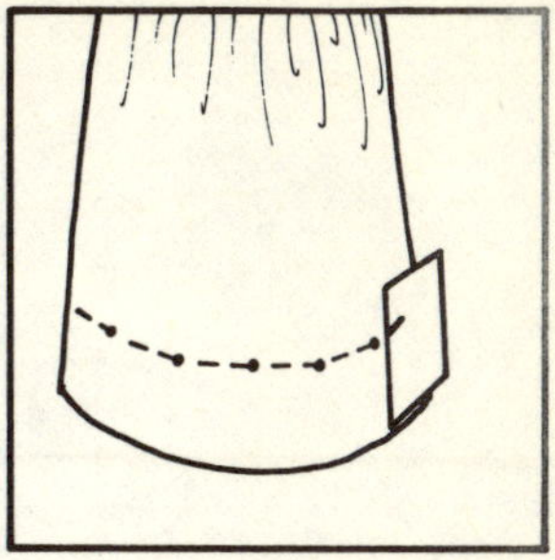

4 Markieren Sie mit Nadeln oder mit Kreide diesen Abstand rundherum. Der Rock kann auf dem Tisch liegen.

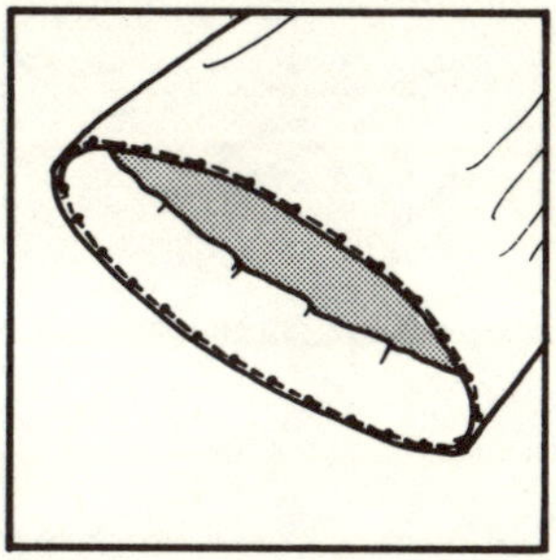

5 Stecken und heften Sie diese Markierung wie einen Saum um. Nach dem Heften einmal leicht überbügeln.

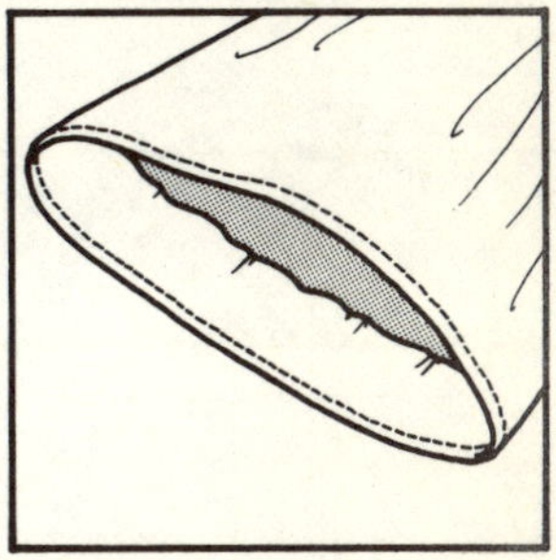

6 Steppen Sie nun die Falte auf der oberen Seite schmal ab. Bügeln Sie die Kante anschließend sorgfältig an.

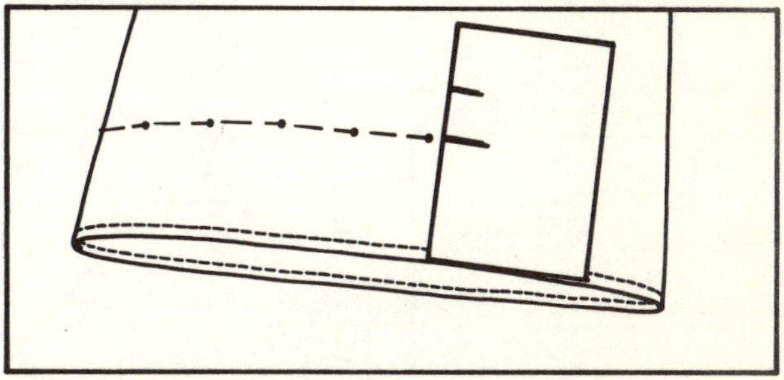

7 Jetzt kommt die nächste höhere Falte: Bringen Sie auch hier an Ihrer Pappe die gewünschte Markierung an. Sie können auch eine dritte oder gar vierte Falte so absteppen, falls es nötig sein sollte.

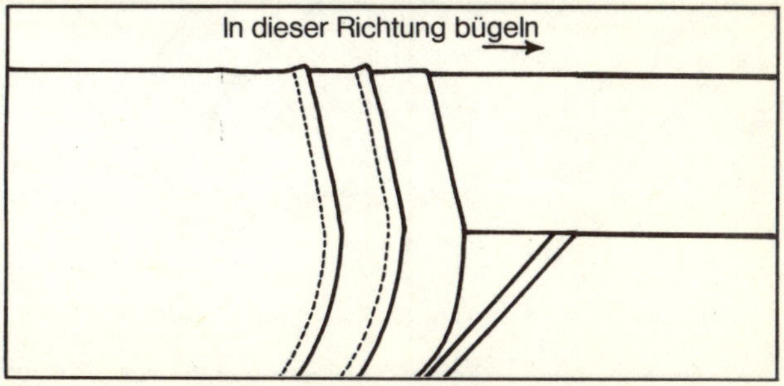

8 Zum Schluß streifen Sie den Rock über das Bügelbrett. Bügeln Sie alle Falten nach unten zum Saum hin. (Je nach Stoffart mit einem feuchten Tuch.)

Ausbesserungen

So stopfen Sie dünn gewordene Stellen bei Servietten, Tischdecken, Bettwäsche, Kinderkleidung und ähnlichem

Bitte den Stopffaden nicht zu stark anziehen, Sie bekommen sonst eine krause Stopfstelle! Daß Sie den Stopffaden der Feinheit des Stoffes ein wenig anpassen, ist ja klar: Kein Mensch wird eine Organzabluse mit einem dicken Stopfgarn bearbeiten. Bei dünneren Geweben können Sie das Stopfgarn spalten: Sie machen aus den meist vier Fäden einfach nur zwei Fäden!

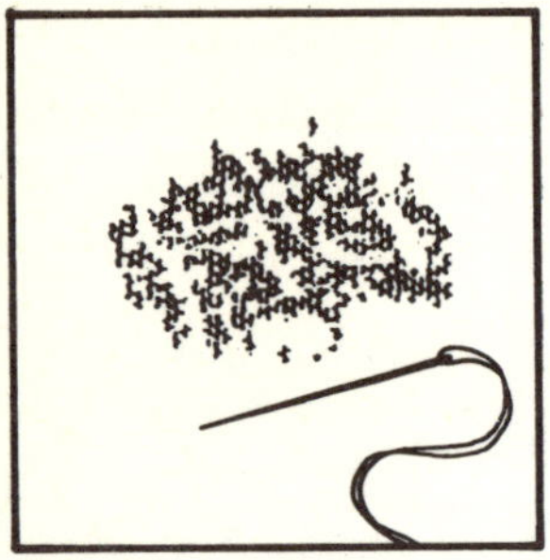

1 Fädeln Sie einen sehr feinen Faden Baumwollgarn ein. Arbeiten Sie mit doppeltem Faden, das hält besser.

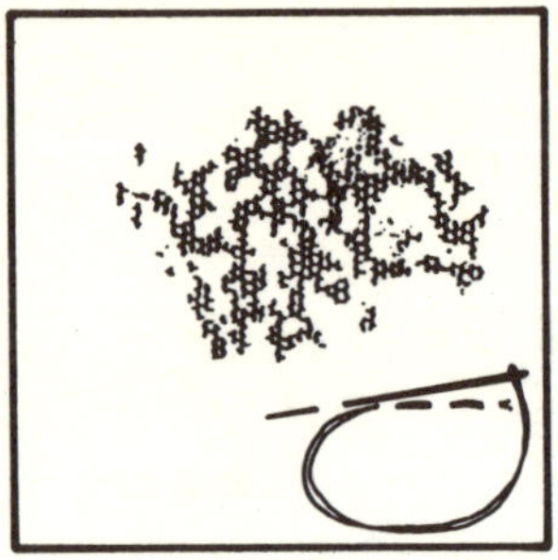

2 Machen Sie keinen Knoten. Stopfen Sie mit kleinen Stichen und rundum einem Abstand von 2 cm.

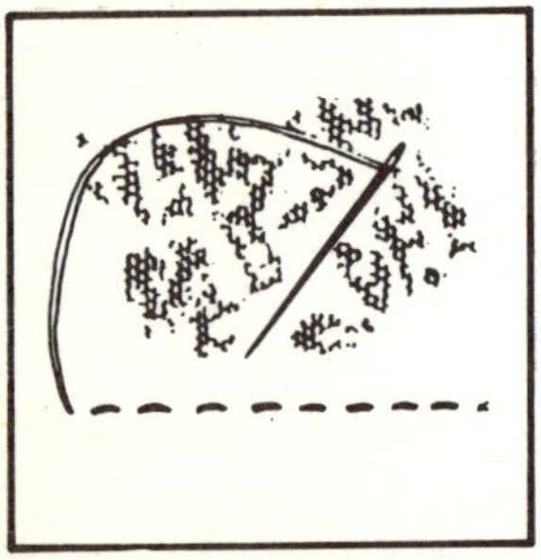

3 Stopfen Sie auf der rechten Stoffseite. Sie können dann den Verlauf der Stopffläche besser beurteilen.

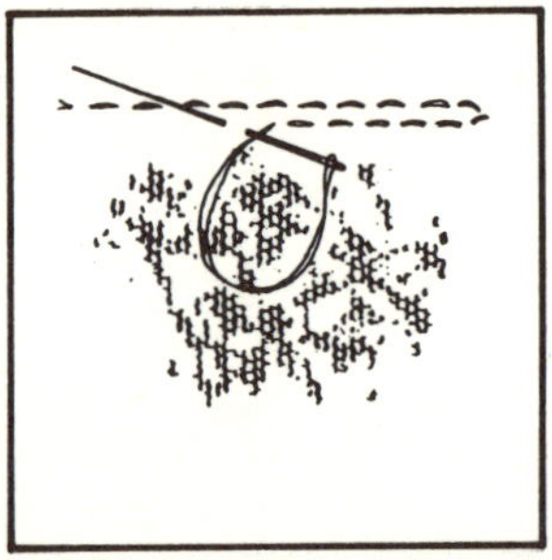

4 Stopfen Sie immer von rechts nach links: Sie haben so den Stoff am besten in der Hand. Nicht verknoten.

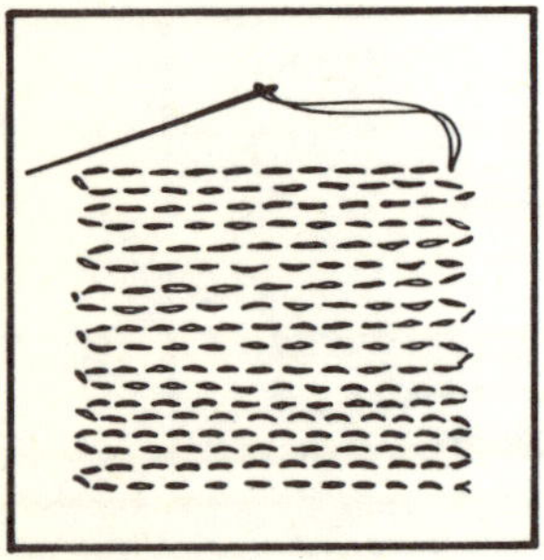

5 Arbeiten Sie mit dicht aneinanderliegenden Reihen hin und her. (Der Faden muß zur Farbe passen.)

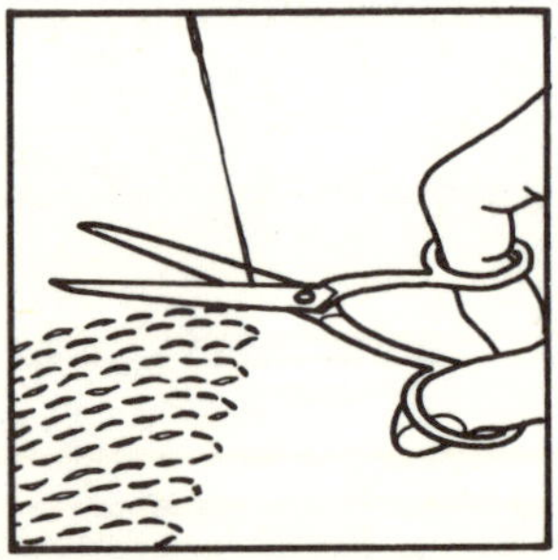

6 Wenn Sie die Stelle mit einem rundum überstehenden Viereck bedeckt haben, Faden kappen.

So stopfen Sie einen Riß

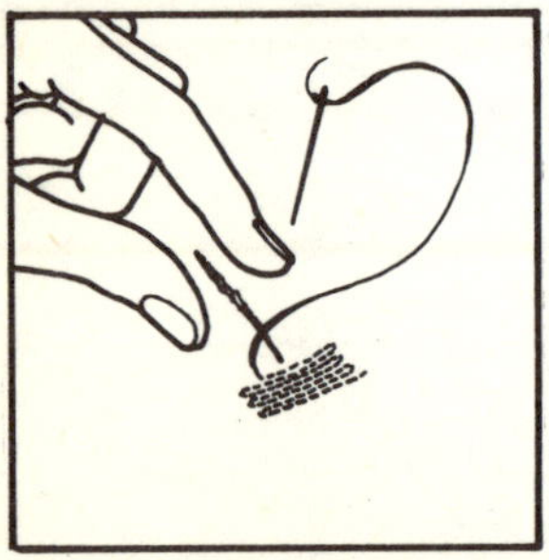

1 Schieben Sie den Riß mit Daumen und Zeigefinger so gut wie möglich zusammen. Stopfen Sie wie oben.

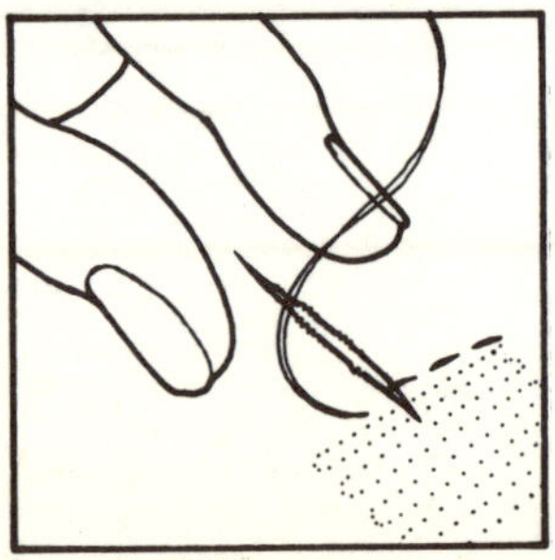

2 Der einzige Unterschied: Stopfen Sie zuerst über die rechte Rißkante und lassen die linke Kante stehen.

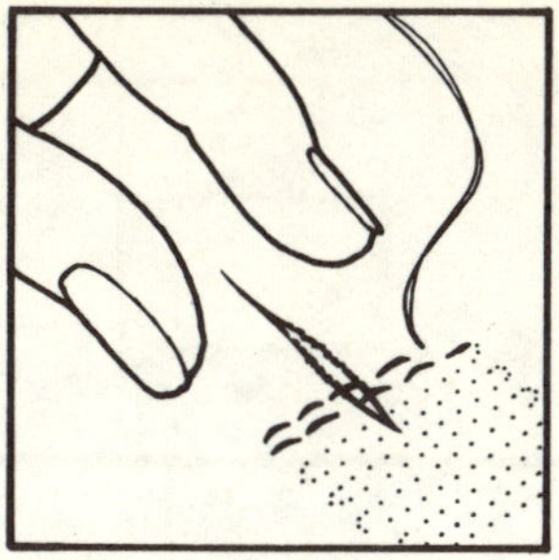

3 Stopfen Sie so hin und her, daß abwechselnd jede Rißkante einmal von dem Faden bedeckt wird.

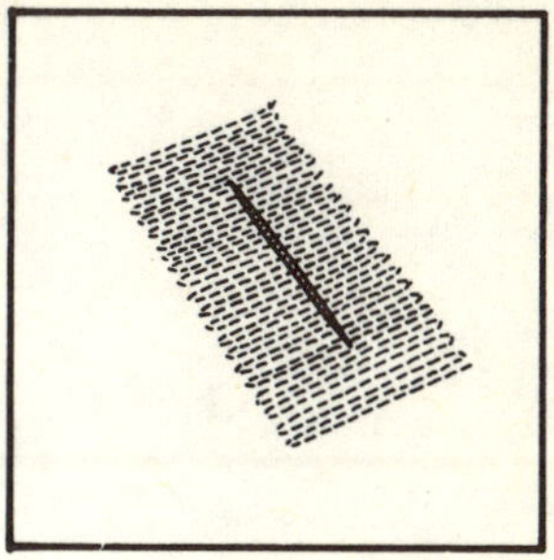

4 Auch in diesem Fall rundum etwas mehr Stoff mitstopfen als nötig ist: Die Stopfstelle reißt nicht aus.

Und das ausgerissene Knopfloch?

Beim Stopfen von Knopflöchern legen Sie am besten ein kleines Läppchen von einem passenden Stoff unter. Das hält besser und gibt dem Knopfloch mehr Festigkeit. Wenn möglich, können Sie aus einem Stoffrest einige Fäden ausziehen und damit stopfen. Wenn Sie dazu noch kleine Stiche machen, ist später kaum etwas von der Stopfstelle zu erkennen. Besser als ein fremder Stoff ist natürlich ein Läppchen aus dem Material des Kleides! Einfach zuziehen gilt nicht! Ihre Naht sieht garantiert unordentlich aus. Die kleine Mühe mit dem Herausziehen der alten Fäden und dem richtigen Verlauf der nachgesteppten Naht sollten Sie sich schon machen. Selbst beim Stopfen sollten Sie bügeln: Die betreffende Stelle läßt sich in glattem Zustand erheblich leichter bearbeiten als in krauser Form!

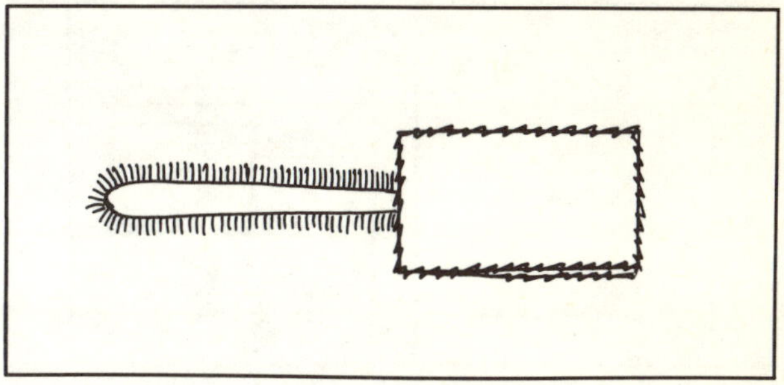

1 Nähen Sie ein kleines Rechteck auf passendem Stoff auf die Belegseite. Das gibt später einen guten Halt.

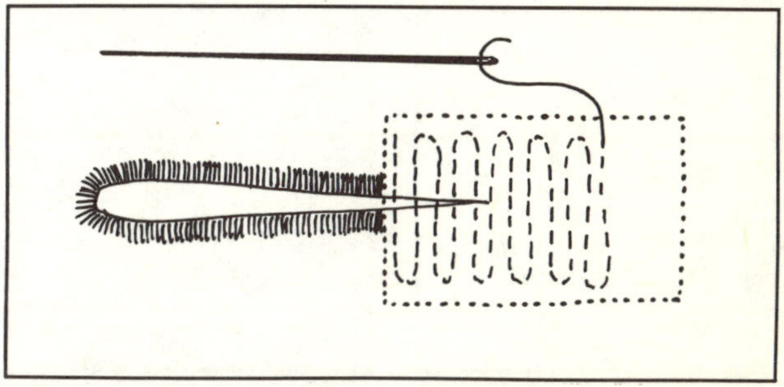

2 Stopfen Sie jetzt auf der rechten Seite mit kleinen Stichen und genau passendem Faden wie auf Seite 94.

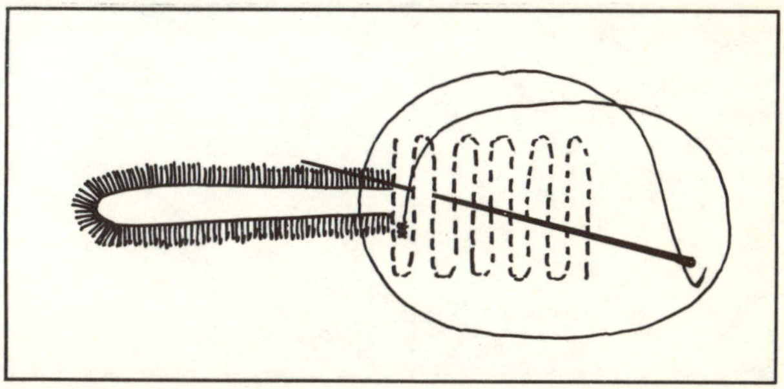

3 Machen Sie am Knopflochende einige feste Querstiche in der Farbe des Knopflochfadens. Dann bügeln.

Wenn die Knöpfe ausgerissen sind ...

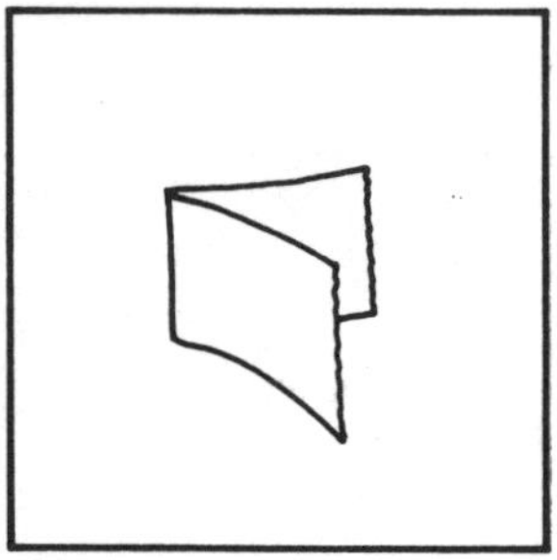

1 Schneiden Sie einen Streifen Stoff ab, falten Sie ihn doppelt und legen Sie ihn auf die linke Stoffseite.

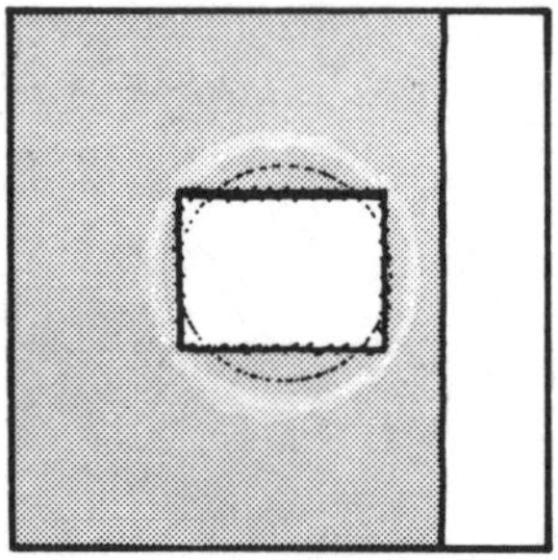

2 Nähen Sie ihn rundum mit kleinen Stichen fest. Fassen Sie dabei nur den Belegstoff, nicht die Oberseite.

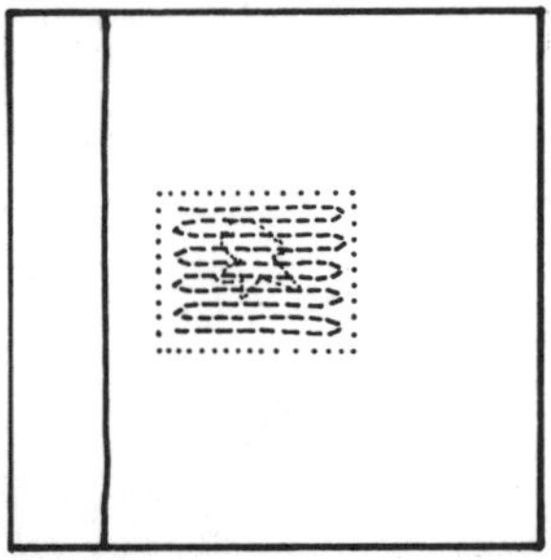

3 Entfernen Sie die alten Nähfäden und stopfen Sie die Fläche wie auf Seite 94 angegeben. Gut bügeln.

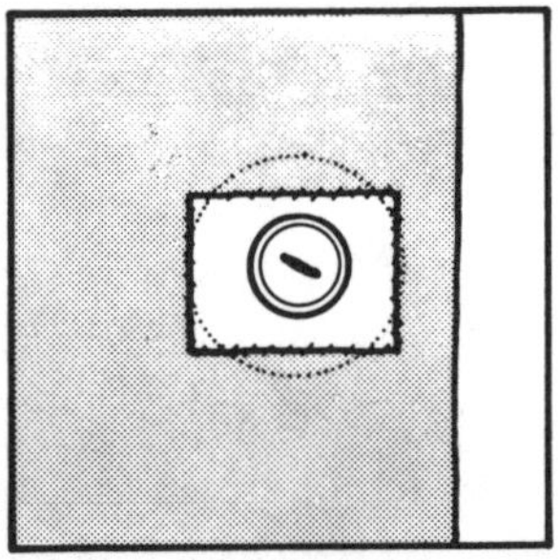

4 Beim Annähen des Knopfes - siehe Seite 34 - legen Sie einen kleinen Knopf unter, dann hält es besser.

Auch Nähte können reißen ...

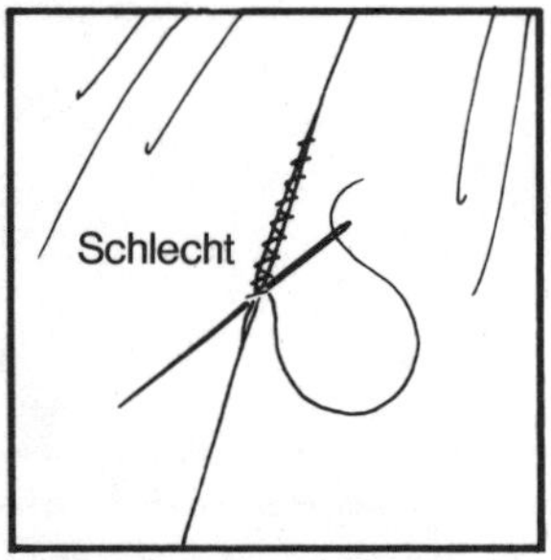

1 Bitte setzen Sie die Naht nicht einfach zusammen: Es sieht häßlich aus und hält auch nicht sehr gut.

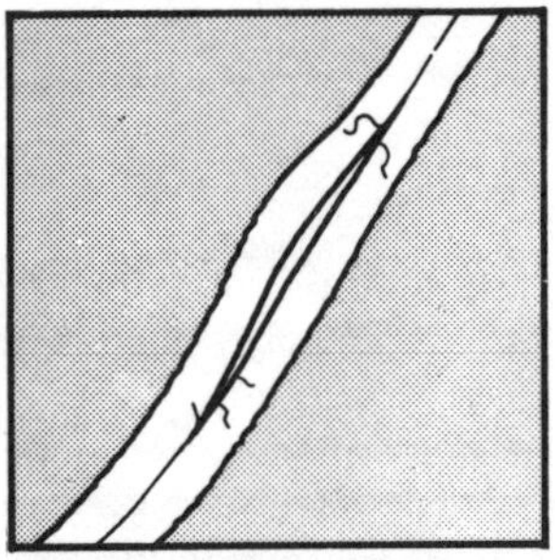

2 Wenden Sie das Kleidungsstück besser auf die linke Seite und suchen Sie die offene Stelle genau ab.

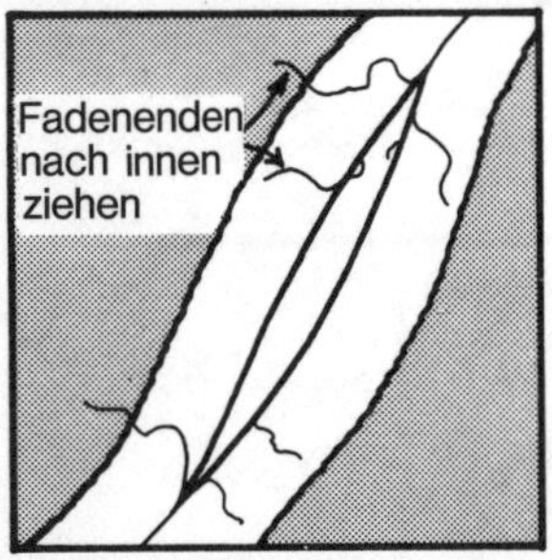

3 Ziehen Sie alle Steppfäden auf die linke Seite, damit später von rechts keine Fadenenden mehr zu sehen sind.

4 Nähen Sie die offene Stelle der Naht von der linken Seite aus nach. Die neue in die alte Naht vernähen.

Dünne Stoffe – haarfein gestopft …

Lachen sie nicht, aber mit Haaren kann man ganz prima stopfen. Vor allem dünne Gewebe sind für dieses kleine Opfer sehr dankbar!

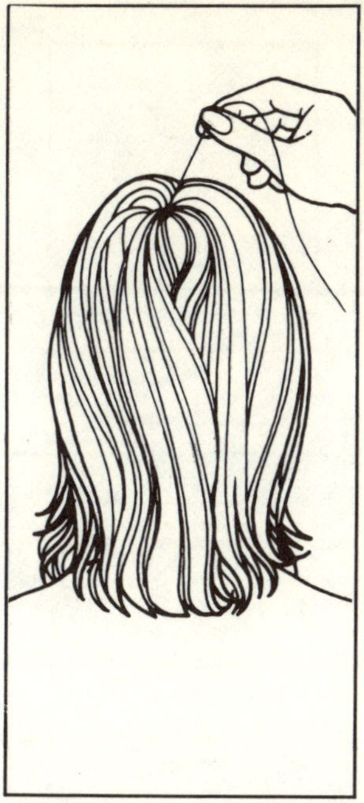

1 Wer hat bei Ihnen lange Haare? Lassen Sie sich zwei oder drei schenken, nach Farbe des Stoffes bitte.

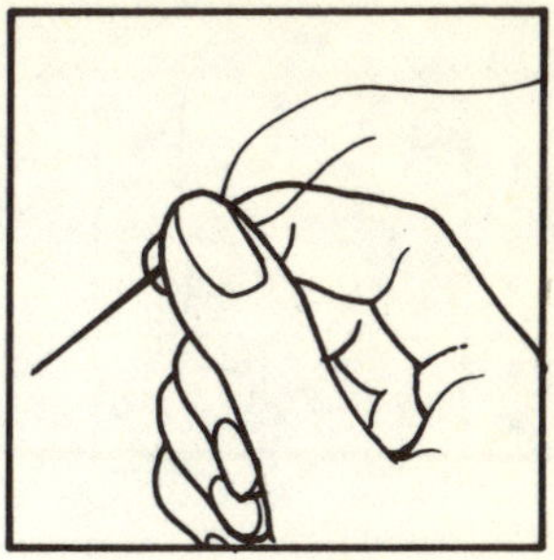

2 Das Stopfen von Chiffon oder Georgette ist eine haarige Angelegenheit, aber so geht's am besten!

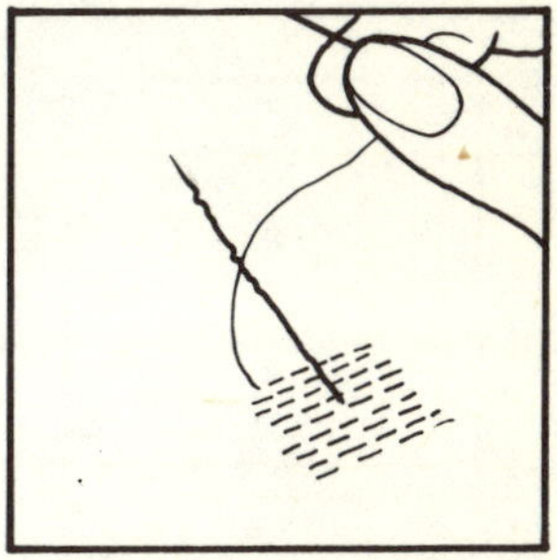

3 Stopfen Sie den Riß mit kleinen Stichen wie auf Seite 94. Sticheln Sie auf der Ober- und Unterseite.

So werden alte Bettücher wieder brauchbar

Natürlich verliert Ihr Bettuch an Breite, wenn Sie die durchgeschlissene Mitte herausschneiden. Aber sicher können Sie es dann noch für Kinderbetten oder andere Zwecke brauchen. Wichtig sind fadengerade Nähte. Wenn die durchgeschlissene Stelle noch nicht allzu breit ist, können Sie den Stoff reißen statt schneiden. Dann können Sie sicher sein, daß die Nähte einen korrekten Verlauf haben und nicht beulen.

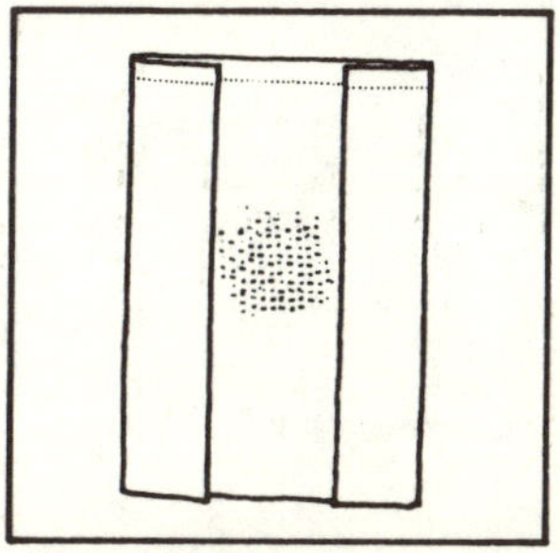

1 Falten Sie das Bettuch so zusammen, daß die geschlissene Mitte freiliegt (oberer und unterer Saum aufeinander).

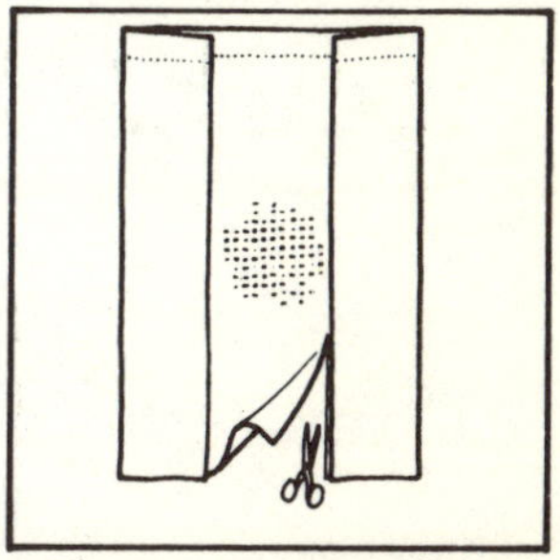

2 Schneiden Sie nun das Mittelteil herus. Ober- und Unterkanten aufeinander ergibt gerade Schnittlinien.

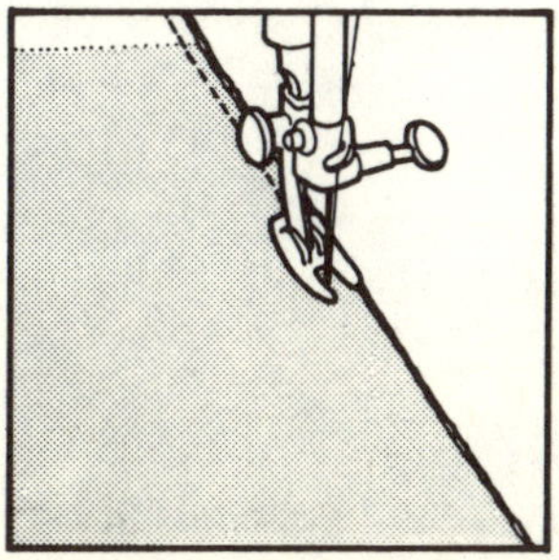

3 Steppen Sie nun die guten Seitenteile aufeinander. Steppen Sie ganz knapp an der Webekante entlang.

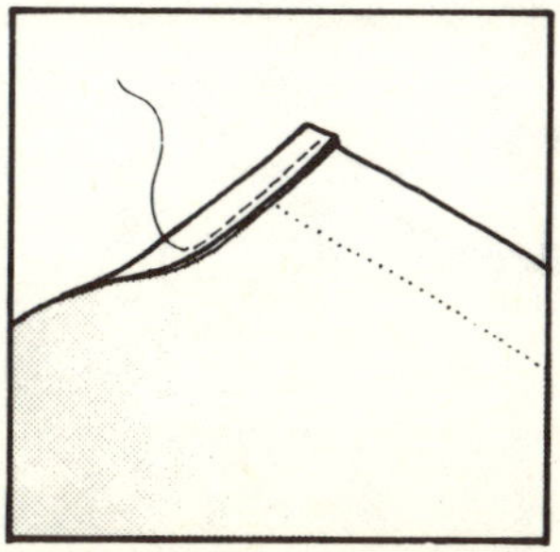

4 Jetzt liegen die beiden abgeschnittenen offenen Kanten nach außen. Bitte säumen Sie ganz schmal um.

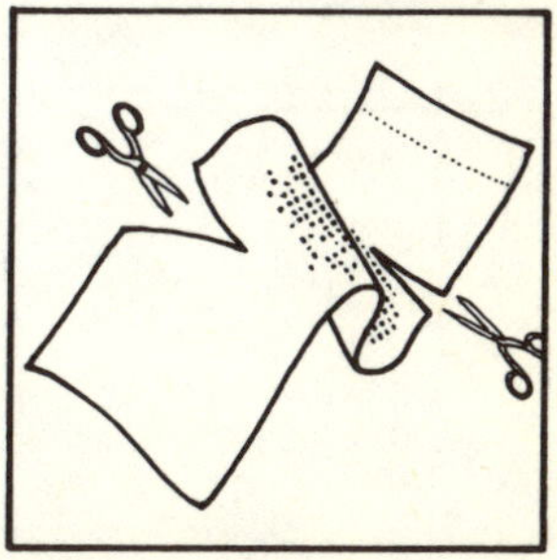

5 Bei kleineren Wäschestücken lassen sich aus den guten Ober- und Unterteilen Putztücher und ähnliches machen.

So setzen Sie einen Flicken ein

Flicken lassen sich auch mit der Hand einsetzen. Bitte achten Sie auf eine sorgfältige Verarbeitung der Ecken. Nähen Sie an den Ecken mit besonders kleinen und festen Stichen. Daß Sie in diesem Fall Nähgarn und keine Nähseide nehmen, wissen Sie sicher selbst. Nähgarn kann bei der Wäsche mitgekocht werden, Nähseide aber nicht. Der Flicken selbst sollte natürlich aus dem gleichen oder einem ähnlichen Stoff wie das Wäscheteil sein!

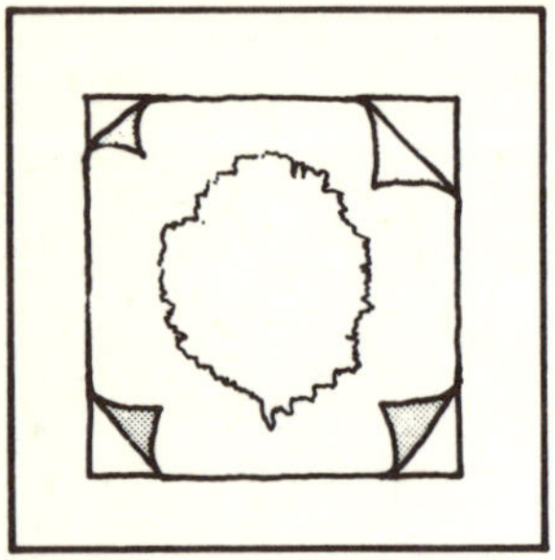

1 Schneiden Sie aus gleichem oder ganz ähnlichem Stoff ein Quadrat, das reichlich über das Loch paßt.

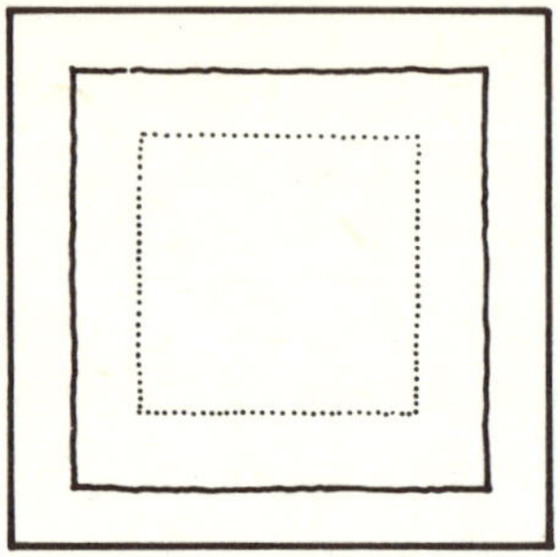

2 Legen Sie das Quadrat so auf, daß beide Stoffe links auf links liegen. Stopfstelle bitte markieren.

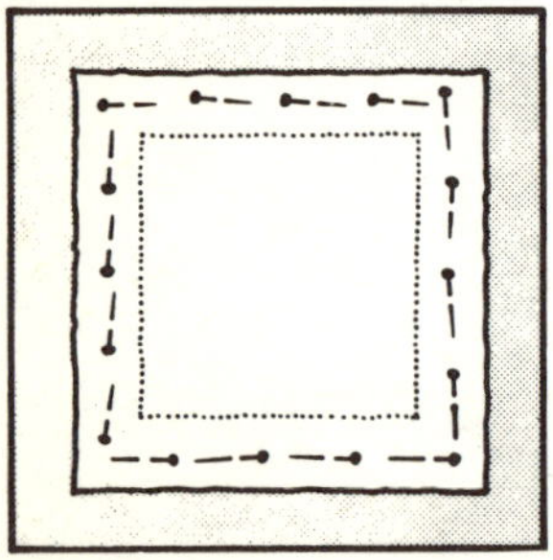

3 Stecken Sie die Seiten rundum mit feinen Stecknadeln an. Bei leichtem Stoff ist auch Heften vorteilhaft.

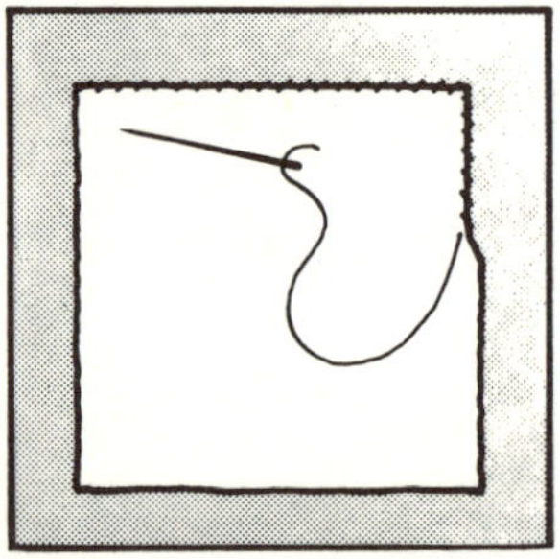

4 Schlagen Sie die offenen Kanten des Flickens ganz schmal um und säumen Sie sie mit kleinen Stichen.

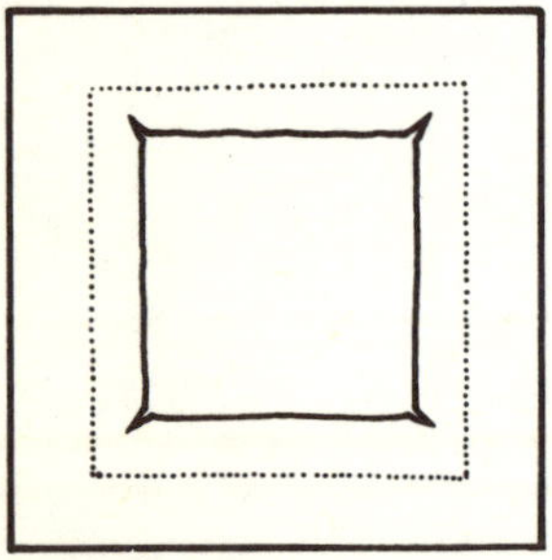

5 Jetzt das Ganze bitte umdrehen. Die Stelle mit dem Loch ganz sorgfältig herausschneiden.

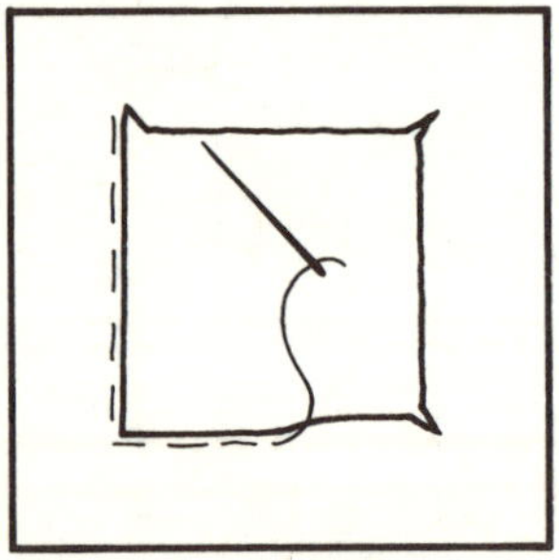

6 Die Ecken »einknipsen«, damit sich hier die offenen Kanten einschlagen lassen. Kanten aufheften.

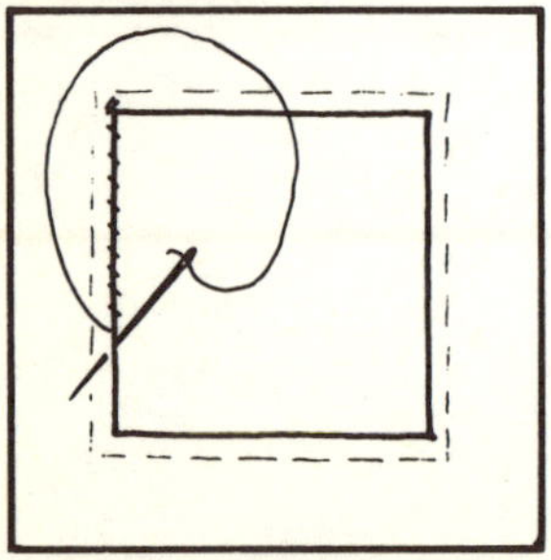

7 Die umgeschlagenen Kanten mit kleinen Stichen ansäumen: Der Abschluß ist auf beiden Seiten sauber.

Eine »FÜNF« ist kein Vergnügen …

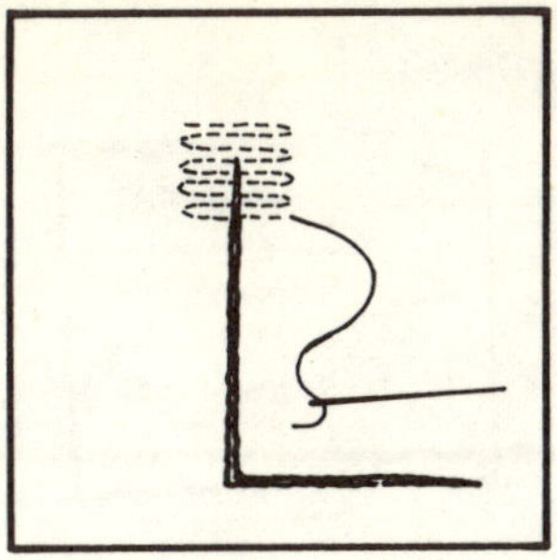

1 Bei glatten Stoffflächen können Sie eine »FÜNF« verstopfen wie auf Seite 94 gezeigt wurde. Wieder gut bügeln.

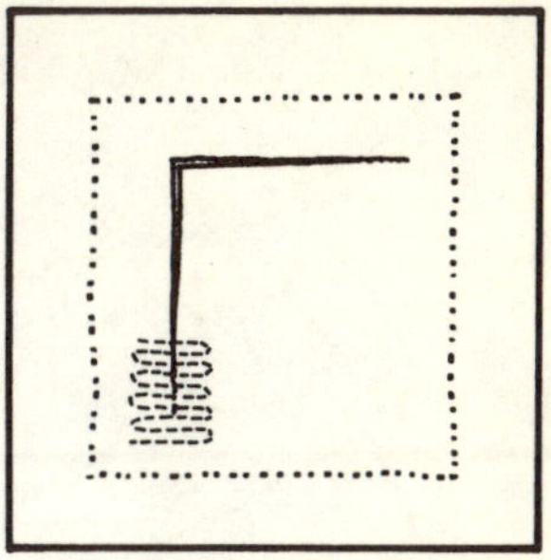

2 Bei Knie- oder Ellbogenrundungen sollten Sie einen Stoff-Flecken unterlegen und mit verstopfen.

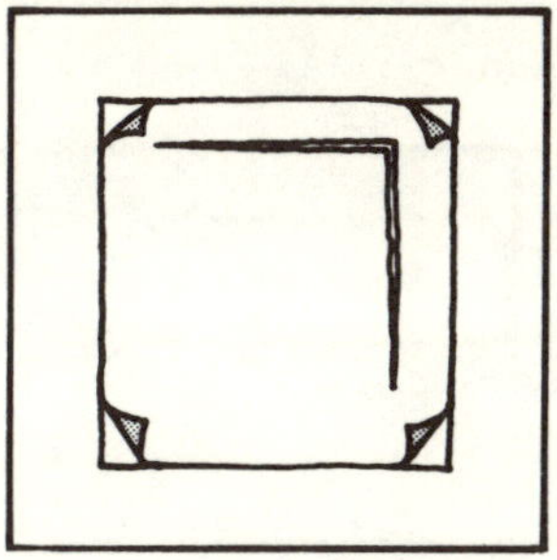

3 Wenn Sie noch passenden Stoff haben, ist – besonders bei Kinderkleidung – ein Flicken nützlicher (S. 98).

Auch elastische Stoffe lassen sich stopfen …

Auch Stretch-Material kann geflickt werden. Allerdings muß die Stopfstelle sich wenigstens ein bißchen ausdehnen lassen wie der Oberstoff, sonst reißen die Stopffäden zu leicht durch. Da die meisten Stretch-Stoffe aus synthetischen Fasern gewebt oder gewirkt werden, sollten Sie auch hier ein Stopfgarn aus Chemiefaser verwenden. Falls Sie nur ein mehrfädiges Garn bekommen können, dürfen Sie den dicken Faden auch in zwei dünne aufteilen.

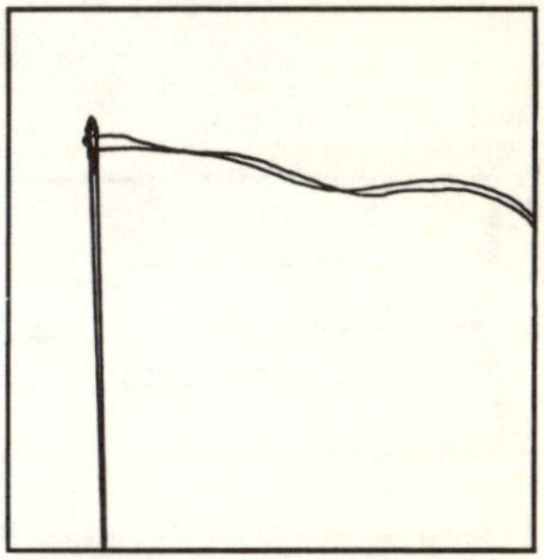

1 Hier können Sie einen längeren doppelten Faden verwenden. Stopfen Sie, wie auf Seite 94 angegeben ist.

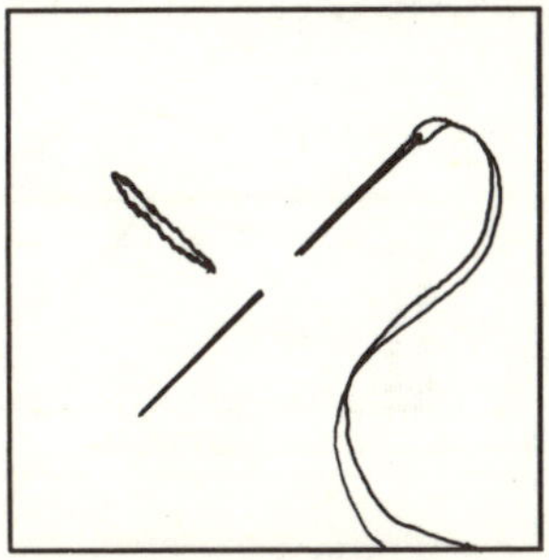

1a Hier können Sie einen längeren doppelten Faden verwenden.

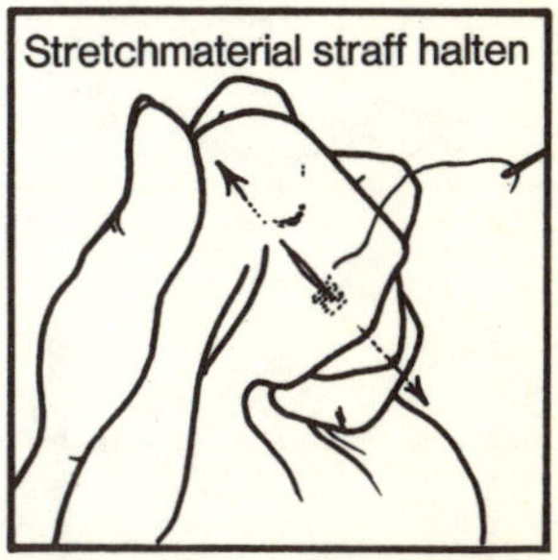

1b Stopfen Sie wie auf Seite 94 angegeben ist.

So wird Ihre alte Jacke wieder neu …

Es gibt Futterstoffe, die garantiert nicht einlaufen. Sie machen bei der Wäsche oder Reinigung keinen Ärger. Billiges Futter läuft meist ein und macht Ihnen viel Arbeit beim späteren Än-

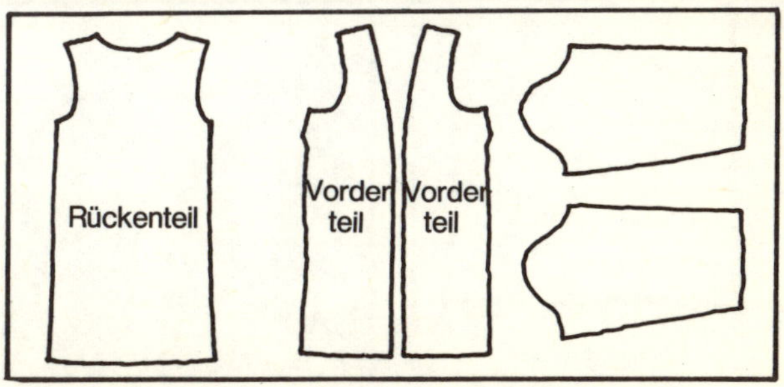

1 Trennen Sie alle Teile auseinander und bügeln Sie alles gut aus. Nach Möglichkeit mit einem feuchten Tuch. Diese ausgebügelten Teile dienen Ihnen als Schnitt für das neue Futter.

dern. Bitte nehmen Sie bei modernen Fasern auch stets einen Synthetikfaden zum Nähen. Normales Baumwollgarn läuft mitunter ein und ergibt krause Nähte! Bitte achten Sie auch auf die passende Stoffbreite des Futters. Wenn Sie nachher die fehlende Menge nachkaufen müssen, haben Sie nur unnötige Arbeit. Die Verkäuferin kann Ihnen beim Ausrechnen der notwendigen Länge und Breite gewiß helfen. Bei weichen Oberstoffen können Sie auch ein schmiegsames Futter verarbeiten, das den Sitz des Oberstoffes nicht »verhärtet«: zum Beispiel Neva'viscon.

Wenn Sie das Futter eingesteckt und eingeheftet haben, sollten Sie Jacke oder Mantel noch einmal anprobieren. Sie können dann kontrollieren, ob das Futter richtig sitzt oder ob Sie noch eine Kleinigkeit ändern müssen. Heute läßt man den Futtersaum meist lose hängen. Es ist ziemlich schwer, ihn genau passend zur Oberstofflänge anzunähen und ein wenig Nachgiebigkeit des Futters kann nicht schaden. (Der Futtersaum darf übrigens mit der Maschine umgesteppt werden.)

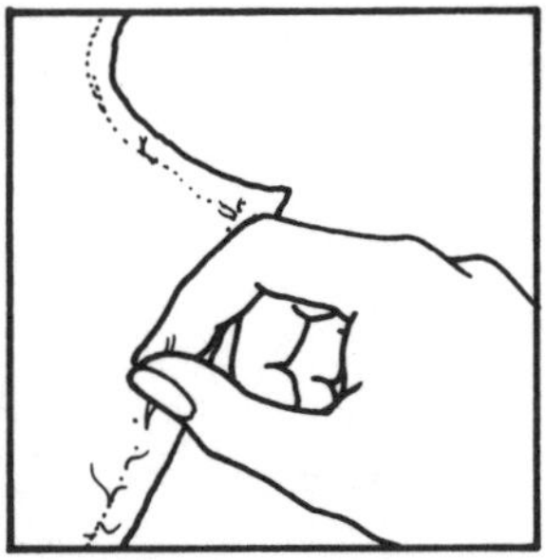

2 Entfernen Sie alle alten Fäden. Man sollte jedoch den alten Nahtverlauf noch so gerade erkennen können.

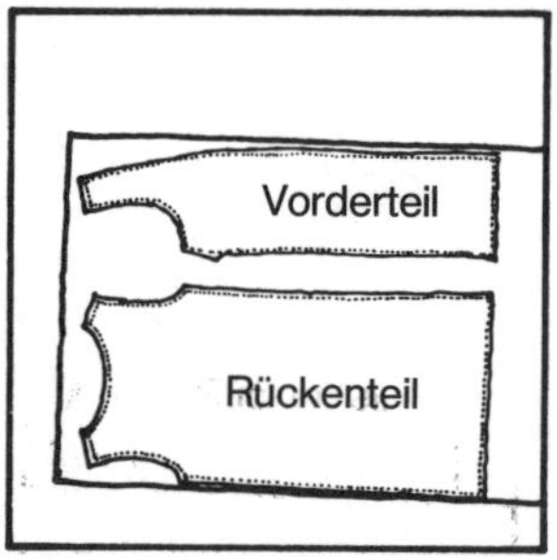

3 Je nach Breite des Futters können Sie Rücken- und Vorderteil in einer Stoffbreite auflegen. Nahtzugabe.

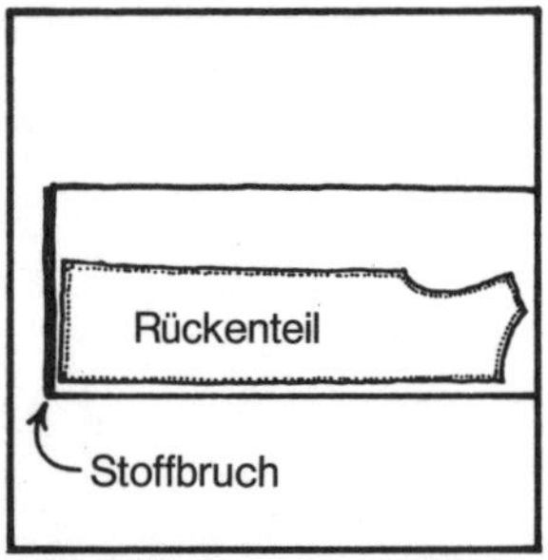

4 Oder Sie falten das Rückenteil und legen es auf das ebenfalls gefaltete Futter: Hintere Mitte Bruch.

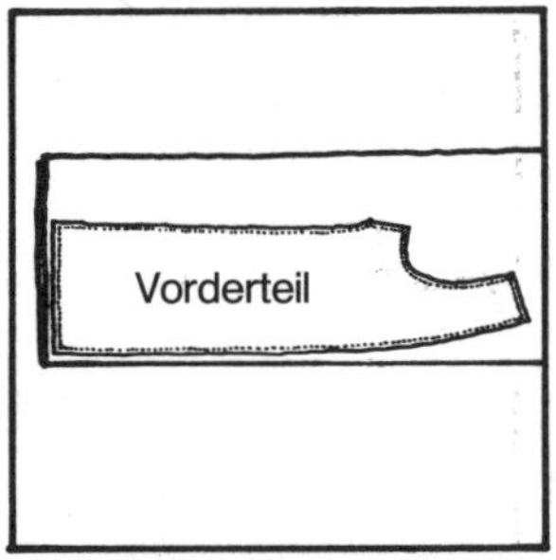

5 Legen Sie nun das Vorderteil auf das zusammengelegte Futter, denn Sie brauchen ja zwei Vorderteile.

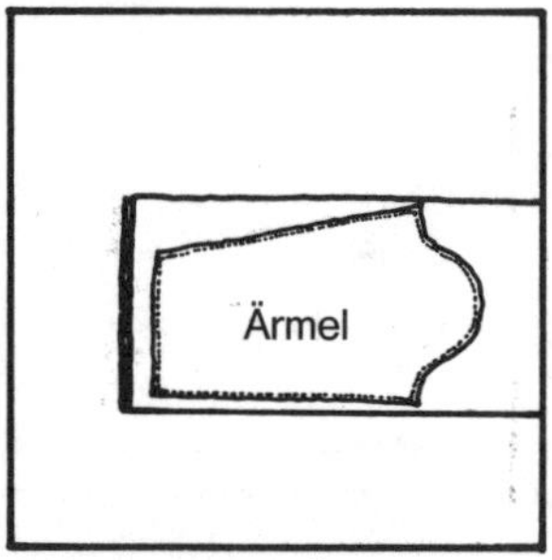

6 Da Sie auch zwei Ärmel brauchen, muß auch das Futter doppelt aufeinanderliegen. Nahtzugabe.

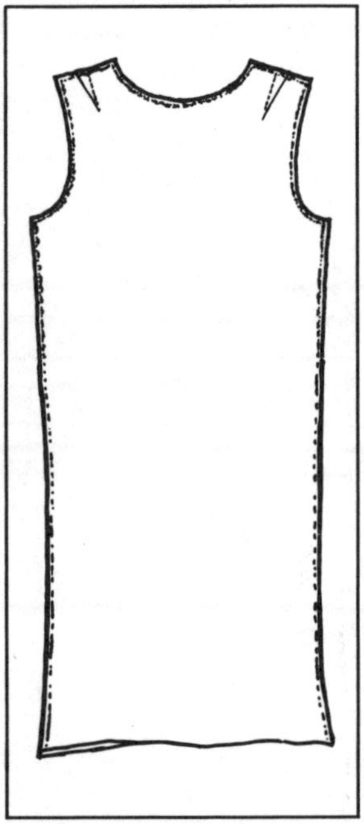

7 Denken Sie außer der Nahtzugabe auch an das Übertragen der Abnäher. Das Futter muß ja genau passen.

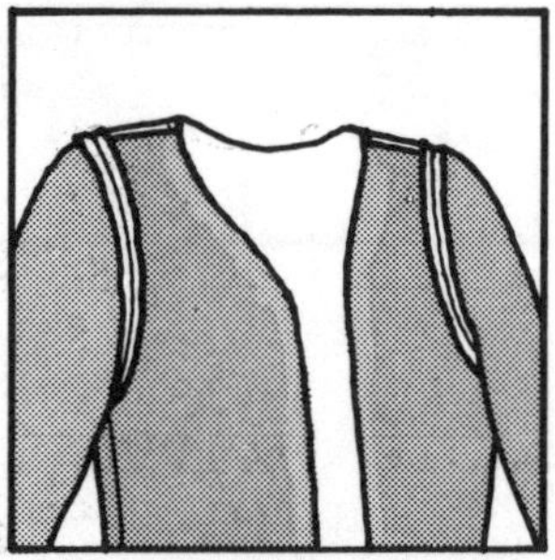

8 Setzen Sie nun das Futter zusammen. Bügeln Sie jede Naht nach dem Steppen extra aus. (Bügelprobe!)

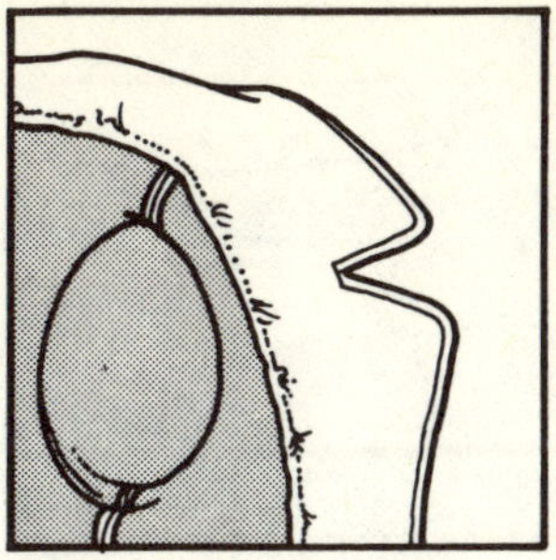

9 Falls Sie in den zusammengesetzten Stoffteilen der Jacke noch alte Fäden haben, diese bitte entfernen..

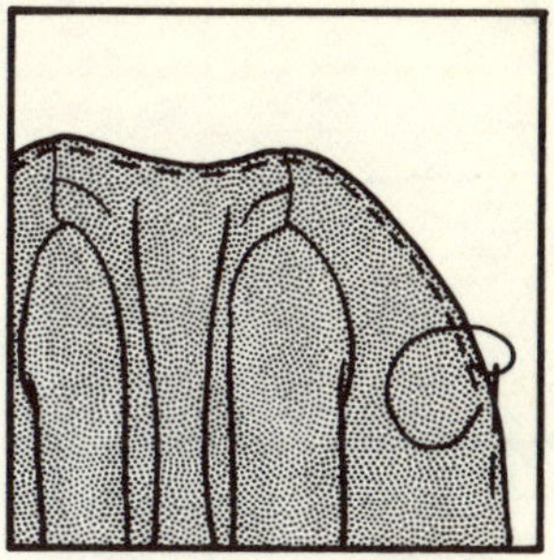

10 Das Einnähen des Futters geht besser, wenn Sie die offene Kante vorher schmal umheften u. anbügeln.

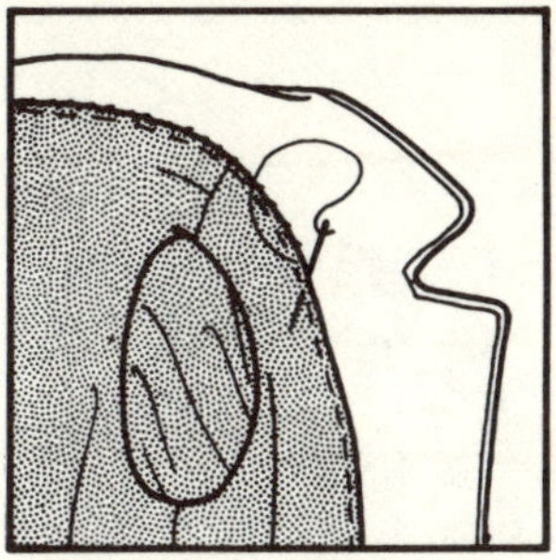

11 Stecken Sie das Futter rundum ein und säumen Sie es mit kleinen Saumstichen an. Zuletzt bügeln.

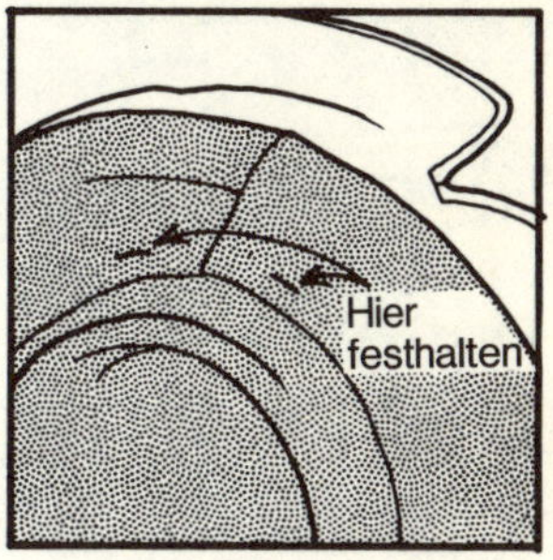

12 An der Schulter können Sie das Futter mit einigen Stichen annähen. Bitte nur die Naht fassen.

So wenden Sie einen Kragen

Bitte bügeln Sie nach dem Abtrennen alle Nähte gut aus. Sie können dann besser weiterarbeiten. Im anderen Fall gibt es leicht krause Stellen, die sich nur noch mit viel Mühe verbessern lassen. In früheren knappen Jahren war das Wenden eines Kragens eine finanzielle Notwendigkeit. Aber auch heute ist es schade, ein gutes Hemd oder eine schöne Bluse auszurangieren. Und für das gesparte Geld können Sie andere notwendige Anschaffungen machen, finden Sie nicht? Wenn Sie sorgfältig arbeiten, wird man die Änderung nicht sehen. Falls der Kragen diese Arbeit nicht lohnt, lassen Sie ihn weg.

1 Trennen Sie den Kragen vorsichtig ab. Fassen Sie beim Trennen nur den Nähfaden und nie den Stoff selbst.

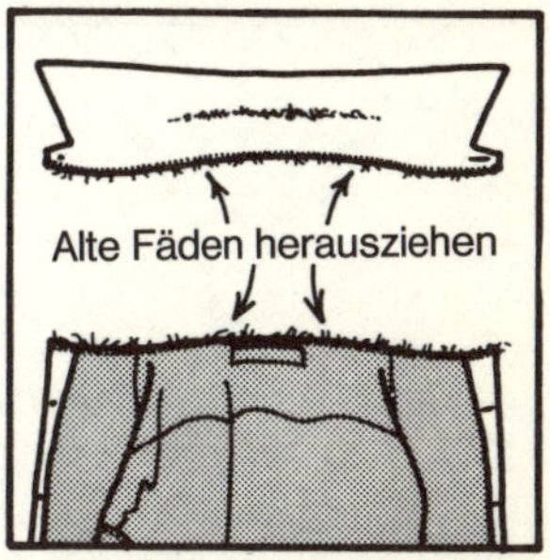

2 Entfernen Sie alle alten Fäden vom Kragen und natürlich auch vom Rand des Hemdes oder der Bluse. Bügeln.

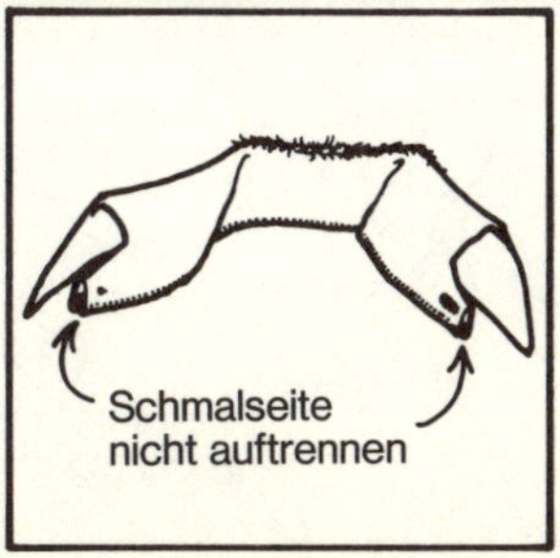

3 Trennen Sie die Naht des Kragensteges ein Stückchen auf: Sie können den Kragen besser ansetzen.

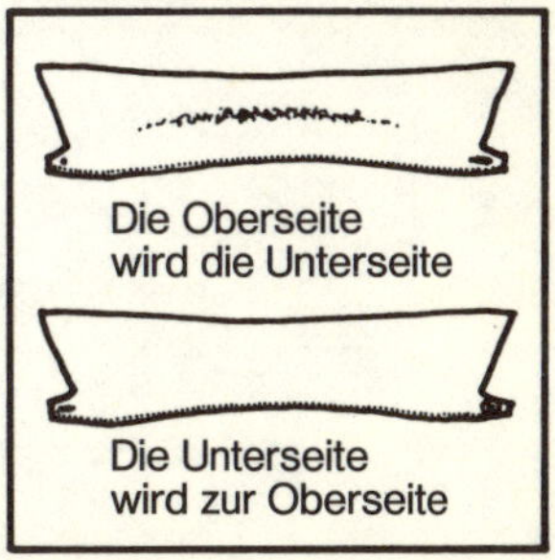

4 Jetzt setzen Sie den Kragen genau umgekehrt an: Die Außenseite wird die Innenseite, die wie neu wirkt.

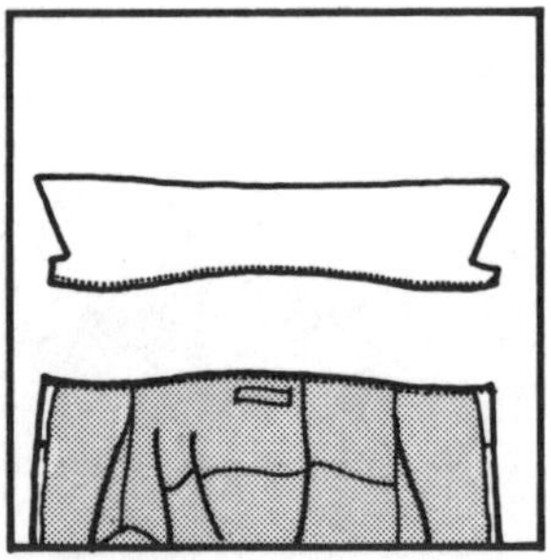

5 Die dunkle Fläche ist die Innenseite des Hemdes oder der Bluse. Die helle Fläche ist die Kragenoberseite.

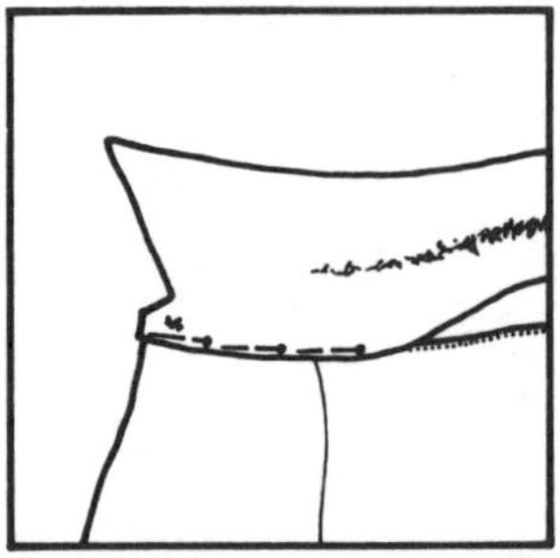

6 Stecken, heften und steppen Sie die äußere, schmal umgeschlagene Kante des Kragens auf die Außenseite.

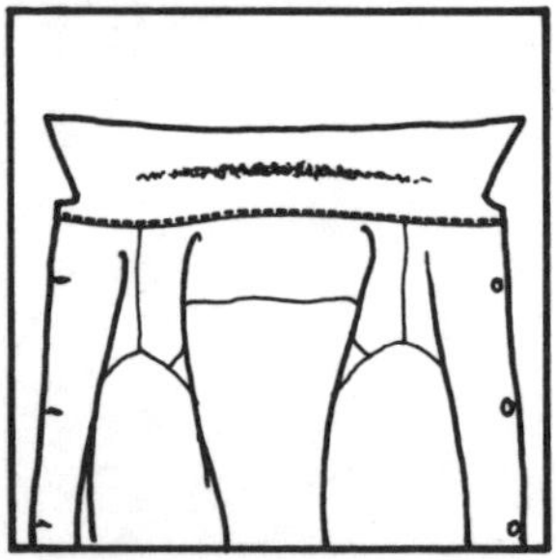

7 Hier sehen Sie den umgedrehten Kragen: Wenn er umgeschlagen ist, liegt die schlechte Stelle unten.

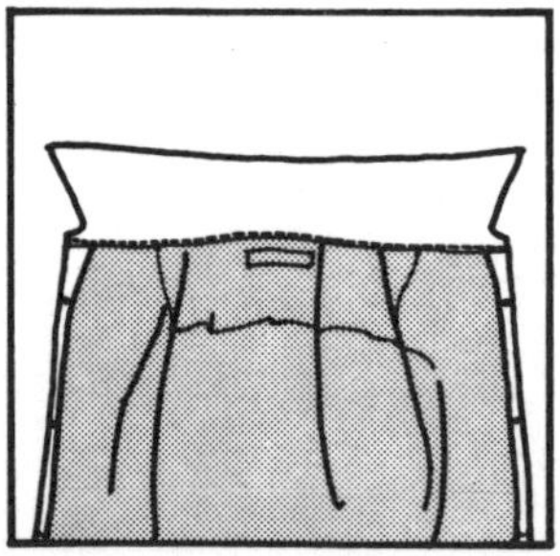

8 Das ist die Innenseite des Hemdes mit der neuen Oberseite des Kragens. Er wird nach außen umgeschlagen.

So flicken Sie einen Ärmel

Benutzen Sie den herausgeschnittenen Keil als Schnittvorlage für den neu einzusetzenden Keil. So können Sie sicher sein, daß die Paßform des Einsatzes genau stimmt. Bitte dehnen Sie die Kanten von Kleid und Einsatz nicht aus. Steppen oder nähen Sie mit kleinen Stichen, mit feinem festen Garn und einer möglichst dünnen Nadel.
Wie man diesen Keil mit der Maschine einsetzt, haben wir Ihnen schon auf Seite 59 gezeigt.

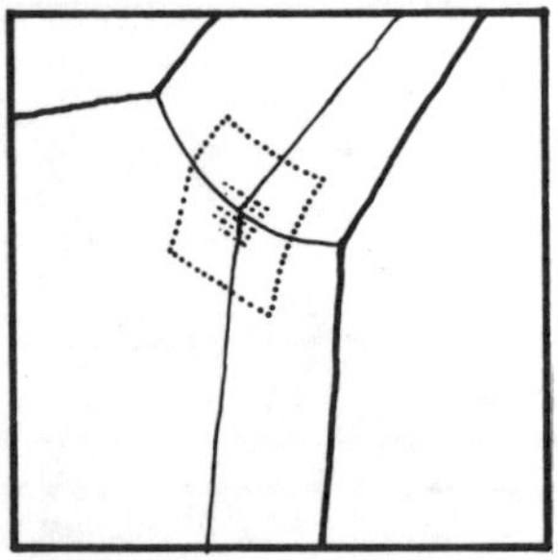

1 Wenn Sie die zerschlissene Stelle früh genug entdecken, unterlegen Sie einfach einen Stofflecken.

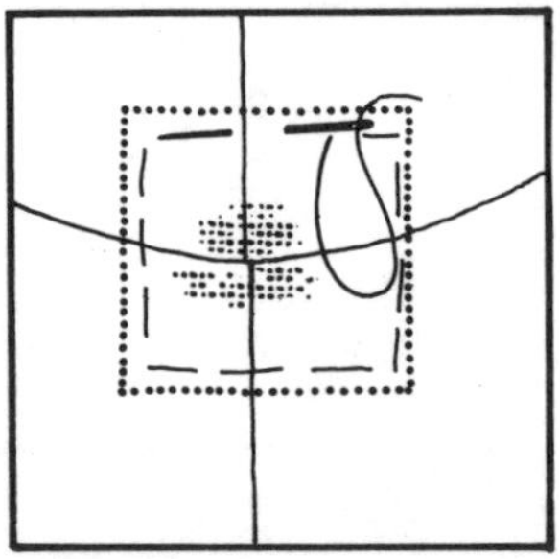

2 Heften Sie diesen Flecken mit einem Faden Nähseide über die zerschlissene Stelle unter dem Ärmel.

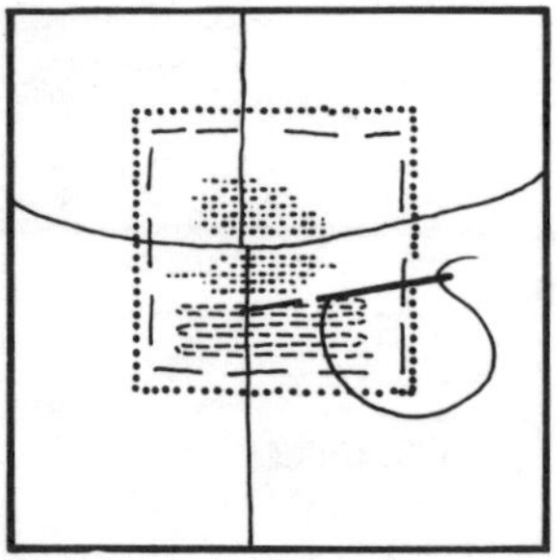

3 Stopfen Sie mit farblich passendem Faden mit kleinen Stichen hin und her u. z. von der rechten Seite.

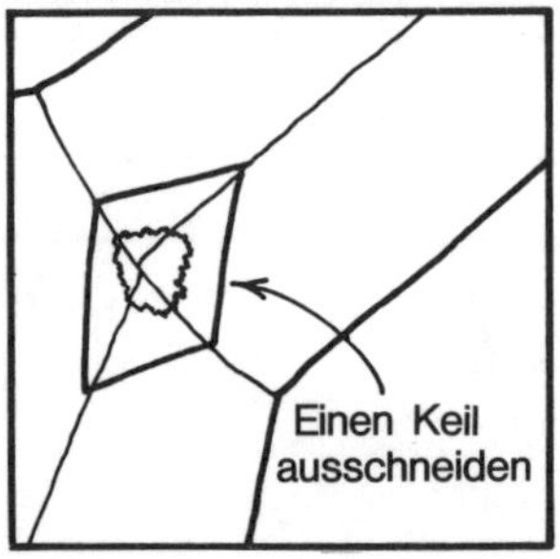

4 Falls sich bereits ein Loch gebildet hat, einen pastillenförmigen Keil ausschneiden, der ersetzt wird.

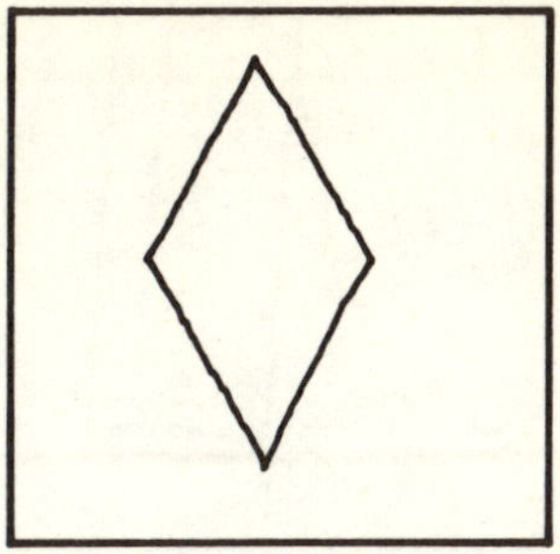

5 Schneiden Sie diesen Keil in passender Form, jedoch mit rundum 1 cm Nahtzugabe zum Einsetzen.

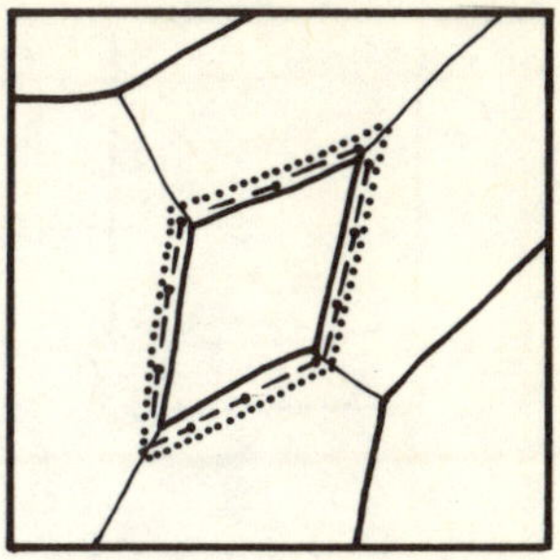

6 Gleicher oder ähnlicher Stoff ist natürlich am besten. Stecken Sie diesen Keil genau unter die Öffnung.

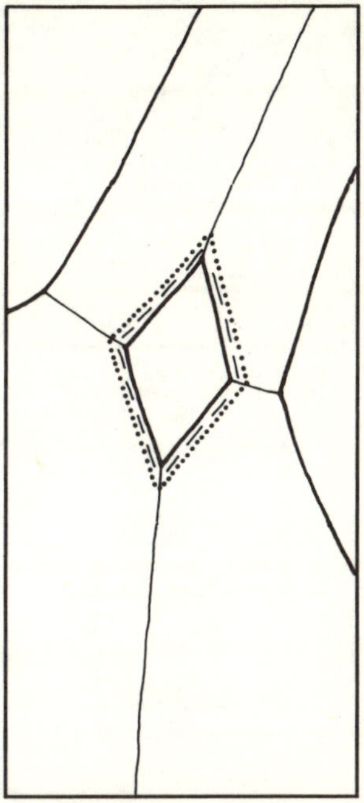

7 Damit der Stoff des Keiles nicht verrutschen kann, sollten Sie ihn mit kleinen Heftstichen festhalten.

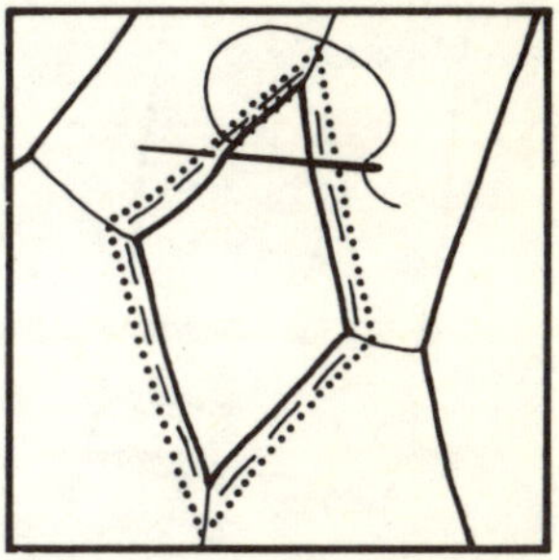

8 Jetzt können Sie die offenen Kanten des Oberstoffes ganz schmal umschlagen und ganz fein ansäumen.

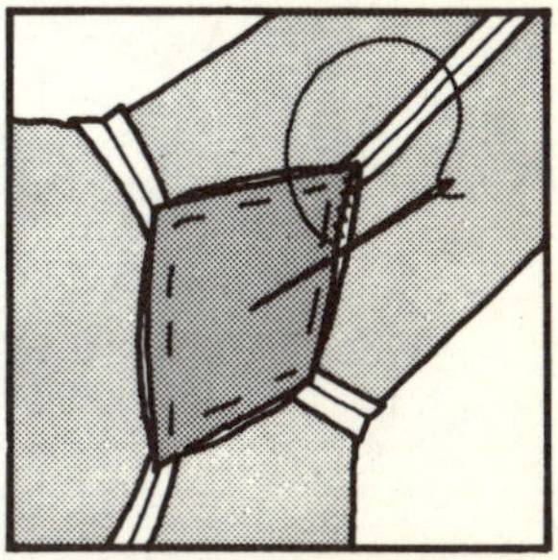

9 Auf der linken Seite Kanten mit kleinen überwendlichen Stichen umstechen, dann ist die Kante sauber.

So bessern Sie durchgestoßene Hosenkanten aus

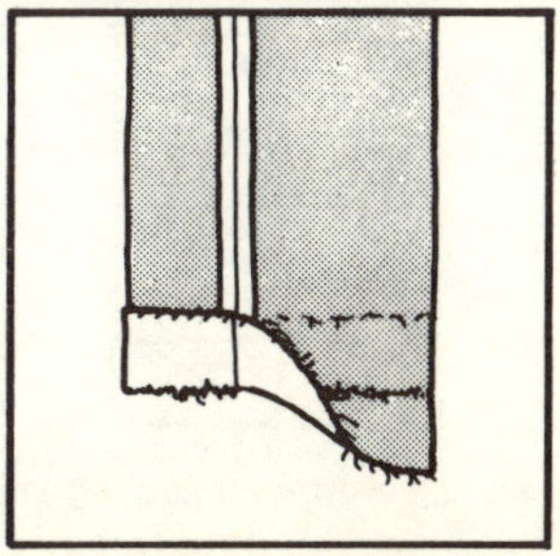

1 Trennen Sie den Hosensaum ganz auf und bügeln Sie den alten Bruch aus. Am besten geht es feucht.

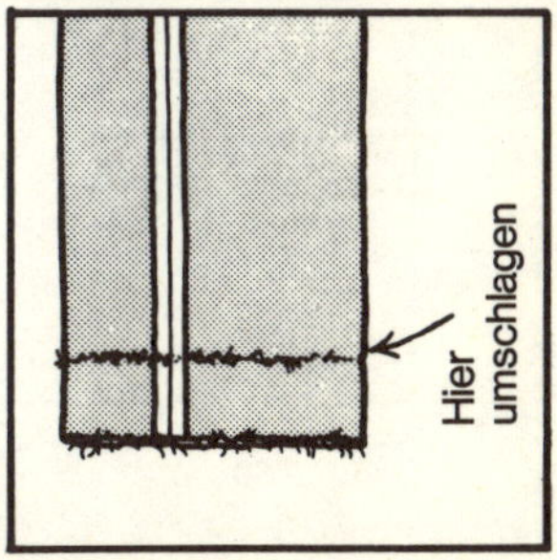

2 Entfernen Sie alle alten Fäden und säumen Sie die Hose einige Millimeter breiter um. Stoßband ansetzen.

Hosen mit Umschlag ausbessern

Bei Teilen, die wie ein Hosenbein mit Umschlag mehrere Kniffe haben, ist sorgfältiges Ausbügeln besonders wichtig. Bitte machen Sie bei modernen Stoffen aber vor dem heißen Bügeln mit feuchtem Tuch eine Bügelprobe: Nicht alle modernen Stoffe vertragen Hitze und Feuchtigkeit!
Wie Sie die alten Kniffe ausbügeln, haben wir schon auf der Seite 55 beschrieben. Und das »blinde« Annähen eines Saumes auf Seite 28.
Hosen mit Umschlag lassen sich ohne weiteres und kaum wahrnehmbar ausbessern, wenn Sie sorgfältig arbeiten. Hier bügeln Sie die alten Kniffe ausnahmsweise nicht sofort aus: Nach dem Auftrennen ziehen Sie an den alten, noch sichtbaren Linien Heftstiche ein, damit Sie den alten Verlauf der Umschlagkniffe erkennen können. Dann bitte erst bügeln, wie wir es auf der Seite 55 schon einmal beschrieben haben.
Vor dem Abschneiden sollten Sie die Hose vorsichtshalber noch einmal anprobieren: Man kann sich auch einmal vermessen und dann ist der Schaden kaum zu beheben. Wie Sie den Saum annähen, steht ja schon auf Seite 28. Ziehen Sie den Faden nicht allzu straff an, sonst drücken sich die Stiche leicht durch. Ein Wort noch zum Umschlag: Wenn er fix und fertig ist, können Sie die obere Kante mit je einem Stilchen an den Nähten festhalten. Das gibt einen guten Halt.

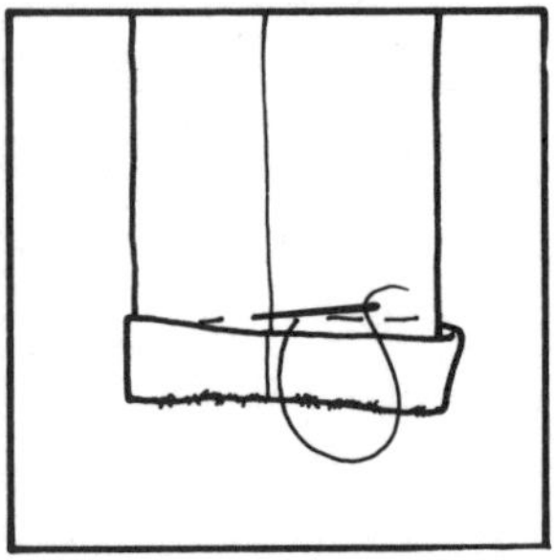

1 Markieren Sie mit einem Reihfaden die alte Anstoßlinie des Aufschlages zur besseren Kontrolle der Länge.

2 Trennen Sie den Saum auf und ziehen Sie alle Kniffe des Umschlages nach unten. Hier die zwei Hosenbeine.

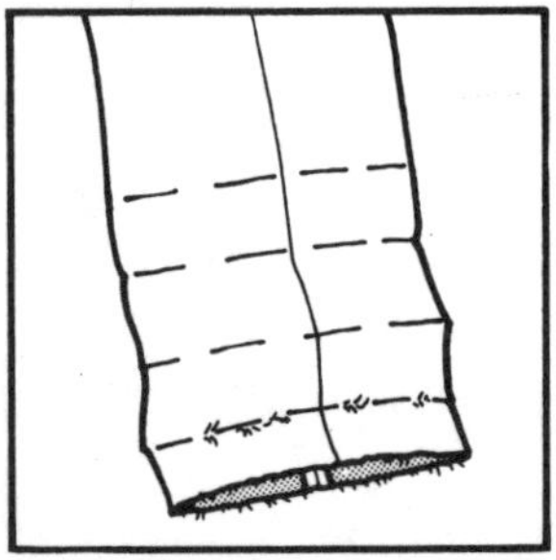

3 Ziehen Sie an den alten Knifflinien entlang je einen Reihfaden ein. Sie erkennen dann den alten Verlauf.

4 Bügeln Sie alle Kniffe mit einem feuchten Tuch sorgfältig aus. (Bei modernen Stoffen evtl. Bügelprobe.)

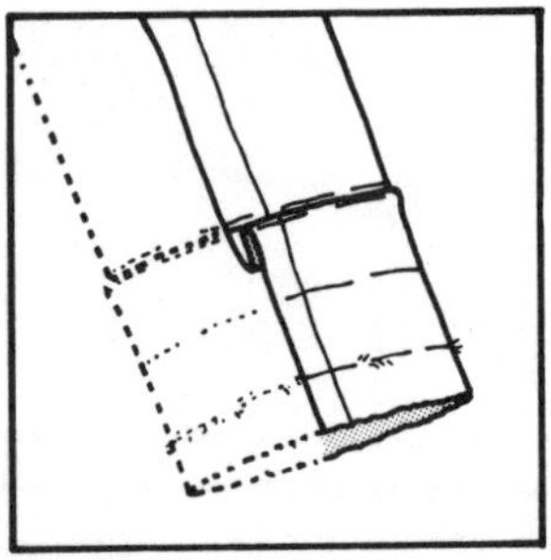

5 Legen Sie eine Falte ein, so daß die 2. Markierung an die erste markierte Linie von Bild 1 stößt.

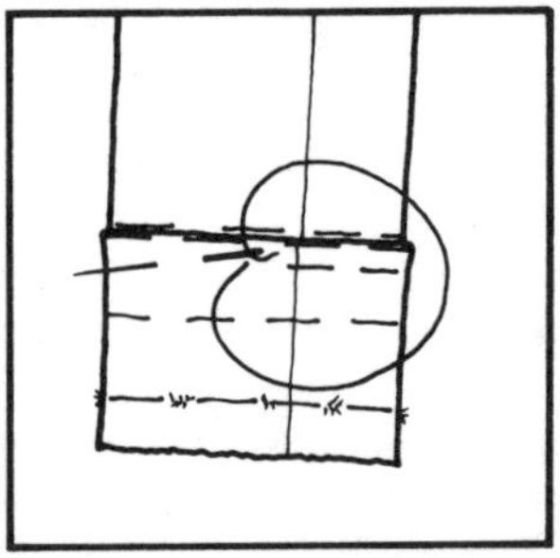

6 Heften Sie diese Falte mit festen Reihstichen an und bügeln Sie diese Kante zum besseren Sitz über.

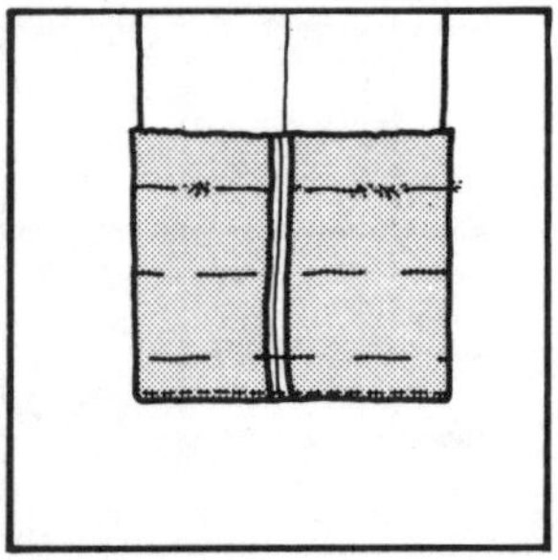

7 Wenden Sie das Hosenbein auf die linke Seite und nähen Sie die Umschlagkante an. Nicht durchstechen!

8 Jetzt bitte wieder auf die rechte Seite umwenden. Restlichen Stoff bis zur nächsten Markierung einstecken.

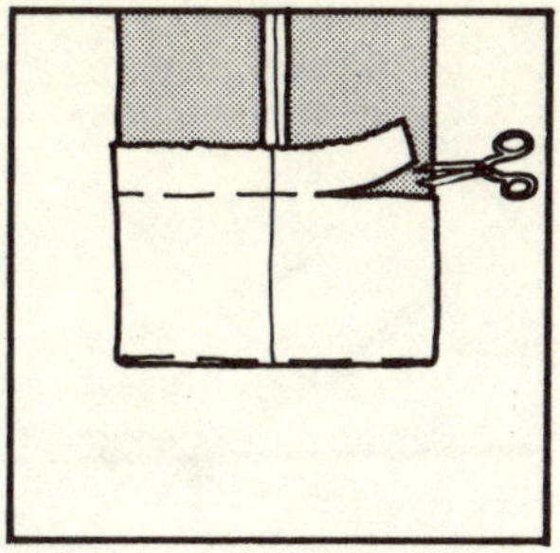

9 Innen können Sie einen Streifen abschneiden. Bügeln Sie jeden Umbruch: Der Umschlag zieht sich nicht.

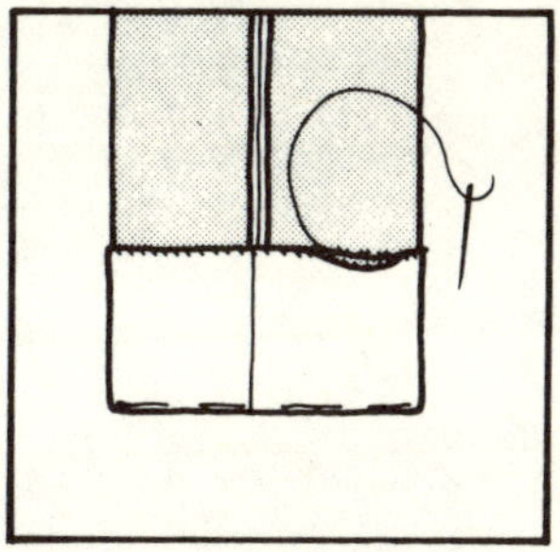

10 Jetzt können Sie die Kante fein ansäumen. Fassen Sie auch hier nicht ganz bis auf den Oberstoff durch.

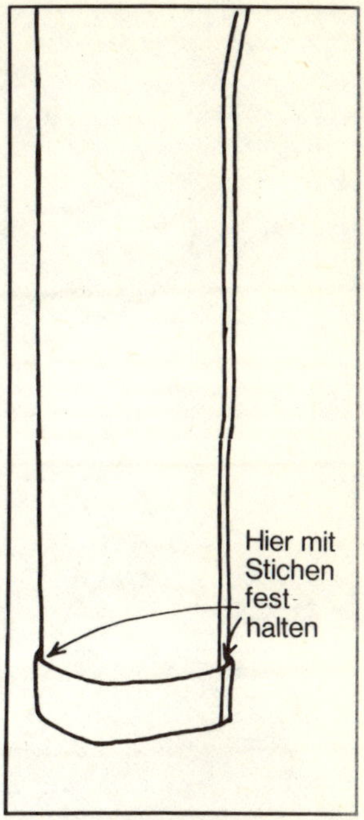

11 Wenn Sie das Hosenbein nun nach rechts wenden, ist der neue Umschlag von beiden Seiten ganz sauber.

So wenden Sie eine Manschette

Wenn Ihre Ärmel durchgescheuerte Manschetten haben, hilft nur das Wenden ähnlich wie beim Kragen auf Seite 101. Nun gibt es aber zwei Arten von Manschetten: die mit Knopf und Knopfloch – und die mit zwei Knopflöchern auf jeder Seite zum Durchziehen von Manschettenknöpfen. Die Manschetten mit zwei Knopflöchern auf jeder Seite können einfach gewendet werden. Bei Manschetten mit Knopf und Knopfloch dagegen setzen Sie die linke Manschette an den rechten Ärmel und umgekehrt. Wenn Sie das nicht machen, müssen Sie falsch herum knöpfen!

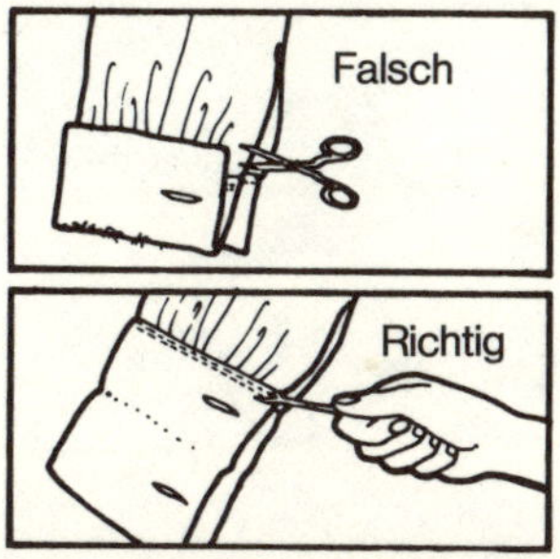

1 Schneiden Sie die beschädigte Manschette nicht mit der Schere ab, nehmen Sie ein Trennmesser.

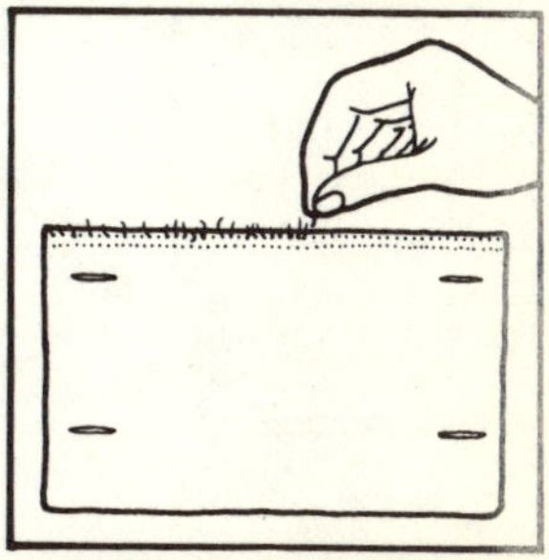

2 Entfernen Sie alle alten Fäden; die alte Stepplinie ist auch so noch zu erkennen. Leicht bügeln.

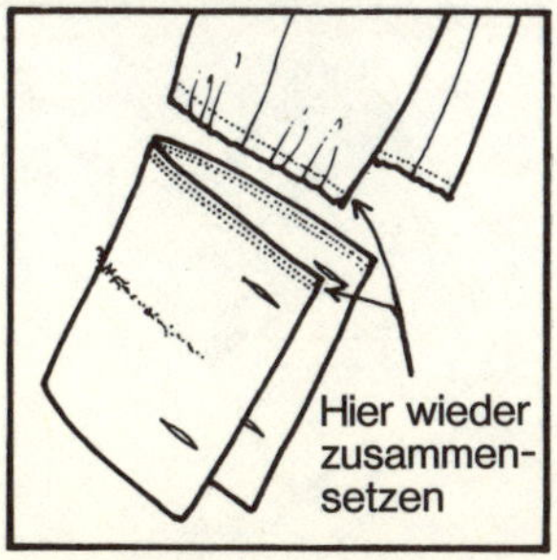

3 Jetzt arbeiten Sie wie beim Kragen auf Seite 101 weiter. Die Manschette kommt mit der Innenseite nach außen.

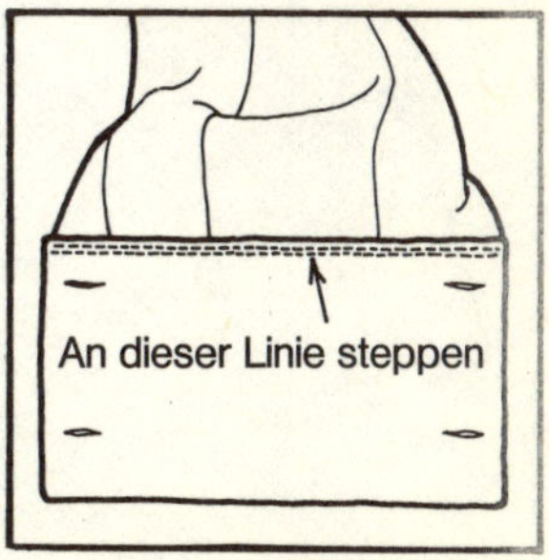

4 Steppen Sie an der früheren Naht-Linie entlang. Bei leichten Stoffen stecken, heften und dann steppen.

Durchgestoßene Jackenärmel

Wenn die nach innen verlagerte Ärmelkante nur im Ganzen ein wenig dünner ist als der übrige Stoff, wird das sicher nicht stören. Wenn die Kante stärker durchgeschlissen ist, können Sie ein farblich genau passendes Bändchen oder einen Futterstreifen gegensäumen, um die schlechte Stelle zu kaschieren.

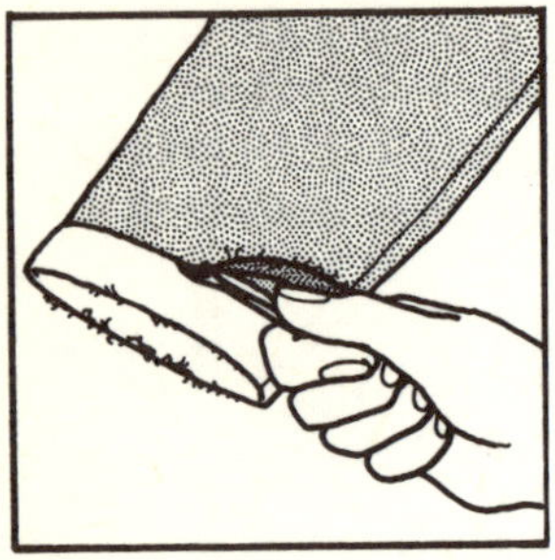

1 Sie machen etwas mehr Arbeit: Sie müssen das Futter zuerst einmal auftrennen und die Kanten bügeln.

2 Die Ärmelkante wird einige Millimeter nach oben verlegt. Der Ärmel wird zwar etwas kürzer, aber wie neu.

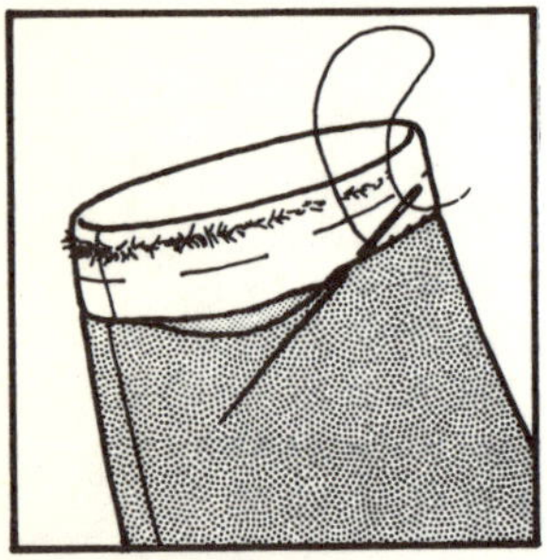

3 Wenn Sie angesäumt haben (S. 81), können Sie das Futter wieder gegensäumen. Vorher gut bügeln.

Durchgestoßene Jackenärmel mit Knöpfen

Ein kleiner Tip zum Aufbewahren abgetrennter Knöpfe: Werfen Sie die Knöpfe nicht einfach in Ihren Nähkasten oder sonst eine Schachtel. Ziehen Sie zuerst alle zusammengehörigen Knöpfe auf einen Faden, der an beiden Enden zusammengeknotet wird. So haben Sie die Knöpfe genau sortiert beieinander und Sie brauchen sie später nicht mühsam zusammenzusuchen. Das Verändern der Ärmel ohne Knöpfe und Knopflöcher - oder bei einfach nur aufgenähten Zierknöpfen - ist natürlich entschieden einfacher. Gute Kostüme oder Anzüge haben allerdings meist echt geknöpfte Ärmel-

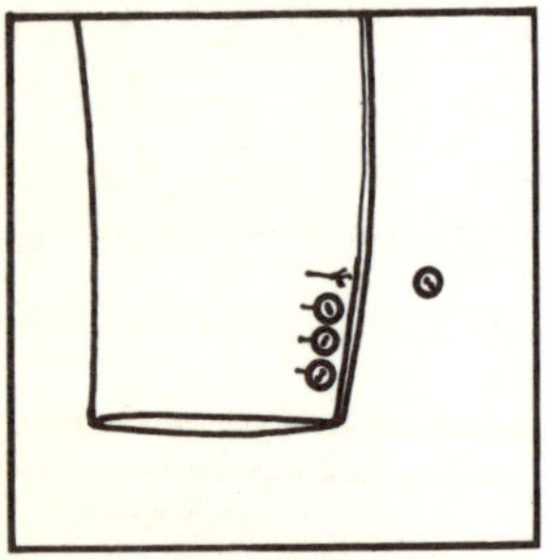

1 Trennen Sie die Armelknöpfe ab. Entfernen Sie alle alten Fäden. Die Knöpfe bitte gut aufheben.

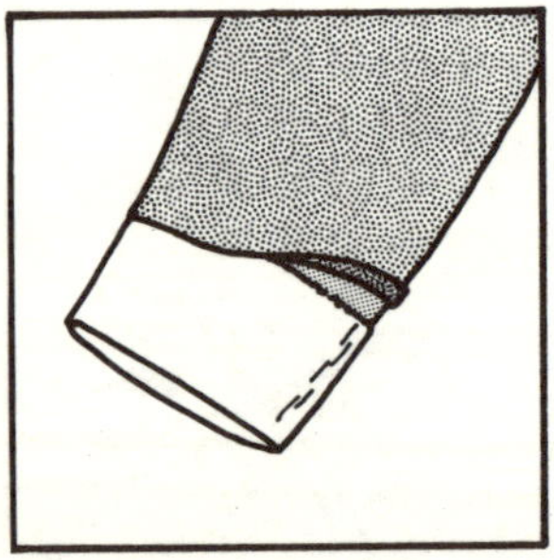

2 Trennen Sie jetzt den Futtersaum auf. Bei leichten Stoffen oberhalb des Saumes zum Halten durchheften.

3 Der Ärmelschlitz ist meist mit einigen Stichen festgehalten. Bitte trennen Sie auch diese Stiche auf.

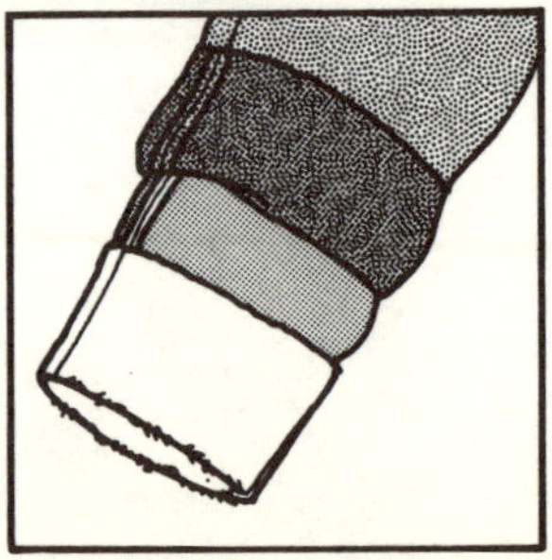

4 Streifen Sie nun das Futter nach oben. Wenn das Futter nicht zu knapp am Saum saß, kann es so bleiben.

schlitze, die Merkmal guter Verarbeitung sind und auf die Sie auch nicht verzichten sollten. Sie könnten bei einem Kostüm aber auch einen modischen Schlitz am Ärmelende arbeiten, wenn keine Knopflöcher vorhanden sind. Eine weitere Möglichkeit ist das Einfassen einer schadhaften Kante mit Litzen, Borten oder Kontraststreifen. Es gibt eine Vielfalt von Material, das schmiegsam genug ist, die Rundung des Ärmels oder anderer Kanten mitzumachen. Außerdem gibt eine Kontrasteinfassung Ihrem Modell eine ganz neue Note. Denken Sie nur an die hübschen Chanelkostüme, deren Wirkung zum großen Teil in den eingefaßten Kanten besteht. Wenn Sie auch die anderen Kanten auf diese Weise angleichen, wird die Einfassung nicht nach einer Notlösung aussehen. Natürlich darf die Einfassung beim Reinigen nicht einlaufen.

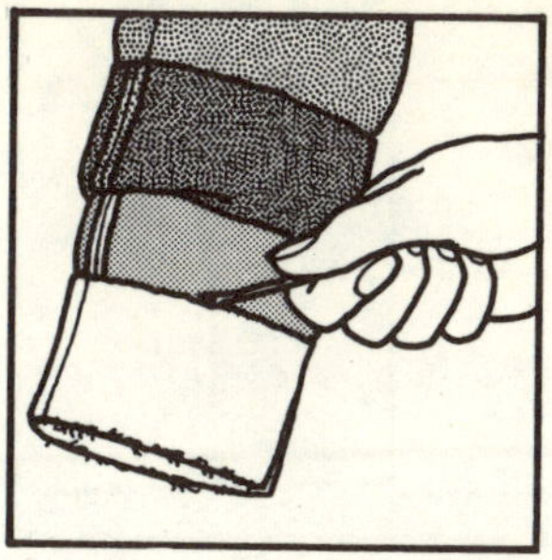

5 Jetzt trennen Sie auch den Ärmelsaum auf. Bitte achten Sie darauf, daß der Stoff nicht beschädigt wird.

6 Wenn der Ärmelsaum aufgetrennt ist, können Sie Saum und Futter sorgfältig ausbügeln: Es näht sich leichter.

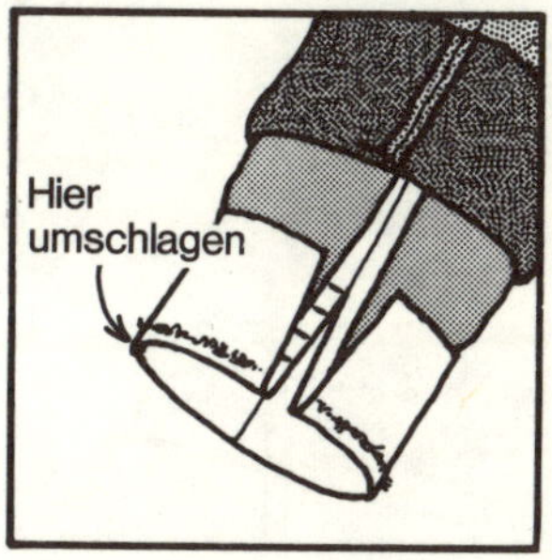

7 Heften und säumen Sie den Saum nun drei bis vier Millimeter breiter um: Die schlechte Kante verschwindet.

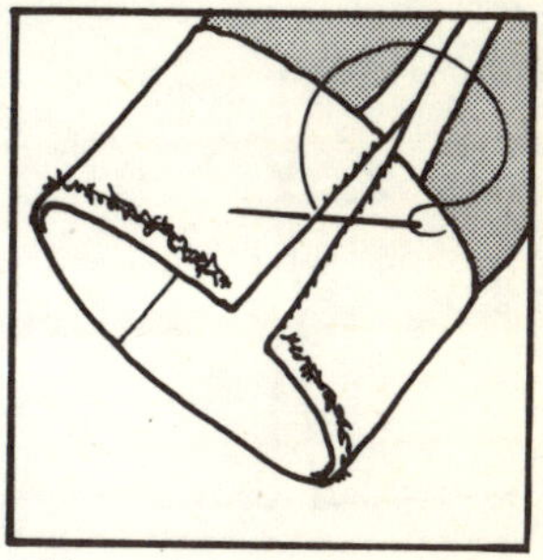

8 Säumen Sie nun auch die Schlitzkanten fein gegeneinander. Bügeln! (Dabei die Kante nach innen nehmen.)

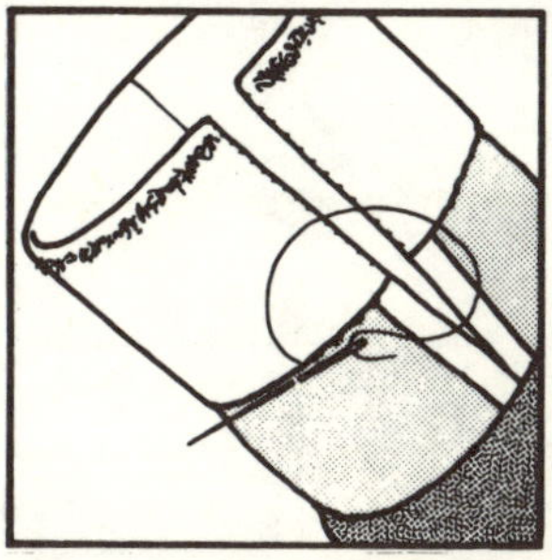

9 Wie gesäumt wird, finden Sie auf Seite 28. Setzen Sie ein farblich passendes Bändchen gegen den Saum.

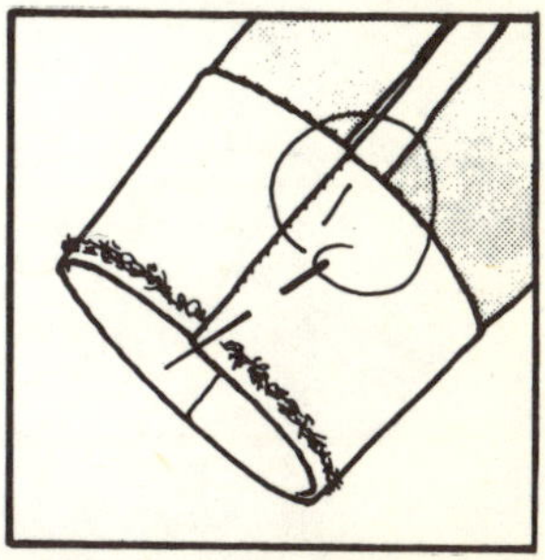

10 Jetzt können Sie den Schlitz mit einigen Stichen schließen. Bitte bügeln Sie alle Kanten einmal über.

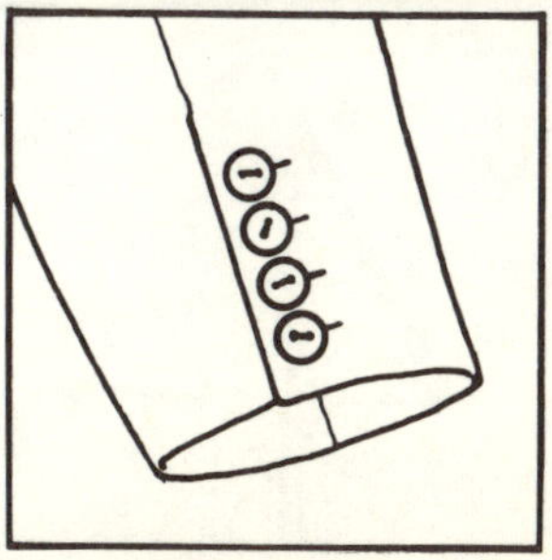

11 Jetzt nähen Sie die Knöpfe wieder an. Sie brauchen kein »Stielchen«, weil sie nicht echt geknöpft werden.

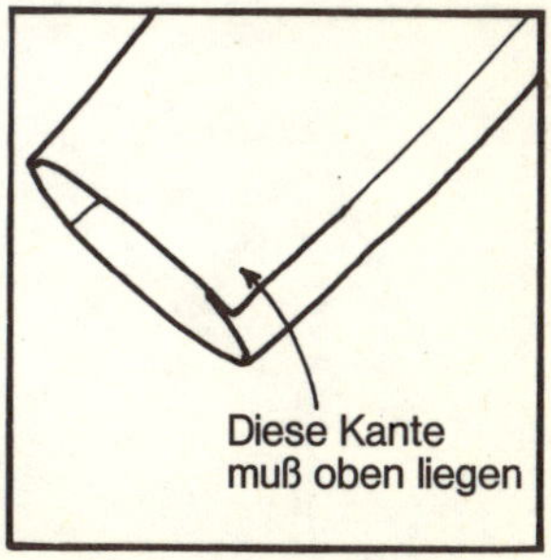

12 Wenn Ihr Ärmel keinen geknöpften Schlitz, sondern nur einen losen Übertritt hat, bitte nur umsäumen.

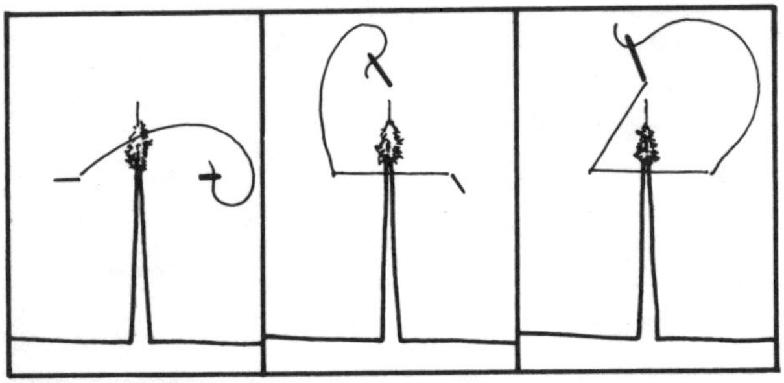

1 Ziehen Sie den Faden (mit Knoten) von unten nach oben durch den Stoff. Beginnen Sie links neben dem Schlitz und sticken Sie ein Dreieck, das die äußere Begrenzung der »Fliege« sein soll.

2 Die »Fliege« muß so groß werden, daß sie die beschädigte Stelle gut verdeckt (Drei gleich lange Stiche).

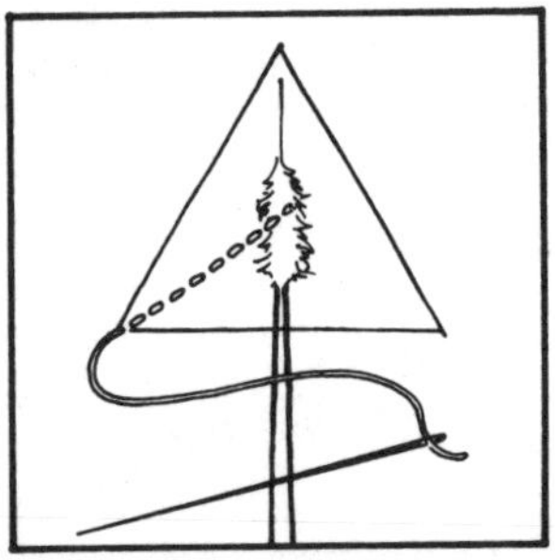

3 Diese Markierung haben Sie mit einem Nähseidenfaden gemacht. Die »Fliege« selbst mit Knopflochseide.

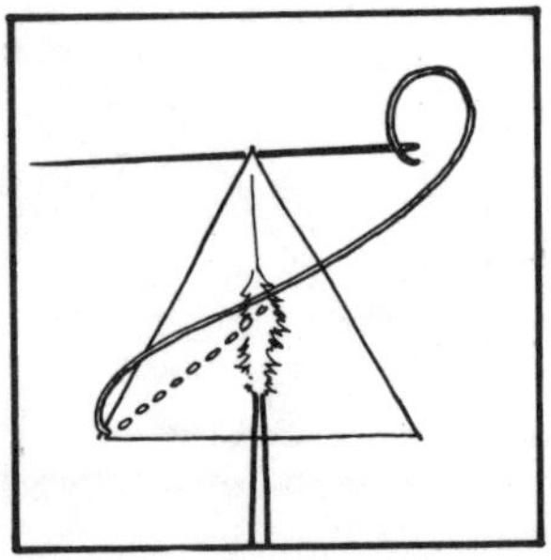

4 Machen Sie hier keinen Knoten, sondern beginnen Sie mit mehreren kleinen Stichen, die den Faden halten.

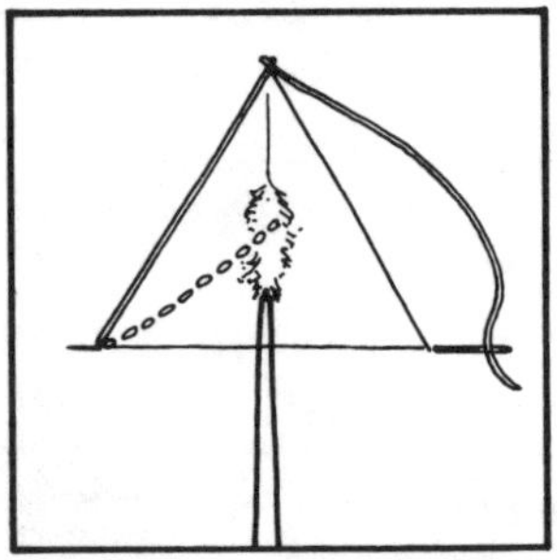

5 Der erste Stich führt zur Dreieckspitze, der zweite nach rechts unten. Auf gleiche Länge achten.

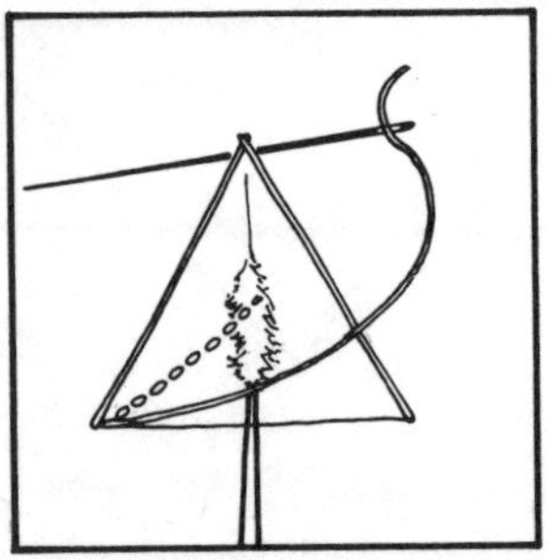

6 Der nächste Stich führt unter dem Stoff her zum Ausgangspunkt zurück. An der Außenseite wieder einstechen.

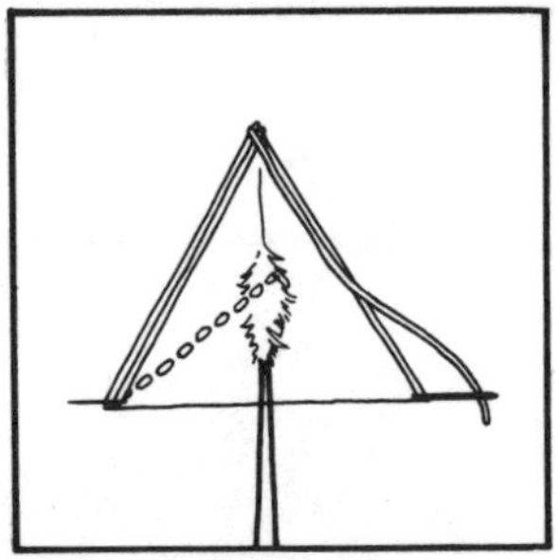

7 Sticken Sie weiter: Von links unten nach rechts oben, von links oben nach rechts unten usw.

8 Die fertige »Fliege« sieht dann so aus! Das fischgrat-ähnliche Muster entsteht dann ganz von selbst.

Eine »Fliege« kann ganz nützlich sein!

Hat Ihr Rock einen Schlitz? Dann wissen Sie auch, daß er leicht einreißt und mit einfachem Zunähen ist es nicht getan. Das sieht höchstens unordentlich aus. In diesem Fall ist es besser, den Schandfleck auf schicke Weise zu verdecken, und genau das können Sie mit einer gestickten »Fliege«. Wenn Sie die mit Knopflochseide sticken, geht es ganz leicht, weil der dickere Faden schnell füllt und kleine Unebenheiten beim Sticken nicht so genau zeigt wie ein dünner Faden aus Nähseide. Wenn Sie noch nie eine »Fliege« gestickt haben, sollten Sie erst einmal eine zur Probe machen. Das hält nicht lange auf und Sie können sicher sein, daß die endgültige Fliege korrekt wird.
Normalerweise sollte die Farbe genau mit der Stoffarbe übereinstimmen. Es sei denn, die Fliege ist als Schmuck oder als Betonung gedacht. Dann sind Kontrastfarben erlaubt und auch schick. Ein kleiner Trick: Sticken Sie irgendwo anders noch eine oder zwei Fliegen hin, dann merkt man nicht die Notwendigkeit!

So retten Sie Ihren Reißverschluß

Bitte schneiden Sie das Reißverschluß-Bändchen nicht allzu weit ein: Ein kleiner Schnitt, der die Zähnchen freigibt, ist völlig ausreichend. Das gilt allerdings nur für Reißverschlüsse mit richtigen Zähnchen! Es gibt aber auch die neuen Verschlüsse mit Spiralen oder ganz feinen und schmalen Zähnchen. Hier schneiden Sie vom Reißverschluß einfach ein Stückchen ab. Der Schlitz wird zugenäht. Liegt der Schaden weiter oben, hilft nur ein neuer Verschluß!

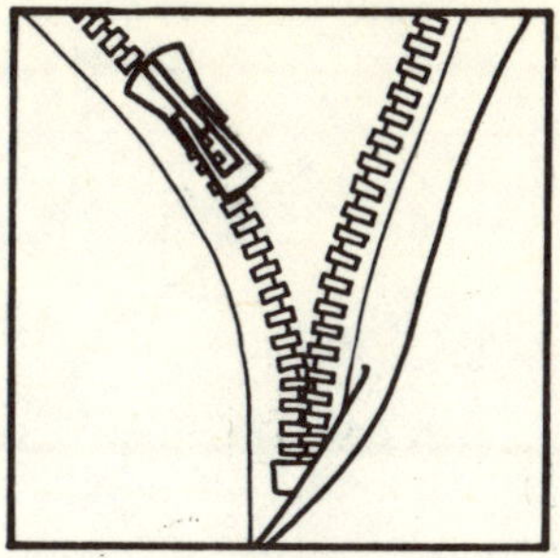

1 Ärgerlich genug: Der Reißverschluß-Zipp ist aus den Zähnchen herausgerutscht: Den Zipp hochziehen!

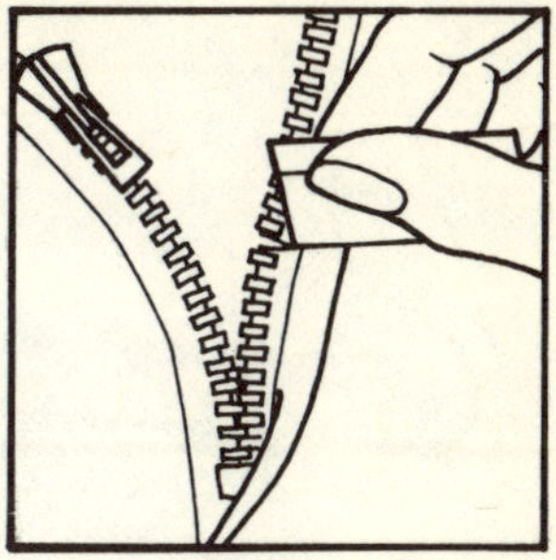

2 Nun schneiden Sie – möglichst kurz über dem Ende – mit einer Rasierklinge das Bändchen kurz ein.

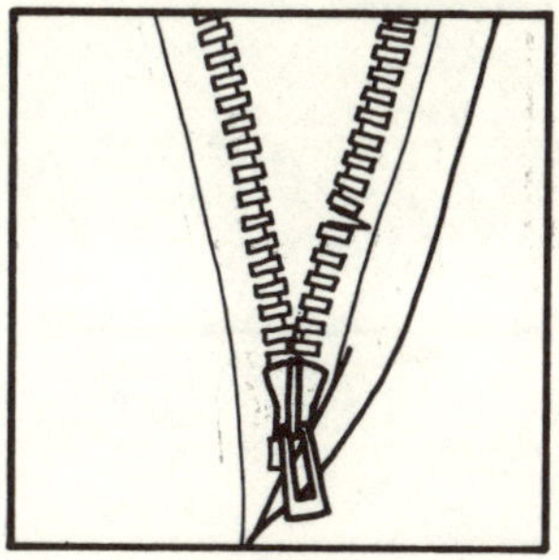

3 Jetzt den Zipp ganz nach unten ziehen. Achten Sie darauf, daß die Bändchenkante nicht fusselt.

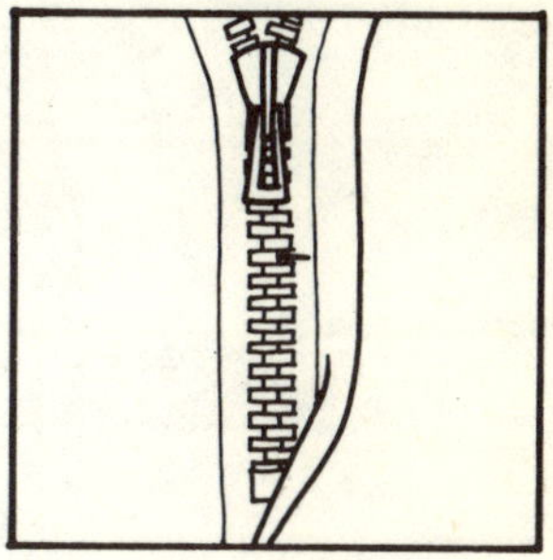

4 Jetzt läßt sich der Zipp nach oben ziehen, über die eingeknipste Stelle hinaus (Zusammenschieben).

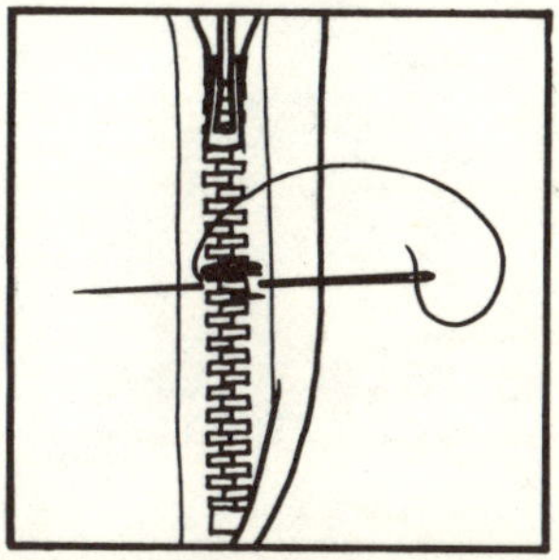

5 Knapp über der Einknipsstelle machen Sie nun mit Nähseide einige feste Stiche. (Verschluß ist kürzer!)

So stopfen Sie ein Gewebe

Auch Stopfen will gelernt sein. Üben Sie sich an einfachen und nicht so wichtigen Wäscheteilen, bevor Sie ein gutes Stück ausbessern. Das Stopfgarn sollte im Charakter zum Stoff passen.

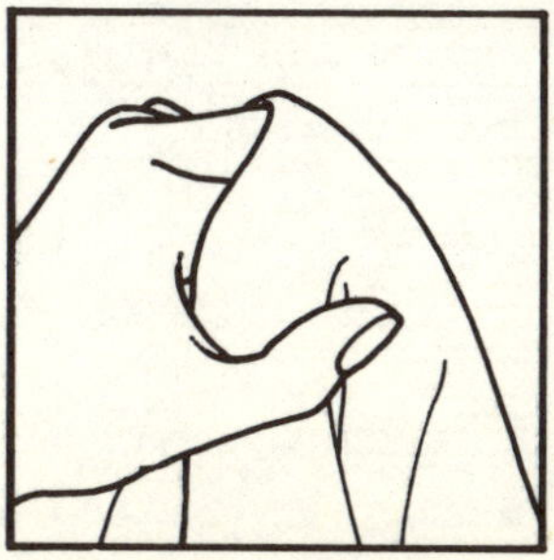

1 Wenn Sie keinen Stopfrahmen haben, legen Sie den Stoff über die drei Mittelfinger. Mit Daumen festhalten.

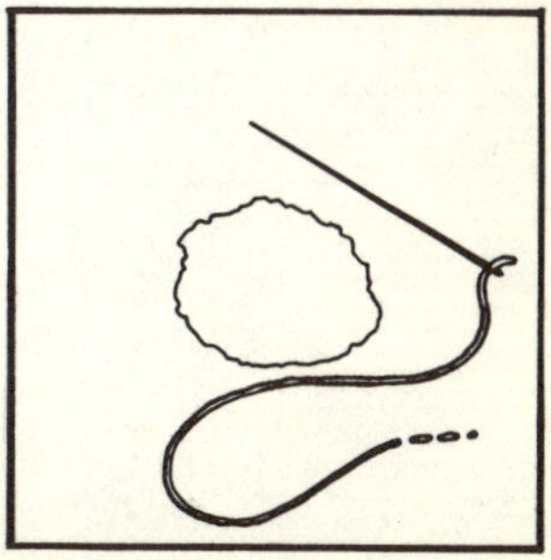

2 Ziehen Sie aus dem Stoff selbst die Stopffäden heraus. Das ist fast unsichtbar. Sonst mit Faden.

Ein kleiner Trick, der Wunder wirkt: Ziehen Sie irgendwo aus einer Innennaht einige Stoffäden heraus und stopfen Sie damit! Das geht garantiert besser als das Stopfen mit einem »fremden« Garn und ist nach ausgiebigem Verbügeln der Stopfstelle kaum zu sehen. Daß sich wollige Stoffe leichter stopfen lassen als dünne Stoffe, ist sicher klar. Aber auch bei feinen Stoffen ist ein Stopffaden aus dem Material des Stoffes vorteilhafter. Aber wir haben noch einen praktischen Tip für Sie: Es gibt eine ganz weiche und dünne Bügeleinlage. Wenn Sie die von der linken Seite über die schadhafte Stelle bügeln, haben Sie erst einmal einen besseren Halt für Ihre Stopfstelle. Sie schweben mit der schadhaften Stelle nicht so in der Luft. Dann stopfen Sie weiter, wie es hier zu sehen ist.

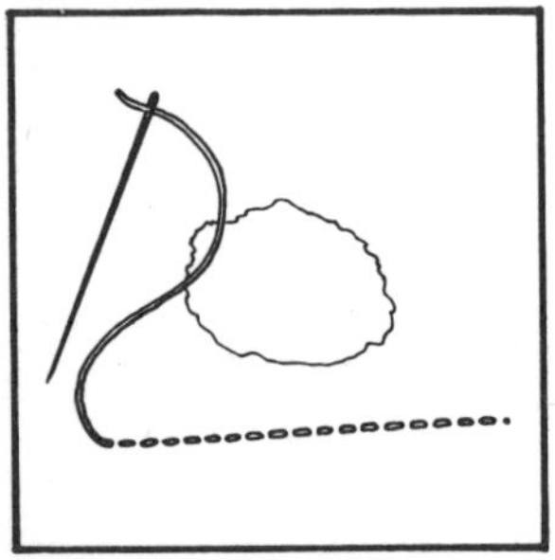

3 Ziehen Sie mit etwas Abstand von der schadhaften Stelle kleine fortlaufende Stiche ein (Passende Farbe).

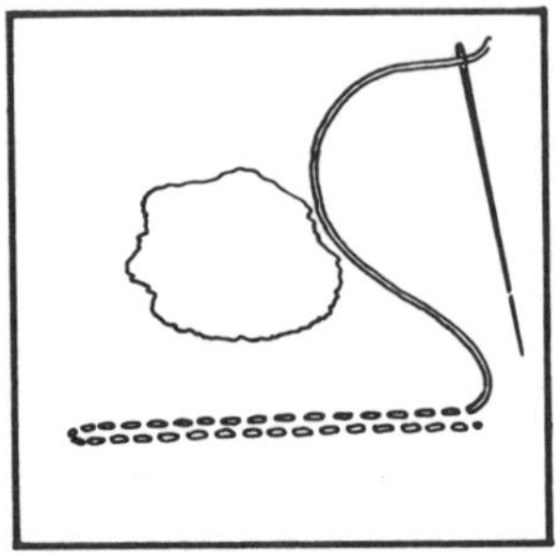

4 Die zweite Stichlinie liegt jetzt näher der schadhaften Stelle. Wenden Sie die Arbeit, das geht besser.

5 Stopfen Sie hin und her, oben, unten und seitlich, je nach Größe des Loches 1–2 cm Stoff stehen lassen.

6 Wenn Sie so fortfahren, kommen Sie bald an das Loch. Hier machen Sie einen großen freiliegenden Spannstich.

7 Später sieht diese Stelle dann so aus: Rundum die »festverankerten« Fäden, in der Mitte die Spannstiche.

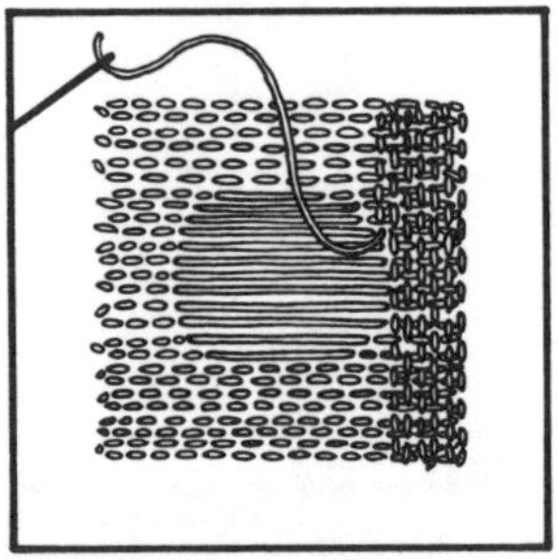

8 Wenn Sie die ganze Fläche mit Querfäden bedeckt haben, kommen die Längsstiche an die Reihe. Bügeln.

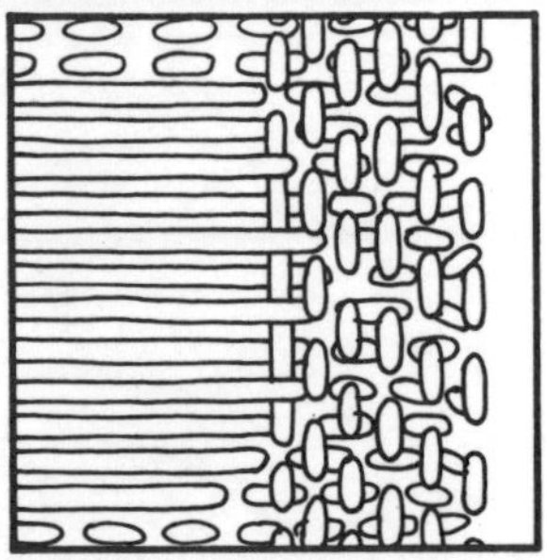

9 Jetzt wie beim Strümpfestopfen je einen Faden oben, einen Faden unten fassen. (Hier in Vergrößerung.)

10 So können Sie noch einmal genau den Verlauf des Stopffadens erkennen: Ein Faden oben, einer unten.

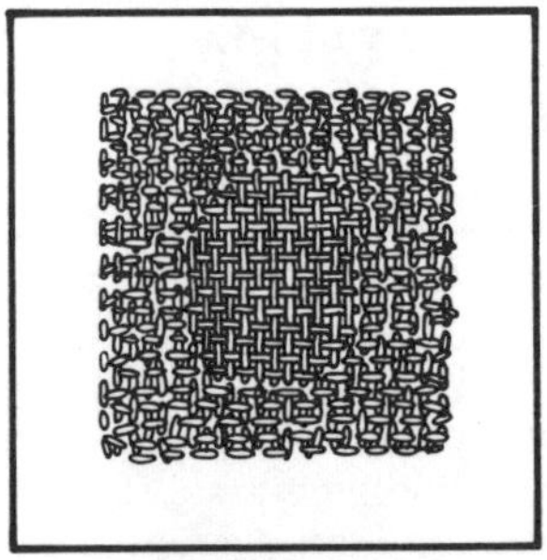

11 So sieht die fertige Stopfstelle aus: Die Fäden sind ringsum genügend breit verankert und haben Halt genug.

So bessern Sie eine Hosentasche aus

Unter den vielen praktischen Neuheiten, die Sie heute im Kaufhaus oder in Ihrem Weißwarengeschäft finden, sind auch fix und fertige Hosentaschen, die Sie einnähen oder einbügeln können. Wenn Sie aber in Ihrer Nähe nichts Passendes finden, arbeiten Sie unseren Taschenbeutel aus festem Baumwollfutter- oder Baumwoll-Serge. Wenn Sie vom Taschenbeutel einen Schnitt »abnehmen«, wird die neue Tasche genau richtig sitzen. Diese Methode ist sicherer als ein ungefähres Abmessen der alten Tasche. Vor allem die Ansatznaht ist für den guten Sitz wichtig!

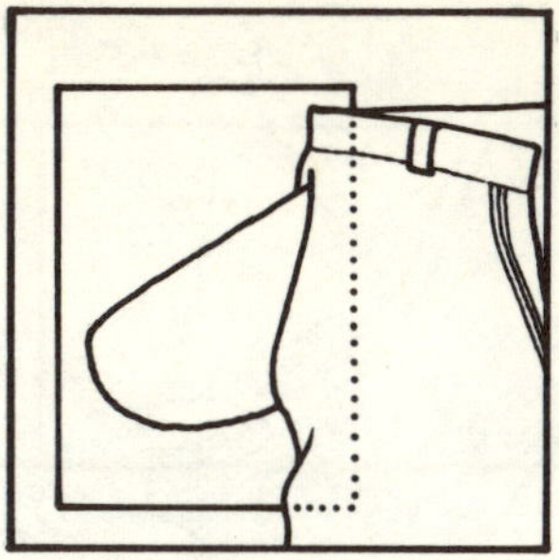

1 Ziehen Sie den Taschenbeutel auf die rechte Seite nach außen. Legen Sie ihn flach auf eine Tischplatte.

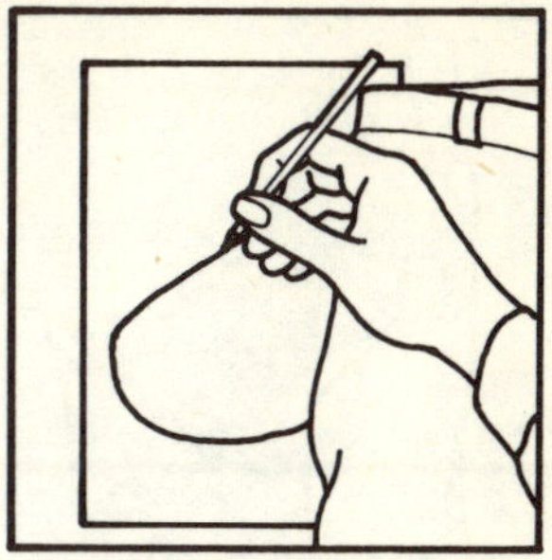

2 Schieben Sie ein Stück Papier unter und zeichnen Sie die Taschenform mit einem Bleistift sorgfältig nach.

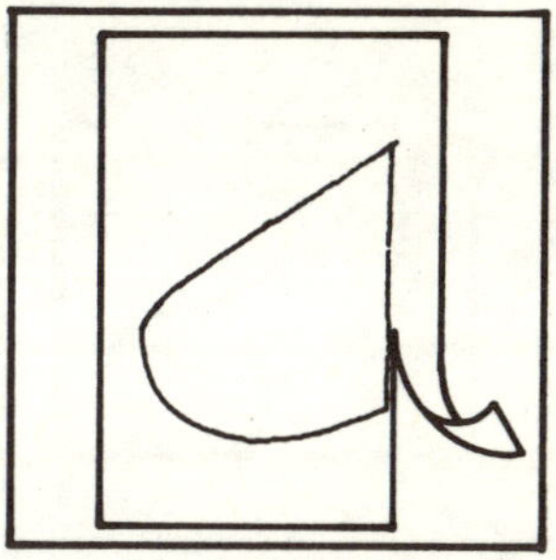

3 Schneiden Sie die Papierform heraus: Sie haben jetzt ein genau passendes Schnittmuster.

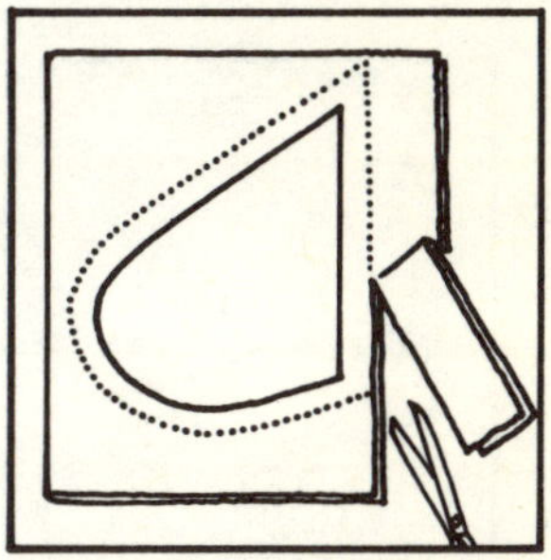

4 Legen Sie diesen Schnitt auf eine doppelte Lage Stoff. Schneiden Sie die Tasche mit 1 cm Naht zu.

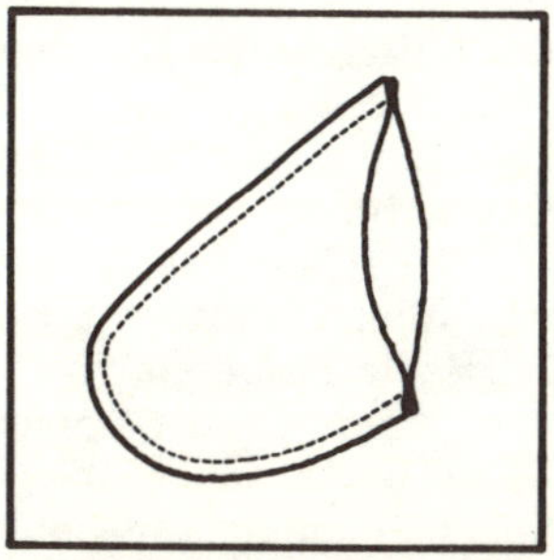

5 Steppen Sie die Tasche zusammen und versäubern die Kanten mit Zick-Zackstich oder mit französischer Naht.

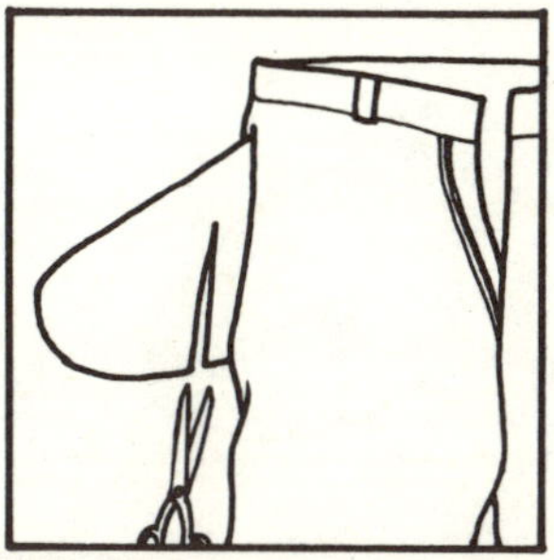

6 Jetzt können Sie die alte Tasche abschneiden. Lassen Sie 3 cm vom alten Stoff zum Ansäumen stehen.

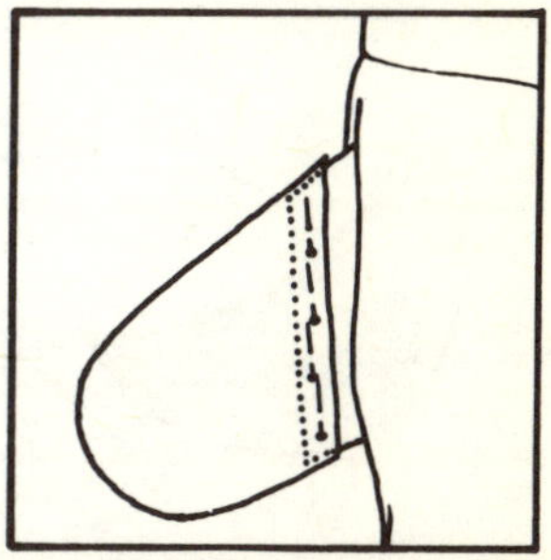

7 Schieben Sie nun die neue Tasche über den stehengebliebenen Rand der alten Tasche. Evtl. auch heften.

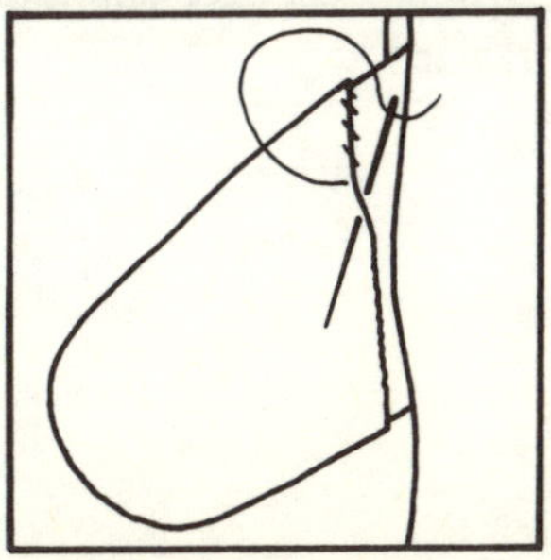

8 Jetzt schlagen Sie die offene Kante der neuen Tasche schmal um und säumen die Kante mit kleinen Stichen.

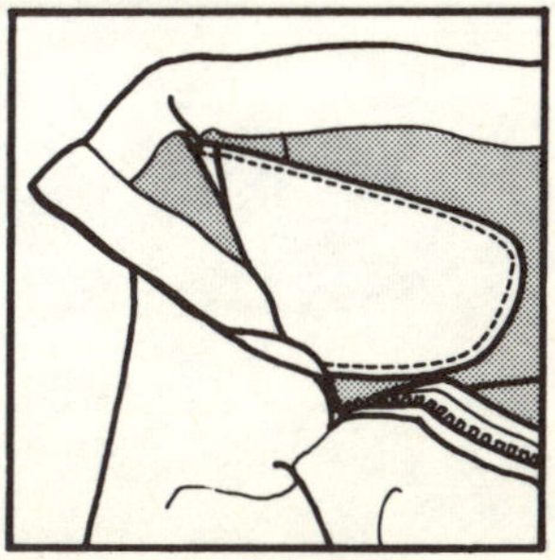

9 Ziehen Sie die Tasche bitte wieder auf die linke Seite, also auf die Innenseite der Hose. Bügeln.

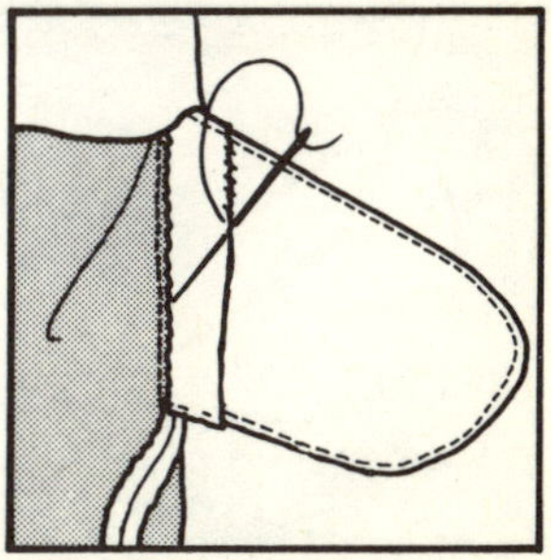

10 Säumen Sie die alte offene Kante schmal um. Nähen Sie mit einem Faden Garn oder mit doppelter Seide.

Drei gute Ideen

So hält die Hose länger

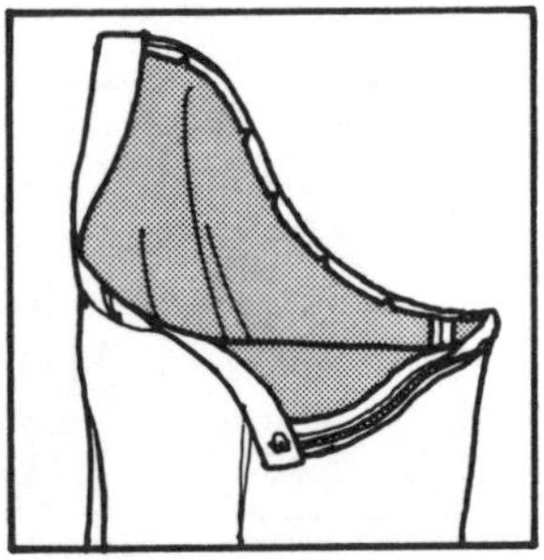

1 Fassen Sie die Hose zur Hälfte zusammen, so daß die hintere Mittelnaht im Bruch auf dem Tisch liegt.

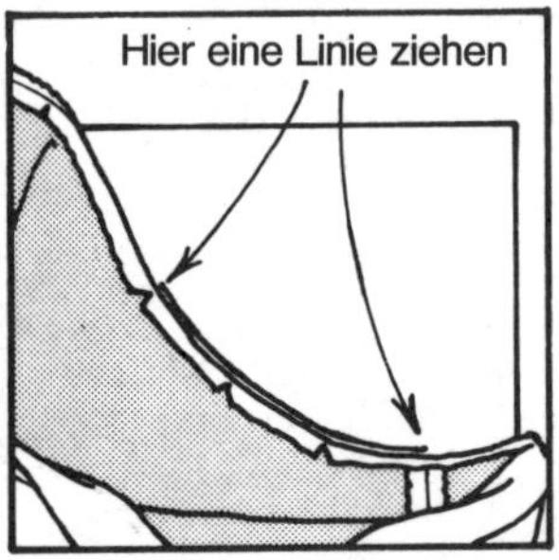

2 Schieben Sie einen Bogen Papier unter und zeichnen Sie die Rundung der Mittelnaht sorgfältig ab.

3 Ziehen Sie das Papier heraus und zeichnen Sie einen Halbkreis als Begrenzung des Einsatzteiles ab.

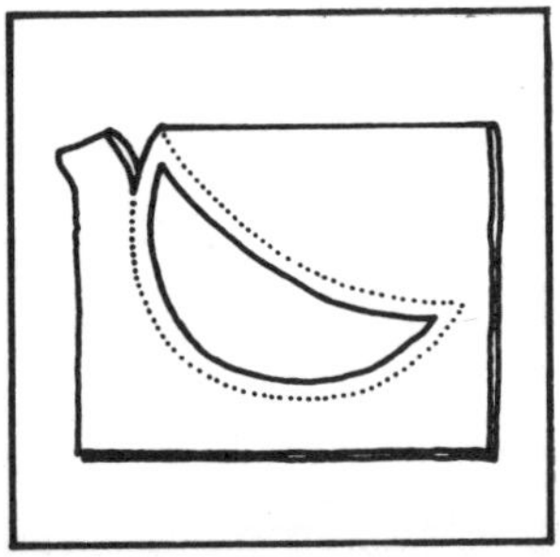

4 Legen Sie bitte diesen Schnitt auf eine doppelte Lage Stoff. Geben Sie rundherum 1,5 cm Naht zu.

5 Steppen Sie die beiden Teile nun rechts auf rechts mit kleinen Stichen aufeinander. Die Naht ausbügeln.

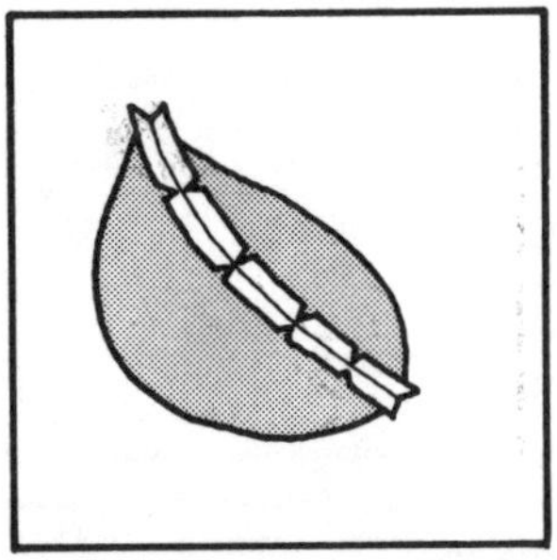

6 Schneiden Sie die Naht einige Male bis knapp an die Stepplinie ein. (Die Naht kann sich besser »runden«.)

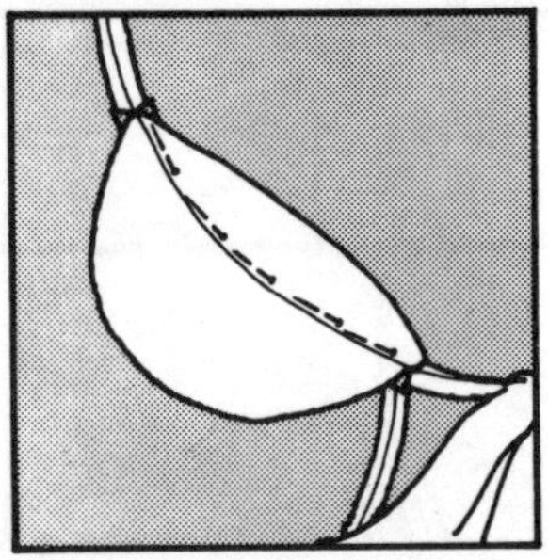

7 Jetzt stecken Sie die Naht des Einsatzes auf die Naht der Hose. Der Einsatz endet am Naht-Kreuzpunkt.

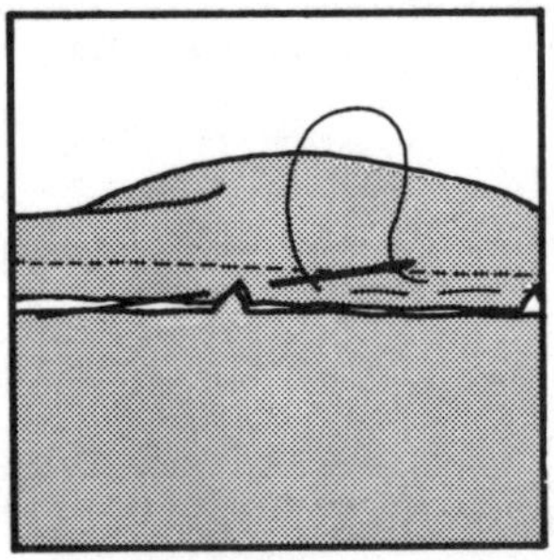

8 Schlagen Sie nun den Einsatz zurück und heften Sie an der Nahtbreite ohne die Nadeln den Einsatz fest.

Bei der Verarbeitung dieses Einsatzes ist es gleich, ob Sie eine Damen- oder eine Herrenhose verarbeiten: Ein kleines Futter ist in jedem Fall vorteilhaft. Auch hier können Sie einen festen Futterstoff verarbeiten: Schließlich wird eine Hose ja ziemlich strapaziert und es wäre ärgerlich, wenn Sie diese Arbeit nach einiger Zeit noch einmal machen müßten.
Bitte fassen Sie beim Ansäumen des Einsatzes nur ganz wenig vom Oberstoff. Wenn der Einsatz auch in der Schrittnaht liegt, sind sichtbare Stiche nicht besonders schön! Ein Tip nebenbei: Wenn Sie diesen Einsatz in schrägem Fadenlauf zuschneiden, lassen sich die Kanten viel besser und weicher umlegen als bei einem geraden Fadenlauf. Sie brauchen allerdings ein bißchen mehr Stoff, aber das ist bei dieser geringen Menge sicher nicht tragisch.

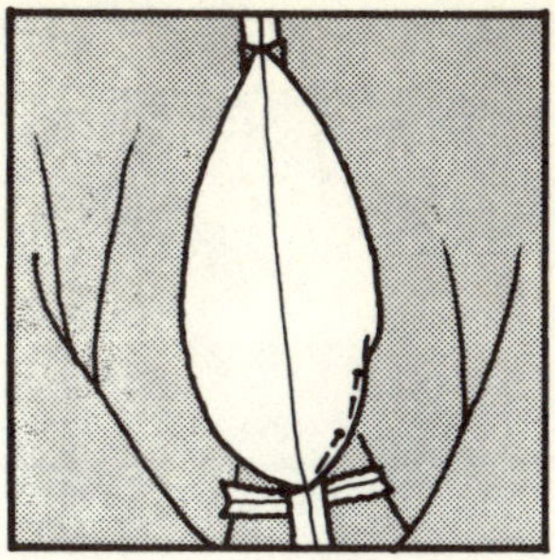

9 Stecken Sie die runden Kanten des Einsatzes ganz schmal um. Stecken Sie den Einsatz am Oberstoff fest.

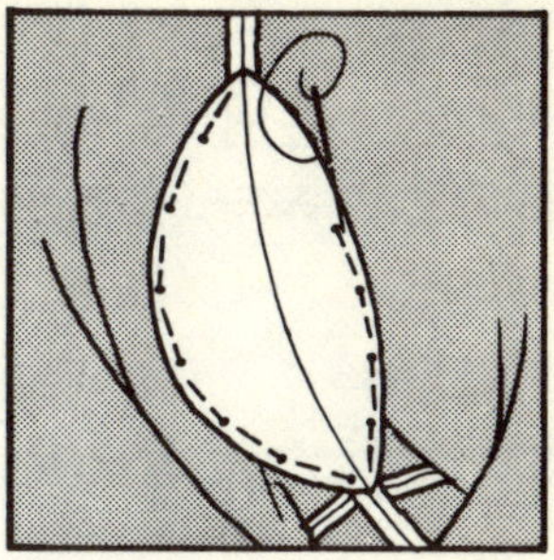

10 Säumen Sie den Einsatz mit kleinen Stichen an. Fassen Sie dabei nur einige Fäden des Oberstoffes mit.

So füttern Sie einen Rock

Ein Rock mit Futter lebt doppelt so lang! Sicher, der Oberstoff ist noch einigermaßen gut, aber der Rock ist ausgebeult und sitzt nicht mehr! Sie sollten daher jeden Rock, egal ob fertig gekauft oder selbst genäht, mit einem Futter verbessern. Vor allem bei Jersey-Stoffen macht sich diese kleine Mühe durch guten Sitz und längere Haltbarkeit bezahlt. Achten Sie aber bitte auf die richtige Stoffbreite. Manche Futterstoffe liegen schmaler als der Oberstoff und Sie müßten dann an den Seiten einen Keil ansetzen. Das ist natürlich nicht notwendig, wenn Futter- und Oberstoffbreite übereinstimmen. Wenn Sie beim Einkauf des Futters ein wenig mehr anlegen, bekommen Sie eine Qualität, die garantiert nicht einläuft. Bitte fragen Sie die Verkäuferin ausdrücklich danach! Manche Hersteller geben sogar eine schriftliche Garantie oder ein Markenzeichen zu ihrem Futterstoff. Billiges Kunstseidenfutter läuft beim Reinigen oder Waschen stark ein und Sie hätten Mühe und Ärger mit dem Ändern des Futters.

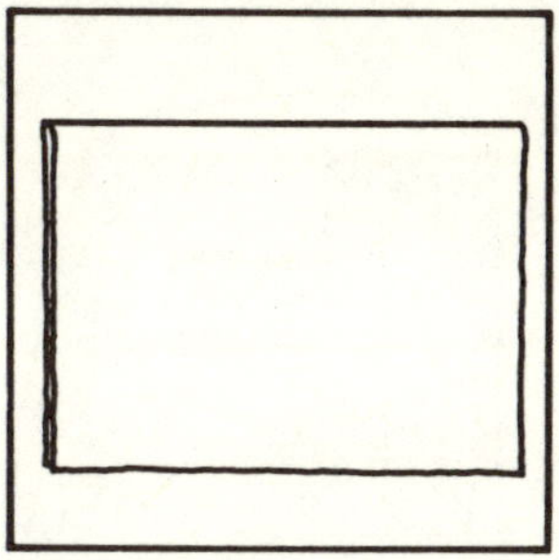

1 Legen Sie das doppelt gefaltene Futter auf die Tischplatte. Evtl. Kniffe vorher sorgfältig ausbügeln.

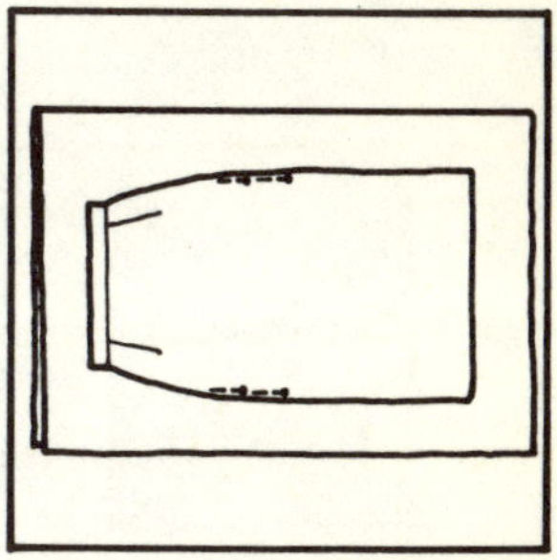

2 Legen Sie den zu füttertnden Rock glatt auf. Stecken Sie ihn an der breitesten Stelle (Hüfte) fest an.

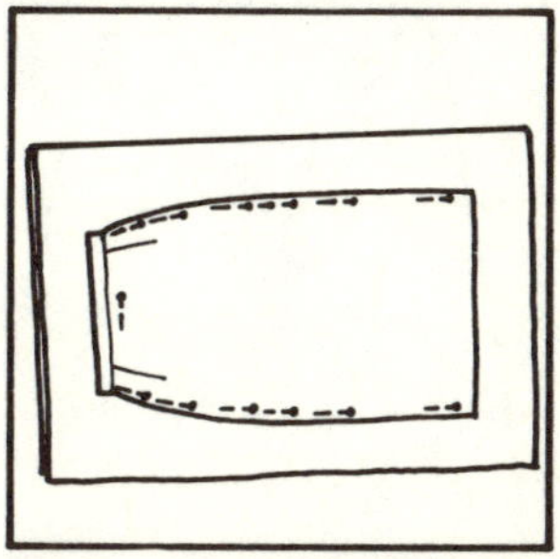

3 Stecken Sie weiter nach oben und zum Saum hin. Streichen Sie dabei den Rock immer wieder schön flach.

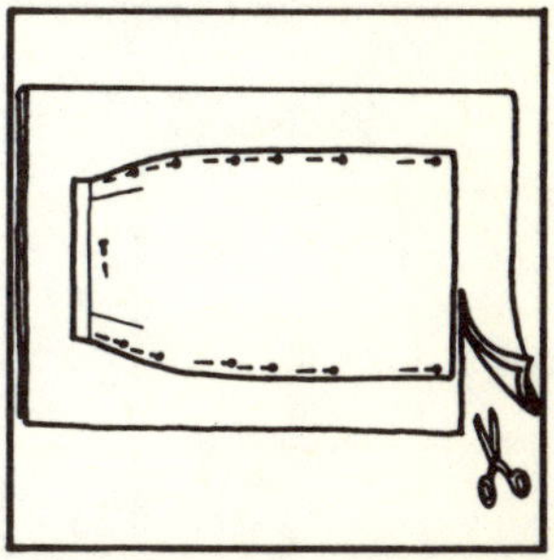

4 Schneiden Sie das Futter 2 cm unterhalb der Saumkante ab. Sie haben genug Zugabe für den Futtersaum.

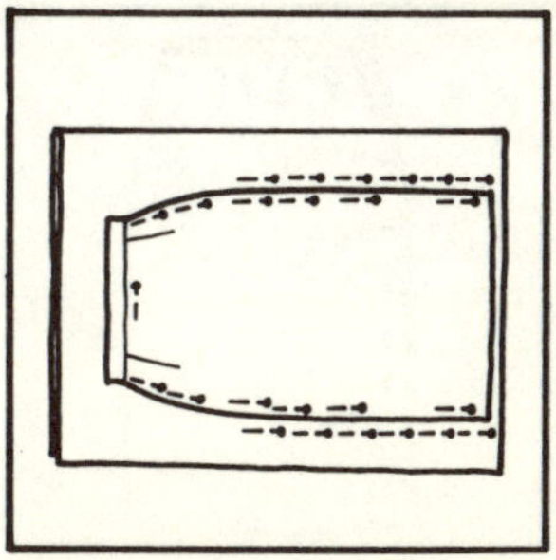

5 Stecken Sie nun eine Schnittmarkierung auf das Futter. Geben Sie dabei 3 cm für die Seitennähte zu.

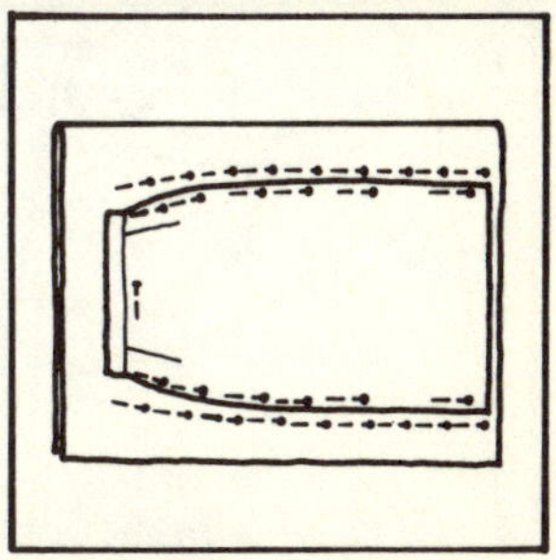

6 Zur Taille hin geben Sie etwas mehr zu, denn Sie müssen später ja noch die kleinen Abnäher absteppen.

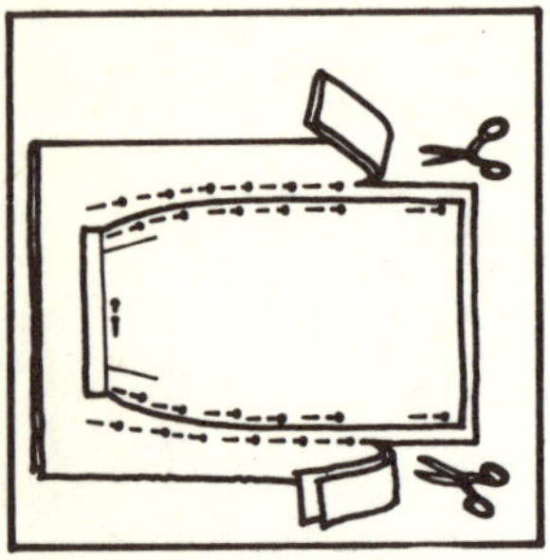

7 Jetzt schneiden Sie das Futter rundherum aus. Bitte achten Sie darauf, daß sich nichts verschiebt.

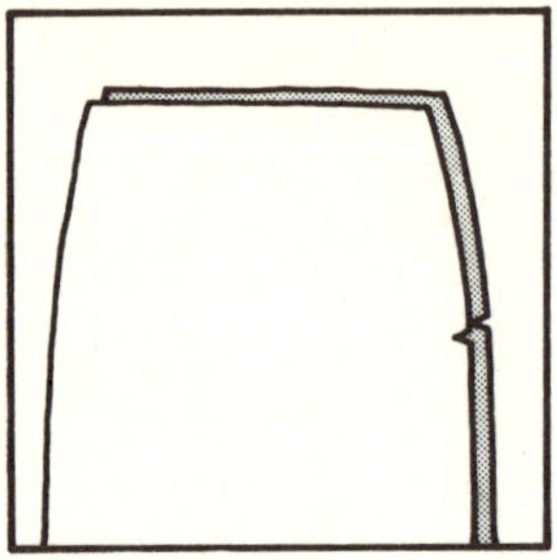

8 Markieren Sie mit einer Nadel oder mit einem kleinen Einschnitt die Öffnung für den Rock-Reißverschluß.

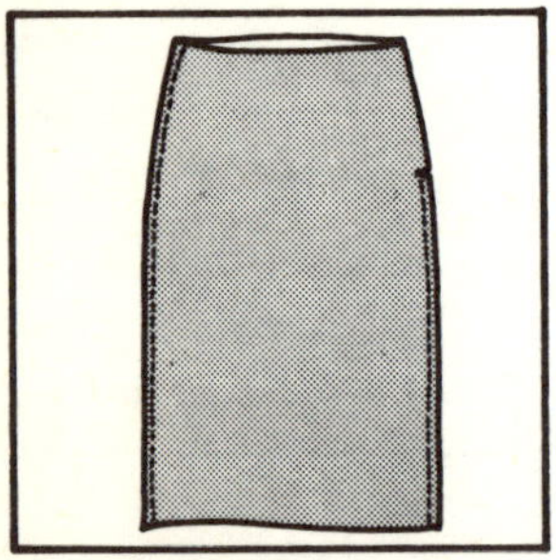

9 Steppen Sie nun die Seitennähte des Futters zusammen. Die Öffnung für den Verschluß bleibt dabei offen.

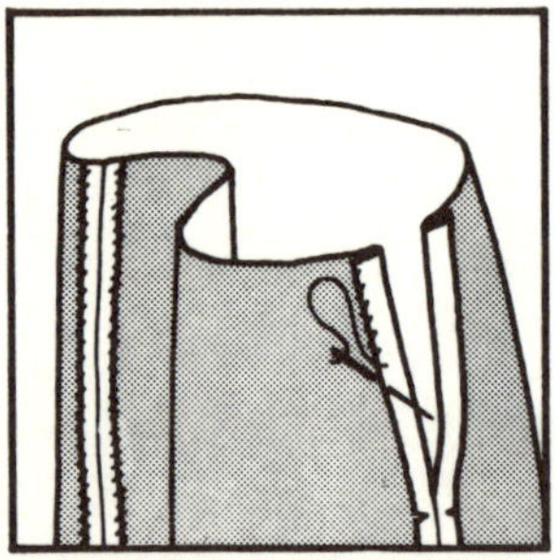

10 Die Seitennähte werden mit Zick-Zack- oder Handstichen versäubert. Die Verschlußkante bitte säumen.

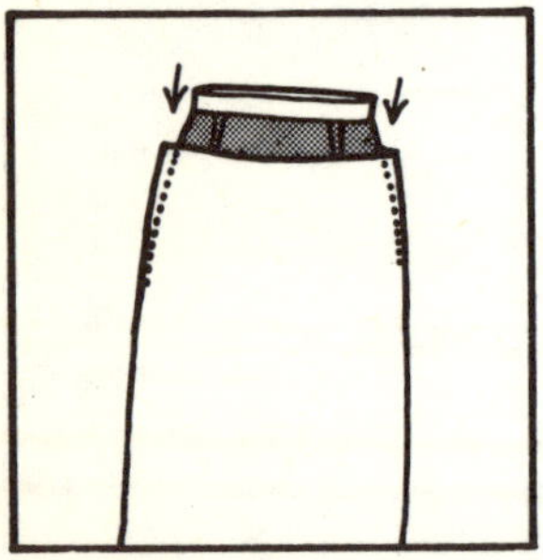

11 Wenden Sie den Rock auf die linke Seite und streifen Sie das Futter über. (Der Taillenrand ist zu weit.)

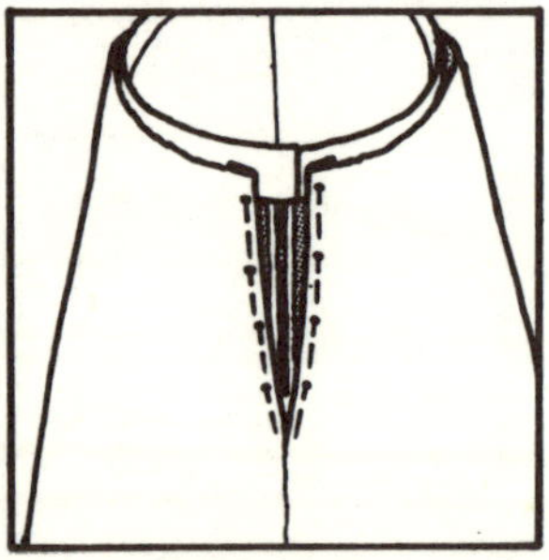

12 Stecken Sie die Reißverschlußöffnung des Futters auf dem Reißverschlußbändchen des Rockes fest.

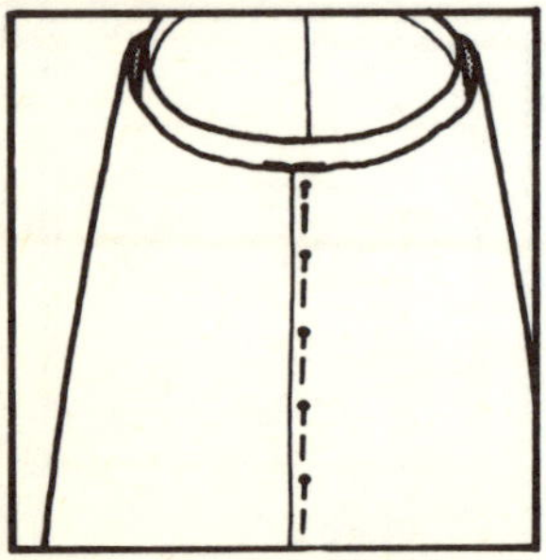

13 Jetzt stecken Sie die Seitennaht des Futters auf die Seitennaht des Rockes, damit alles genau stimmt.

14 Nun sehen Sie die überflüssige Weite des Futters in der Taille: Diese Weite wird in Abnäher gefaßt.

Auch bei Reißverschlüssen sollten Sie auf eine gute Qualität achten. Billiges Baumwollband am Reißverschluß läuft ein und stimmt natürlich nicht mehr mit dem Oberstoff überein. Dann hilft nur noch Heraustrennen und einen neuen Reißverschluß kaufen. Das ist doch unnötig, finden Sie nicht? Wenn Sie ein paar Pfennige mehr anlegen, bekommen Sie auch einen Reißverschluß mit Band, das garantiert nicht einläuft!

15 Wenn Sie die Weite in je zwei kleine Abnäher abgesteppt haben, ist das Futter fast fertig. Bitte bügeln.

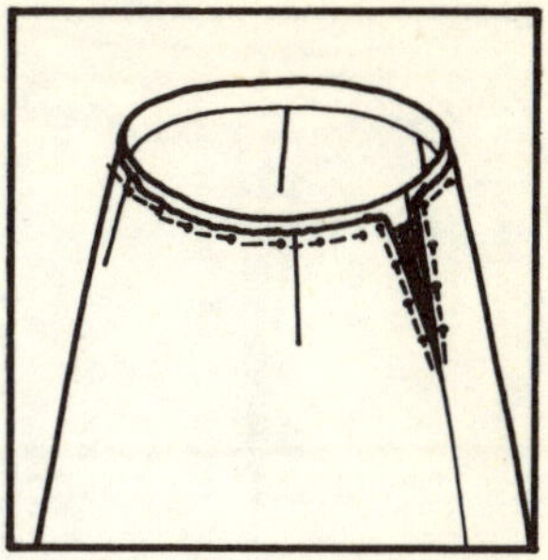

16 Nun können Sie das Futter knapp auf das Taillenbündchen des Rockes stecken. Taillenweite stimmt jetzt!

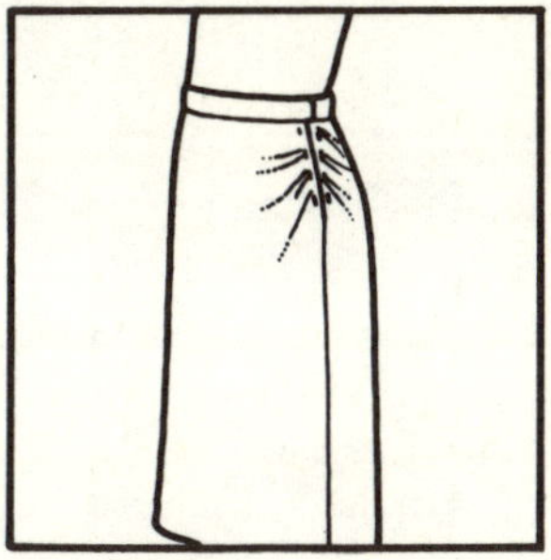

17 Probieren Sie den Rock einmal an. Bedenken Sie bitte, daß die Stecknadeln am Reißverschluß ziehen.

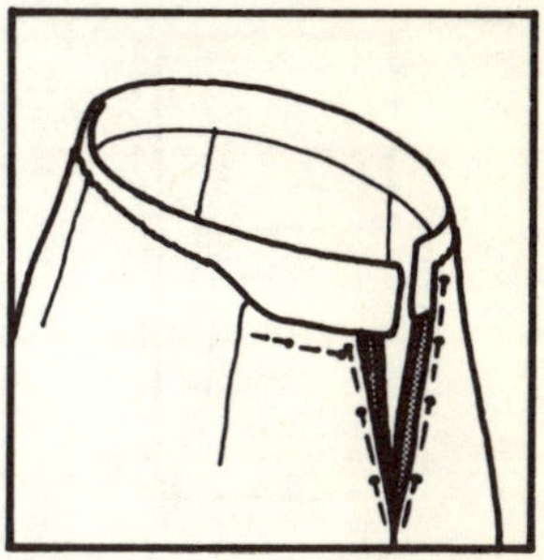

18 Wenn sonst alles stimmt, stecken Sie das Futter schmal um, bis es an die Ansatznaht des Taillenbundes geht.

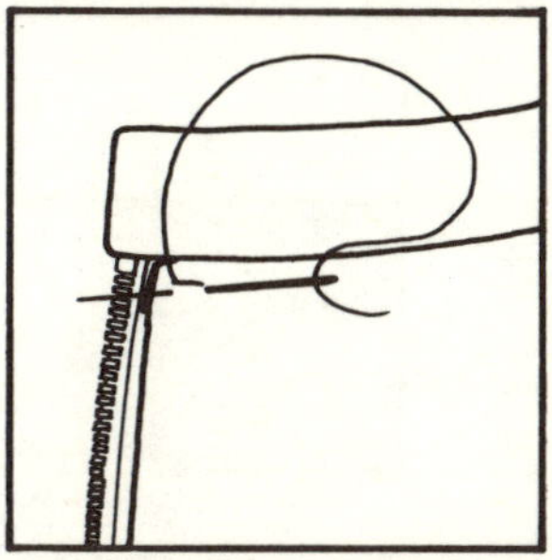

19 An dieser Linie entlang können Sie es mit »Hexenstichen« befestigen. Beginnen Sie mit festem Stich.

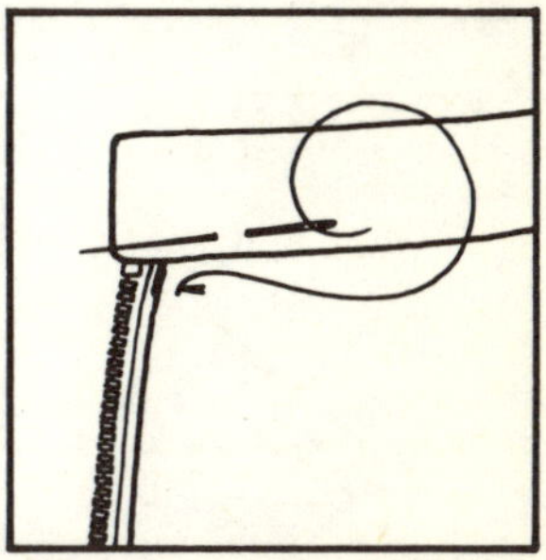

20 Wenn der Fadenanfang vernäht ist, führen Sie die Nadel zum Taillenbündchen. Nicht durchfassen!

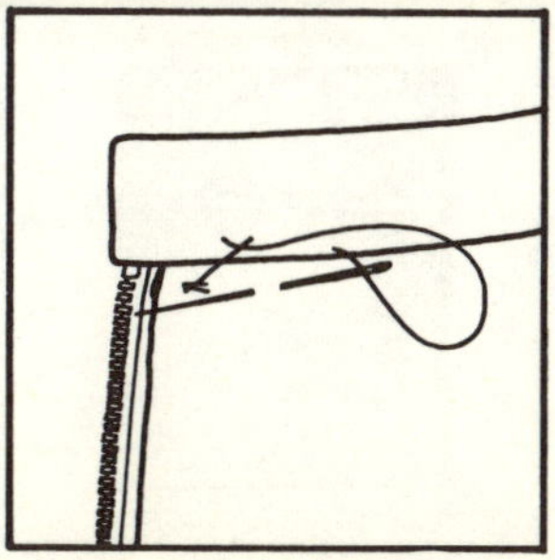

21 Jetzt zurück zum Futter: Auch hier nur einige Fäden fassen. Von rechts darf nichts sichtbar sein.

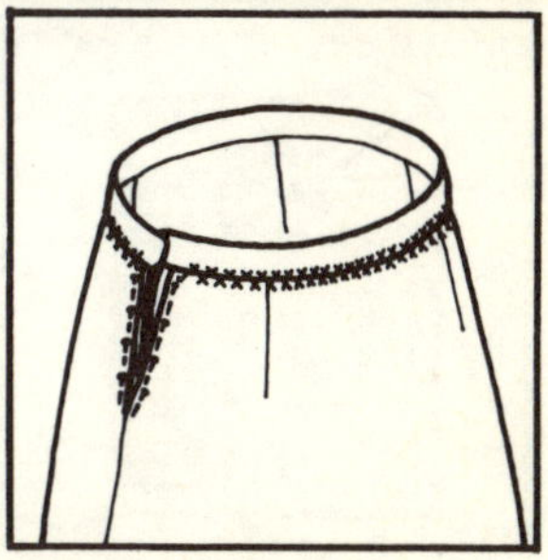

22 So sieht die mit Hexenstichen angekreuzte Futterkante in der Taille aus. Bitte das Ende gut vernähen!

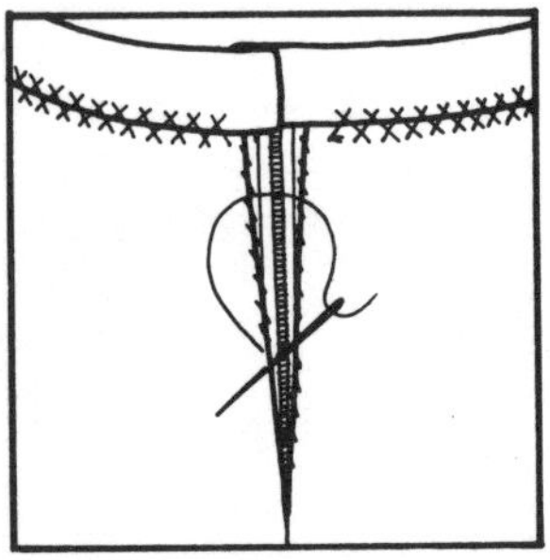

23 Nun können Sie auch die offene, gesteckte Kante für den Reißverschluß mit feinen Stichen säumen.

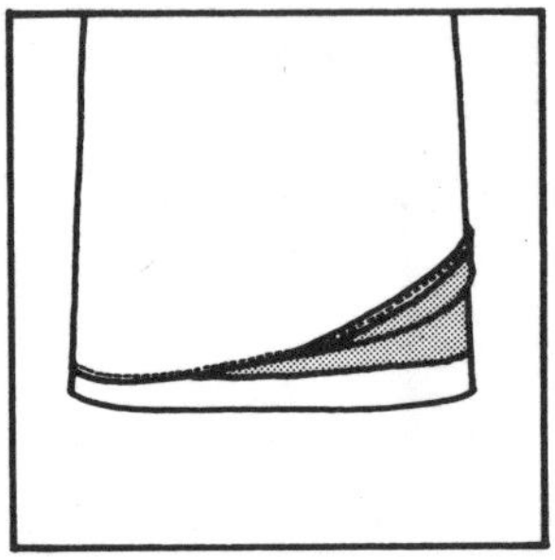

24 Stecken, heften und steppen Sie zum Schluß den Saum des Futters, das ca. 3 cm kürzer als der Rock ist.

Eine kleine Tasche für Hose oder Rock

Diese kleinen Einstecktaschen sind sehr praktisch und zu Unrecht noch nicht überall gebräuchlich. Denken Sie nur an Ihr Kleingeld, an die Autoschlüssel und vor allem an Ihren Urlaub, wo Sie auch gern mal ohne Handtasche spazieren gehen möchten. Denn auch bei Damenröcken ist so eine kleine Innentasche ganz prima. Außerdem können Sie dort Ihren Ausweis, Ihre Fahrkarte oder viele andere Dinge auf der Reise unterbringen. Da kommt auch außerdem ein Taschendieb nicht so schnell heran! Daß Sie auch hier ein festes Material verarbeiten, ist klar! Falls Sie keine passenden Stoffreste mehr haben oder wenn der Oberstoff etwas zu dick ist, können Sie ein festes Serge-Futter nehmen, das Sie im Kaufhaus oder im Fachgeschäft für Schneiderbedarf bekommen. Ein Wort noch zu den Druckknöpfen: Es gibt normale Druckknöpfe in vielen Farben und Größen. Und es gibt »Federdruckknöpfe«, die sich nur mit sanfter Gewalt öffnen lassen. Die sind für diesen Zweck genau richtig!

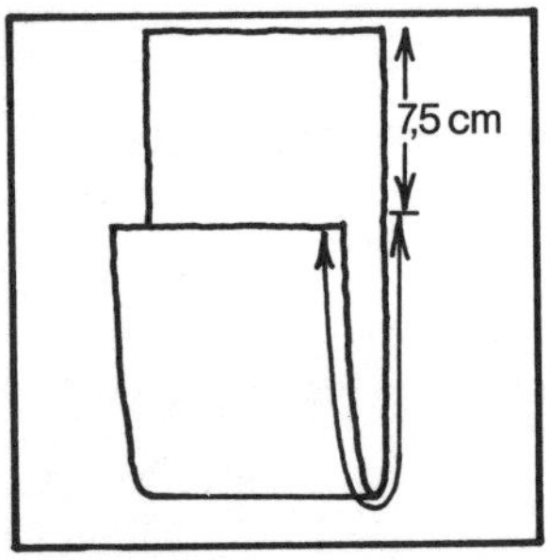

1 Schneiden Sie einen 12 cm breiten und 30 cm langen Streifen aus passendem Stoff oder Futter zurecht.

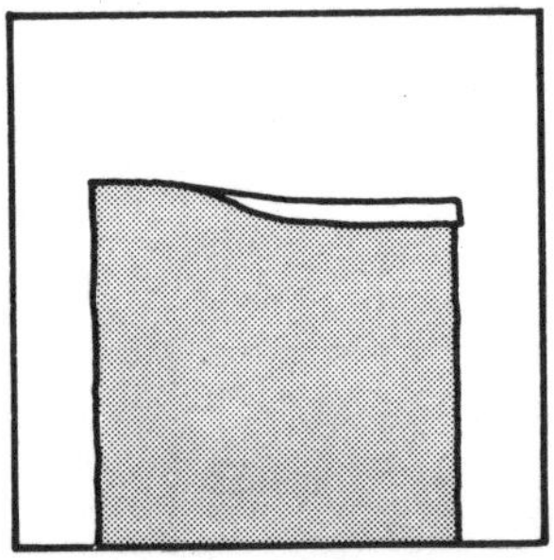

2 Machen Sie an der oberen Schmalseite des Streifens einen schmalen Saum mit Hand- oder Maschinenstich.

3 An der anderen Schmalseite heften Sie den schmalen Saum mit Reihgarn um. (Er wird später angenäht.)

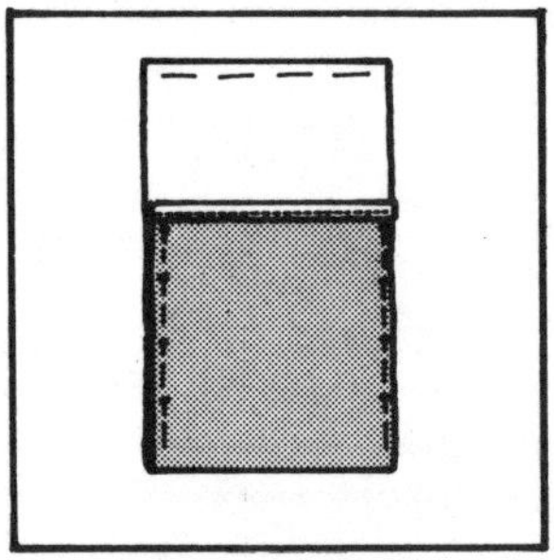

4 Schlagen Sie jetzt den Streifen so zusammen, daß sich eine 12 cm tiefe Tasche und eine Klappe ergibt.

5 Schlagen Sie nun die umgeheftete Schmalkante über die Tasche. Dabei liegt die linke Stoffseite außen.

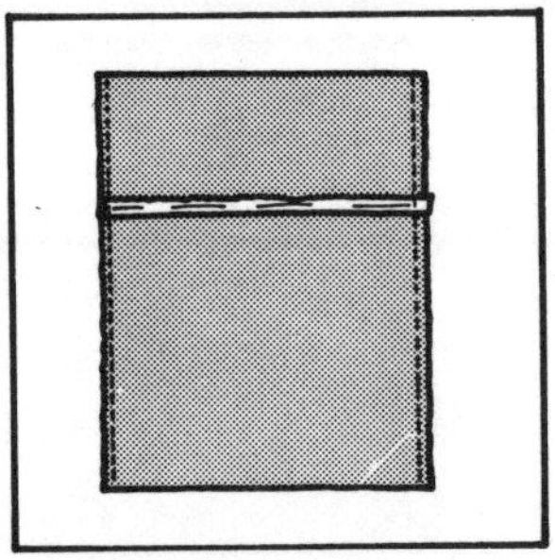

6 Wenn Sie die Seitenkante aufeinandergesteckt haben, können Sie sie als schmale Naht zusammensteppen.

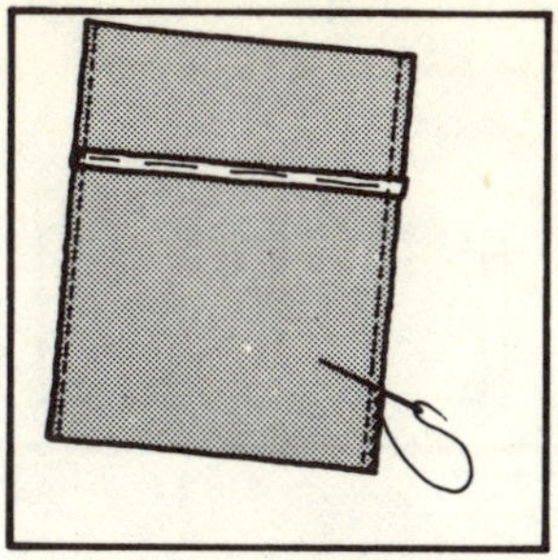

7 Die offenen Kanten würden ausfransen: Bitte mit Zick-Zackstich oder mit kleinen Handstichen versäubern.

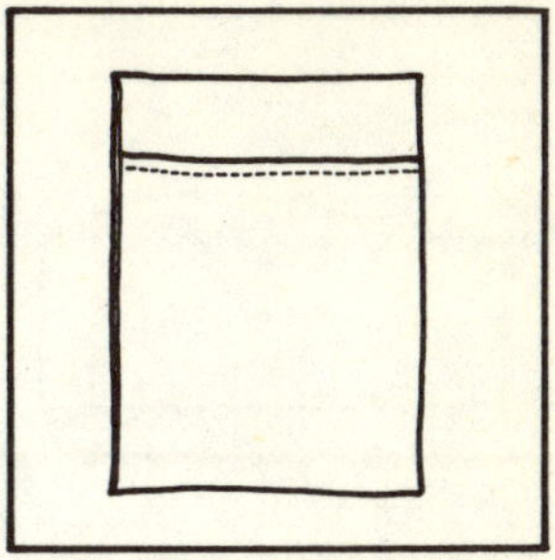

8 Wenden Sie die fertige Tasche auf auf die rechte Seite um. Bügeln Sie das Ganze einmal sorgfältig zurecht.

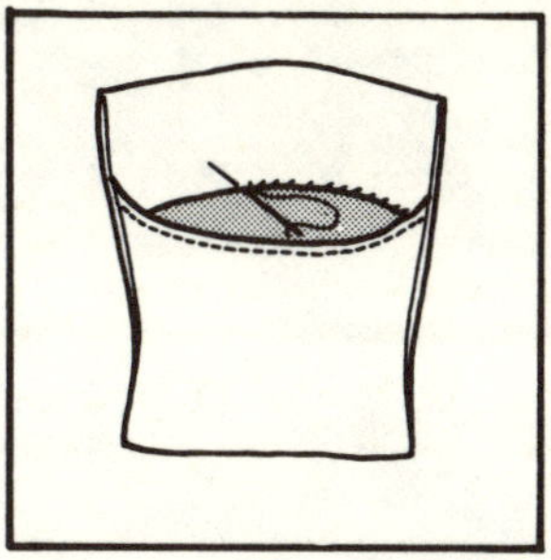

9 Die umgeheftete, aber noch nicht fertig gesäumte Schmalkante bitte mit kleinen Stichen fest ansäumen.

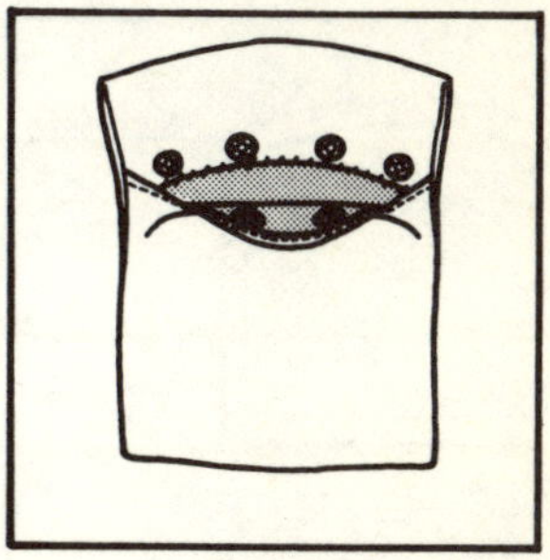

10 Jetzt nähen Sie an beiden Kanten kleine, aber kräftige Druckknöpfe an. Damit wird die Tasche gehalten.

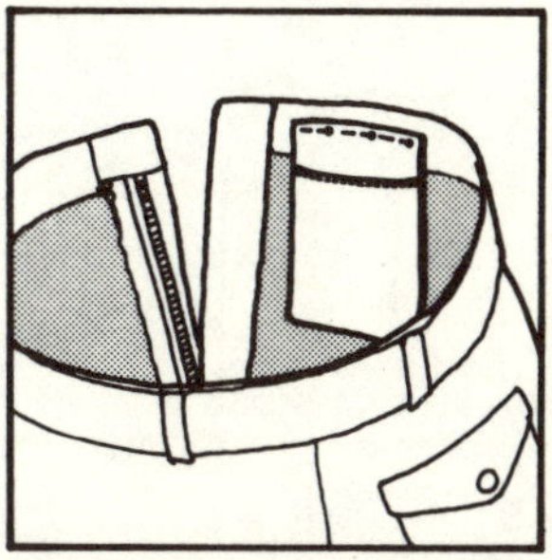

11 Stecken Sie die Tasche nun von links am Taillenbund der Hose oder des Rockes an. (Seitlich der Mitte.)

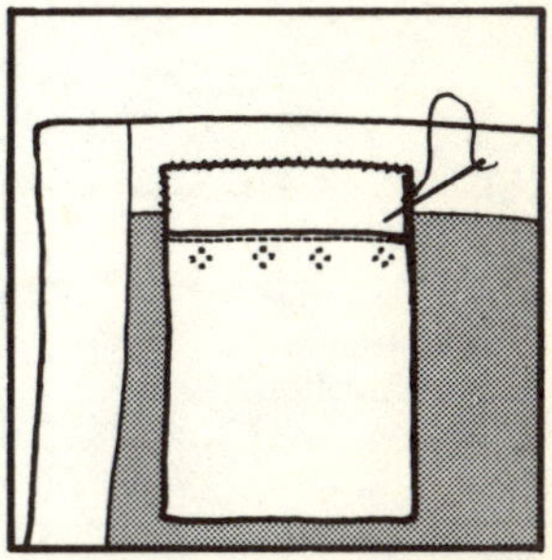

12 Nähen Sie diesen Rand am Taillenbörtchen fest. Bitte nehmen Sie dafür ein festes Nähgarn oder Zwirn.

Schnittmuster können »sprechen« ...

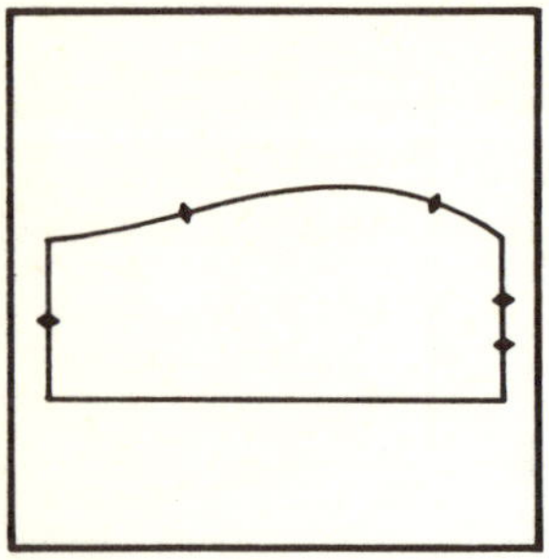

1 Wenn es auf dem Schnittmuster nur eine glatte Linie gibt, müssen Sie rundum die Nahtbreite zugeben.

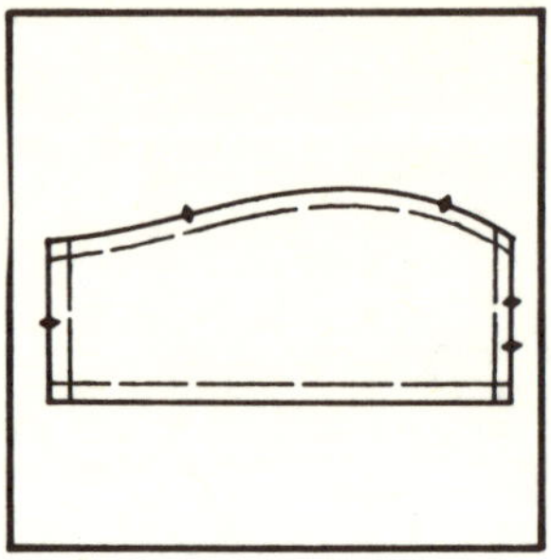

2 Gibt es außerdem noch eine unterbrochene Linie, dann ist dieses die Steppnaht, das andere die Zugabe.

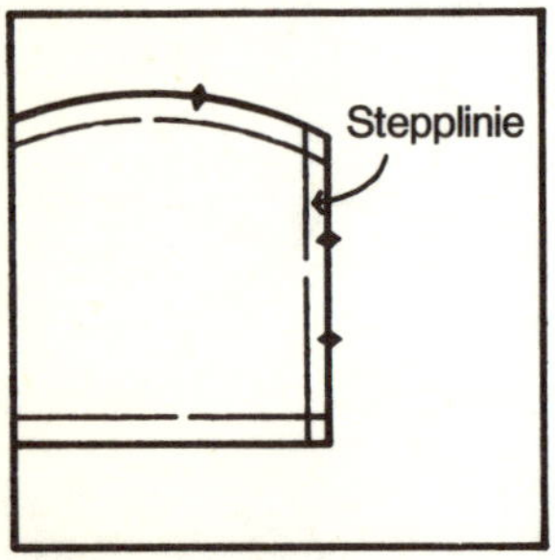

3 Falls die Nahtzugabe bereits im Schnittmuster eingezeichnet ist, sollten Sie Ihre Maße vergleichen.

4 Viele Schnitte haben eine Zeichensprache: Punkt muß auf Punkt, Viereck auf Viereck stoßen (S. 127–128).

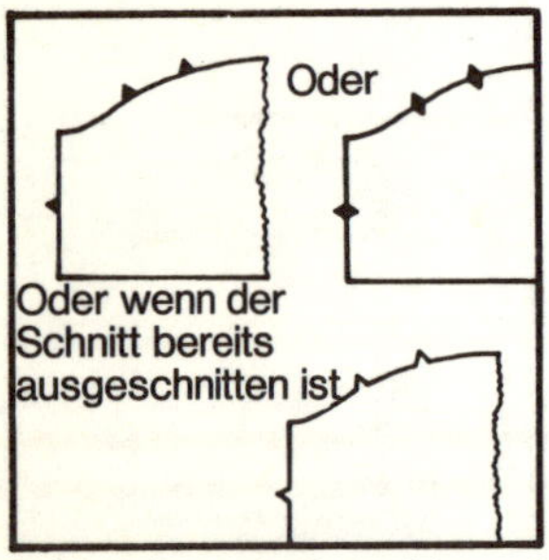

5 Oft sind es auch »Querzeichen«, die aufeinanderpassen müssen. Bitte übertragen Sie alles auf den Stoff.

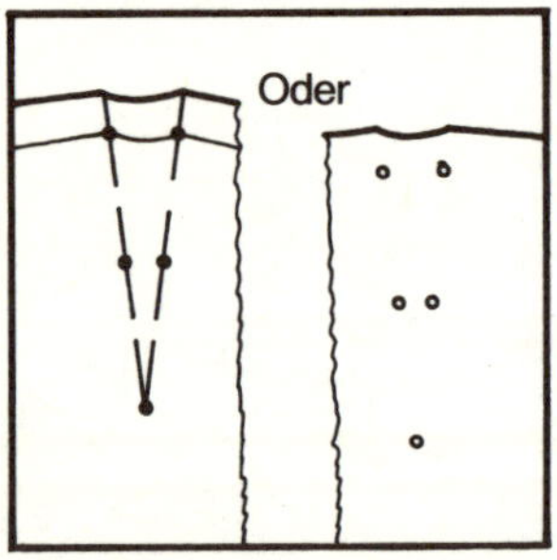

6 Abnäher können auf dem Schnitt mit eingedruckten Linien oder ausgestanzten Löchern markiert sein.

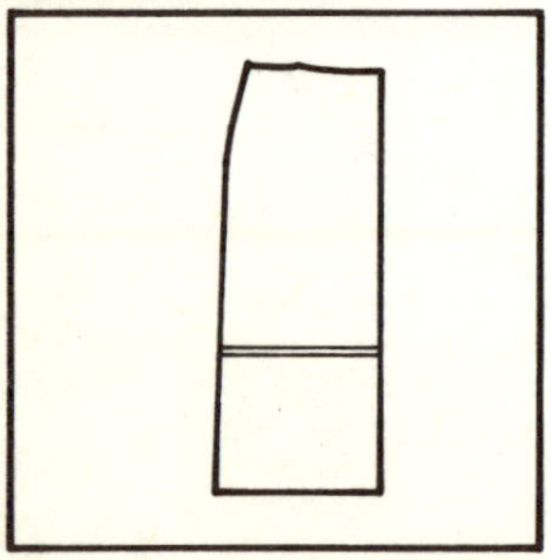

7 Eingezeichnete Linien im Rock können bedeuten, daß Sie den Rock knielang oder bodenlang arbeiten.

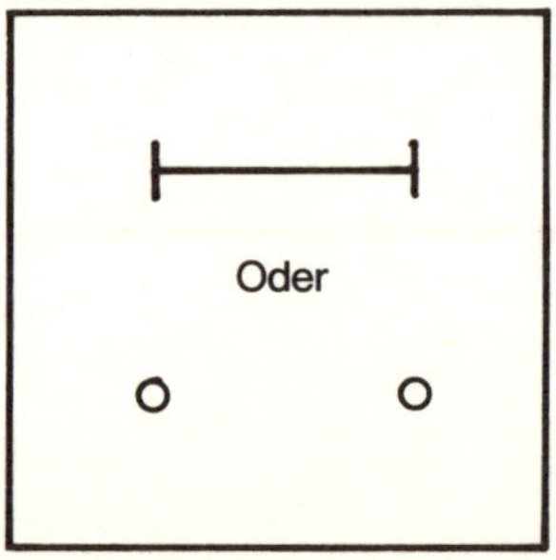

8 Knopflöcher werden bei gedrucktem Schnitt mit Linien, bei ausgestanztem Schnitt mit einem Loch markiert.

Schnittmuster können »sprechen«! Sie machen sich die Arbeit leichter, wenn Sie brav darauf achten, was die Zeichen sagen. Manche Schnitte haben aufgedruckte Linien und Zeichen, andere sind ausgestanzt oder mit Lochungen versehen. In jedem Fall aber müssen die Zeichen aufeinander passen, sonst klappt das Ganze nicht. Wenn Sie also Sternchen auf Sternchen falten sollen, dann tun Sie dies bitte auch, denn der Schnitthersteller hat von Ihrem Modell meist ein Musterkleid aus Nessel oder Seidenpapier gemacht, bei dem alle Details markiert worden sind. Sie finden also oft Hinweise, die Ihnen im Moment nicht so besonders wichtig erscheinen, deren Mißachtung Ihnen aber nur unnötige Arbeit macht. Diese Zeichen stimmen immer überein, so daß Punkt auf Punkt oder Punkt auf Strich treffen müssen, wenn die Falte, der Ärmeleinsatz oder ähnliches genau aufeinander passen müssen. Wenn Sie einen Schnitt vom Schnittmusterbogen abradeln, achten Sie natürlich auch auf diese Zeichen. Manchmal handelt es sich auch nur um kleine »Querzeichen«, die zum Beispiel angeben, wo die Arm-

kugel auf die Schulternaht trifft, wo der Tascheneingriff sitzen soll und ähnliches. Bei dickeren Stoffen werden die inneren Nähte leicht zu fest. Hier sollten Sie die Nahtbreiten in Stufen abschneiden, wie auf Bild 9 zu sehen ist. So wird der Übergang viel besser und die Nähte drükken sich auch nicht durch.
Meist ist auf der Arbeitsanleitung Ihres Schnittmusters angegeben, welche Art und Stärke an Einlagematerial Sie verwenden können. Bitte richten Sie sich genau danach. Im Zweifelsfalle gilt: Für feine Stoffe ganz dünne und schmiegsame Einlagen, für dickere Stoffe festere Qualitäten verwenden. Für kleine Flächen wie Taschenpatten, Riegel und ähnliches können Sie auch eine aufbügelbare Einlage verwenden.

9 Bei mehreren Stofflagen können Sie die Naht verschieden breit abschneiden. (Das wird nicht zu dick.)

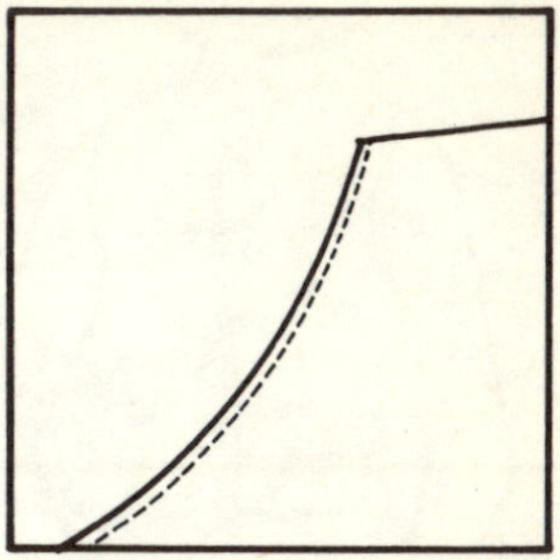

10 Ausschnitte und andere Rundungen dehnen sich im Stoff leicht aus: Steppen Sie diese Kante schmal ab!

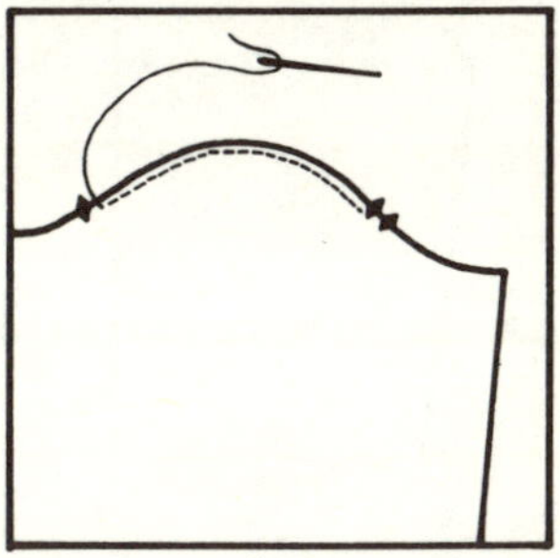

11 Die meisten Ärmel müssen in der Kugel leicht eingehalten werden: Ziehen Sie einen Kräuselfaden ein.

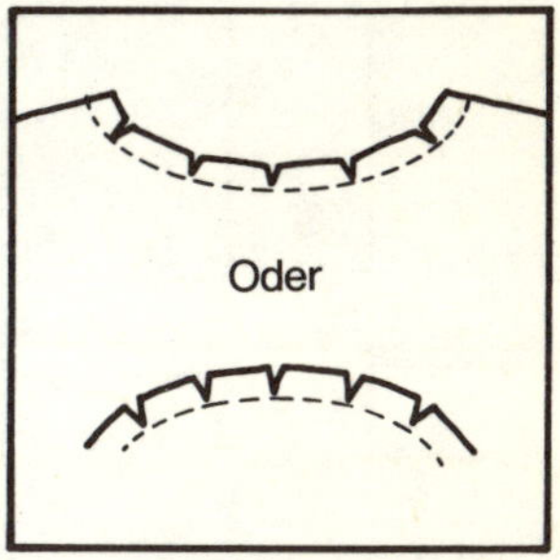

12 Wenn Rundungen doppelt gearbeitet, also »verstürzt« werden, können Sie einschneiden (Seite 21).

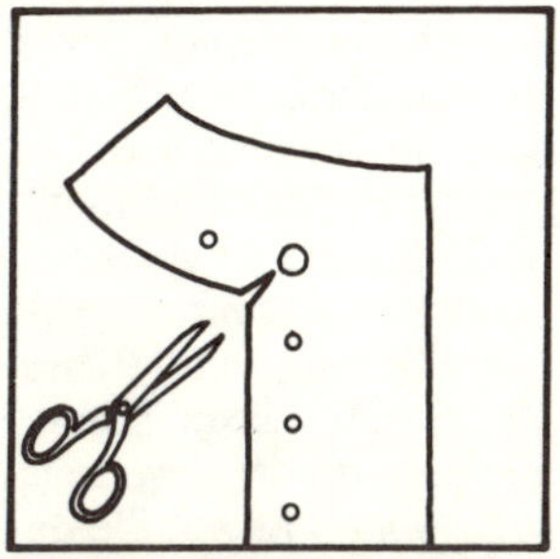

13 Einzusetzende Teile sind ebenfalls markiert. Wir zeigen auf Seite 23, wie Sie das machen können.

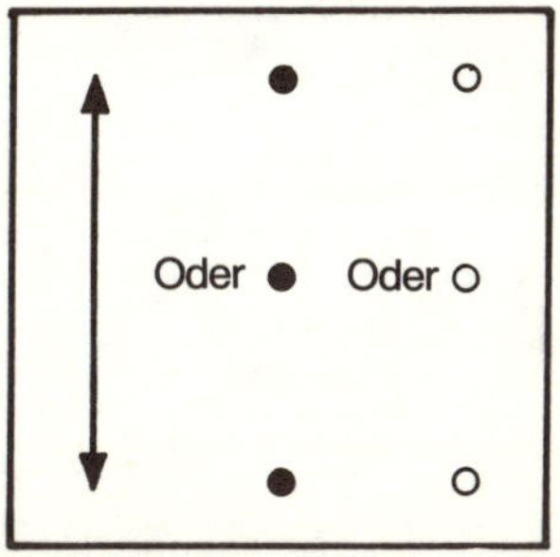

14 Der Fadenlauf oder »Strich« des Stoffes wird mit Linien, Punkten oder Löchern markiert.

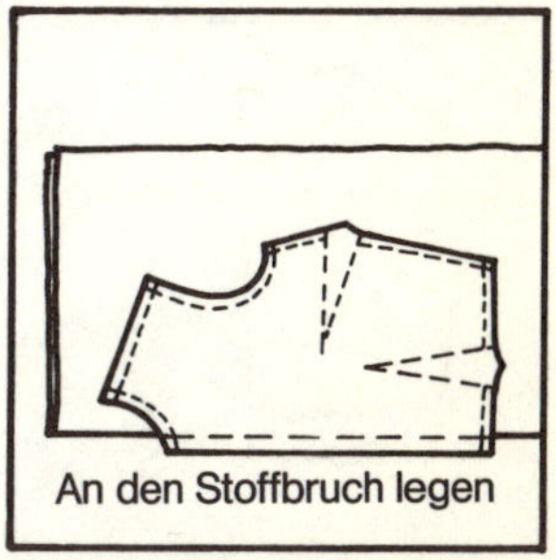

15 Wenn das Vorderteil keinen Verschluß hat, wird es in der Regel an den Stoffbruch glatt angelegt.

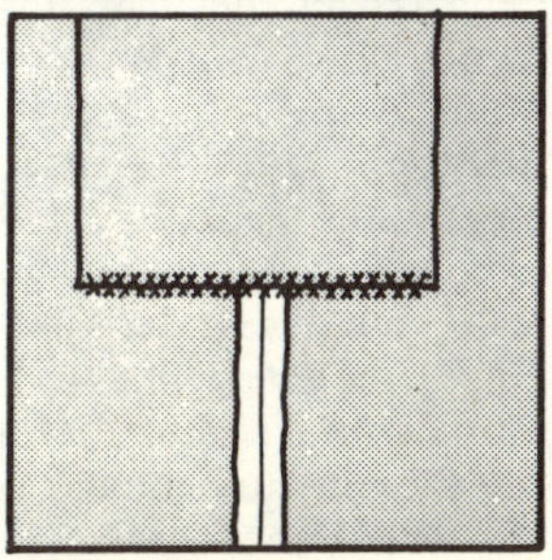

16 Faltenbögen oder Belege werden leicht am Oberstoff angenäht. Wir zeigten Ihnen das schon auf Seite 13.

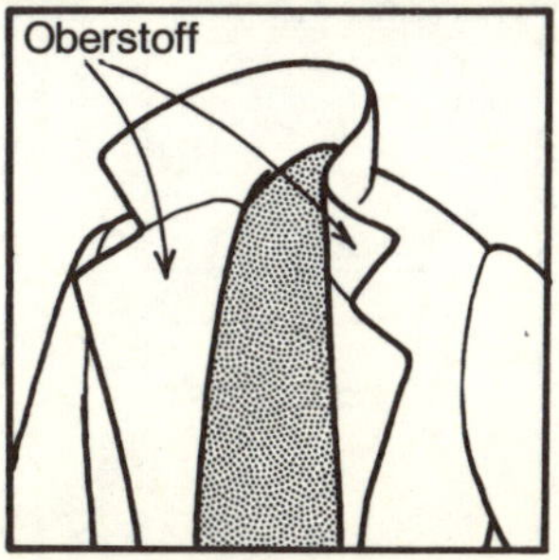

17 Ein Beleg kann »angeschnitten« sein: Er wird dann einfach umgeschlagen. Kragenbelege gehen extra.

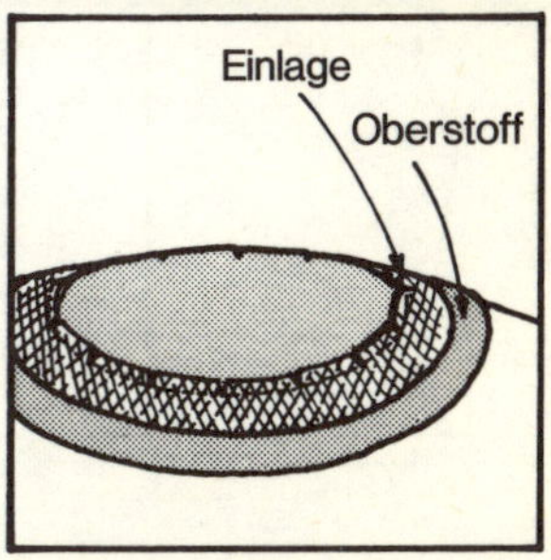

18 Belege an runden Ausschnitten werden der Form entsprechend extra gearbeitet wie auch die Einlage.

Schnitt-änderungen

Schnitt verkürzen
Schnitt verlängern

Zwischengesetzte Papierstreifen sollten etwa die gleiche Art haben wie das Schnittmusterpapier selbst.

Eine wichtige Regel: Wenn Sie einmal an der richtigen Größe des Schnittes zweifeln, nehmen Sie die Größe, die mit Ihrer Oberweite übereinstimmt!

Hier ist die Paßform besonders wichtig, denn eine Änderung kann nur geringfügig sein.

Stellen Sie sich bitte vor, daß der Ärmeleinsatz ja auf der Höhe des Brustumfangs liegt. Die Seitennaht, an der man natürlich etwas zugeben oder abnehmen kann, beginnt erst viel weiter unten!

Die Strecke von der vorderen Mitte bis zum Ärmelansatz muß also genau passen. Sie wissen ja, wie man die Oberweite mißt, nicht wahr? Legen Sie das Maßband aber nicht zu straff an, und tragen Sie nach Möglichkeit auch den BH, den Sie später unter dem Kleid tragen werden.

Manchmal gibt es sonst in der Brusthöhe eine Differenz, die nicht mehr zur Lage des Brustabnähers paßt. Manchmal genügt aber auch das Ändern der Trägerlänge, um den richtigen Brustpunkt zum Abnäher zu finden.

Mit diesem einfachen Trick lassen sich kleine Unterschiede ausgleichen.

1 Bitte probieren Sie Ihr Schnittmuster vor dem Zuschneiden einmal an. Ist das Oberteil etwa zu lang?

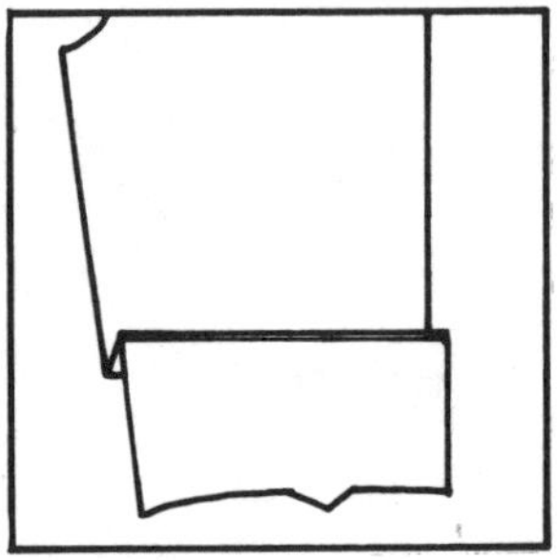

2 Dann sollten Sie im Schnitt eine Falte einlegen. Messen Sie zuerst Ihre Seitennaht ab, dann markieren.

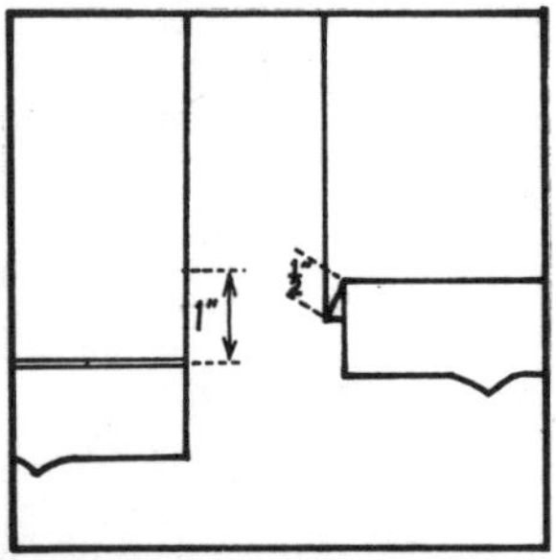

3 Wenn das Oberteil z. B. 4 cm zu lang ist, legen Sie eine 2 cm tiefe Falte ein. Das macht 4 cm aus.

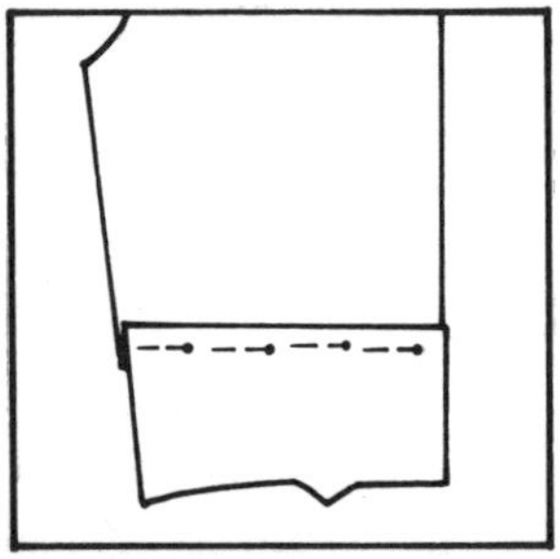

4 Diese Falte können Sie mit Nadeln zustecken, mit einem Klebestreifen befestigen oder mit Stichen halten.

1 Schneiden Sie den Schnitt oberhalb der Taille durch und schieben Sie ihn so weit auseinander wie nötig.

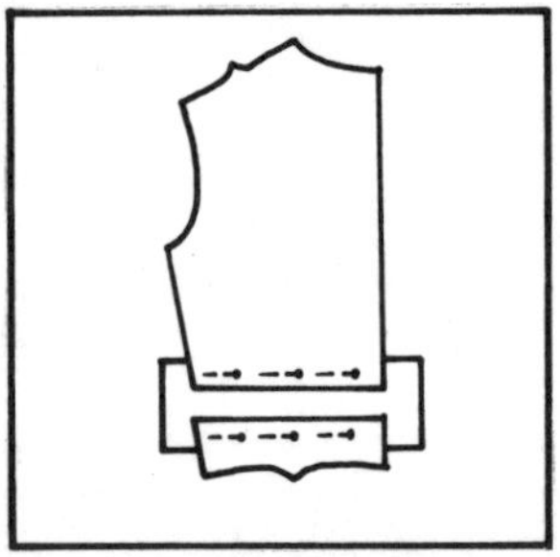

2 Legen Sie einen Papierstreifen unter, der sich mit Nadeln, Klebestreifen oder Stichen leicht halten läßt.

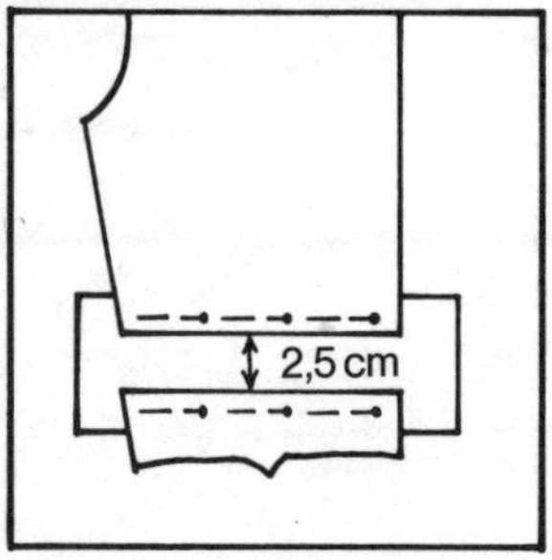

3 Kontrollieren Sie, ob die Längenzugabe auch genau richtig ist. (Evtl. vor dem Zuschneiden probieren!)

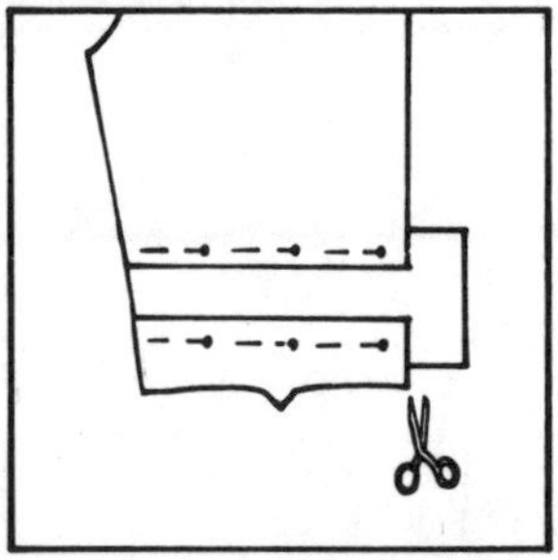

4 Schneiden Sie das überstehende Papier im Verlauf der Seitennaht und der Mitte ab. Evtl. Lineal benutzen.

Ist der Schnitt auf der Hüfte zu eng?

Die Seitennähte an Röcken und Oberteilen sind meist recht einfach zu erweitern oder enger zu machen. Und wenn Sie die angesetzten Papierstreifen wie hier nach dem Stecken ankleben, können Sie Ihren Schnitt wieder wie gewohnt zusammenfalten.

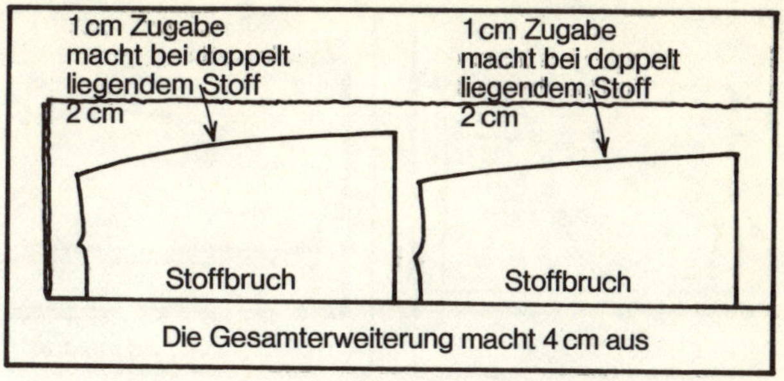

1 Wenn Sie Übung im Schneidern haben, können Sie beim Ausschneiden des Stoffes seitlich etwas Weite zugeben. Wenn Sie noch nicht viel Erfahrung haben, sollten Sie diese Korrektur am Schnitt vornehmen.

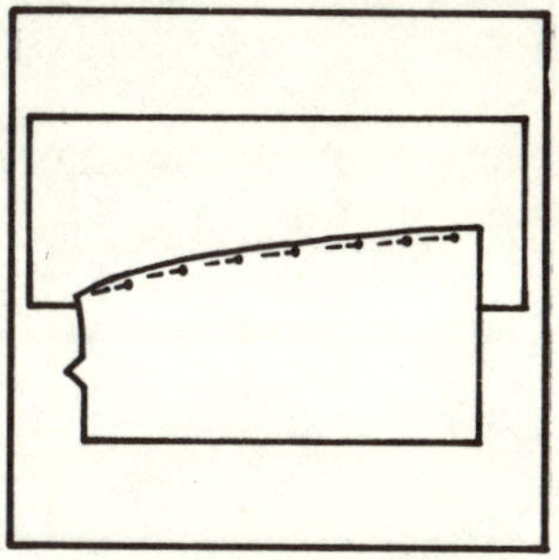

2 Legen Sie einen Papierstreifen unter den Schnitt. Beide Papierteile müssen glatt aufeinanderliegen.

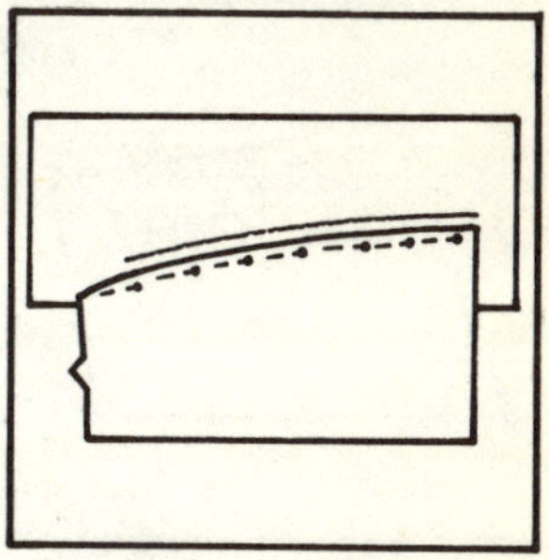

3 Denken Sie daran, daß die zugegebene Weite mal 4 zu rechnen ist, denn der Stoff liegt später doppelt.

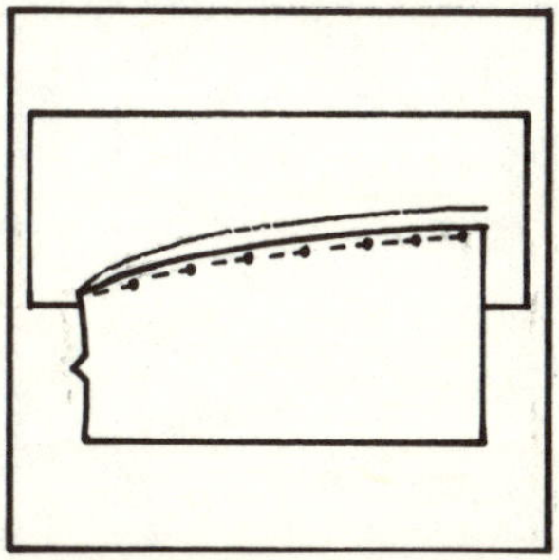

4 Beginnen Sie mit dem Anzeichen am Saum. Ziehen Sie eine Linie zur Hüfte. (1 cm Zugabe = 4 cm Weite!)

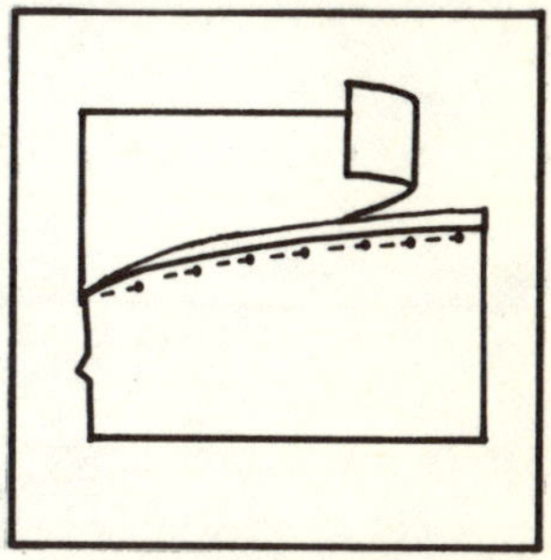

5 Ab Hüfte gehen Sie zum Taillenrand über, Papier ausschneiden. Die Taillenweite bleibt, wie sie war.

6 Bei einem Bahnenrock machen Sie es genauso: Falls der Rock auch in der Taille eng ist, eine Linie ziehen.

So erweitern Sie Oberteil und Rock

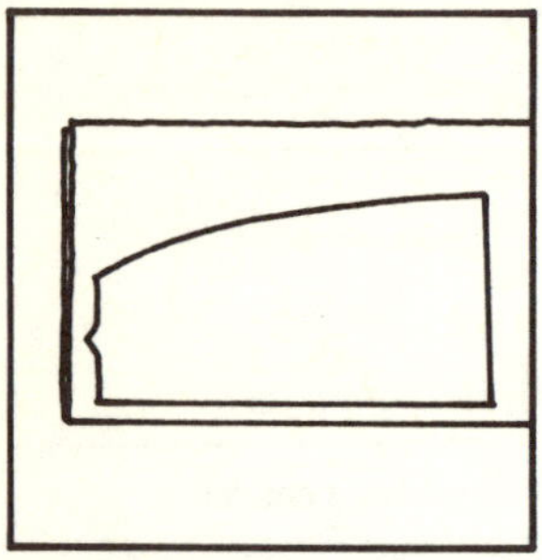

1 Wenn Rock und Oberteil zusammengesetzt werden müssen, legen Sie den Rock neben dem Stoffbruch auf.

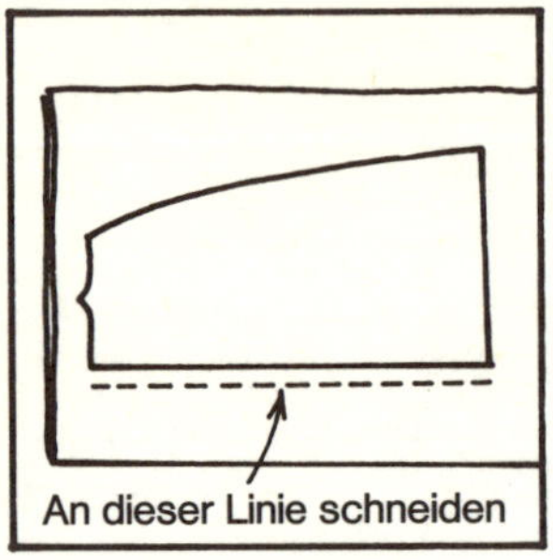

2 Falls Ihr Stoff ein Muster hat, das zusammenpassen muß, schieben Sie das Schnitteil passend auf.

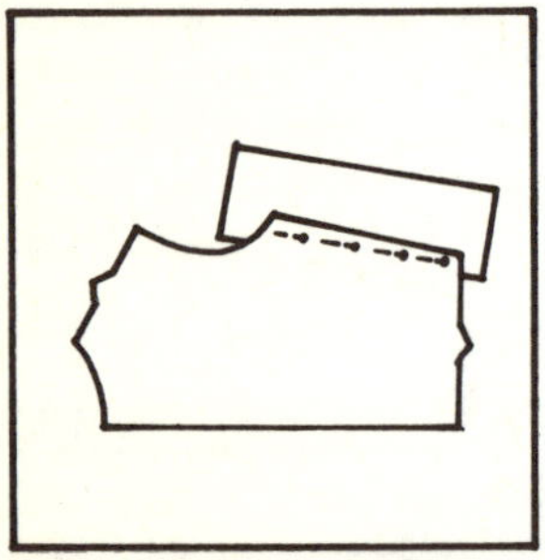

3 Zum Erweitern des Oberteiles legen Sie wie beim Rock einen Papierstreifen unter das Schnittmuster.

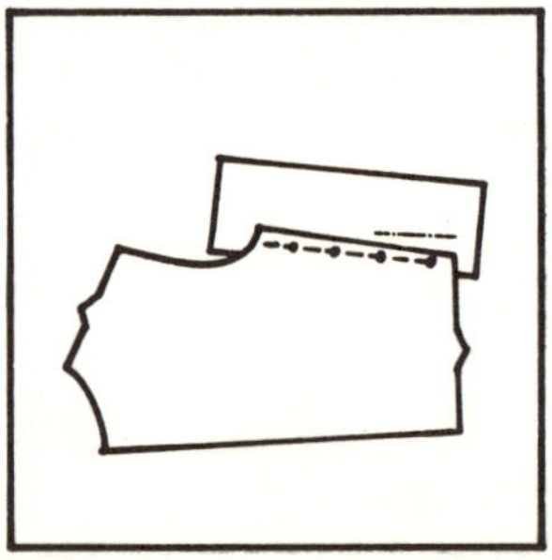

4 Denken Sie auch daran, daß 1 cm Zugabe schon 4 cm Zugabe rundherum bedeuten! Sorgfältig abmessen!

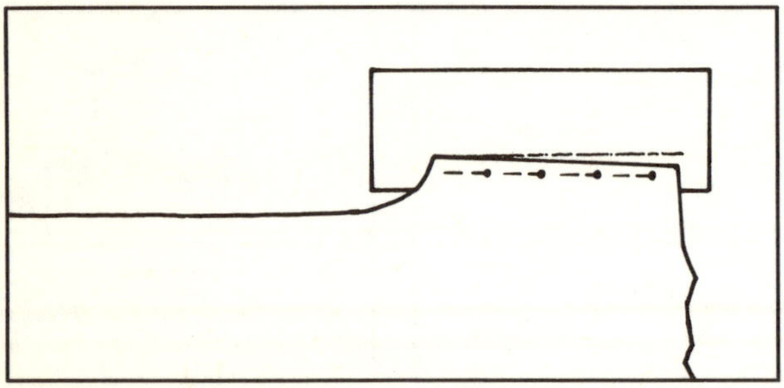

5 Ziehen Sie mit Bleistift eine Linie, die das Taillenmaß etwas erweitert. Überstehendes Papier abschneiden.

Bedenken Sie bitte, daß eine seitliche Schnitterweiterung von 1 cm rundum schon 4 cm ausmachen: Am Vorderteil rechts und links je 1 cm sind schon 2 cm. Dasselbe noch einmal im Rücken sind zusammen 4 cm. Das ist fast eine ganze Größe mehr. Eine stärkere Erweiterung des Schnittes ist nicht zu empfehlen, weil die Abnäher zu leicht ihren richtigen Sitz verlieren würden. Übrigens: Vergleichen Sie die Maße des Schnittmusters nicht einfach mit Ihren Körpermaßen, denn der Schnitt hat schon ein wenig Bewegungsfreiheit, damit Ihr Kleid nicht zu straff sitzt. Die auf dem Schnitt angegebenen Körpermaße sind verbindlich, denn der Schnitt selbst ist, wie gesagt, ein wenig völliger gearbeitet.

Zuschneiden

So bekommen Sie einen geraden Fadenlauf

Viele Stoffe lassen sich reißen, um einen genauen Fadenlauf zu erhalten. Je nach Gewebeart ist das jedoch nicht immer möglich. Sie können sich dann mit einem ausgezogenen oder fest angezogenen Querfaden helfen: Er zeigt Ihnen genau, wie der Stoff in Querrichtung laufen muß. Mitunter sind bedruckte Stoffe nicht genau im Fadenlauf bedruckt. Wenn Sie sich nur nach dem Verlauf des Dessins richten würden, wäre der Fadenlauf nicht immer korrekt. Daher ist auch hier die Probe mit dem an- oder ausgezogenen Faden sehr empfehlenswert.

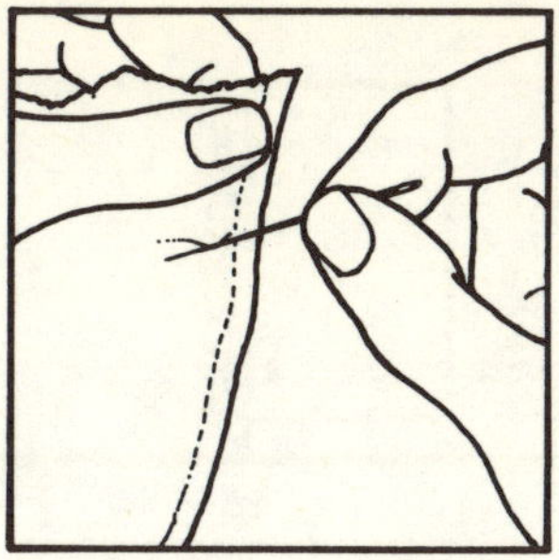

1 Ziehen Sie mit einer feinen Nadel einen Faden aus dem Stoff fest an.

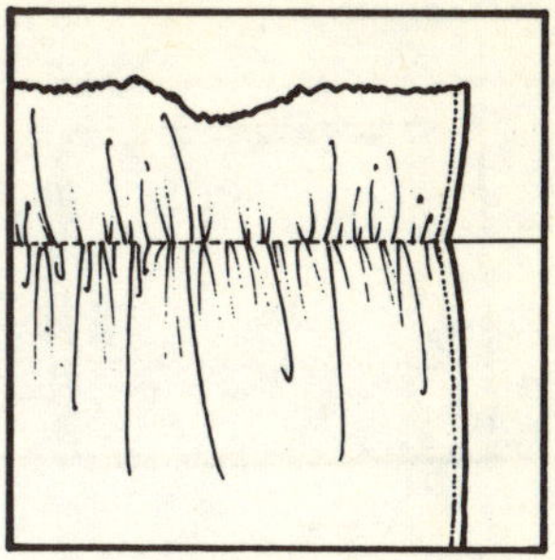

2 Schieben Sie den Stoff so nach, daß Sie den Verlauf dieses Fadens gut erkennen können. (Vorsichtig!)

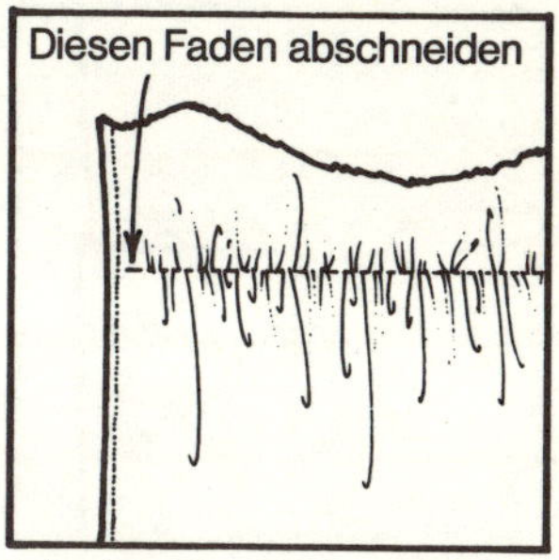

3 An der anderen Webekante schneiden Sie diesen Faden ab. Meist können Sie ihn dann gut herausziehen.

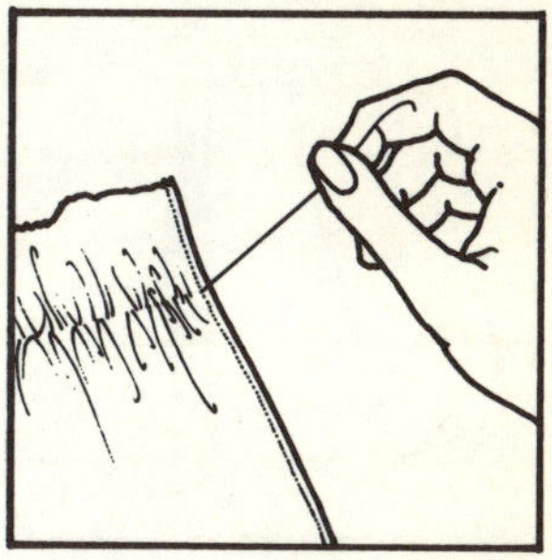

4 Nehmen Sie dabei die rechte Stoffseite nach oben, damit Sie das Muster erkennen (Ergibt den Fadenlauf).

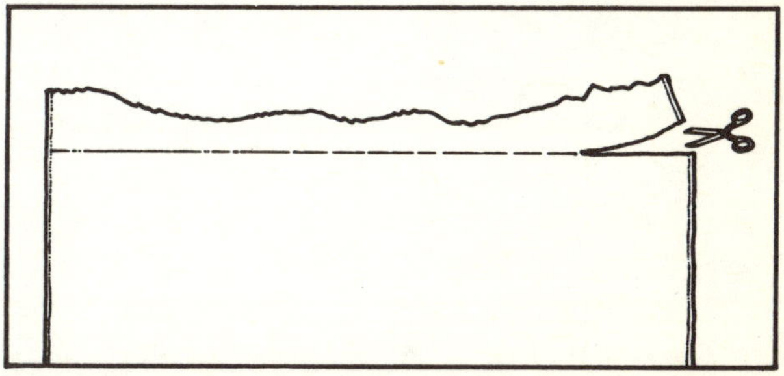

5 Jetzt schneiden Sie an dieser Markierung entlang den Stoff ab: Sie haben den wichtigen »Fadenverlauf«.

Spitzenstoffe und Fantasiemuster

Um aber erst einmal festzustellen, ob der Stoff fadengerade bedruckt oder gemustert ist, gibt es eine einfache Methode. Stekken Sie den Stoff an den Webekanten entlang aufeinander, wie es in Bild 7 und 8 zu sehen ist.

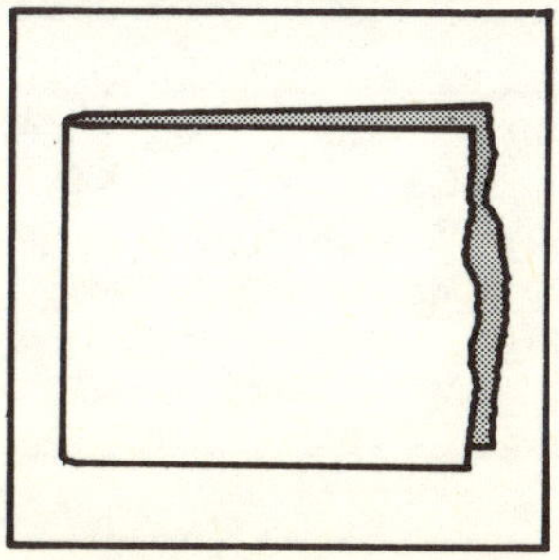

6 Hier können Sie es sich ein wenig leichter machen: Legen Sie Ihren Stoff doppelt gelegt auf den Tisch.

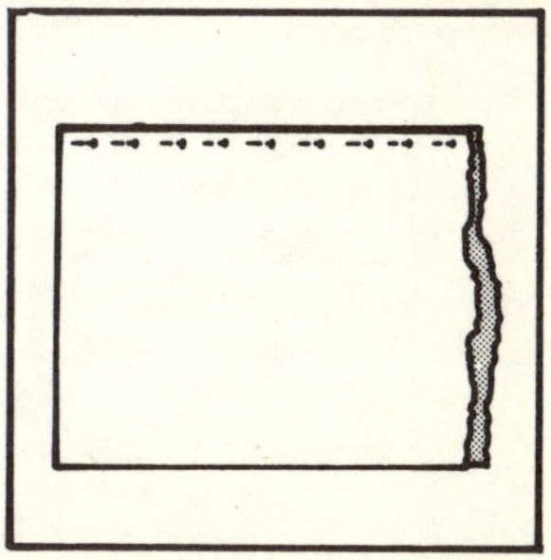

7 Stecken Sie nun die obere Webekante sorgfältig aufeinander. Zu diesem Zweck nehmen Sie feine Nadeln.

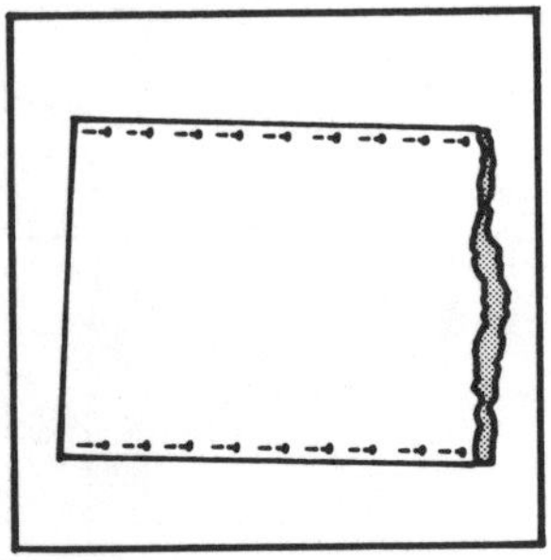

8 Stecken Sie jetzt auch die untere Webekante aufeinander. Streichen Sie den Stoff in die Richtung.

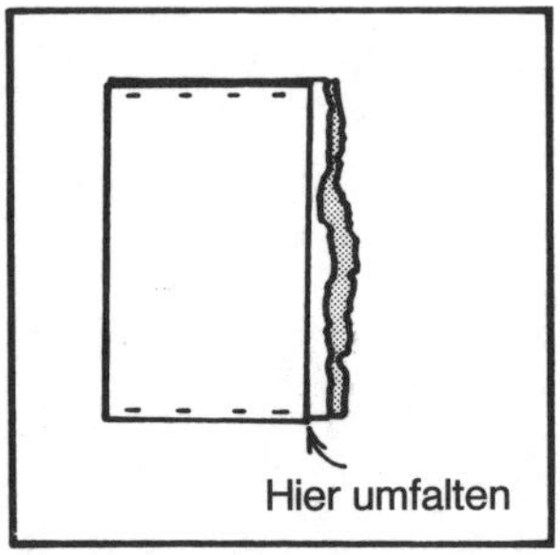

9 Ziehen Sie nun eine senkrechte Linie. Auch auf diese Weise ist Ihr Stoff in den rechten Winkel gebracht.

10 Die senkrecht eingezeichnete Linie ist nun genau so gerade wie der Stoffbruch an der anderen Seite.

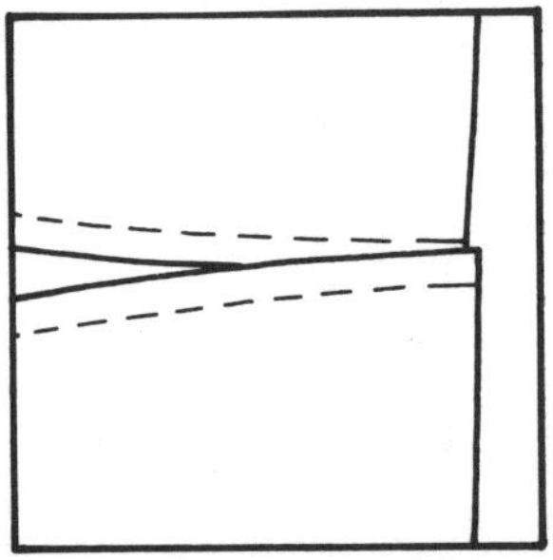

11 Wenn Sie genau im Fadenlauf und Muster Stoffteile aneinandersetzen, ist die Naht meist nicht zu sehen.

Wenn sich »Schrägzüge« zeigen, ist der Stoff nicht ganz gerade. Das kommt zwar selten vor, aber Sie können manchen Zuschneidefehler vermeiden, wenn Sie diese Regel kennen. Denn wenn es auf Ihrem Schnittmuster heißt »Fadenlauf«, bezieht sich das auch auf den korrekten Fadenlauf des Stoffes. Im anderen Fall wird Ihr Kleid nie genau sitzen. Daß Sie die rechte und die linke Seite Ihres Stoffes kennzeichnen, wenn sie nicht auf Anhieb zu sehen ist, dürfte ja selbstverständlich sein. Im anderen Fall haben Sie möglicherweise zwei rechte und zwei linke Vorderteile. Wenn Sie etwas knapp bei Stoff sind, dürfen Sie an unwichtigen Stellen auch einen Streifen Stoff genau im Muster oder Fadenlauf ansetzen. Diese Naht muß aber völlig korrekt sein. Bei Glockenröcken, deren Stoffbreite nicht immer ausreicht, kommt so etwas vor. Das Ansetzen hat aber nur Sinn, wenn Sie den genauen Fadenlauf beachten, denn gerade an schräg gesetzt zieht sich immer!

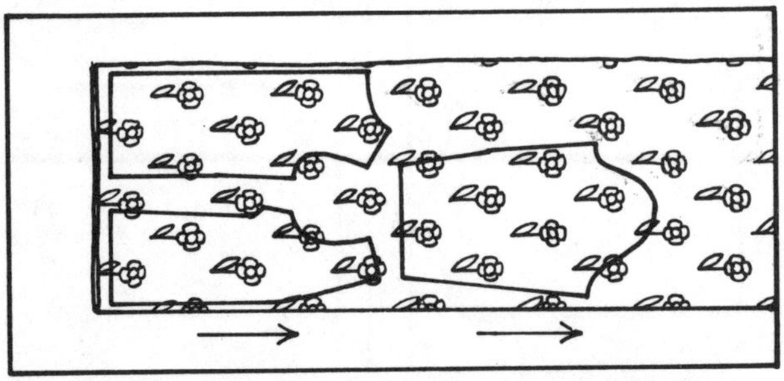

1 Bitte achten Sie beim Auflegen des Schnittes genau darauf, daß alle Blümchen nach oben zeigen! (»Im Strich liegen«.)

Stoffe mit »stehendem Muster« oder Samt

Wie Sie Samt oder Cord zuschneiden, haben wir schon auf Seite 19 beschrieben. Das gleiche gilt für Stoffe mit »Strich« oder mit stehendem Muster wie zum Beispiel bei diesen kleinen Blumen mit Stil.

Quergestreiftes muß aufeinanderpassen!

Wenn Sie die einzelnen Schnittteile nicht richtig auflegen, würden die Blumen einmal nach oben und einmal nach unten laufen. Und das sieht natürlich ziemlich dumm aus.
Aber in Ihrem Schnitt ist der richtige Fadenlauf ohnehin eingezeichnet: Sie brauchen ihn nur zu beachten! Übrigens können Sie statt eines neuen Schnittes auch ein älteres Teil auseinandertrennen, wenn dessen Machart Ihnen gut gefällt. Benutzen Sie dann die gut ausgebügelten einzelnen Teile als Schnittmuster. Das wird zum Beispiel bei Kinderkleidung häufig vorkommen. Manches ausrangierte Kleid gibt noch ein hübsches Modell für Ihre kleine Tochter ab. Achten Sie aber bitte auch hier auf den richtigen Verlauf des Musters. Selbst bei knapper Stoffmenge sollten Sie darauf achten und lieber eine feine Ansatznaht machen als einen falschen Verlauf des Musters in Kauf nehmen.

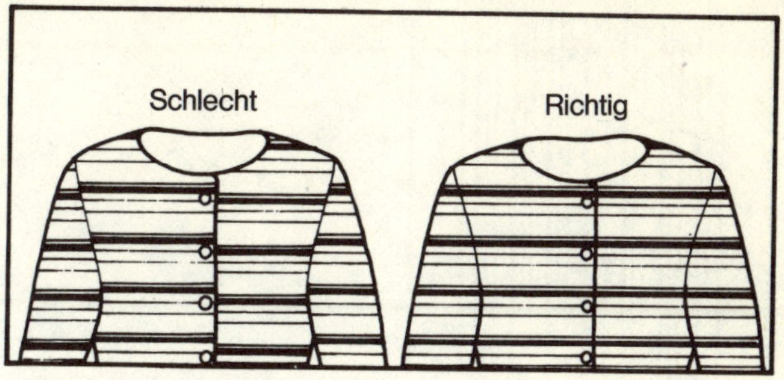

1 Beim Auflegen des Schnittes müssen Sie die Sreifen berücksichtigen! Links, wie es nicht sein soll. Rechts ist es richtig.

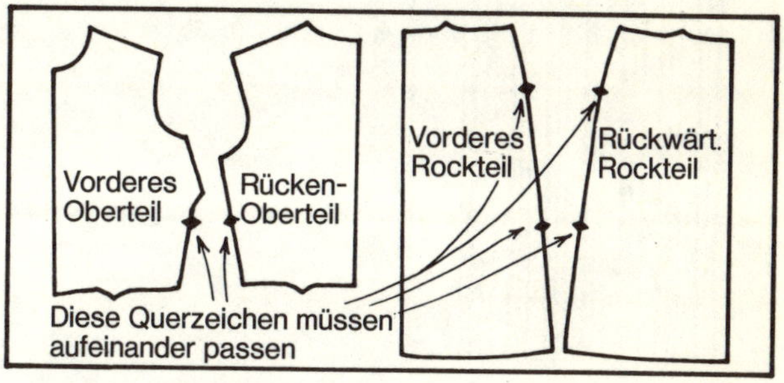

2 Achten Sie also darauf, daß die Querzeichen Ihres Schnittmusters am gleich breiten Streifen liegen.

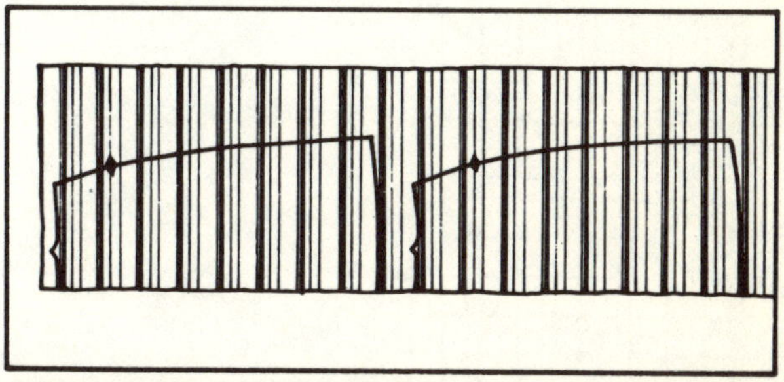

3 Hier ein richtiges Beispiel: Das Querzeichen der beiden Rockteile liegt an dem feinen Streifen neben dem breiten Streifen.

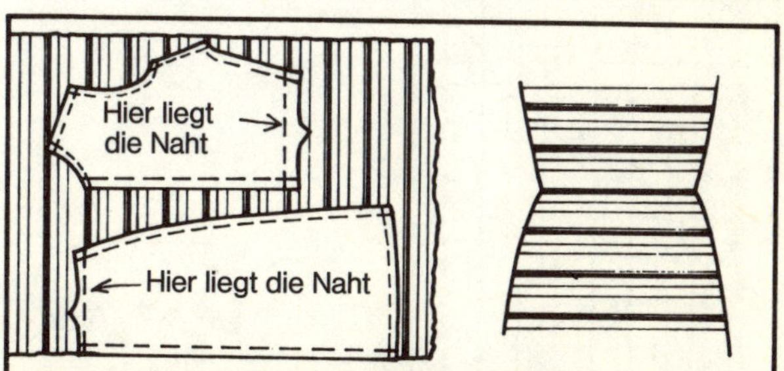

4 Auch beim Zusammensetzen von Rock und Oberteil sollten Sie auf richtigen Streifenverlauf achten: Hier der breite Streifen als Naht.

Und bei senkrechten Streifen?

Wenn Sie aber noch nicht viel geschneidert haben, raten wir Ihnen zu einfarbigen Stoffen ohne Strich. Hier kann kaum ein Fehler vorkommen. Auch Karos oder Streifen brauchen Ihre Aufmerksamkeit: Sie sehen am Meter so harmlos aus, aber wenn das Muster an den Nähten nicht ganz stimmt, sieht Ihr Kleid schon wieder »hausgemacht« aus. Lassen Sie sich also gerade beim Auflegen des Schnittes und beim Zuschneiden etwas Zeit. Wählen Sie nicht gerade die Zeit, in der die Kinder nach Hause kommen oder Ihr Mann gern sein Essen haben möchte. Das alles lenkt ab.

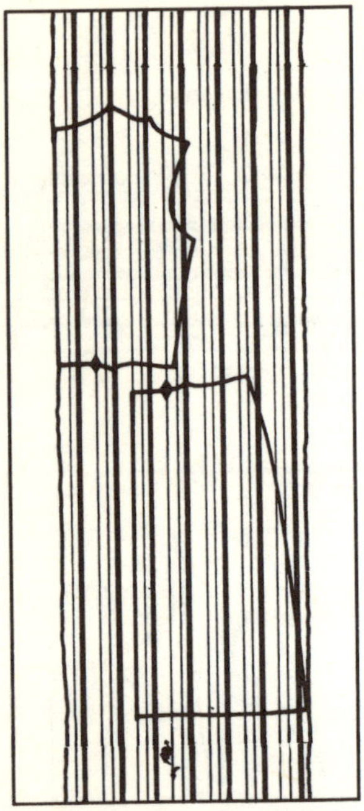

1 Legen Sie als erstes das Oberteil auf den Stoff. Dann schieben Sie den Rockschnitt so zurecht, daß er paßt.

Auch Karos sollten aufeinanderpassen

Achten Sie beim Zuschneiden von Karo- oder Streifenstoffen auch nicht nur auf das Muster, sondern auch auf die Farbe des Karos oder Streifens. Manchmal haben diese Dessins einen großen »Rapport«, das heißt, der hervorstechende Streifen in der Farbskala des Stoffes wiederholt sich nur alle 30 cm zum Beispiel. Da müssen Sie schon darauf achten, daß die Farben sich nicht genau an der Naht wiederholen. Ähnlich geht es auch mit der rechten und linken Stoffseite: Man hat sich schnell einmal vertan. Daher prüfen Sie vor dem Zuschneiden die Richtigkeit Ihrer Vorarbeit, sonst gibt es Ärger.

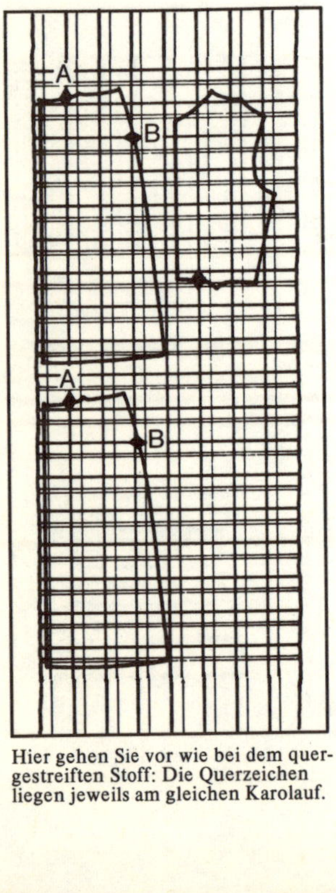

Hier gehen Sie vor wie bei dem quergestreiften Stoff: Die Querzeichen liegen jeweils am gleichen Karolauf.

Große Blumen, Tupfen und geometrische Dessins

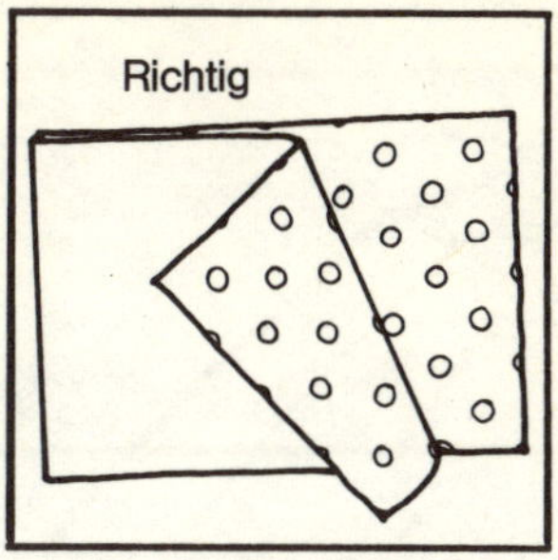

Bitte denken Sie daran: Der Stoff muß immer rechts auf rechts liegen; Sie haben sonst zwei gleiche Vorderteile.

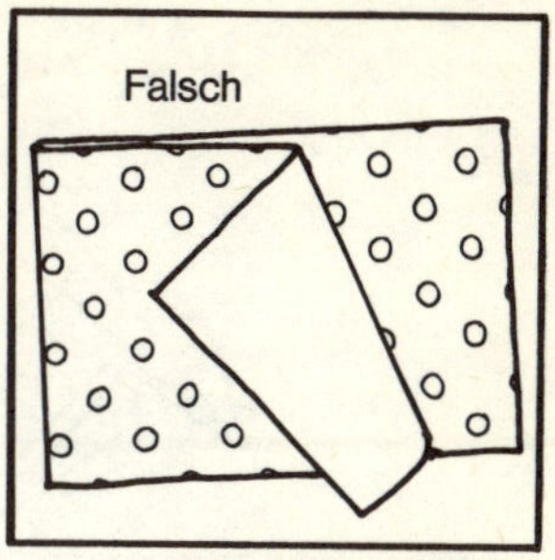

So ist es natürlich falsch. Hier liegt der Stoff zweimal mit der rechten Seite nach oben. Das gibt Ärger!

»Durchschlagen« lohnt sich!

Dann haben Sie zwei gleiche Oberteile, nur hat eines die rechte Seite nach innen liegend. Unmöglich!

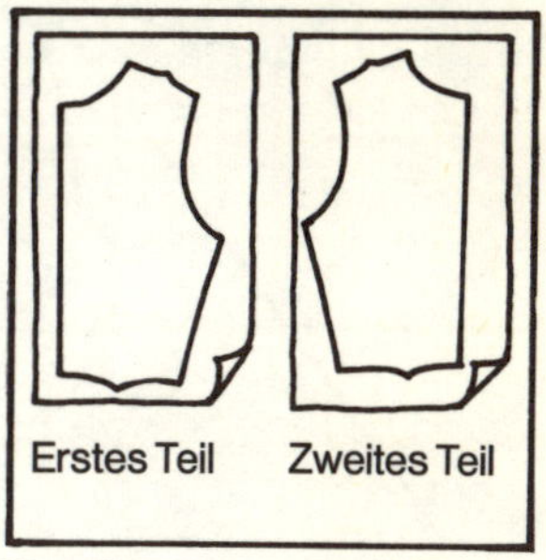

Wenn Sie einmal im Zweifel sind, schneiden Sie »gegengleich« zu: Die Seiten liegen sich dann gegenüber!

Es gibt heute zwar ein Spezialpapier, mit dem Sie alle Konturen und Markierungen Ihres Schnittes auf den Stoff übertragen können, aber wenn Sie das an Ihrem Wohnort nicht bekommen können, gibt es eine fabelhafte Methode: Das »Durchschlagen«! Mit dieser kleinen Mühe können Sie sich alle späteren Arbeiten ganz wesentlich erleichtern. Bitte nicht davor drücken, denn der richtige Anfang ist beim Schneidern das A und O!
Durchschlagen geht so: Fädeln Sie einen doppelten Faden Reihgarn ohne Knoten ein! Bei ganz feinen Stoffen nehmen Sie eine Nähseide in einer Kontrastfarbe, die sich später von den bereits gesteppten Nähten gut abhebt. Ziehen Sie nicht allzu große

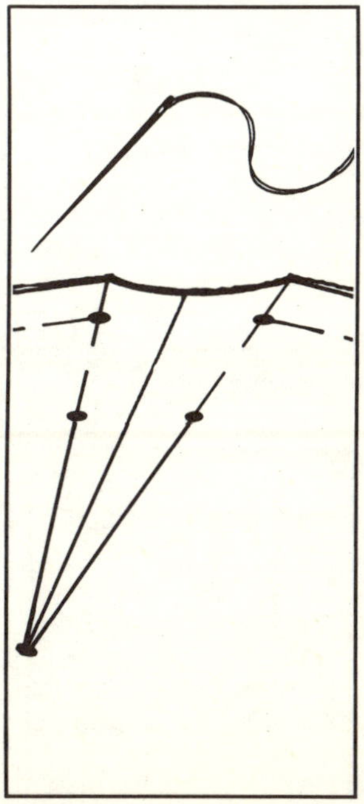

1 Vielleicht denken Sie, das sei zuviel Arbeit? Aber das Durchschlagen macht Ihnen später die Arbeit leicht.

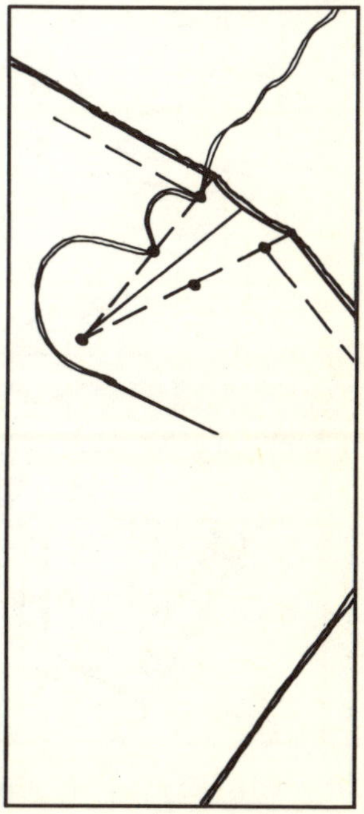

2 Bei festen Stoffen Reihgarn, bei feinen bitte Nähseide verwenden. Nehmen Sie stets einen Doppelfaden.

Stiche den Schnittmarkierungen entlang ein. Wenn Sie das Schnittpapier oder die Kreidestriche entfernt haben, ziehen Sie beide Stofflagen ganz leicht auseinander. Schneiden Sie dann die Fäden zwischen den Stofflagen durch. Der Vorteil: Sie haben auf allen Schnitteilen – und zwar auf der linken und auf der rechten Stoffseite – die haargenau gleiche Markierung! Wenn Sie gelochte Schnittmuster haben wie auf unserem Bild, können Sie die Schlingen auch auf der Oberseite aufschneiden. Daß Sie beim Übertragen Ihrer Schnitteile auf den Stoff auch alle Querzeichen übertragen müssen, steht bestimmt in der Arbeitsanleitung Ihres Schnittmusters.

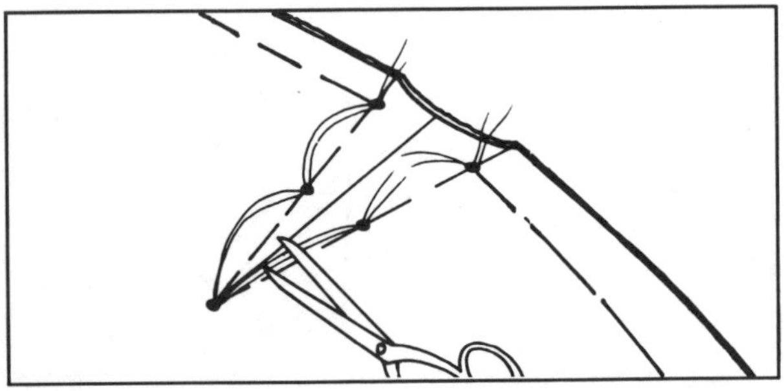

3 Die stehengebliebenen Schlingen werden aufgeschnitten. So bleiben die Fadenenden stehen. Scharfe Schere!

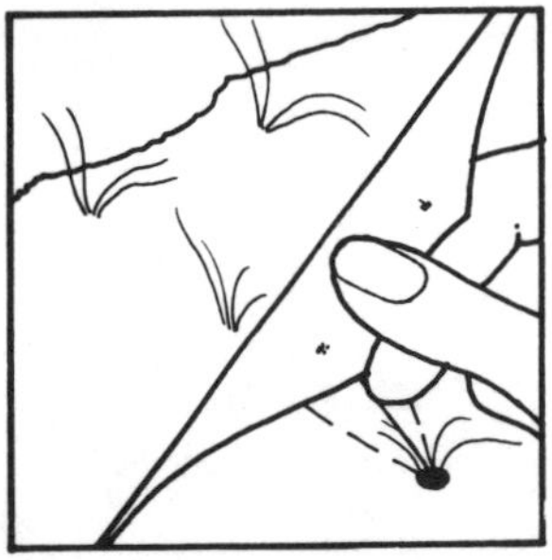

4 Jetzt können Sie das Schnittmusterpapier vorsichtig abheben. Auf diese Weise bleiben die Fäden im Stoff.

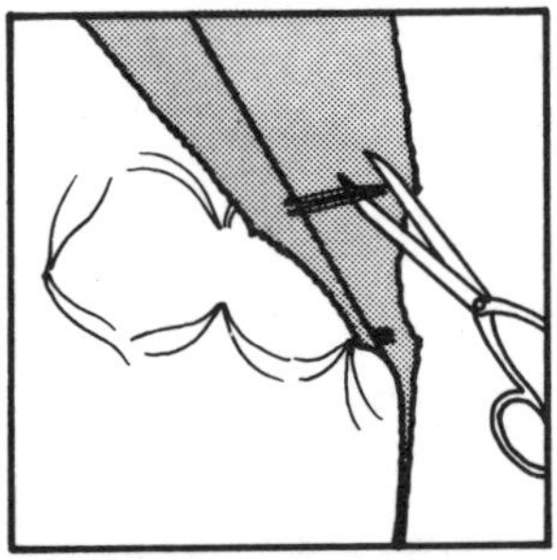

5 Die beiden Stofflagen nun bitte vorsichtig anheben und die Fäden zwischen den Stoffen durchschneiden.

Rundum die Nahtzugabe abschneiden

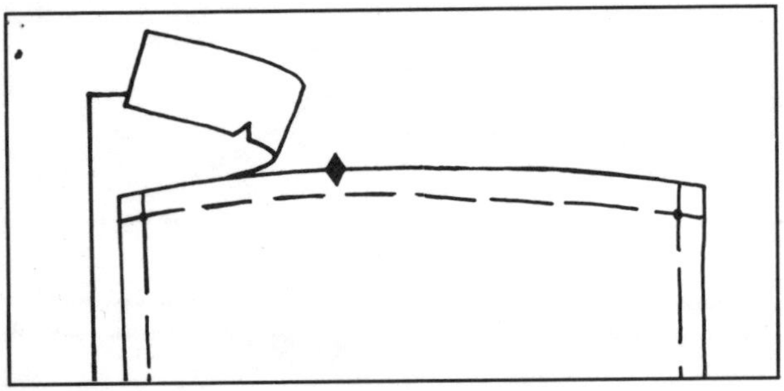

Bei Schnitten mit Nahtzugabe am Rand entlang zuschneiden. Bitte alle Querzeichen übertragen. (Zacken.)

Gemusterte Stoffe genau passend aufeinanderlegen

Wenn Sie gestreifte, karierte oder ähnliche Stoffe zum Zuschneiden doppelt aufeinanderlegen, müssen Streifen oder Karos genau passen. Stoffe, die sich leicht verschieben, mit Nadeln aufeinander stecken.

So füttern Sie ein Kleid

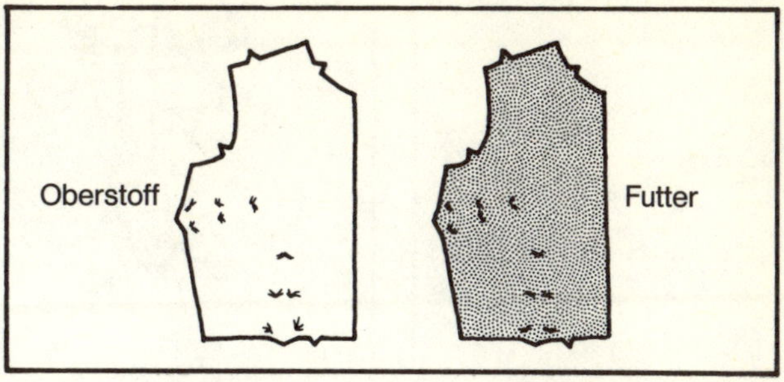

1 Gut verarbeitete Kleider sind meist gefüttert. Füttern ist auch für die Hobby-Schneiderin kein Problem, wenn gut gearbeitet wird. Schneiden Sie das Futter wie ein zweites Kleid zu. Durchschlagen!

Die meisten guten Kleider sind heute gefüttert. Gefütterte Kleider sitzen meist besser, weil der Oberstoff in der Bewegung nachgeben kann und nicht »klebt«. Aber es gibt eine Ausnahme: Wenn Sie sehr schlank sind und gern Kleider aus feinem Seidenjersey tragen, dürfen Sie auf das Futter verzichten. Bei diesen sehr weichen Stoffen wäre der Futterstoff oft fester und steifer als der weiche Stoff des Kleides. Das feste Futter würde den weichen Fall des Kleides aufheben. Aber das ist, wie gesagt, die Ausnahme, die die Regel bestätigt!

Jetzt werden Sie fragen, ob man das Futter zusammen mit dem Oberstoff zuschneidet. Wir raten Ihnen, das anprobierte und korrigierte Kleid mit allen Schnitteilen auf das Futter zu legen und dann erst zuzuschneiden. Es könnte ja sein, daß Sie Ihr Kleid bei der Anprobe enger oder weiter gemacht haben, daß Sie einen Abnäher etwas tiefer oder höher legen mußten oder ähnliches. Diese Korrekturen müssen natürlich auch auf das Futter übertragen werden! Nach dem Markieren der Nähte und Abnäher mit Kreide sollten Sie auch das Futter »durchschlagen«.

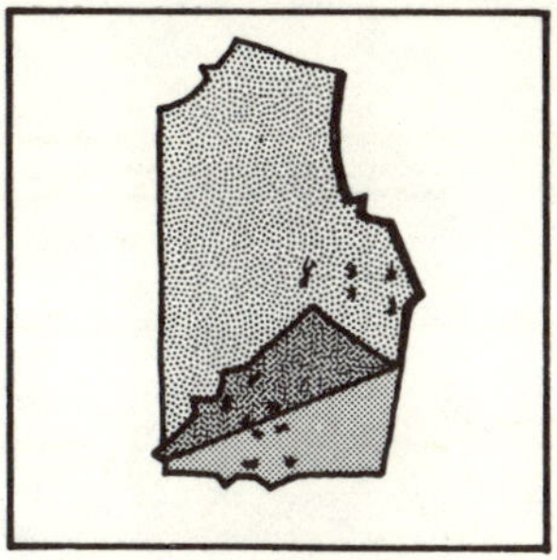

2 Kleider aus dünnen Stoffen können mit Futter doppelt gearbeitet werden. Futterteil aufs Vorderteil legen.

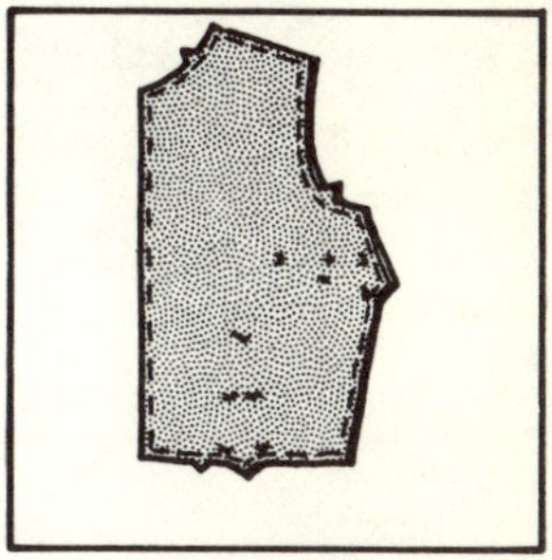

3 Heften Sie das Futterteil rundum auf das Stoff-Vorderteil. Behandeln Sie es wie ein einziges Stoffteil.

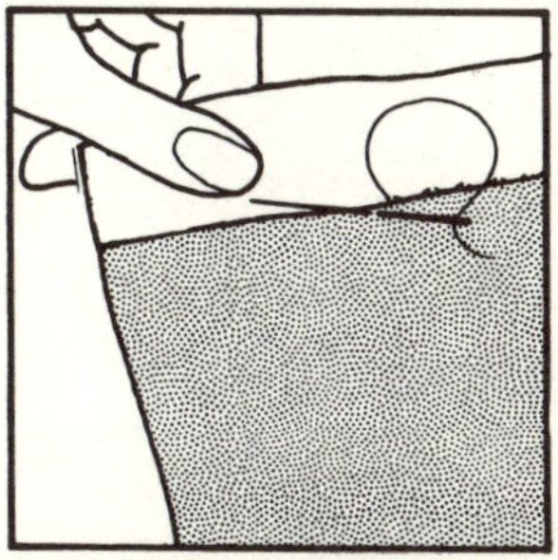

4 Beleg oder Säume werden nur am Futter angesäumt. Dann ist auf der rechten Stoffseite nichts zu sehen.

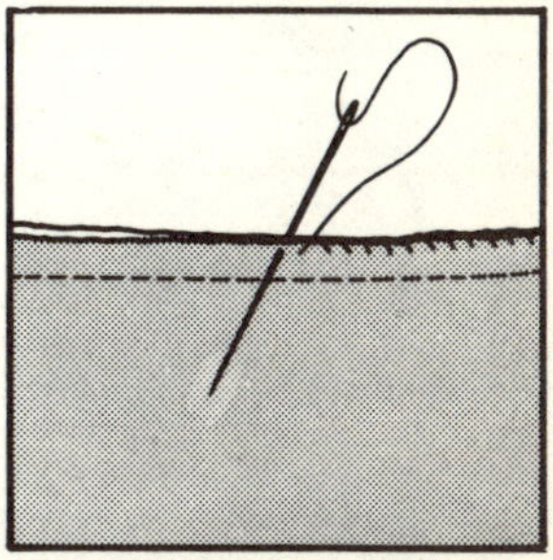

5 Alle Nähte werden – Stoff und Futter zusammen – mit kleinen Stichen oder im Zick-Zack versäubert.

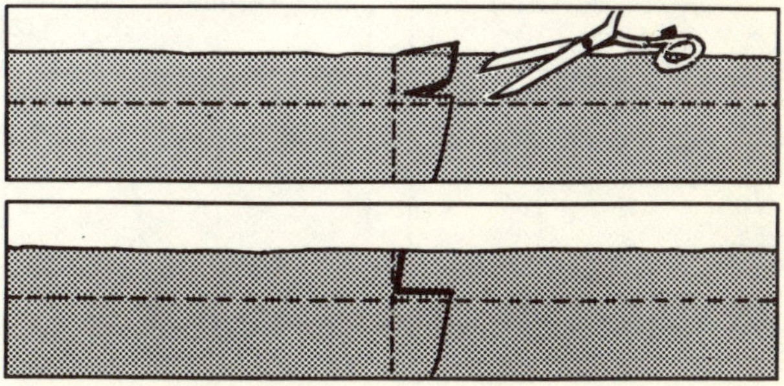

6 Bei Abnähern können Sie die Nahtzugabe bis knapp an die Stepplinie herausschneiden (Stoff wird nicht dick).

Die Feinheiten zum Schluß

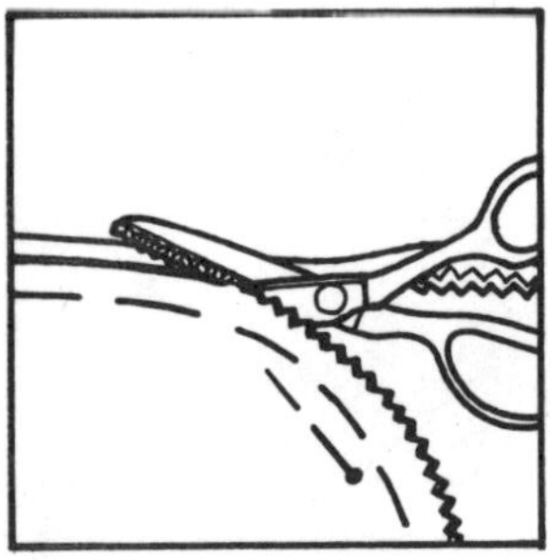

1 Bei Waschkleidern, Kinderkleidern oder ähnlichen Teilen genügt ein Beschneiden mit der Zick-Zack-Schere.

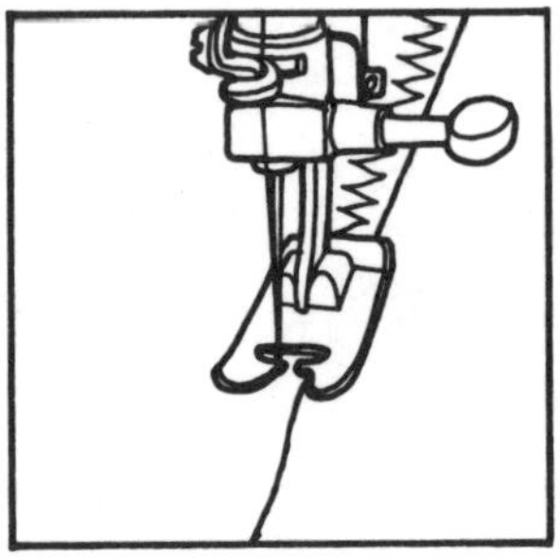

2 Wenn Sie an Ihrer Maschine ein Zick-Zack-Füßchen haben, können Sie schnell und einfach versäubern.

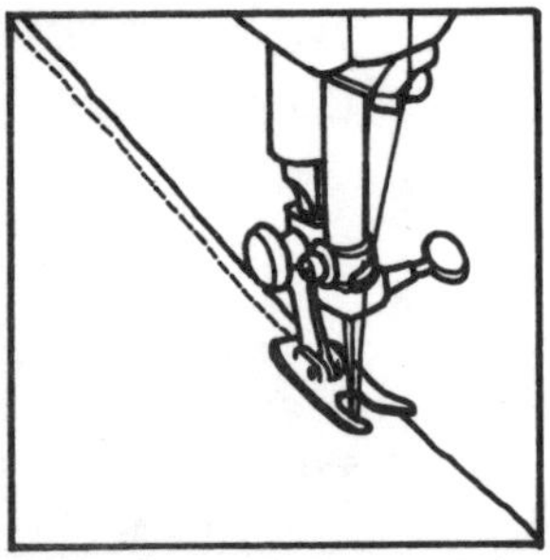

3 Sie können auch die Nähte ganz schmal umschlagen und mit nicht zu straffen Stichen einmal durchsteppen.

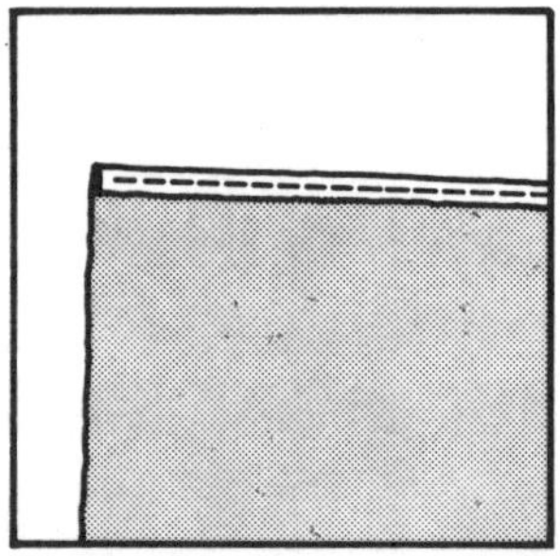

4 Natürlich können Sie die Naht auch auf der linken Stoffseite steppen. (Für dicke Stoffe ist das ungünstig.)

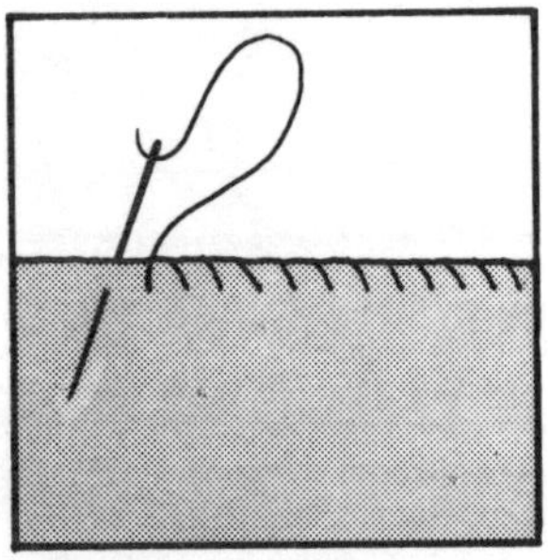

5 Die feinste Art, Kleider zu versäubern, ist immer noch das Umstechen der offenen Kante mit Handstich.

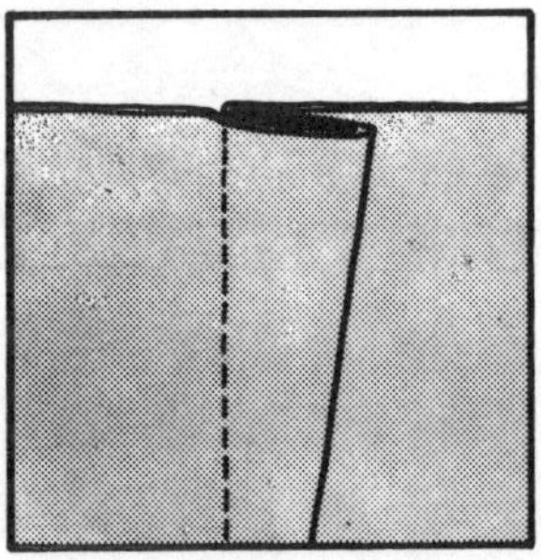

1 Angenommen, Sie haben ein gefüttertes Jerseykleid: Am Abnäher liegen dann 6 Stofflagen üereinander!

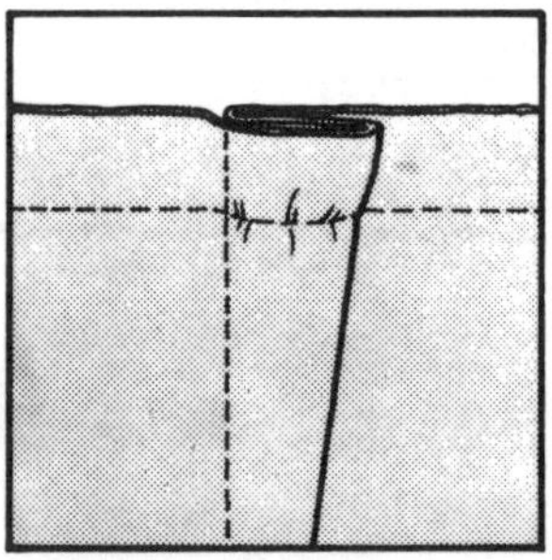

2 Wenn Sie dort den Rock ans Oberteil setzen, entstehen leicht Kräusel oder die Naht verzieht sich.

So versäubern Sie die Innennähte

Ein gut gearbeitetes Kleid ist eine feine Sache: Man fühlt sich darin wohl! Vor allem, wenn auch das »Innenleben« schön sauber ist. Das gilt in erster Linie für die Versäuberung der Nähte, bei der es verschiedene Möglichkeiten gibt. Am schönsten ist natürlich das Versäubern mit überwendlichen Handstichen, wie sie auf Bild 5 zu sehen sind. Aber das rentiert sich nur bei sehr guten Kleidern aus teuren Stoffen. Einfache Waschkleider, Kinderkleider oder Blusen dürfen Sie getrost mit dem Zick-Zack-Füßchen Ihrer Nähmaschine versäubern. Ganz einfache Sachen benötigen sogar nur eine Zick-Zack-Schere zum Beschneiden der Kanten. Durch die Zick-Zack-Form der Nahtbreite kann der Stoff nicht ausfransen und das ist ja meist die Hauptsache.

Abnäher und Beleg-Kanten dürfen nicht dick sein!

Das Umsteppen der Nähte kommt selten vor, aber wir wollten Ihnen hier die fünf veschiedenen Methoden des Versäuberns vorstellen.

Beim Versäubern mit Ihrem Zick-Zack-Füßchen sollten Sie aber die Fadenspannung ein wenig lockern: Wenn der Stich zu straff gerät, könnte sich die Versäuberung der Naht ziehen und kraus werden. Auf der rechten Seite gibt es dann eine verzogene Steppnaht, die im Verhältnis zum Geradeaus-Stich zu knapp eingehalten wird.
Beim Bügeln drücken sich mehrere Stofflagen - zum Beispiel an einem Abnäherende - leicht durch. Durch stufenförmiges Beschneiden dieser Nahtstellen erreichen Sie einen sanfteren Übergang, der das Durchdrücken der Nähte verhindert.
Das betrifft natürlich nur alle dickeren Stoffe. Aber auch bei feinen Stoffen müssen Sie ein bißchen aufpassen, daß Ihnen die doppelten Stofflagen nicht unter dem Steppfüßchen verrutschen und kraus werden. Auf Bild 2 sehen Sie dieses Beispiel recht deutlich. Natürlich trifft das vor allem für gefütterte Kleidung zu.

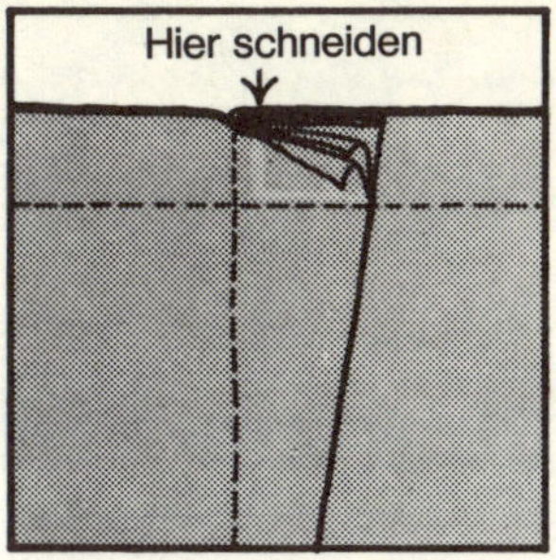

3 Schneiden Sie daher vor dem Ansteppen des Oberteils den Stoffbruch von Jersey und Futter auf.

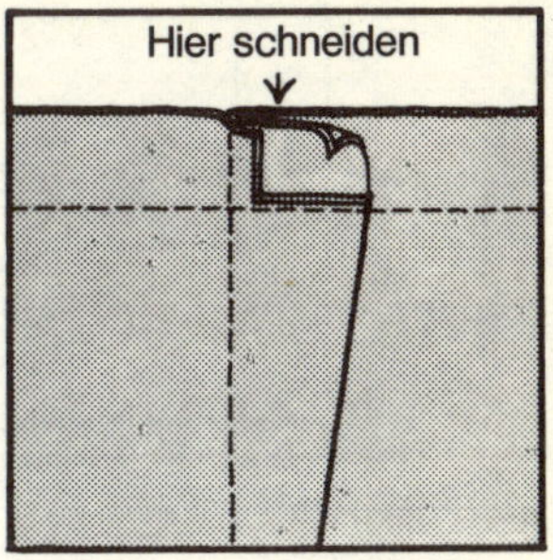

4 Die obere Jersey- und die obere Futterlage darf bis zur Steppnaht vorsichtig herausgeschnitten sein.

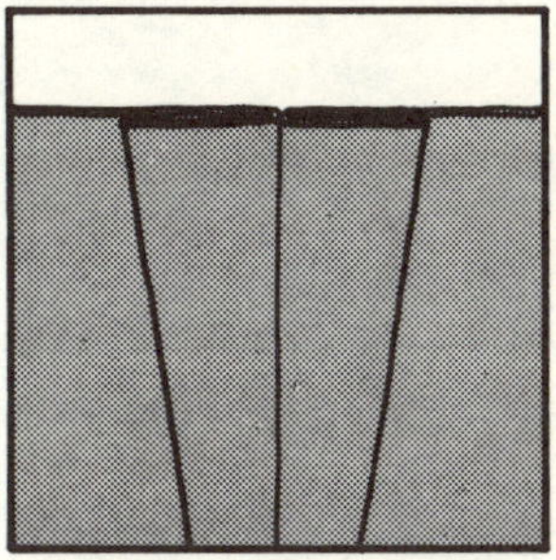

5 Bei dicken Stoffen bügeln Sie den Abnäher nicht nach einer Seite hin: Aufschneiden und auseinanderbügeln!

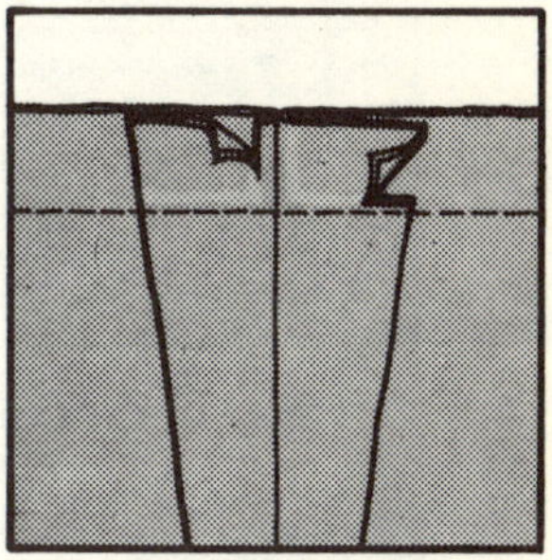

6 Auch hier können Sie die obere Futter- und Stofflage vorsichtig herausschneiden. Wieder gut bügeln!

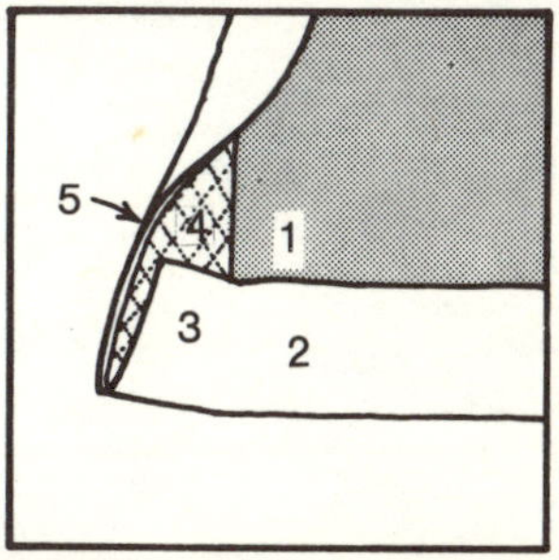

7 Ähnlich können Sie bei Belegkanten vorgehen, die zu dick würden, wenn alle Stofflagen zusammenbleiben.

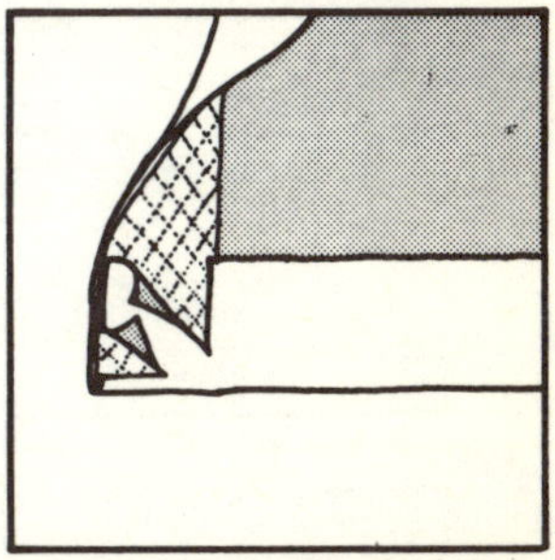

8 Bügeln Sie bitte Saum- und Belegkante gut an und schneiden Sie ein Viereck am Saum des Beleges heraus.

Richtig zugeschnittene Ecken

Bei dickeren Stoffen können Sie unter dem Belegumschlag auch den Stoff des Saumes herausschneiden, um eine zu dicke Umschlagstelle zu vermeiden. Machen Sie das aber bitte nur, wenn Sie das Kleidungsstück

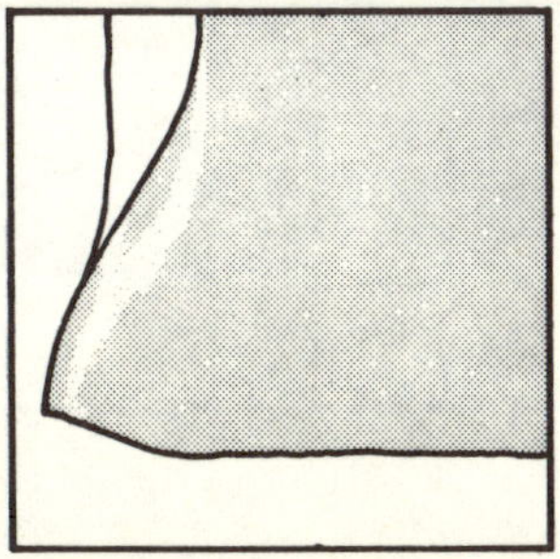

1 Eine sehr einfache Methode für Vorhänge oder ähnliche Dinge, die nicht viel Können voraussetzen.

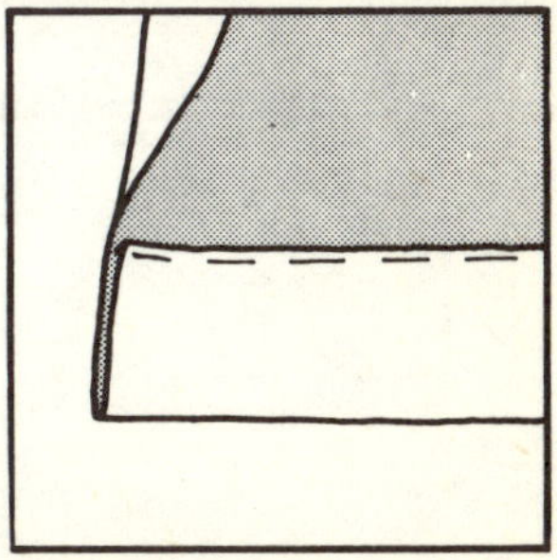

2 Arbeiten Sie zunächst den Saum, durchgehend bis in die umzuschlagende Kante, möglichst fadengerade.

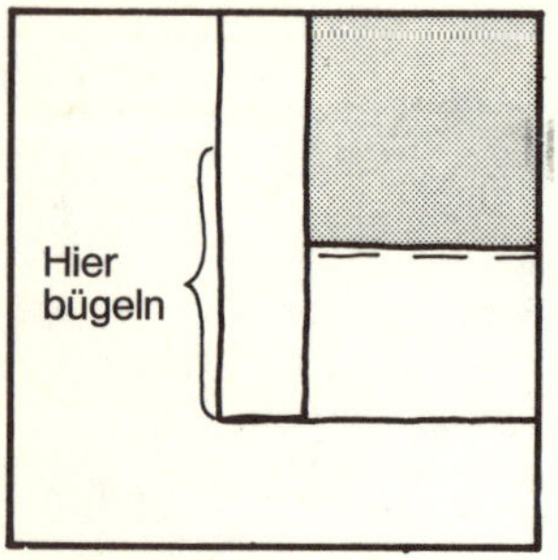

3 Schlagen Sie nun die senkrechte Kante um. Evtl. heften. Nun bügeln Sie die angegebene Strecke gut an.

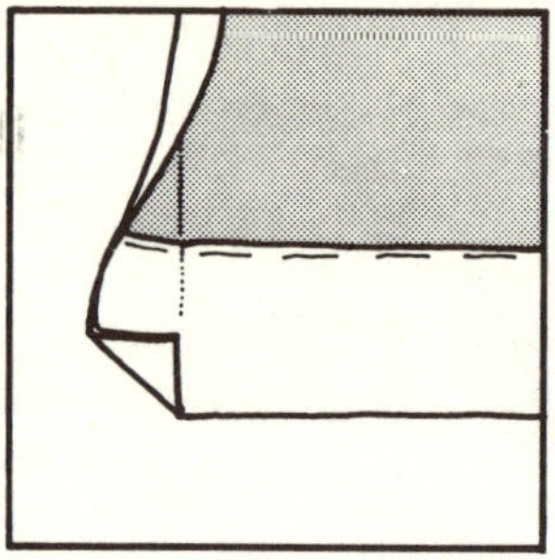

4 An der unteren Ecke wird nun ein kleines Dreieck eingeschlagen. Die senkrechte Kante liegt am Stoffbruch.

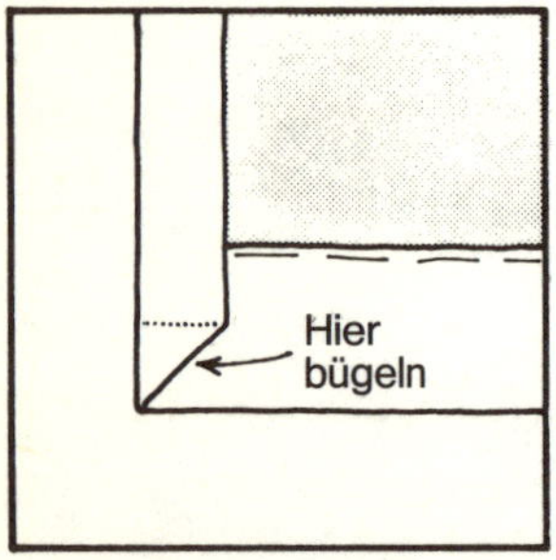

5 Bügeln Sie dieses Dreieck bitte gut an, damit Sie den Kniff zum Abschneiden erkennen. Evtl. Bügelprobe.

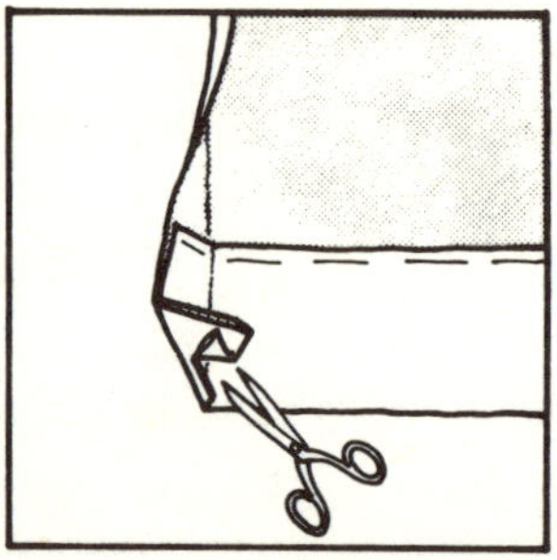

6 Jetzt öffnen Sie das Dreieck und schneiden es knapp bis zur Bruchlinie heraus. Die Ecke wird nicht dick!

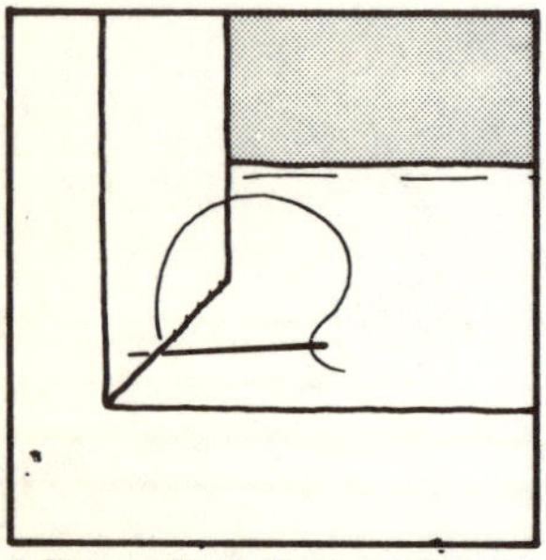

7 Säumen Sie die Kante mit feinen Handstichen an. Fassen Sie bitte nicht bis auf die Außenseite durch.

garantiert nie verlängern wollen. Sonst fehlt Ihnen dieser Stoff! Auch bei Tischdecken oder Vorhängen können Sie zu dicke Nahtstellen durch Herausschneiden des innenliegenden Stoffes vermeiden. Bei Vorhängen sollten Sie bedenken, daß Sie bei eventuellem Einlaufen dann den Saum nicht mehr verlängern können.
Hier sind die einfachsten Methoden, die Sie anwenden können. Auch ohne viel Übung werden Sie die hier gezeigten Ecken ganz gut hinkriegen. Bei Vorhängen ist der erste Vorgang zu empfehlen, da die Längs- und Quersäume nicht gleich breit sind.
Die meisten Vorhang- oder Deckenstoffe sind heute ja aus Chemiefaserstoffen. Sie laufen so gut wie nicht ein und können daher am Saum ohne Bedenken so beschnitten werden, wie wir es hier zeigen. Wenn Sie aber beim Einkauf nicht ganz sicher sind, fragen Sie bitte die Verkäuferin, um welches Material es sich handelt.
Die meisten Qualitäten sind schon vom Hersteller aus mit bestimmten Pflegekennzeichen ausgestattet. Man sollte sie daher nicht achtlos weglegen.

Wenn alle Säume gleich breit sind ...

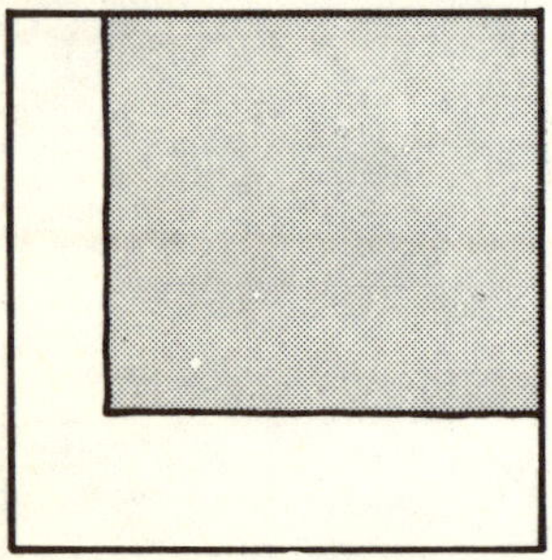

1 In diesem Fall gibt es eine prima Lösung: Hier sehen Sie erst einmal das glatte Stoffteil der Decke o. ä.

2 Schlagen Sie also beide Saumkanten um und bügeln Sie sie leicht an. (Die Bügelkniffe geben die Richtung.)

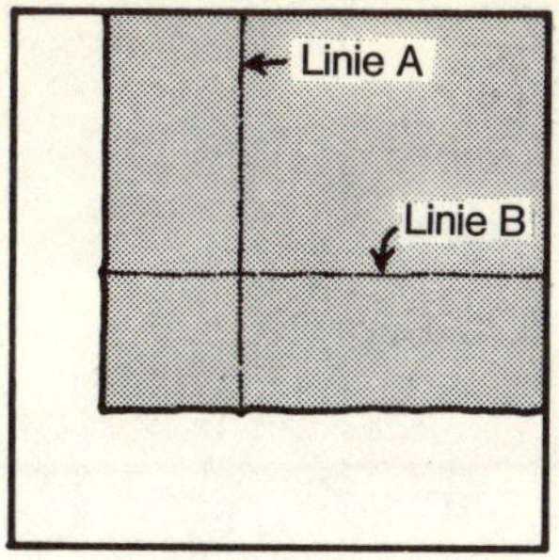

3 Jetzt haben Sie eine senkrechte Linie A und eine waagerechte Linie B. Danach können Sie sich richten.

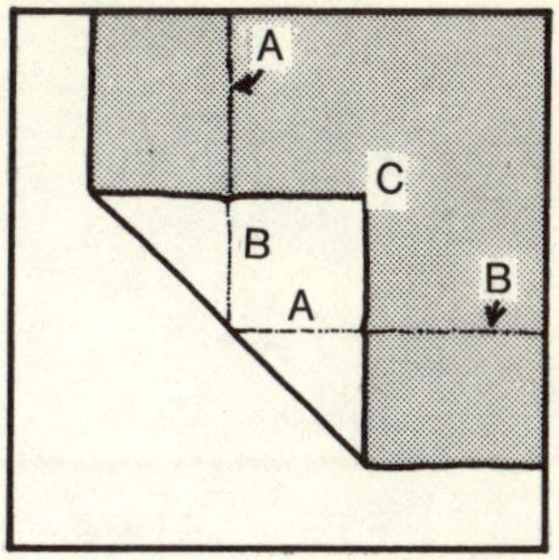

4 Schlagen Sie nun ein Dreieck ein, das so groß ist, daß gerade die Ecke von Linie A und B sichtbar ist.

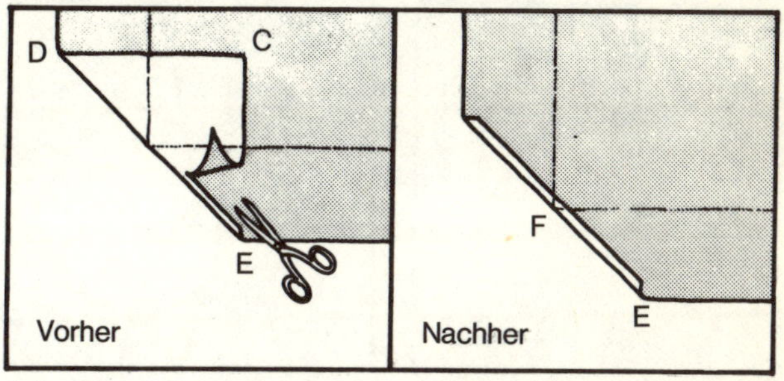

5 Auch hier dürfen Sie den überflüssigen Stoff des Dreiecks herausnehmen, schmale Naht stehenlassen. Wenn Sie den Stoff abgeschnitten haben, sieht es so aus: Die stehengebliebene Nahtbreite Linie D – E.

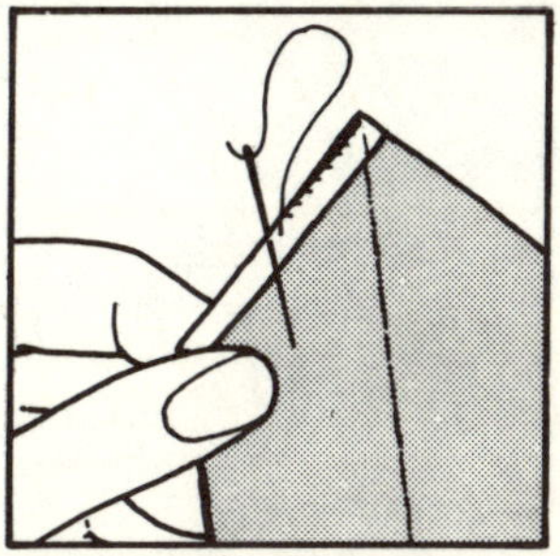

6 Schlagen Sie den Stoff nun rechts auf rechts zusammen. Nähen Sie die Kante mit kleinen Stichen zusammen.

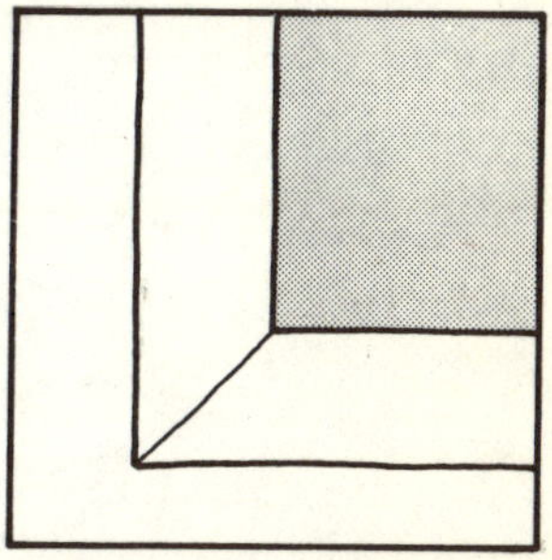

7 Wenn Sie den Stoff nach rechts umwenden, haben Sie eine korrekte Ecke. (Naht bitte vorher ausbügeln.)

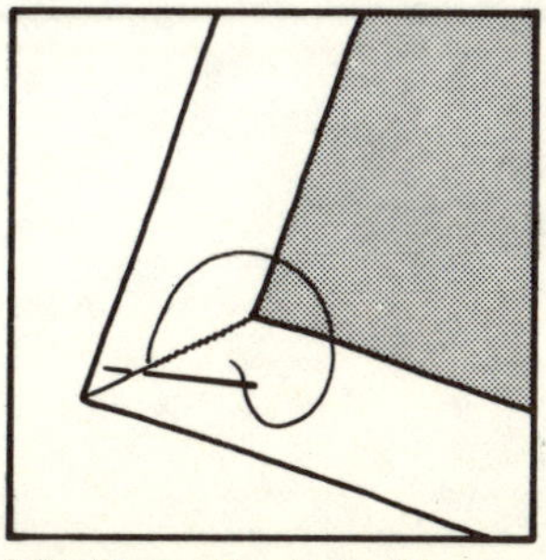

8 Sie können diese kleine Eckennaht aber auch von der rechten Seite aus gegeneinandersäumen. Bitte bügeln.

So machen Sie Gürtelschlaufen

Es ist schon ärgerlich, wenn der Gürtel verloren geht: Durch eine oder zwei Schlaufen auf der Taillennaht können sie das leicht verhindern. Bei verschiedenen Stoffarten darf diese Schlaufe auch aus einer umgezogenen Stoffschlaufe bestehen.
Falls Sie aber diese Gürtelschlaufen aus Nähseide oder Knopflochseide machen möchten, können Sie die Spannfäden mit einem doppelten Faden einziehen. Das Umwickeln der Schlaufen mit Knopflochseide machen Sie dagegen nur mit einem Faden. Das wird ordentlicher.

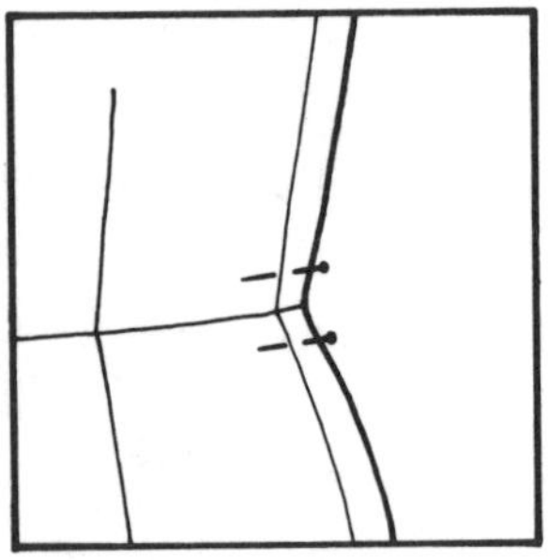

1 Markieren Sie mit Stecknadeln unter und über der Taillennaht die Breite des Gürtels bitte genau an.

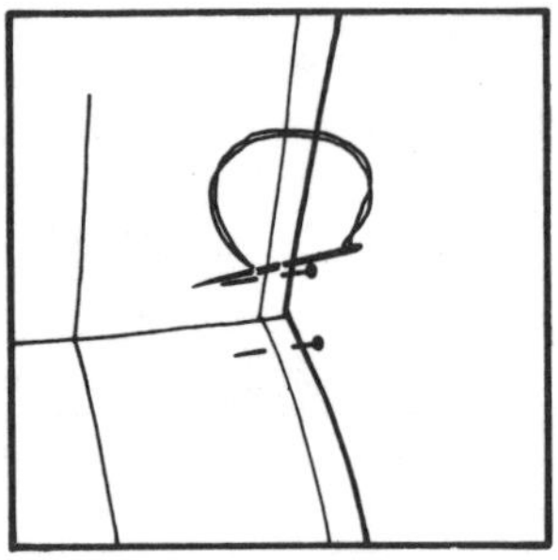

2 Führen Sie einen doppelten Faden Nähseide mit einem Knoten von unten nach oben durch den Stoff.

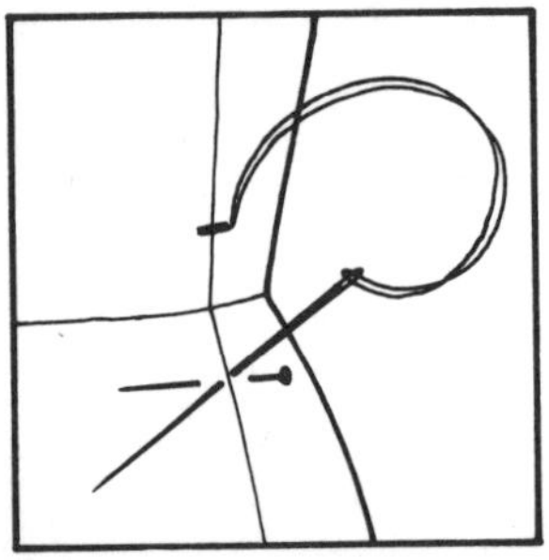

3 Führen Sie die Nadel zur unteren Markierung. Machen Sie dort einen kleinen Querstich auf der Naht.

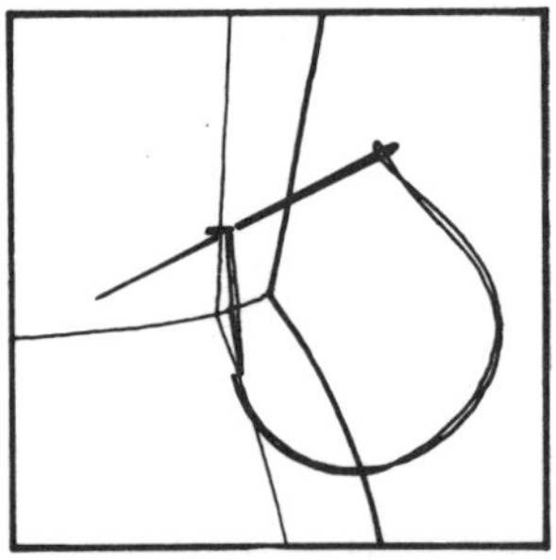

4 Dann führen Sie die Nadel wieder nach oben. Wiederholen Sie dies, bis Sie etwa acht Fäden zusammen haben.

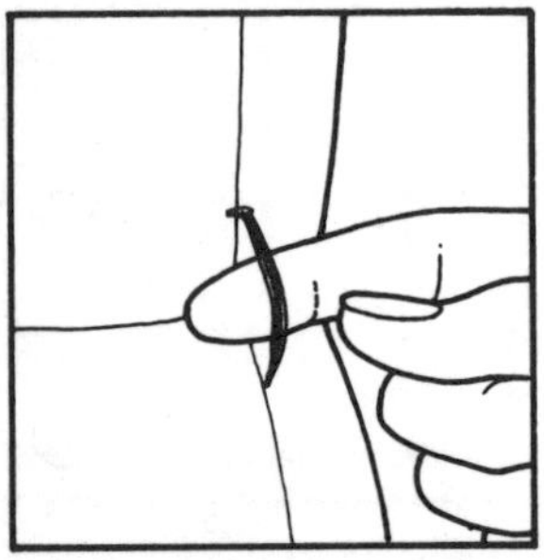

5 Prüfen Sie, ob Ihr Gürtel auch bequem hindurchgeht, bevor Sie weiterarbeiten. Etwas Spielraum muß sein!

6 Umstechen Sie diese Spannfäden mit einem Knopflochstich wie S. 14, Bild 4. Vernähen Sie den Faden gut.

So machen Sie eine Öse

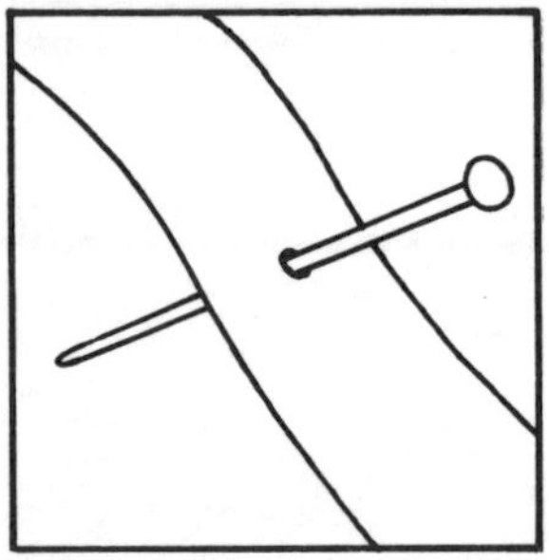

1 Schneiden Sie den Stoff nicht ein, sondern durchstechen Sie ihn mit einer ziemlich dicken Stricknadel.

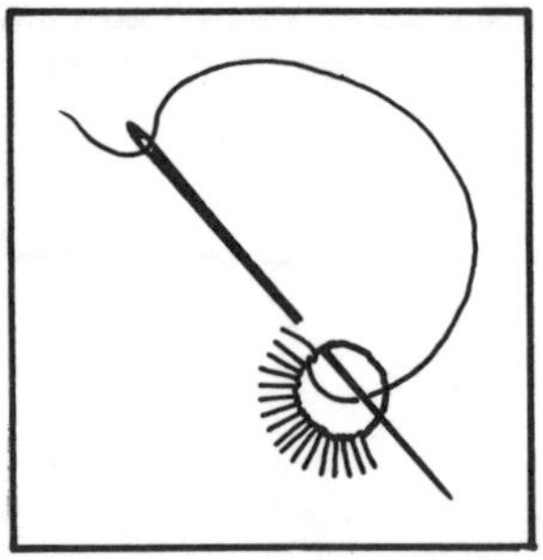

2 Wenn Sie etwas Übung im Nähen haben, umstechen Sie die Rundung so gleichmäßig wie möglich.

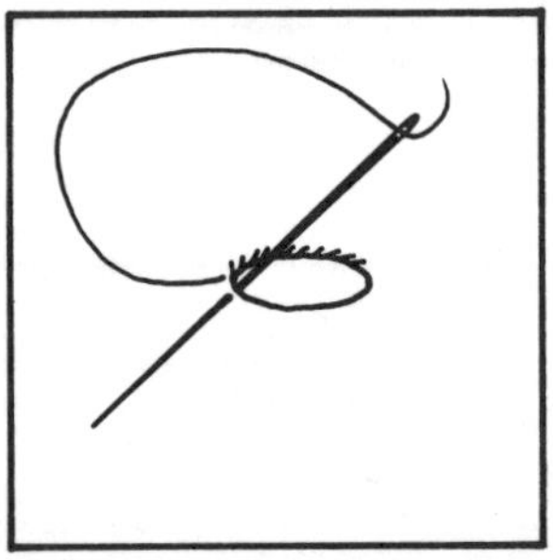

3 Wenn Sie sich diese knifflige Arbeit nicht zutrauen, umstechen Sie bitte mit überwendlichen Stichen.

Modische Handstepperei

Handstepperei wird meist mit Knopflochseide gemacht. Nehmen Sie den Faden nicht zu lang: Knopflochseide verknotet sich leicht und es wäre ärgerlich, dann den Faden abschneiden und neu beginnen zu müssen. Beim Handabsteppen von Kragen, Revers, Taschen oder anderen Nähten können Sie die Farbe des Stoffes oder aber eine Kontrastfarbe wählen. Kontrastfarben sehen vor allem bei sportlichen Modellen sehr hübsch aus.

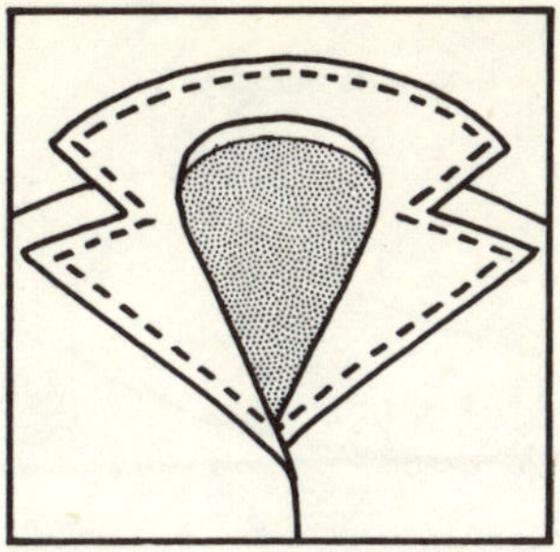

1 Von Hand abgesteppte Kanten geben Ihrem Modell gleich ein wertvolles Aussehen. (Gleiche Farbe.)

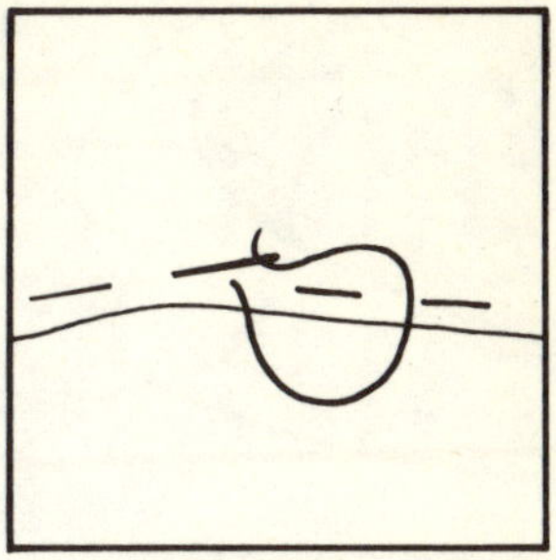

2 Manchmal ist aber auch eine Kontrastfarbe hübsch. Das kommt aufs Modell an. Einfache Stiche nähen.

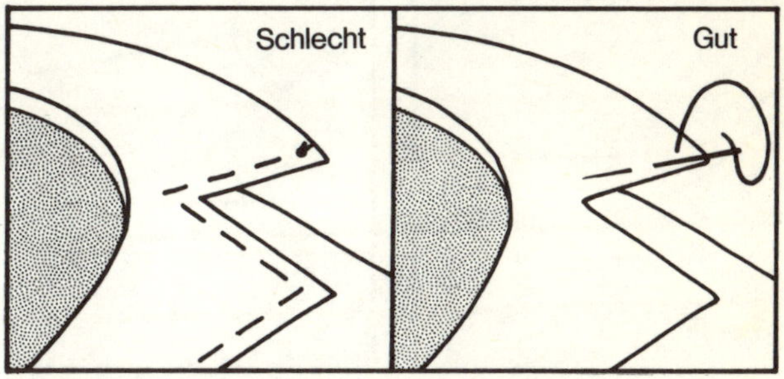

3 Natürlich nehmen Sie den Knoten nicht auf die obere, sondern auf die untere Stoffseite. Die Stiche müssen gleich lang sein. Nehmen Sie Knopflochseide zum Nähen eher eine Nuance dunkler.

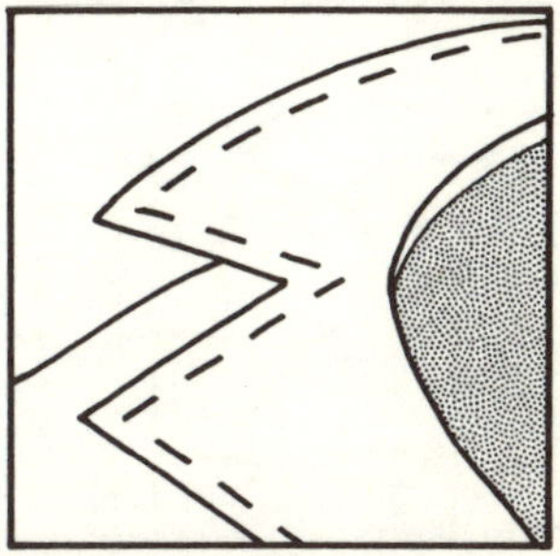

4 Daß die Stiche stets gleich von der Kante entfernt sein müssen, ist ja klar. Bitte gut abmessen.

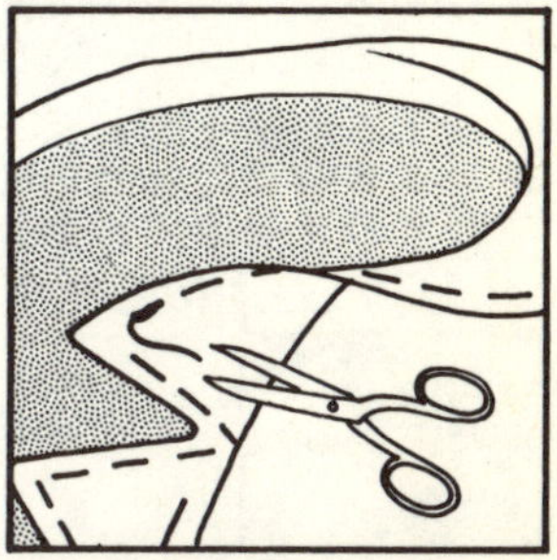

5 Wenn alle Kanten auf diese Weise abgesteppt sind, den Faden sorgfältig vernähen, sonst gibt es Ärger.

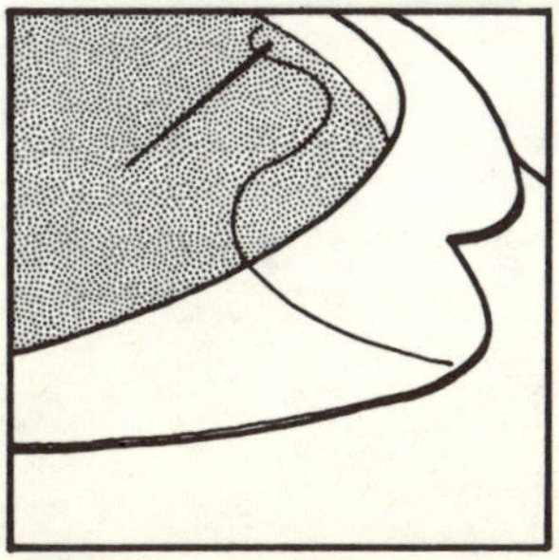

6 Bei dünneren Stoffen können Sie auch normale Nähseide und kleinere Stiche nehmen. Von links beginnen.

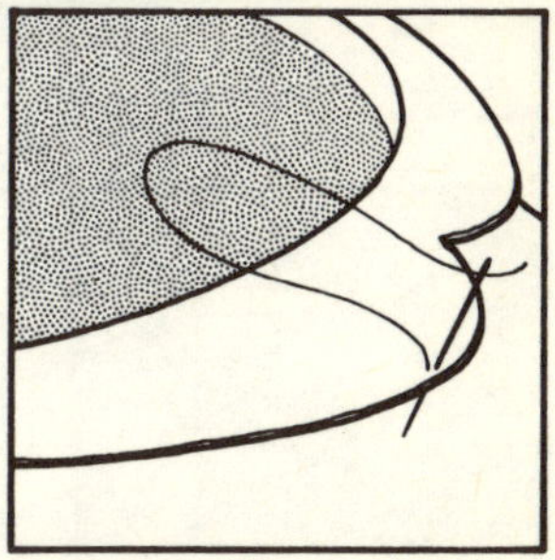

7 Kleinere Stiche können Sie am besten mit kleiner Nadel machen: Führen Sie die Nadel hinter den Stich.

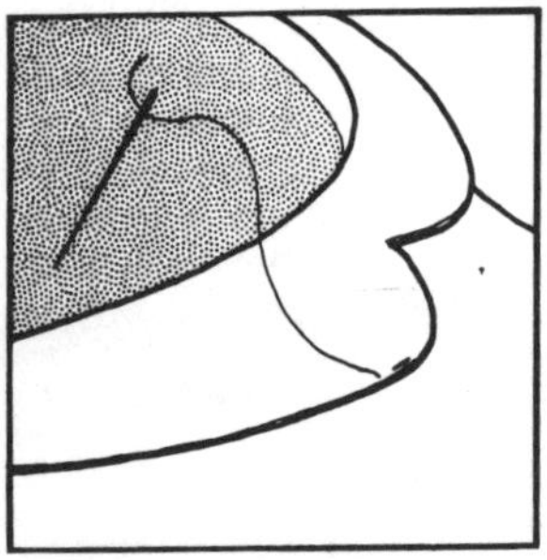

8 Führen Sie die Nadel dann von unten nach oben wieder in den Stoff ein. Nähen Sie knapp an der Kante.

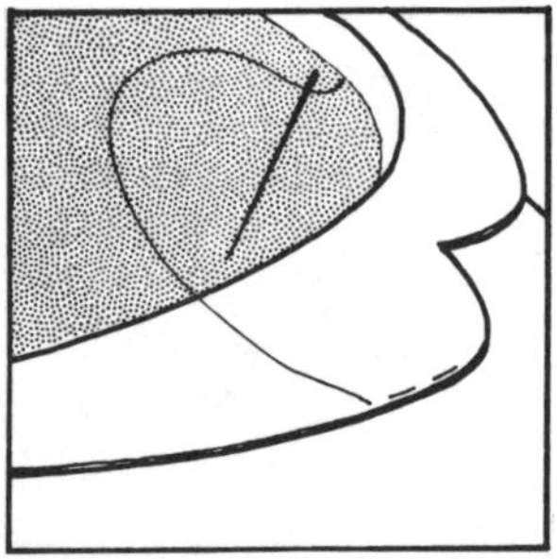

9 Fahren Sie so fort, bis alle Kanten abgenäht sind. Achten Sie auf gleichen Abstand und gleiche Größe.

So wird ein Muschelsaum gemacht

Die hübschen Muschelsäume sind an Unterkleidung, Nachtwäsche und Kinderkleidchen besonders hübsch. Auch hier brauchen Sie ein wenig Übung. Versuchen Sie es zuerst einmal an einem Stoffrest. Es ist nicht schwierig, aber die Stiche sollen regelmäßig sein!
Es ist sicher klar, daß Sie bei feinen Stoffen ein dünnes Garn nehmen.

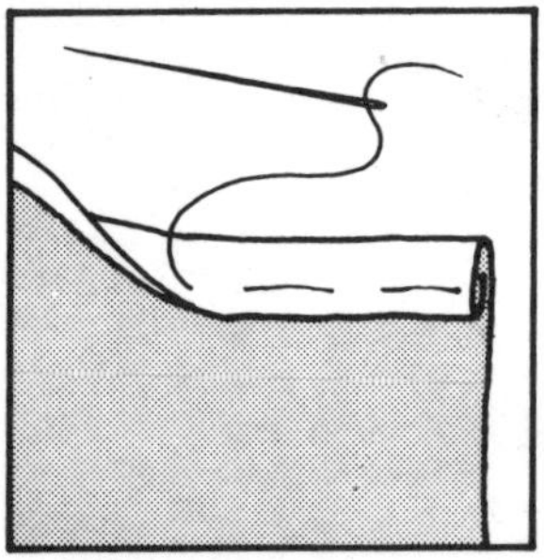

1 Schlagen Sie die Kante ganz knapp, dann etwas breiter um und heften Sie die Kante mit Reihfaden einmal durch.

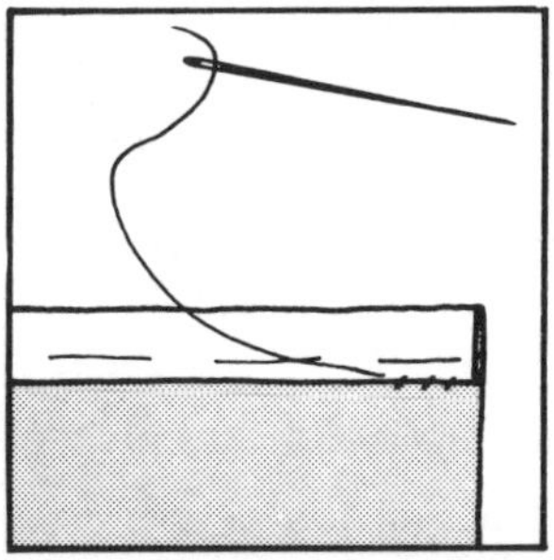

2 Säumen Sie die Kante mit kleinen Saumstichen an. Ziehen Sie den Faden dabei nicht zu straff an, das zieht.

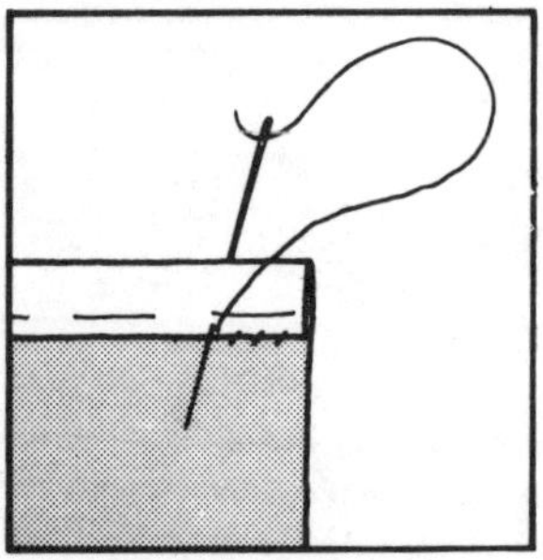

3 Nach drei bis vier Stichen führen Sie die Nadel von oben nach unten durch den Stoffbruch des Saumes.

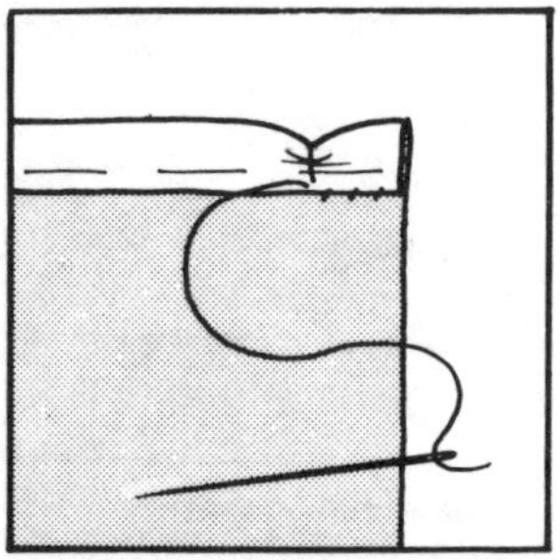

4 Wenn Sie diesen Faden straff anziehen, entsteht eine kleine Krause, die den Saum ein wenig kraus macht.

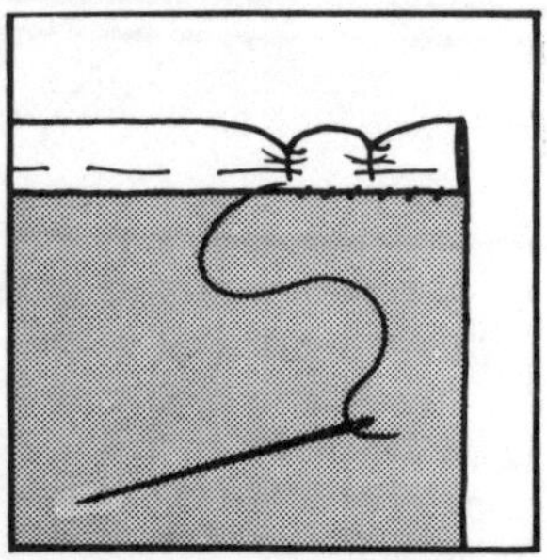

5 Fahren Sie fort, bis der ganze Saum auf diese Weise umgenäht ist. Auf gleichen Abstand der Stiche achten!

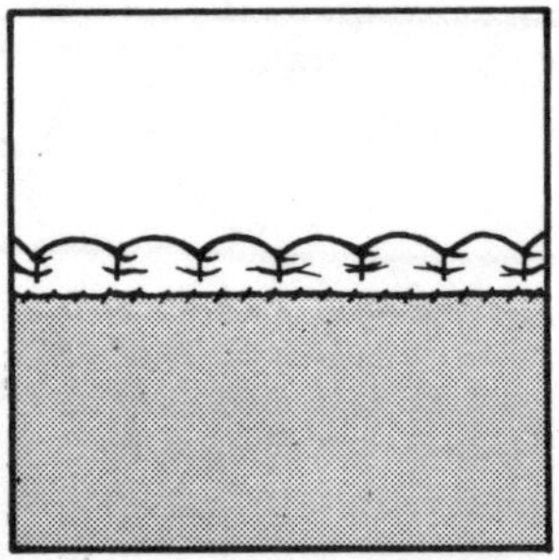

6 So sieht der fertige »Muschelsaum« aus. Er schmückt gleichzeitig, läßt sich aber nicht verlängern.

So wird ein Rollsaum gemacht

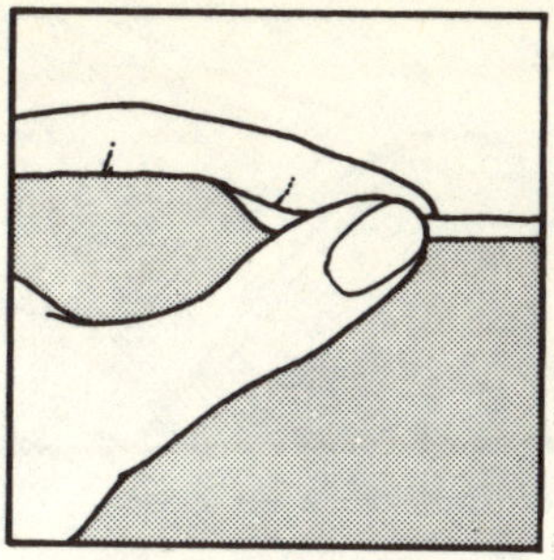

1 Fassen Sie die Saumkante zwischen Daumen und Zeigefinger. Rollen Sie die Kante leicht nach innen ein.

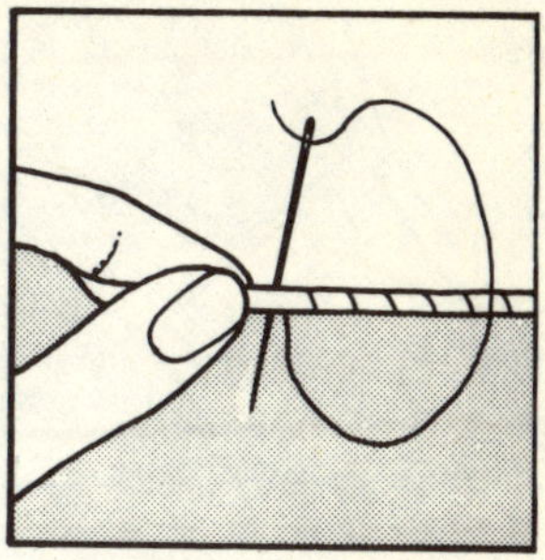

2 Führen Sie die Nadel immer von oben durch den Stoffbruch nach unten, aber ohne den Oberstoff zu fassen.

So arbeiten Sie einen Trägerhalter

Sie haben bestimmt schon einmal gesehen, wie häßlich herausgerutschte Träger aussehen. Mit einem kleinen Trick können Sie das vermeiden. Die eingenähten Spangen sind schnell gemacht! Als Material können Sie ein Nahtband oder eine Litze nehmen, die Sie noch unter Ihrem Restekram finden. Aber auch, wenn Sie ein Stückchen Band kaufen müssen, ist das ja nur eine Pfennigsache.

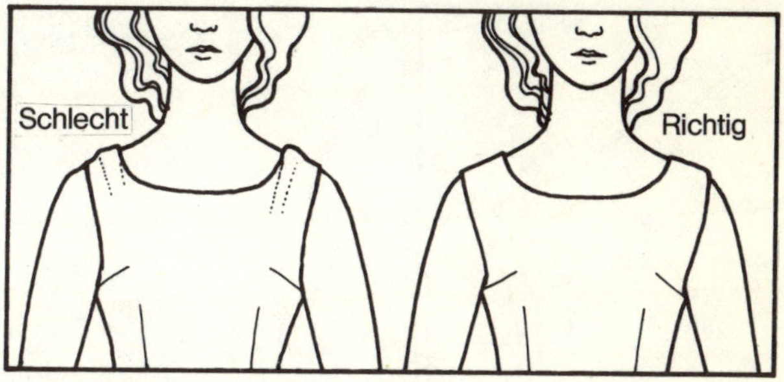

1 Träger rutschen nicht mehr heraus, wenn sie auf der Innenseite der Naht befestigt werden. Links sehen Sie, wie häßlich und unordentlich ein rutschender Träger aussieht. Rechts ist es richtig.

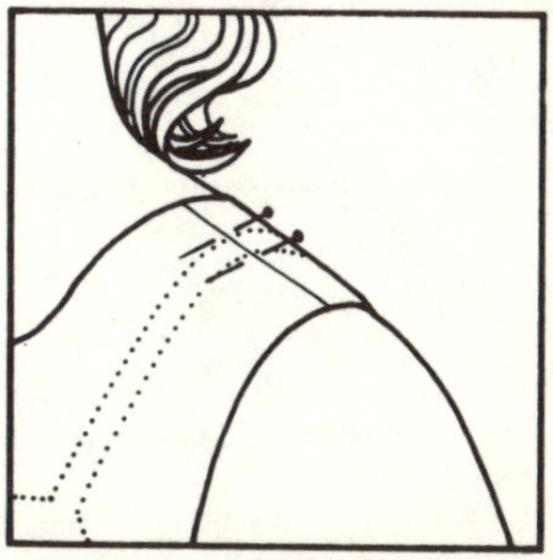

2 Machen sie eine Markierung, wo der Träger unter der Schulternaht liegen wird. Stecknadeln genügen meist.

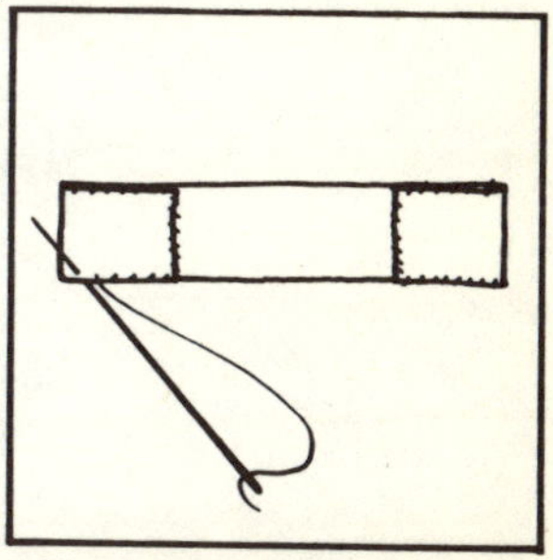

3 Nähen Sie ein Stückchen Nahtband an beiden Seiten mit kleinen Stichen um. Es darf auch Litze sein.

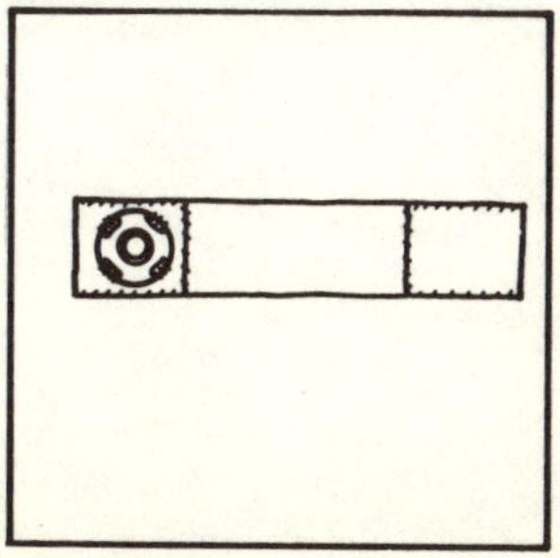

4 Nähen Sie nun an einer Schmalseite die Hälfte eines kleinen Druckknopfes an. (Es gibt »Federdrücker«.)

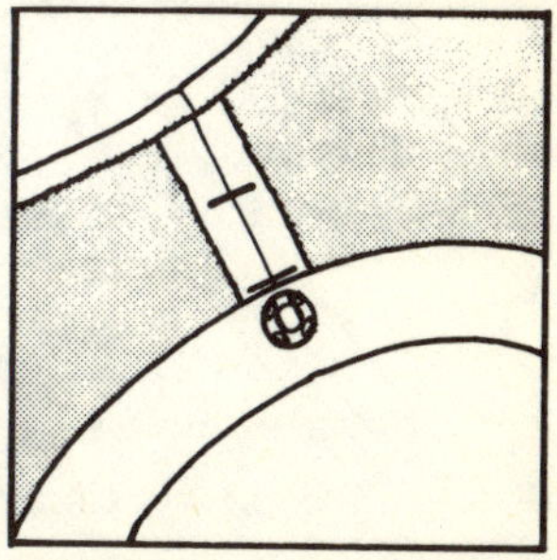

5 Nähen Sie dann, ohne auf den Oberstoff durchzufassen, auch an der inneren Schulternaht einen Drücker an.

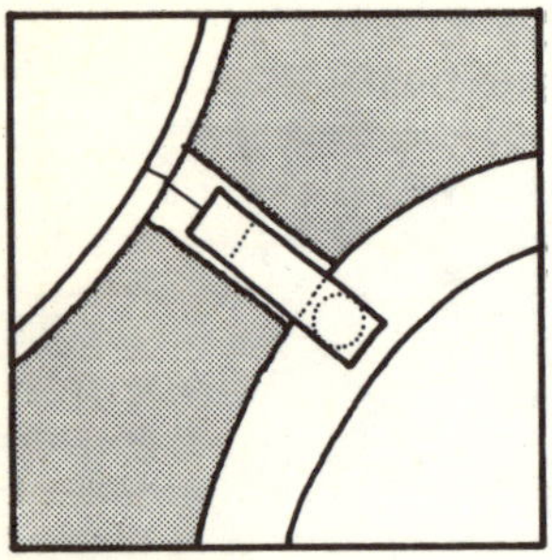

6 Knöpfen Sie nun den schmalen Halter auf und nähen Sie das andere Ende mit feinen Handstichen fest an.

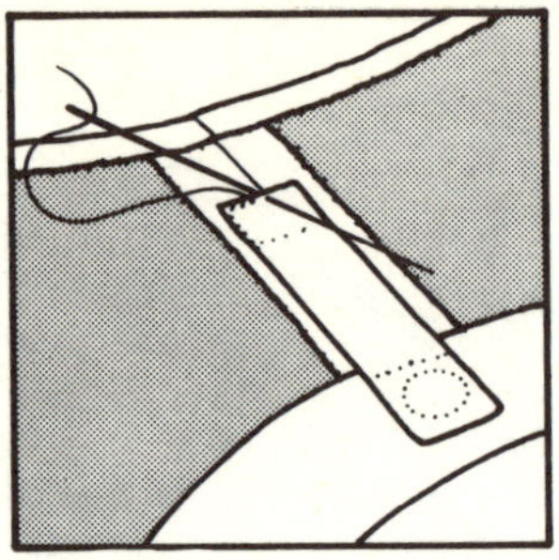

7 Diese Stiche sollen natürlich auch nur die Naht und nicht den Oberstoff fassen. Fäden bitte gut vernähen.

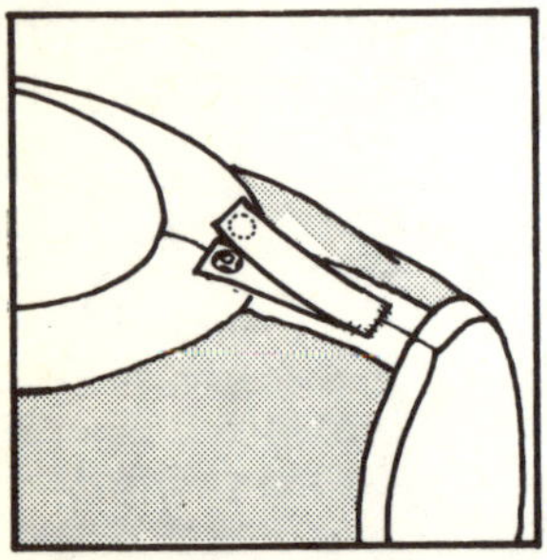

8 So sieht das fertige Schulterband aus, falls Sie es doppelt arbeiten. (An beiden Seiten annähen.)

So machen Sie einen Aufhänger

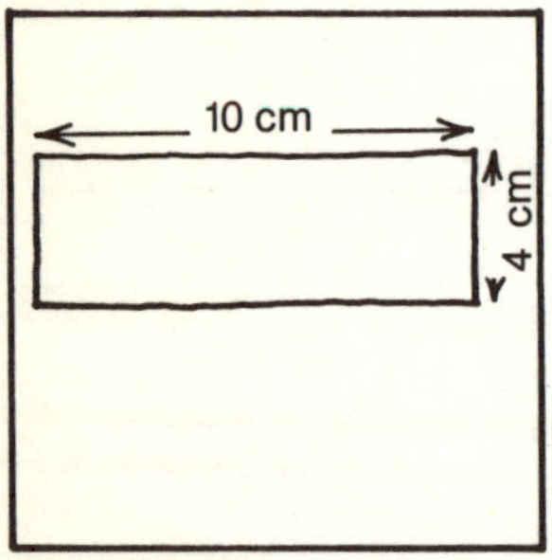

1 Schneiden Sie einen Streifen Futter, 4 cm breit und 10 cm lang, zu. (Auch passender Stoff ist erlaubt.)

2 Bügeln Sie dann die beiden Längsseiten ganz schmal um, damit eine saubere Kante entsteht. (Bügelprobe!)

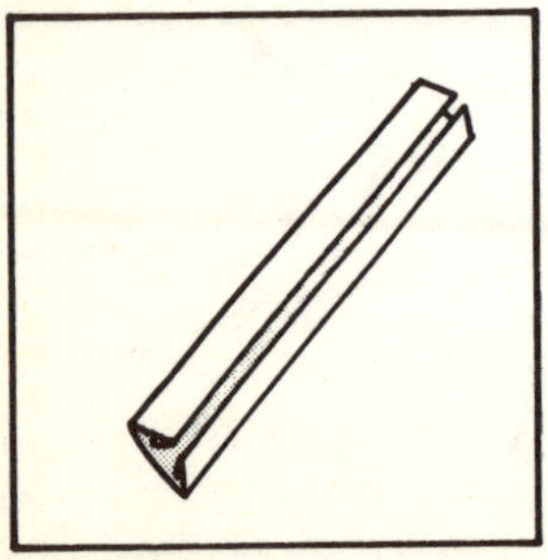

3 Schlagen Sie jetzt die umgebügelten Längskanten so um, daß sie in der Mitte zusammenstoßen. Bügeln.

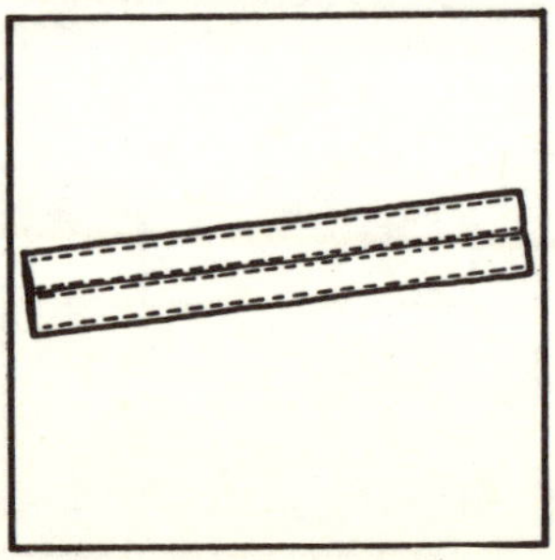

4 Steppen Sie dann die Kanten und die Mittelkanten schmal durch. Der Aufhänger bekommt so festen Halt.

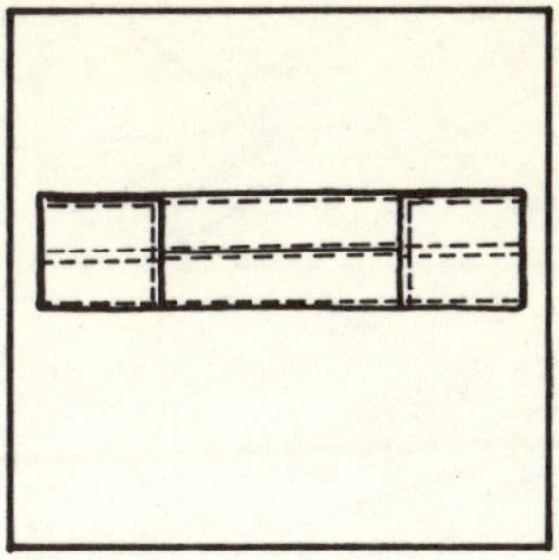

5 Steppen Sie auch die Schmalseite 2 cm breit um. Nehmen Sie in jedem Fall einen kräftigen Futterstoff.

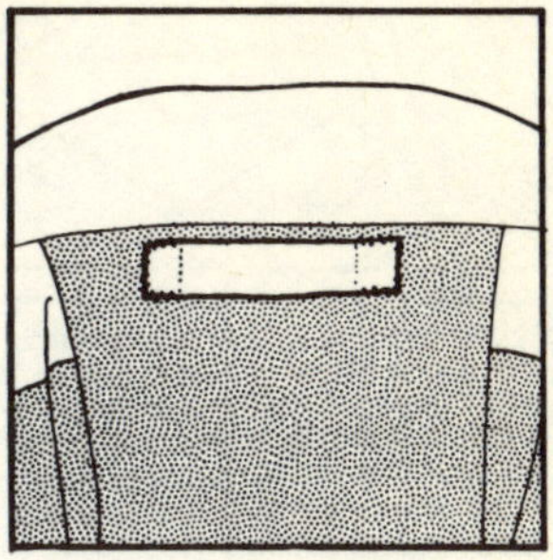

6 Jetzt nähen Sie den Aufhänger so ein, daß er gut hält, aber auf der rechten Seite unsichtbar bleibt.

Aufhänger für leichte Kleidungsstücke

Der Aufhänger ist die Visitenkarte Ihres Mantels: Niemand wird Sie für einen ordentlichen Menschen halten, wenn er ausgerissen oder lieblos zusammengeflickt ist. Wenn Sie einen neuen Aufhänger nähen, nehmen Sie ein kräftiges und zum Oberstoff passendes Material. Auch vom Futterstoff des Mantels läßt sich ein Aufhänger machen. Allerdings sollte das feine Futter zwei- oder dreifach übereinanderliegen, damit es einen guten Halt bekommt. Rechnen Sie für einen Aufhänger eine fertige Länge von 7 cm. Dazu kommen an jeder Seite 1–2 cm Nahtzugabe zum Ein-

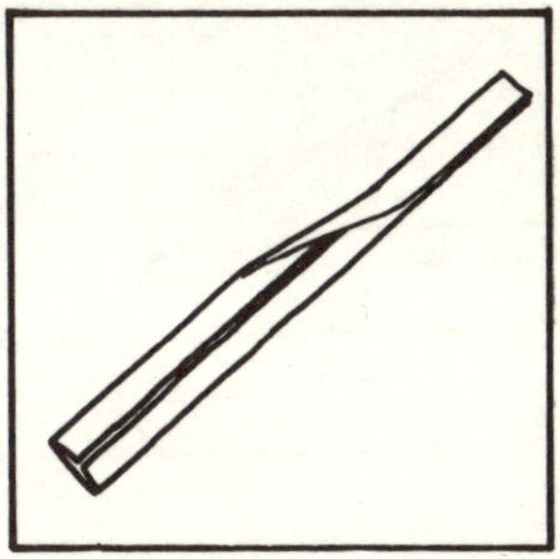

1 Wenn Sie nur einen schmalen Aufhänger brauchen, können Sie das Futter- oder Litzenband zusammenfalten.

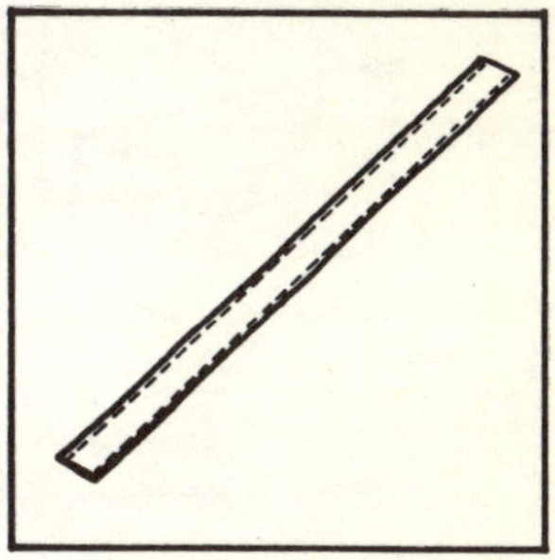

2 Dann steppen Sie nur die beiden Längskanten einmal schmal durch. Auch für Popelinesachen geeignet.

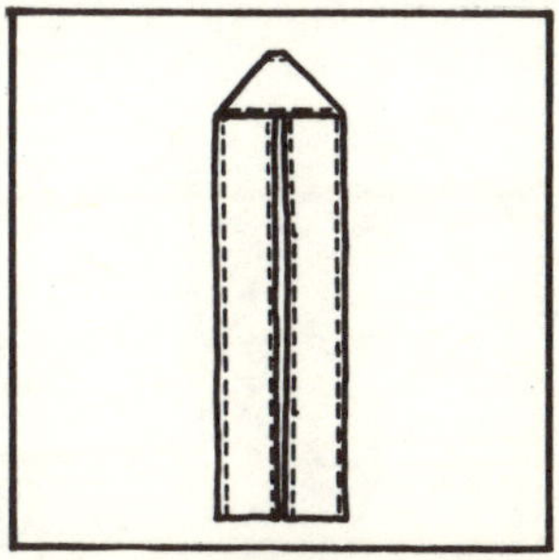

3 Schlagen Sie den Streifen nach dem Bügeln so zusammen, daß die oben gezeigte Form mit der Ecke entsteht.

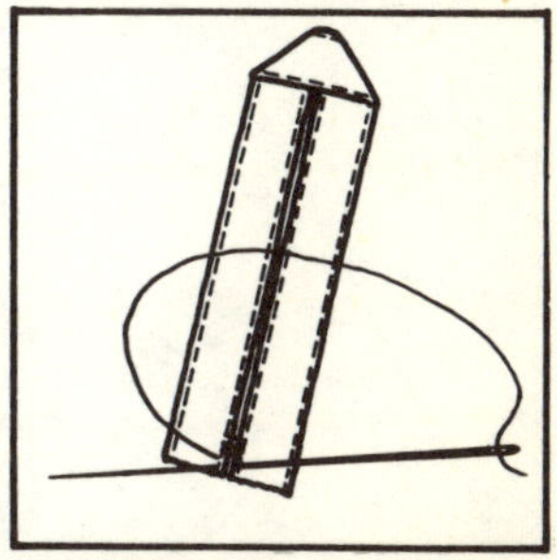

4 Ecke oben durchsteppen, Fäden gut vernähen und auch den unteren Zusammenstoß sorgfältig vernähen.

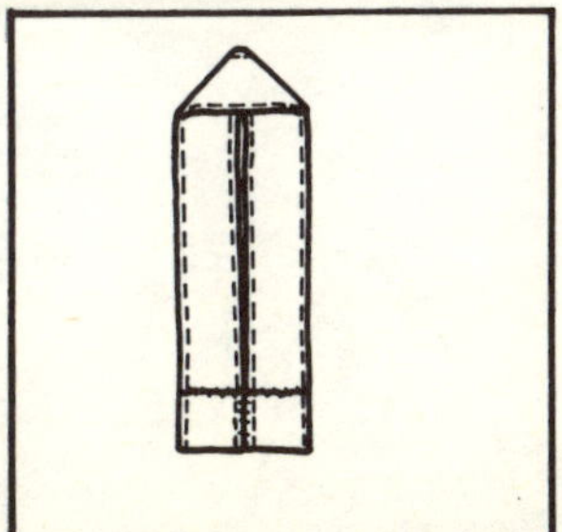

5 Säumen Sie auch die untere offene Kante einmal schmal um. Bügeln Sie den Aufhänger vor dem Einnähen.

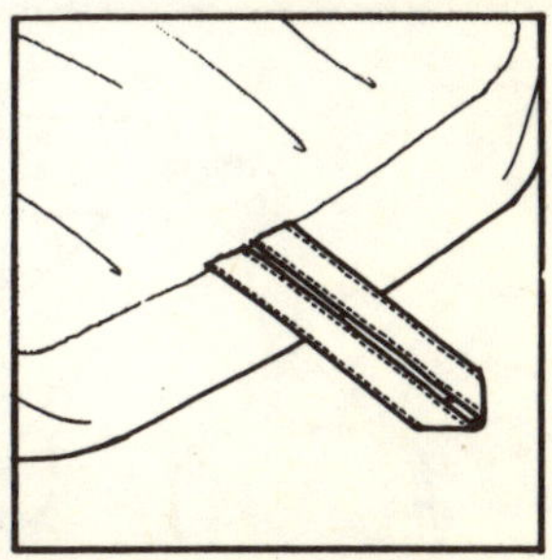

6 Bei gefütterten Popelinemänteln z. B. placieren Sie den Aufhänger unter das kurz aufgetrennte Futter.

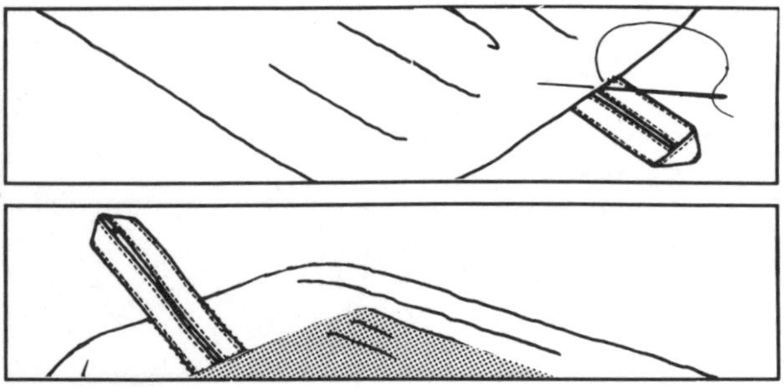

7 Oder schieben Sie den Aufhänger so zurecht, daß seine linke Seite nach oben liegt. Dann fest annähen.

schlagen. Für leichtere Sachen können Sie einen anderen Aufhänger arbeiten: Er ist ganz flach und eignet sich auch zum Aufhängen von Handtüchern. In diesem Fall können Sie auch ein fertiges Band zusammensteppen. Dieses zusammengesteppte Band ist sehr viel haltbarer als ein einfaches dünnes Band, weil es aus mehreren Stofflagen besteht, die ja zusammengefaltet und gesteppt werden. Vor allem für Kochwäsche ist diese Methode zu empfehlen.

So machen Sie einen Bindegürtel

Wenn Sie einen weichen Bindegürtel ohne Einlage arbeiten, können Sie ihn fertig absteppen, wobei nur eine Schmalseite zum Durchziehen auf die andere Seite offenbleibt. Zum Durchziehen eignen sich Stopfnadeln mit festem Faden oder eine dicke Stricknadel mit stumpfer Spitze, die den Stoff an der spitz zugesteppten Kante nicht verletzt. Wir stellen Ihnen hier diese beiden Methoden vor. Die Länge des Bindegürtels hängt ein wenig von der Schnittart Ihres Modells ab: Dünne Kleider dürfen einen längeren Bindegürtel haben. Manchmal sieht es auch hübsch aus, wenn die Enden zu einer Schleife gebunden werden.

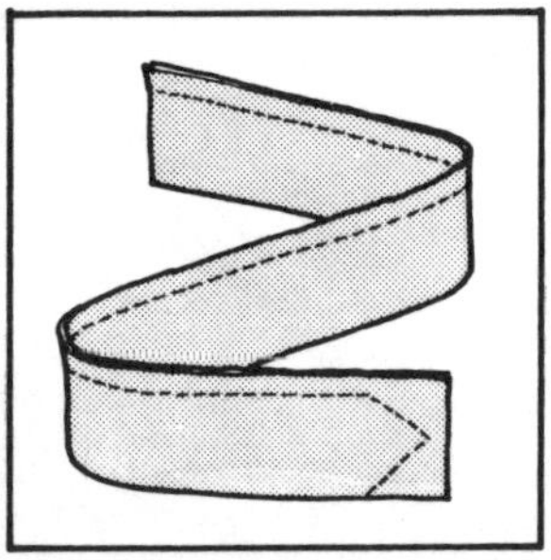

1 Nehmen Sie einen Streifen Stoff von gewünschter Länge und doppelter Breite plus Nahtzugabe. So absteppen.

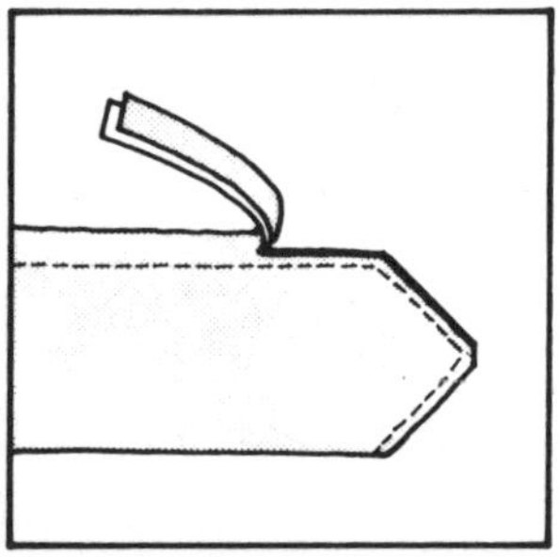

2 Schneiden Sie an der Spitze und an der langen Naht den Stoff knapp ab (ca. 1/2 cm Nahtbreite).

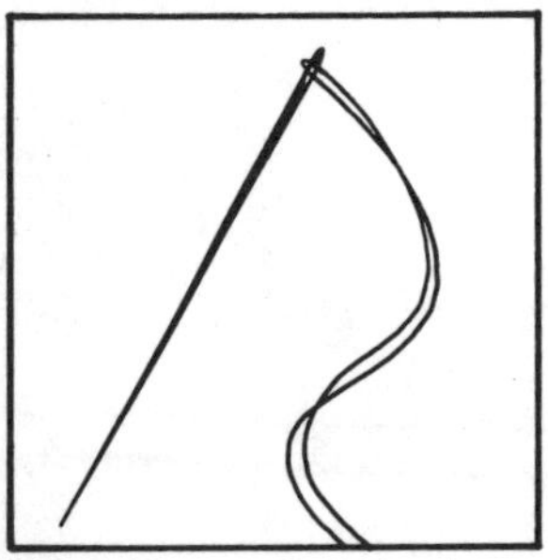

3 Nehmen Sie zum Durchziehen auf die andere Seite eine dicke und stumpfe Stopfnadel mit Doppelfaden.

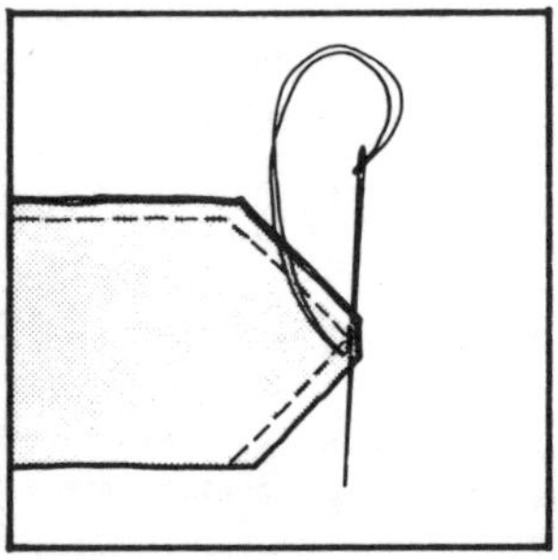

4 Vernähen Sie zwei oder drei Stiche genau am Punkt der Ecke. Sie können aber auch einen Knoten machen.

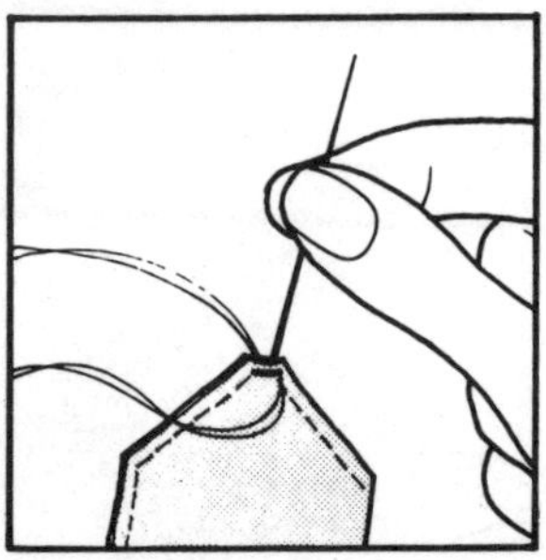

5 Wichtig ist, daß der Faden auf jeden Fall das Durchziehen aushält. (Mit Garn oder Knopflochseide.)

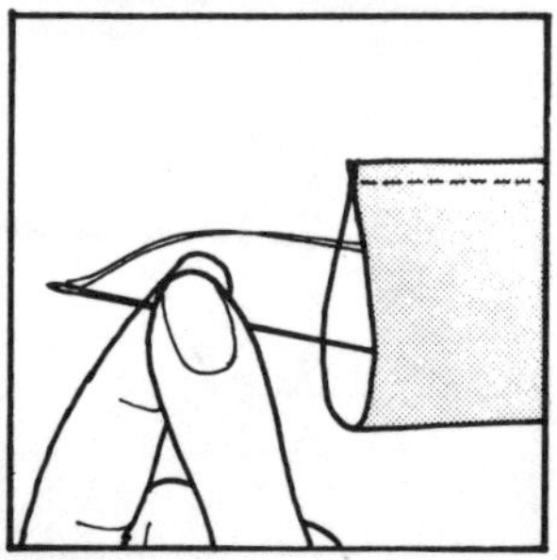

6 Schieben Sie nun die Nadel mit dem stumpfen Öhr und dem Faden durch den Schlauch. Stoff sanft nachschieben.

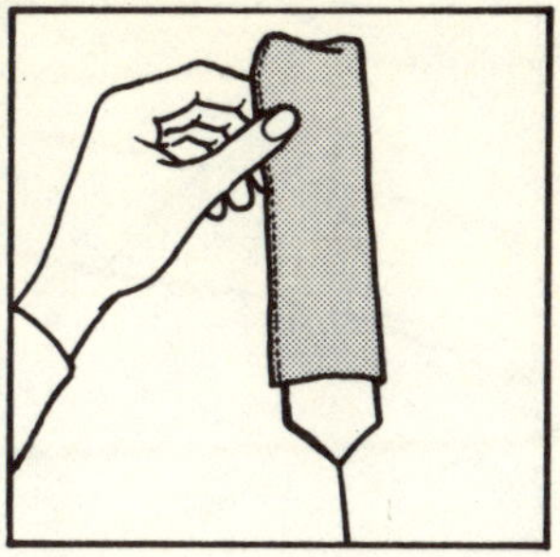

7 Hier kommt die Gürtelecke mit dem Faden zum Vorschein. Mit etwas Fingerspitzengefühl klappt es immer!

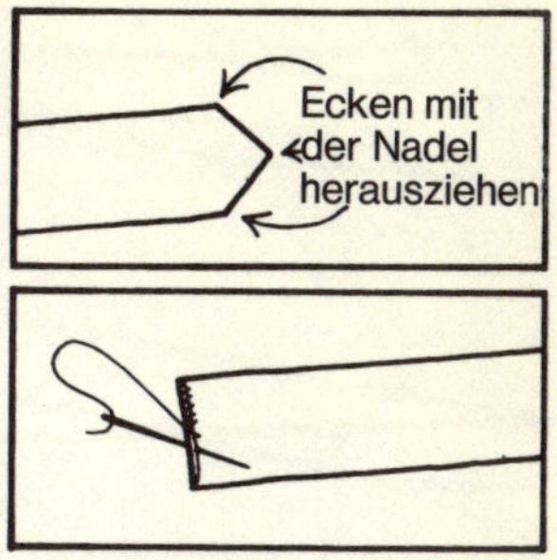

8 Schieben Sie die Naht in der Ecke zwischen Daumen und Zeigefinger in den Stoffbruch. Ende gut vernähen.

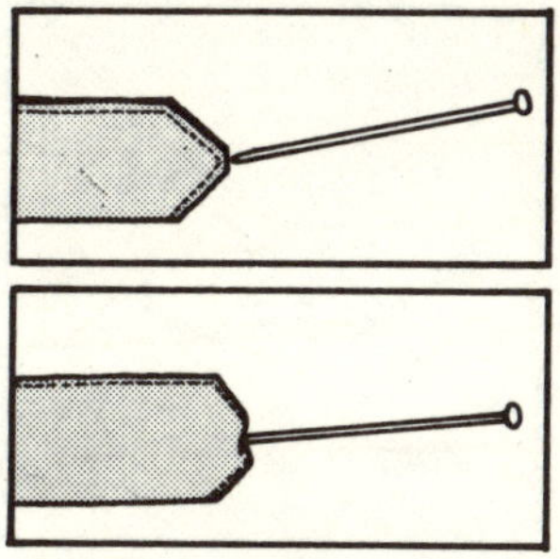

9 Falls Sie eine lange und stumpfe Stricknadel besitzen, können Sie den Bindegürtel auch damit umziehen.

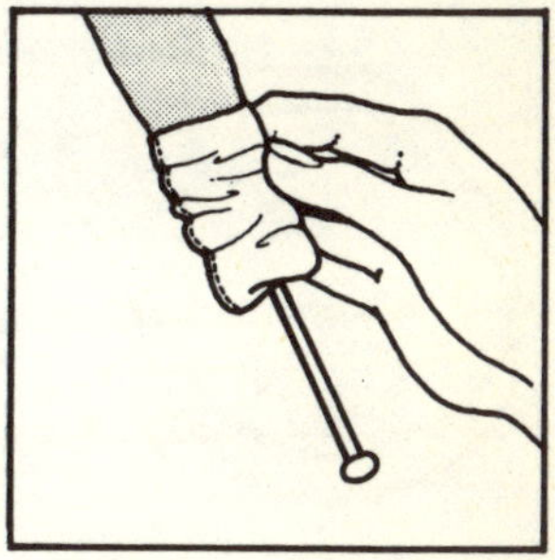

10 Denken Sie stets daran, daß beim Durchziehen immer die andere Stoffseite nach außen gezogen wird.

So machen Sie einen schmalen elastischen Gürtel

Wenn Sie bei einer Schaube ein Bändchen oder ein Gummiband durchziehen, vernähen Sie die Enden bitte gut. Das Bändchen darf ruhig etwas übereinandergelegt werden. Zum Schluß nähen Sie die kleine offene Stelle mit der Hand zu.
Mit diesen schmalen elastischen Streifen können Sie Ihre Herren- oder Kinderunterwäsche fabelhaft ausbessern. Sie können von aufgetragenen Wäschestücken – die ja meist aus Interlook oder anderer Wirkware sind – einen Streifen abschneiden. Wenn Sie da noch ein Gummiband einziehen, haben Sie einen neuen

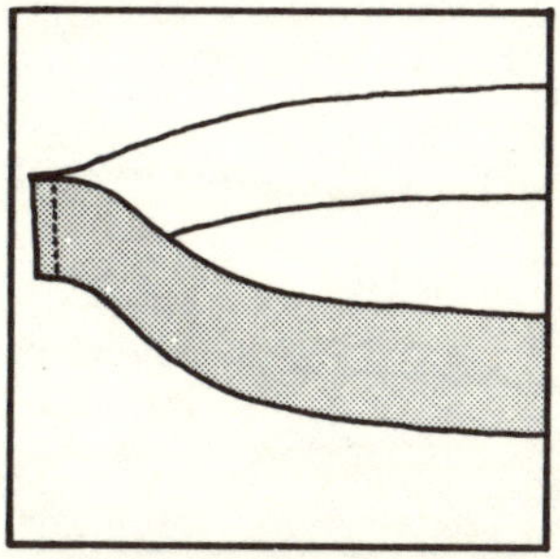

1 Schließen Sie einen Stoffstreifen von passender Länge und Breite mit kleiner Naht zur Taillenrundung.

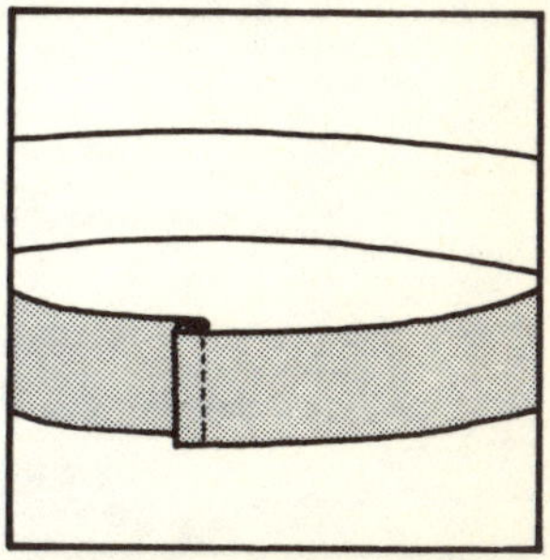

2 Bügeln Sie die kleine Ansatznaht bitte nicht auseinander, sondern in eine Richtung (nach links) flach.

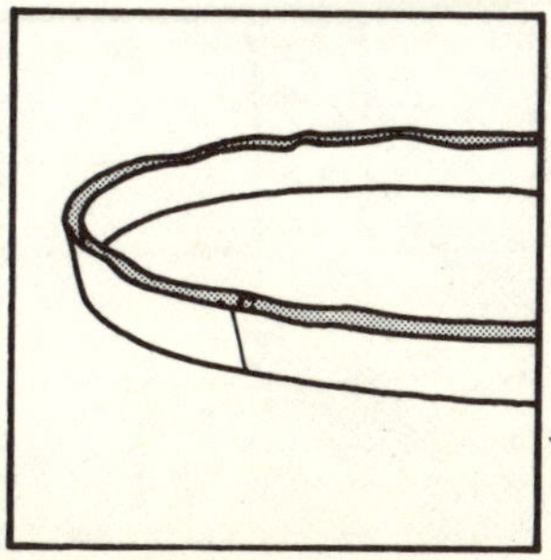

3 Falten Sie den Streifen der Länge nach zur halben Breite zusammen. Bügeln Sie die Kante leicht über.

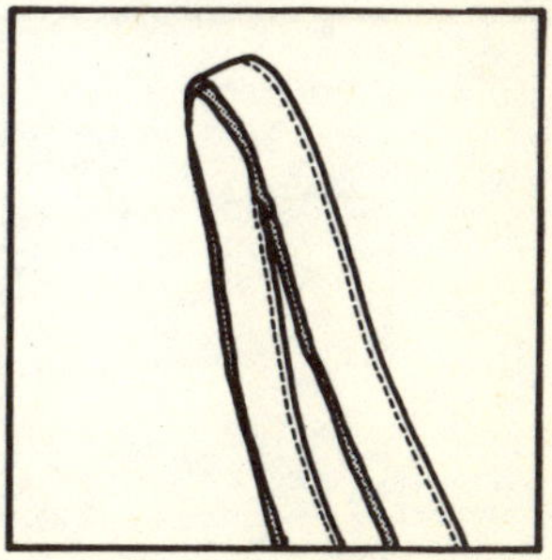

4 Steppen Sie den Stoffbruch an der Längskante mit locker eingestellten Stichen ganz schmal durch.

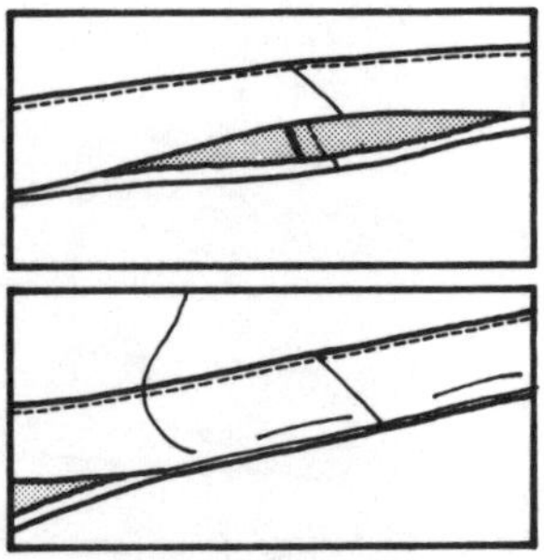

5 Schlagen Sie die andere Längskante ganz schmal um und heften Sie sie mit Handstichen einmal ganz durch.

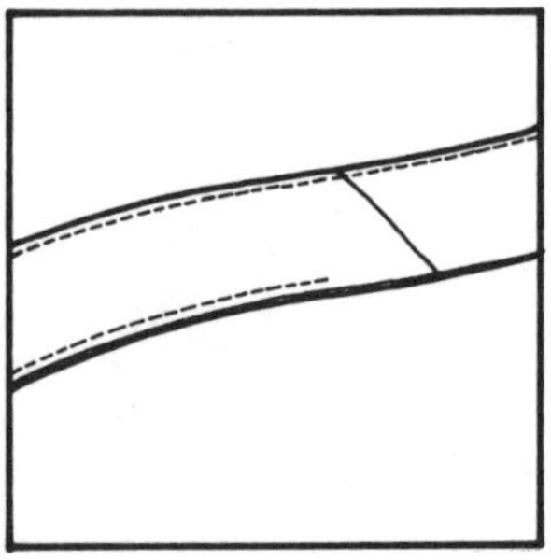

6 Steppen Sie diese Kante durch bis auf eine offene Stelle zum Durchziehen des Gummibandes (Nahtstelle).

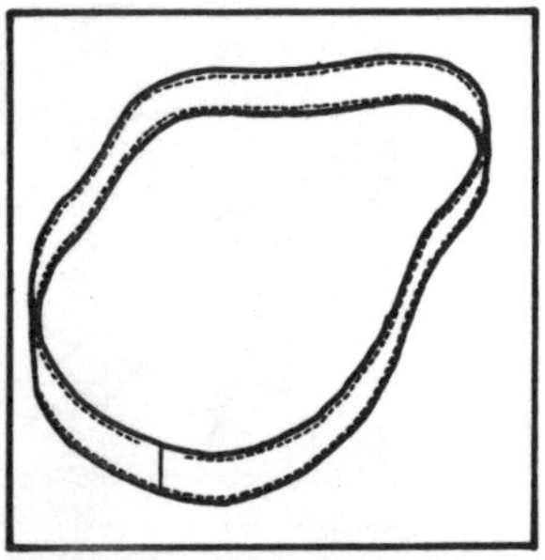

7 Hier der rundum geschlossene Gürtel- oder Taillenbund mit der offenen Stelle für das Gummiband. Bügeln.

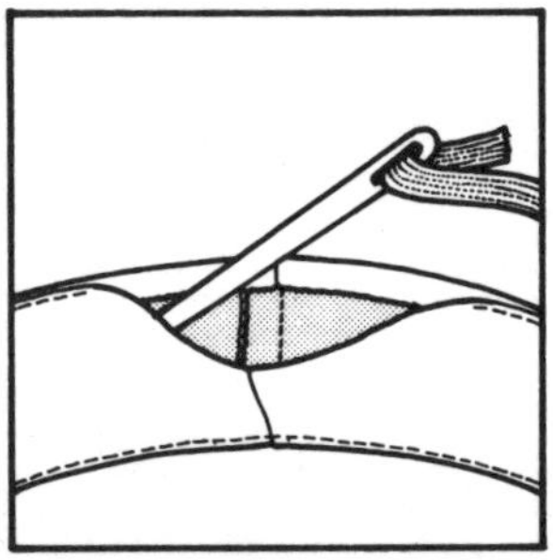

8 Jetzt können Sie das Gummiband mit einer Durchziehnadel einziehen. Die Naht verläuft in »Fahrtrichtung«.

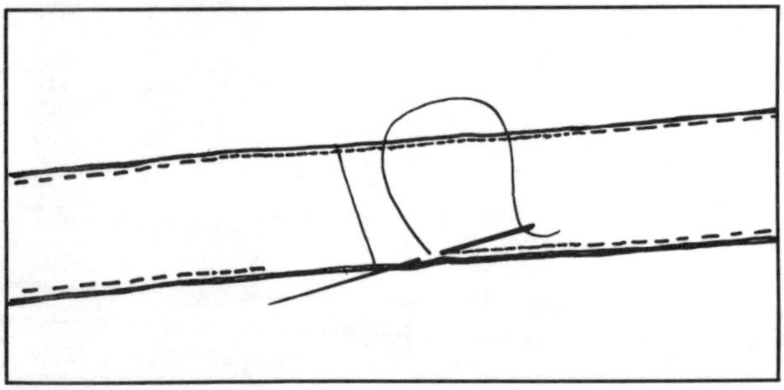

9 Zum Schluß vernähen Sie die offene Stelle mit feinen Handstichen. Bitte vernähen Sie den Faden gut.

Taillenbund für Herren-Unterhosen oder Kinderhöschen. Setzen Sie aber diesen Streifen bitte mit einem Zick-Zack-Stich an. Dieser Stich dehnt sich mit der Wirkware zusammen aus und reißt nicht so leicht wie eine Geradeaus-Naht. An manchen modernen Nähmaschinen gibt es auch einen extra Stich zum Ansetzen von elastischen Streifen. Bitte schauen Sie doch einmal nach, ob Sie mit Ihrer Maschine einen »Wellenstich« steppen können. Der besteht zwar aus kleinen geraden Stichen, die aber in einer Schlangenlinie fortlaufen und daher auch zu einer geraden Strecke ausgedehnt werden können.

Das Annähen von Bändern

Bänder an Schürzen, Bezügen, Vorhängen und dergleichen werden immer an den Säumen angenäht. Fassen Sie beim Nähen nicht bis auf die rechte Seite des Oberstoffes durch.

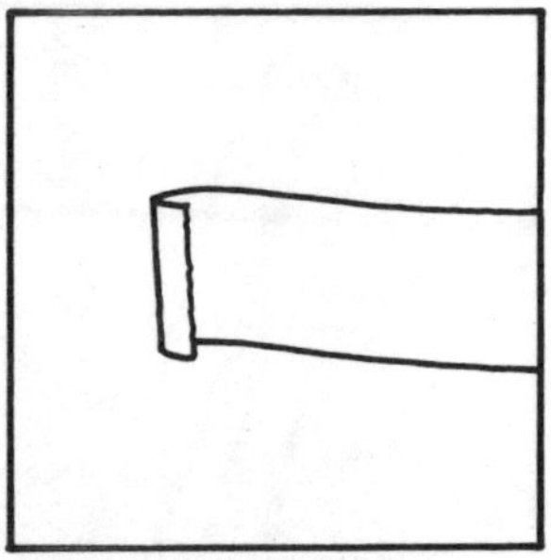

1 Schlagen Sie die eine Schmalseite des Bandes um. Bei festen Bändern können Sie diese Kante anbügeln.

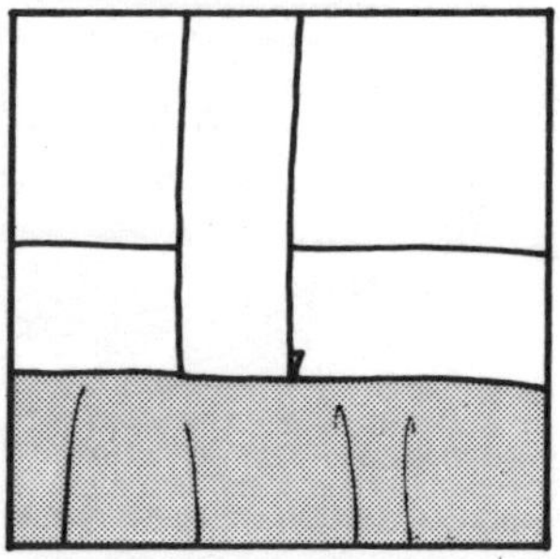

2 Placieren Sie das Band so, daß der Umschlag nach innen und parallel zum Saum des Teiles liegt.

Schürzenbänder dürfen auch mit der Maschine angenäht werden: Steppen Sie die Bänder in den Saum ein und säumen Sie die Schmalkante, die übersteht, mit der Hand an. Maschinennähte sind meist haltbarer als Handnähte. Bei Schürzen, die viel gewaschen oder auch gekocht werden, ist das ganz vorteilhaft. Falls Sie kein fertiges Band, sondern Bindebänder aus dem Stoff der Schürze oder ähnlicher Teile haben möchten, arbeiten Sie diese Bänder wie unseren Bindegürtel von Seite 140. Natürlich müssen Sie die gewünschte Länge und Breite vorher genau ausmessen.

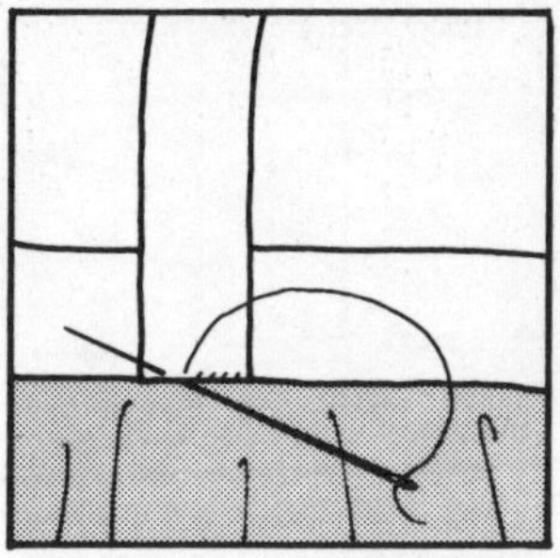

3 Säumen Sie das Band am Saum des Teiles mit feinen Handstichen an. Nehmen Sie einen einfachen Faden.

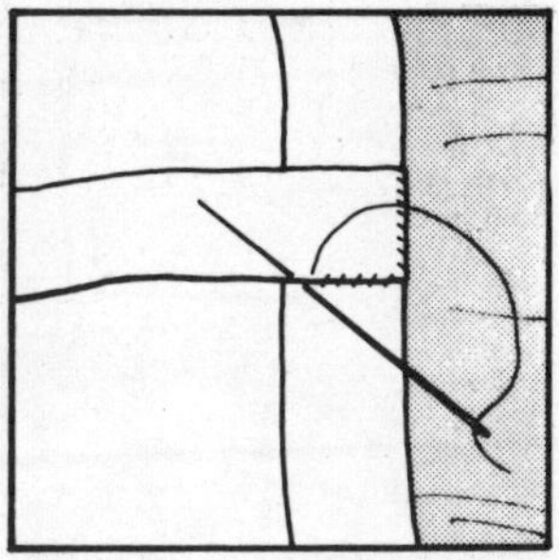

4 Säumen Sie nun auch die eine Seite des Bandes an. Bitte nähen Sie dabei nicht bis auf die Oberseite.

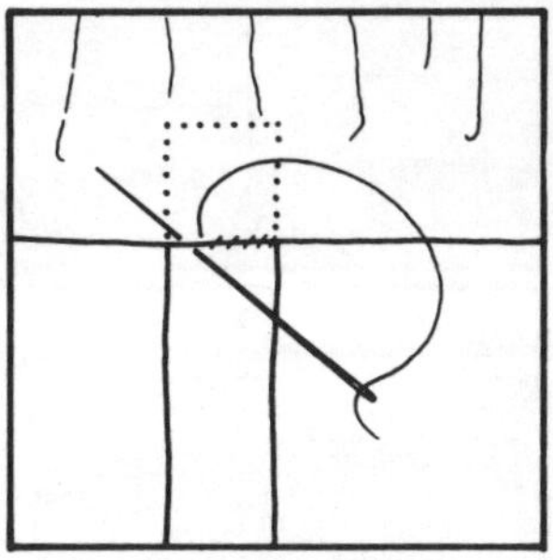

5 Jetzt schlagen Sie das Ganze um. Säumen Sie auch den Stoff des Teiles an die Schmalseite des Bandes.

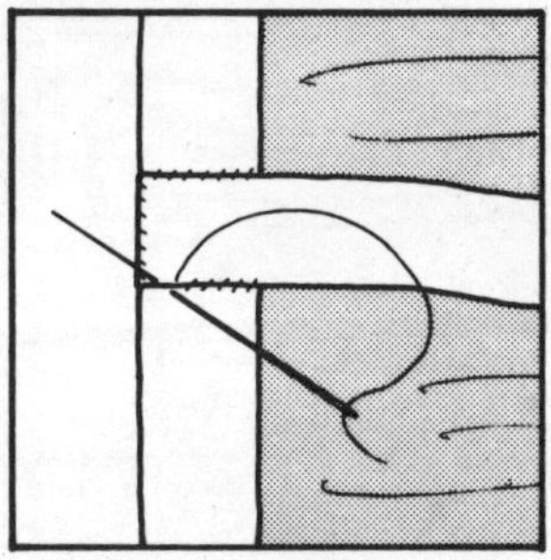

6 Dann nähen Sie den Saum an der übriggebliebenen Seite des Bandes an. Farblich passendes Garn nehmen.

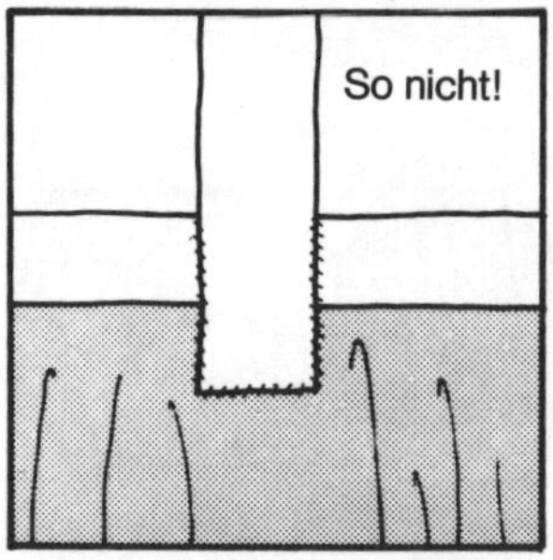

7 Wenn Sie das Band so korrekt angenäht haben, sieht man von rechts keine Stiche. So sollte es nicht sein.

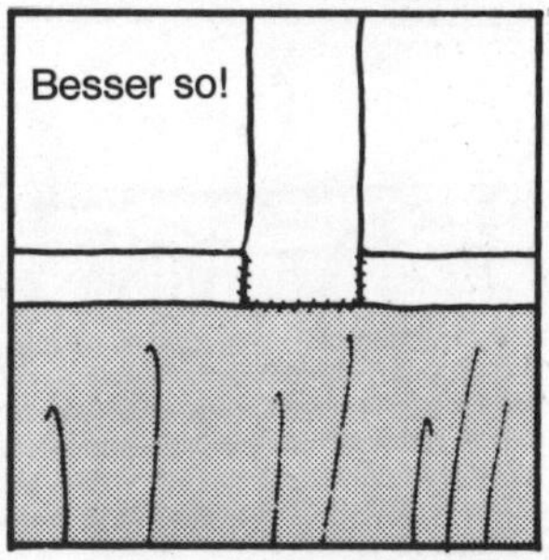

8 So ist es richtig: Das Band ist nur an der Breite des Saumes festgenäht. Am Oberstoff keine Stiche!

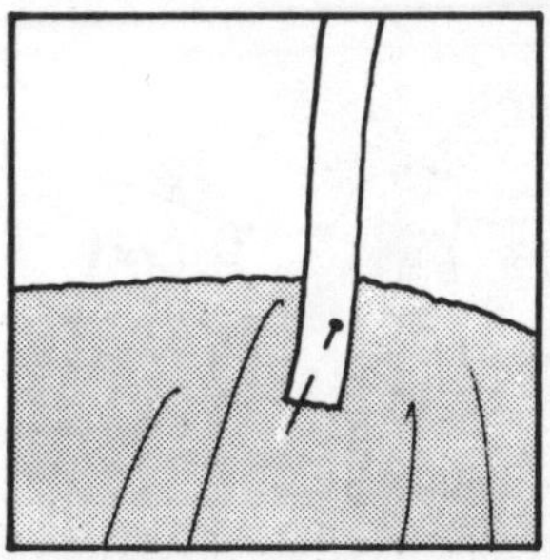

9 Bei sehr schmalen Säumen, z. B. bei einer Schürze, empfiehlt sich diese Methode: Zuerst das Band so stecken.

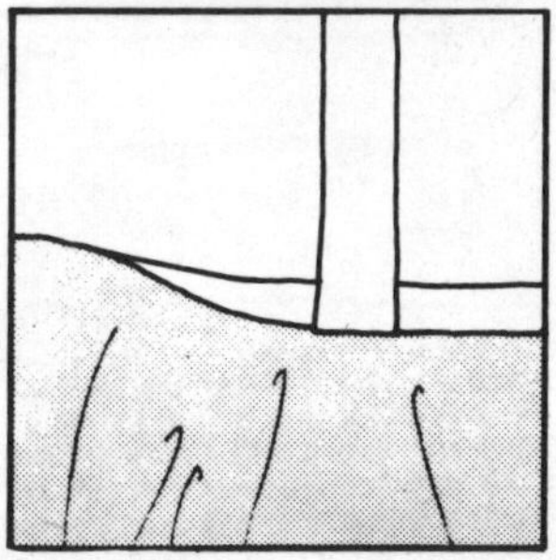

10 Dann den Saum zusammen mit dem Band umlegen und stecken oder festheften. Dann leicht überbügeln.

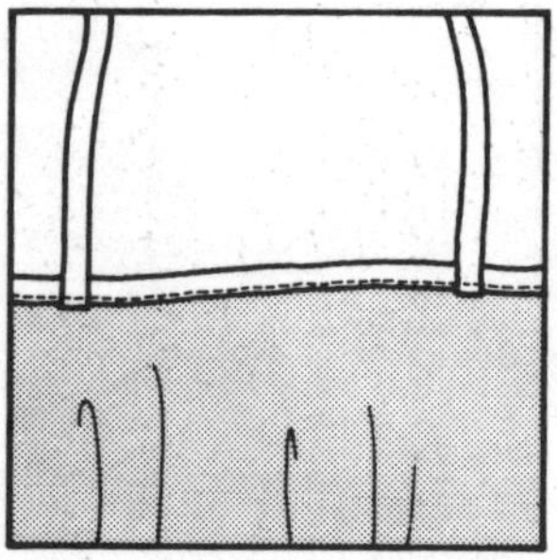

11 Jetzt den Saum, ebenfalls zusammen mit dem Band, schmal absteppen. So hat das Band einen festen Halt.

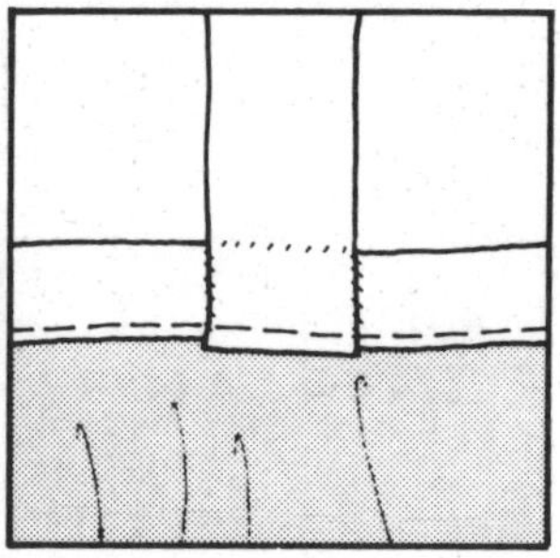

12 Zum Schluß können Sie das Band an der oberen Kante des Saumes mit kleinen Handstichen durchnähen.

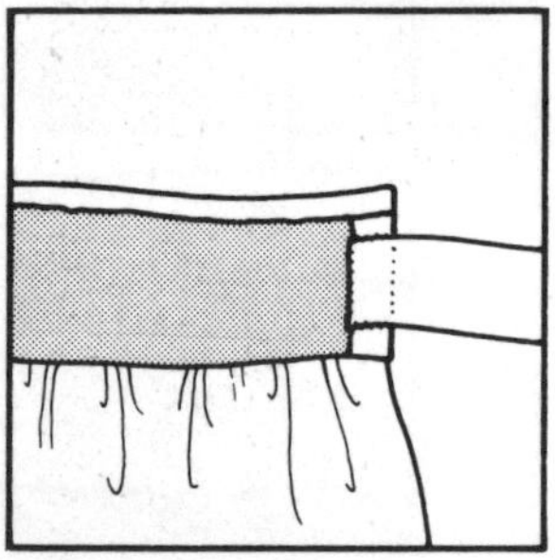

13 Bei einem Taillenbund der Schürze nähen Sie das Band vor dem Belegen des Taillenbundes gut an.

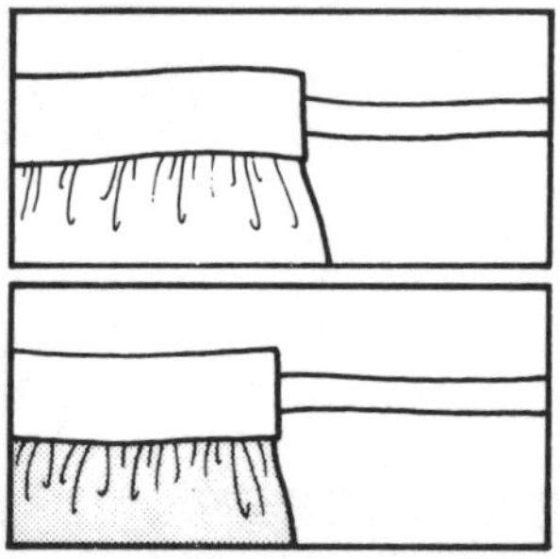

14 Dann belegen Sie den Taillenbund: Das Bindeband ist auf diese Weise von beiden Seiten korrekt u. sauber.

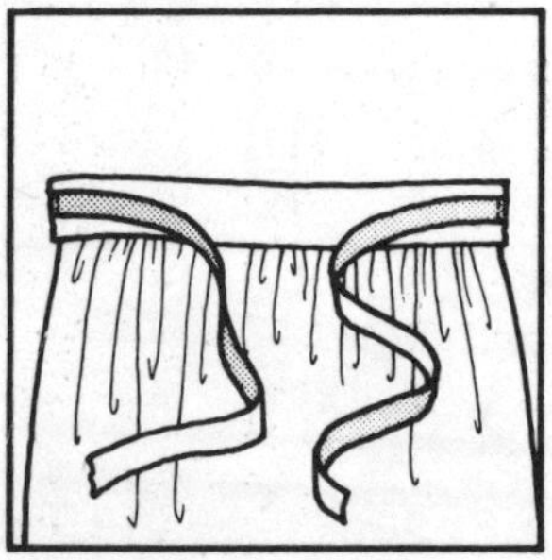

15 Wenn Sie - wie bei einem einfachen Kräuselrock - eine Schaube haben möchten, Band nach innen nähen.

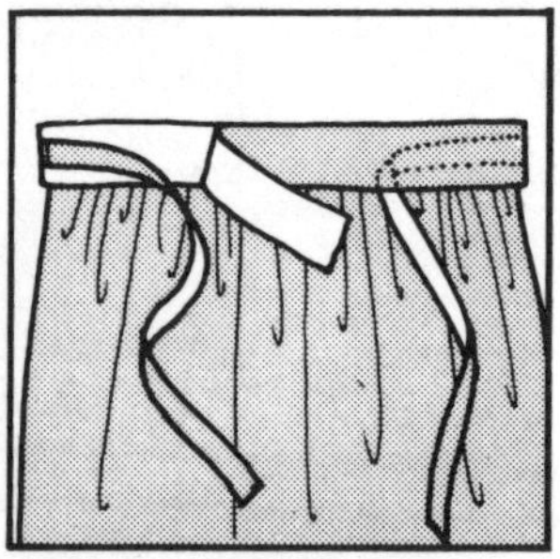

16 Dann den Taillenbund belegen. Zwei kleine Stellen zum Durchziehen der Bindebänder aber offenlassen.

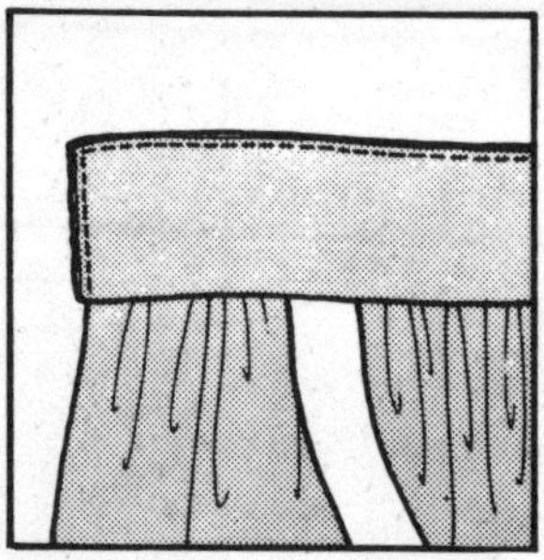

17 Beim Belegen steppen Sie die beiden Schmalseiten und die obere Kante rechts auf rechts glatt aufeinander.

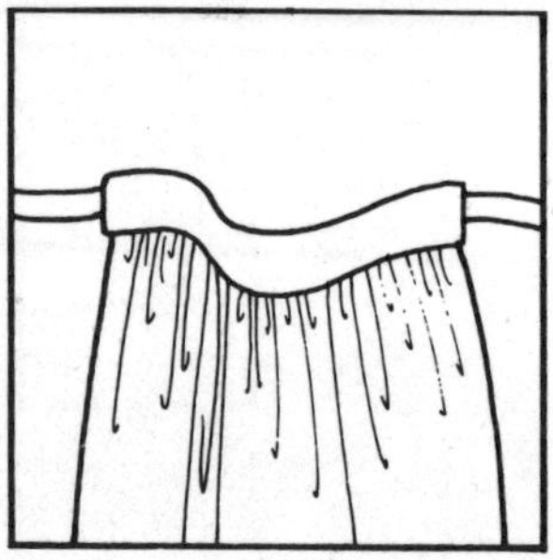

18 Nach dem Umwenden auf die rechte Stoffseite und dem Ansäumen der anderen Kante ist das Taillenbund gut.

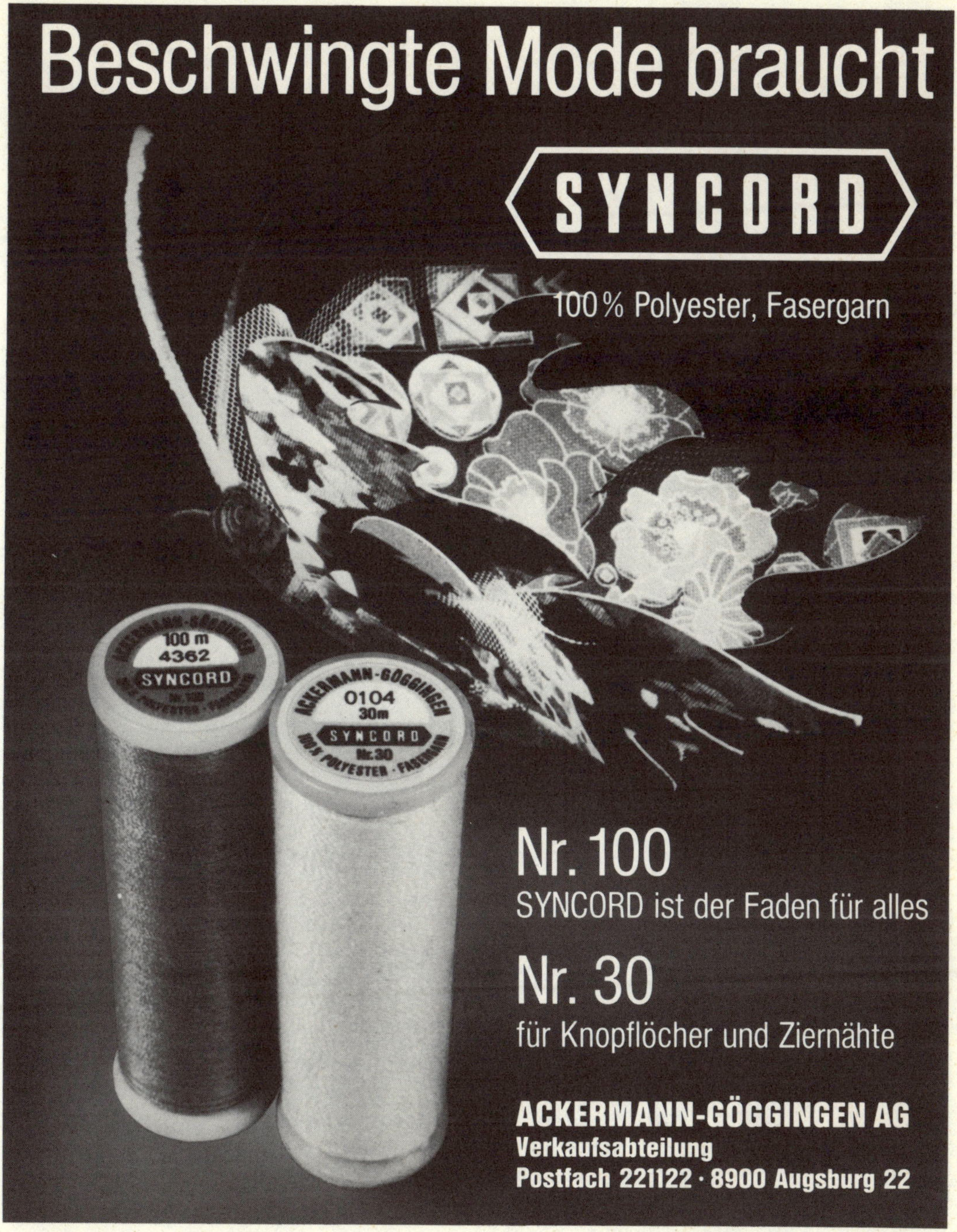
Beschwingte Mode braucht
SYNCORD
100% Polyester, Fasergarn
100 m
4362
SYNCORD
ACKERMANN-GÖGGINGEN
0104
30m
SYNCORD
Nr.30
Nr. 100
SYNCORD ist der Faden für alles
Nr. 30
für Knopflöcher und Ziernähte
ACKERMANN-GÖGGINGEN AG
Verkaufsabteilung
Postfach 221122 · 8900 Augsburg 22

Pfaff 1222 mit Electronic
Wußten Sie, daß es eine Haushaltnähmaschine gibt, die auf einen Tastendruck hin alle Nähte näht, die jeder dringend braucht?
1. Pullovernaht
Zum gleichzeitigen Zusammennähen und Versäubern zweier Teile mit einer elastischen Naht.
2. Haushalt-Überwendlingsnaht
Eine Verbindungsnaht zweier Teile. Außerdem dient diese Naht zum Aufnähen von offenkantigen Säumen.
3. Dreifach-Naht
Eine elastische Gerad-Naht für stark beanspruchte Nähte. Sie ist so dehnbar wie das Gewebe selbst.
4. Blindstich-Naht
Das Nähen eines Rocksaumes mit dem elastischen Blindstich macht das perfekte Säumen kinderleicht.
5. Elastic-Naht
Eignet sich zum Aufnähen von Gummiband an Strickröcken und zum Versäubern der Nähte an Maschenware sowie für flache Frottee-Nähte.
6. Wabenstich-Naht
Dient zum Versäubern und zum Erstellen weicher, strapazierfähiger Nähte.
7. Die Multi-Stretch-Naht
Eine hochelastische Naht für zarte, nach allen Seiten hin dehnbare Gewebe.
PFAFF 1222
PFAFF
Pfaff Handelsgesellschaft für Haushaltnähmaschinen mbH 75 Karlsruhe 41, Postfach